Obras Escogidas de Carlos Iván Degregori
Volumen XIV

carlos iván DEGREGORI

Guerra de mudos

Entrevistas y diálogos

IEP
INSTITUTO DE
ESTUDIOS
PERUANOS

Serie: Ideología y Política, 50

© IEP Instituto de Estudios Peruanos
Horacio Urteaga 694, Lima 11
Telf. (511) 332-6194
Fax (511) 332-6173
Correo-e: <iepedit@iep.org.pe>
Web: <www.iep.org.pe>

Primera edición: Lima, mayo 2016

ISBN: 978-9972-51-570-5
ISSN: 1019-455X
1000 ejemplares

Impreso en el Perú

Hecho el depósito legal
en la Biblioteca Nacional del Perú N.° 2016-06329

Registro de Proyecto Editorial
en la Biblioteca Nacional del Perú N.° 11501131600478

Diseño y carátula:	Gonzalo Nieto Degregori
Corrección de textos:	Sara Mateos
Cierre de edición:	Silvana Lizarbe/Gino Becerra
Cuidado de edición:	Odín del Pozo
Editores académicos:	Pablo Sandoval/José Carlos Agüero

DEGREGORI, Carlos Iván

Guerra de mudos: entrevistas y diálogos. Lima, IEP, 2016. (Obras Escogidas, XIV. Ideología y Política, 50)

1. POLÍTICA; 2. CULTURA; 3. VIOLENCIA; 4. SOCIEDAD; 5. DERECHOS HUMANOS; 6. ENTREVISTAS

W/04.04.02/I/50

ÍNDICE

SEGUNDA PARTE: Entrevistas a Carlos Iván Degregori

Lista de siglas

AGP	Alan García Pérez
AIDESEP	Asociación Interétnica de Desarrollo de la Selva Peruana
AP	Acción Popular
APRA	Alianza Popular Revolucionaria Americana (ver PAP)
ARI	Alianza Revolucionaria de la Izquierda
CAEM	Centro de Altos Estudios Militares
CCP	Confederación Campesina del Perú
CCUSC	Coordinación y Unificación Sindical de Clase
CEPAL	Comisión Económica para América Latina y el Caribe
CGTP	Confederación General de Trabajadores del Perú
CIDH	Comisión Interamericana de Derechos Humanos
CIPCA	Centro de Investigaciones y Promoción del Campesinado
CITE	Confederación Intersectorial de Trabajadores Estatales
CNA	Confederación Nacional Agraria
CNDDHH	Coordinadora Nacional de Derechos Humanos
CONACAMI	Confederación Nacional de Comunidades del Perú Afectadas por la Minería
CONADEH	Comisionado Nacional de los Derechos Humanos
CONAPA	Comisión Nacional de Pueblos Andinos, Amazónicos y Afroperuanos
CONAPLAN	Comisión Nacional de Plan de Gobierno
CPM	Comando político militar
CRAS	Centro de Readaptación Social
CTRP	Central de Trabajadores de la Revolución Peruana
CUL	Comando Unitario de Lucha
CVR	Comisión de la Verdad y Reconciliación
DIROES	Dirección de Operaciones Especiales
ENATRU	Empresa Nacional de Transporte Urbano
ETA	Euskadi Ta Askatasuna ("país vasco y libertad")
FARC	Fuerzas Armadas Revolucionarias de Colombia
FBT	Fernando Belaunde Terry
FEDEFAM	Federación Latinoamericana de Asociaciones de Familiares de Detenidos-Desaparecidos
FEDETA	Federación Departamental de Trabajadores de Ayacucho
FENDUP	Federación de Docentes Universitarios del Perú
FETCINE	Federación de Trabajadores Cinematográficos del Perú
FETIMP	Federación de Trabajadores de la Industria Metalúrgica del Perú
FETRAMUN	Federación de Trabajadores Municipales
FFAA	Fuerzas Armadas
FIM	Frente Independiente Moralizador

FMI	Fondo Monetario Internacional
FORSUR	Fondo para la Reconstrucción Integral de las Zonas Afectadas por los Sismos
FREDEMO	Frente Democrático
FS	Fuerza Social
GC	Guardia Civil
INC	Instituto Nacional de Cultura
INDEPA	Instituto Nacional de Desarrollo de Pueblos Andinos, Amazónicos y Afroperuano
INPE	Instituto Nacional Penitenciario
IU	Izquierda Unida
JCM	José Carlos Mariátegui
M-19	Movimiento 19 de Abril
MAS	Movimiento de Afirmación Socialista
MAS	Movimiento al Socialismo
MIR	Movimiento de Izquierda Revolucionaria
MNI	Movimiento Nueva Izquierda
MRI	Movimiento Revolucionario Internacionalista
MRTA	Movimiento Revolucionario Túpac Amaru
PADIN	Partido de Integración Nacional
PAP	Partido Aprista Peruano
PC	Partido Comunista
PCP	Partido Comunista Peruano
PCP-SL	Partido Comunista del Perú-Sendero Luminoso
PCR	Partido Comunista Revolucionario
PISA	Programa para la Evaluación Internacional de los Estudiantes
PNP	Partido Nacionalista Peruano
PP	Perú Posible
PPC	Partido Popular Cristiano
PPK	Pedro Pablo Kuczynski
PRI	Partido Revolucionario Institucional
PUM	Partido Unificado Mariateguista
SIN	Servicio de Inteligencia Nacional
SINAMOS	Sistema Nacional de Apoyo a la Movilización Social
SUTEP	Sindicato Unitario de Trabajadores en la Educación del Perú
TLC	Tratado de libre comercio
UDP	Unidad Democrática Popular
UN	Unidad Nacional
UNI	Universidad Nacional de Ingeniería
UNICEF	Fondo para la Infancia de las Naciones Unidas
UNSCH	Universidad Nacional de San Cristóbal de Huamanga
URSS	Unión de Repúblicas Socialistas
VR	Vanguardia Revolucionaria

Presentación

LA BIBLIOTECA DE BABEL
Obras escogidas de Carlos Iván Degregori

El antecedente

En 2009, la Coordinadora Nacional de Derechos Humanos (CNDDHH) buscaba, con dificultad, abrir su tradicional campo de preocupación y pensar de modo más integral el país y sus problemas. Uno de estos esfuerzos la llevó a impulsar un acercamiento cada vez más enriquecedor entre activistas e intelectuales. Decidió, entonces, publicar un libro que recogiera la producción, vinculada a la defensa de derechos humanos, del personaje que era reconocido, casi de modo unánime, como un puente entre varios mundos de nuestra comunidad intelectual. Se pensó en Carlos Iván Degregori, intelectual que enlazaba los compartimentos, muchas veces cerrados, de la ciencia social, el periodismo, la política, la cultura y el compromiso por las causas justas.

Carlos Iván estuvo de acuerdo, aunque casi desde el inicio dudó que su producción estuviese relacionada solo con los derechos humanos. No obstante, sin que estos fueran directamente referenciales, había escrito mucho teniéndolos como punto de apoyo.

Se inició entonces un primer momento de acopio de fuentes, que debía incluir sobre todo una revisión de sus artículos periodísticos. Aquello implicaba retroceder hasta fines de los setenta y llegar hasta la actualidad. En el camino, Carlos Iván propuso un cambio sustancial. No publicar solo este volumen, sino proponer a la CNDDHH que este fuera uno de los temas de una selección mayor. Mencionó que el Instituto de Estudios Peruanos (IEP) estaría de acuerdo. Todos apoyamos.

Se trabajó, entonces, bajo un nuevo plan de búsqueda bastante simple: recolectar todo, artículos periodísticos, notas, crónicas, reportajes, editoriales, entrevistas, ensayos, artículos académicos, introducciones, libros, escritos inéditos, borradores, poemas, relatos, dramas. Todo. Luego se seleccionaría lo que correspondiera al volumen que la CNDDHH podía financiar. Y, con este impulso inicial, el proyecto correría su propia suerte.

Las cosas no concluyeron cual lo acordado. La dolencia de Carlos Iván se fue acentuando. En la CNDDHH hubo un cambio brusco que incluyó la salida de los animadores de la iniciativa. En este escenario, y teniendo en la mira cumplir con compromisos, dejar asegurada la continuidad del proceso y, sobre todo, hacer de la necesidad virtud, Carlos Iván y Pablo Sandoval propusieron publicar la tesis doctoral inédita que contenía un ensayo clave para interpretar la ciencia social en el Perú de las últimas décadas, pero también otros textos igualmente notables y una serie de reflexiones que Carlos Iván había elaborado luego de su experiencia en la Comisión de la Verdad y Reconciliación (CVR). Y ese es, hoy, el primer tomo de esta selección de *Obras escogidas.*[1]

Lo recopilado y la idea de seguir en el proyecto quedaron momentáneamente suspendidos. El tiempo en todo este proceso siempre corrió en contra, marcando los ritmos.

El llamado

Luego de un tiempo, el IEP asumió la publicación de las *Obras escogidas*, cuando ya se sabía del avance de la enfermedad de Carlos Iván y de su difícil pronóstico. El acopio inicial realizado en 2009 se nutrió de búsquedas complementarias que incrementaron notablemente el fondo, que ya era entonces de centenares de documentos y miles de páginas.[2]

A inicios de 2010, la enfermedad de Carlos Iván recrudeció y este decidió retomar el contacto con José Carlos Agüero y Pablo Sandoval, quien se encontraba entonces en Barcelona. Carlos Iván pidió, en síntesis: "ayúdenme a dejar esto cerrado y ordenado y que sirva para algo, si es que de algo puede servir". Estuvimos todos de acuerdo en hacer la tarea, sin más recursos que la propia voluntad. Se planificaron las cosas de manera práctica para aprovechar la energía y disposición que aún mantenía Carlos Iván.

Carlos Iván y Pablo coordinaron a través del teléfono trabajar en el lapso de unas cortas semanas, con todo el material, en casa del primero para que pudiese supervisar todo el proceso. Se acordó que los tres nos juntaríamos en abril.

---

1. *Qué difícil es ser Dios. El Partido Comunista del Perú-Sendero Luminoso y el conflicto armado interno en el Perú: 1980-1999*. Lima: Instituto de Estudios Peruanos, 2010. La primera edición coeditada con la CNDDHH fue apoyada por la AECID y el DED, hoy GIZ. Una segunda edición fue publicada por el IEP como el tomo I de las *Obras escogidas* en 2011.
2. El fruto de este acopio está incluido en la *Colección Carlos Iván Degregori* que inauguró en junio de 2013 el IEP y que es de acceso libre (<archivo.iep.pe/coleccioncid/>). Allí se pueden leer todos los documentos identificados en estos años de trabajo y que son muchos más de los que finalmente han pasado a formar parte de esta colección de *Obras escogidas* de la que estamos dando cuenta.

La idea: encerrarnos en su departamento hasta dejar el material físicamente organizado, fechado, identificar ausencias notables y procurar hallarlas; pero, sobre todo, definir con Carlos Iván los temas de los futuros volúmenes y qué textos deberían y no deberían ser seleccionados para cada uno de ellos.

En su casa de Barranco, acogidos por el buen humor diario, la invisible pero acomedida gentileza de su hermano Felipe, las interrupciones médicas y los largos ratos de sueño que necesitaba Carlos Iván, trabajamos sin parar durante cuatro semanas. Él, cada vez más cansado, en ningún momento dejó de tener plena lucidez del proceso, de dirigirlo, de opinar, de recordarnos textos y nombres, de insistir sobre lo que le parecía más importante. Y de pensar varias veces el esquema de los volúmenes (y cambiar de esquema y volver al original, pues se dio cuenta de que ya no había tiempo para ensayar agrupaciones más complejas, más profundas). Decidió también los criterios de edición. Cuando terminamos el ordenamiento del material, en decenas de voluminosas carpetas, sentó las bases del trabajo más minucioso de selección y posterior edición.

Tras esta primera selección, nos encargó revisarla y hacerle una propuesta más acotada de contenidos. Luego de que la hicimos, él la revisó. Dudó de algunos textos. En general, dudó siempre de casi todo. Así lo vimos entonces, trabajando, preocupado por la coyuntura, leyendo los textos, sorprendiéndose de lo que un Carlos Iván de 1980 o 1970 había llegado a escribir, curioso, crítico y agudo. "¿Realmente vale la pena?", decía al revisar un texto, pero refiriéndose en realidad a todo el esfuerzo de recolectar sus escritos. Ninguno de nosotros era dado a los dramas, así que este tipo de diálogos duraba poco: sí, claro, vale mucho la pena, decíamos. Sonreía sarcásticamente.

Pequeñas notas introductorias

Carlos Iván quería escribir para cada tomo una introducción o, al menos, breves textos que presentaran los materiales seleccionados. No era su intención dar a tanto material una explicación ni hacer una reflexión de conjunto sobre cada tema, a modo de conclusiones de última hora. Quería, más bien, escribir algo para situar los textos dentro de su biografía personal e intelectual.

Al cabo de un corto tiempo quedó claro que no podría escribir esos textos. Pensamos, entonces, en una manera de facilitarle la tarea. Sobre la base del ordenamiento de los textos y su revisión, que ya entonces conocíamos bastante bien, conversaríamos con él, le haríamos algunas preguntas que le permitieran expresar sus ideas para luego articularlas en un escrito. Lo mejor que podíamos tener al final sería una suerte de "prólogos orales", fruto de algunas pocas preguntas motivadoras.

Al final, el resultado no fue tan preciso como esperábamos todos. Muchos temas, muchas horas y el cansancio hicieron que el diálogo fuera por momentos muy centrado, rico y denso pero, a veces, más disperso. Carlos Iván no le pudo dedicar a todos los temas el mismo tiempo. Saltaba de uno a otro de manera natural, quizá como hizo siempre en su vida, quizá también indicando su propia selección natural del tiempo y los temas en los que le quedaba aún algo por decir.

Lo cierto es que de modo simultáneo al ordenamiento y a la selección de los materiales, grabamos a Carlos Iván. El compromiso, entonces, fue de confianza: nosotros nos encargaríamos luego de sacar algunos textos breves que sirviesen para presentar cada tomo. "¿Tendrá sentido, valdrá la pena? —decía también en esos momentos, haciendo un gesto hacia la cámara, los apuntes, las grabadoras y las cintas—. ¿Estoy diciendo algo que valga la pena o estoy diciendo tonterías?".

Habló de muchas cosas: de la antropología, de las ciencias sociales en general, del Perú, de sus compromisos, de su vida política, de su vida cotidiana, de su amor por el arte y la poesía, de sus muertos. De los muertos que él eligió como suyos, que eran quienes habían sufrido la dura injusticia de la exclusión.

"Vale, vale la pena", le mostrábamos el cerro de cosas escritas. "Hasta tus artículos más estalinistas valen la pena —reíamos—. Tus artículos duros, tus humoradas en el *Diario de Marka* y *Monos y Monadas*, tus polémicas en el *Zorro de Abajo* y *Amauta*, tus primeras reflexiones sobre Sendero Luminoso y la guerra, a inicios de los ochenta, donde ya estaba el germen de muchas de tus hipótesis, enriquecidas en tus libros más orgánicos. Es como ver tu taller interior. Y sirve".

Carlos Iván nunca dejó de sospechar de nuestro entusiasmo. Pero seguíamos grabando y se fue convenciendo de que era una buena opción, pues redescubría cosas suyas, se daba cuenta de varias relaciones y conexiones que no le habían resultado evidentes antes. Estaba claro: su duda era la expresión de una modestia implacable y transparente.

Acuerdos al final de la jornada

Finalmente, una tarde terminamos. Decidimos concluir porque notábamos que Carlos Iván ya mostraba cierta tranquilidad con el trabajo logrado. Los materiales, por lo menos en una primera gran etapa, estaban seleccionados, ubicados y organizados. La grabación contenía suficiente material para luego elaborar breves textos introductorios. Entonces, nos sentamos en su mesa circular de Barranco para acompañarlo en la decisión de algunas pocas cosas más:

- La ratificación de los temas, estructura y el contenido de los tomos que conforman estas *Obras escogidas*.
- Los libros y artículos que no entrarían en la selección.
- Su deseo de que su primo Luis Nieto Degregori revisara las cuestiones de estilo. Y de que su primo Gonzalo Nieto Degregori cuidara del diseño y la parte gráfica.
- Que las introducciones fuesen una edición de las conversaciones, por tema, y que la hiciésemos con libertad.
- No censuró nada de lo dicho y conversado, salvo alguna pequeña confesión familiar.

En los días finales de trabajo, Ramón Pajuelo, entonces director de publicaciones del IEP, llegó con la tesis doctoral publicada, *Qué difícil es ser Dios*, lo que entusiasmó a Carlos Iván. Se acordó entonces que ese sería el primer tomo de las *Obras escogidas* y se mantendría el diseño de su primo Gonzalo. Habían sido semanas intensas en las que Carlos Iván se concentró seriamente, dejó de lado otros asuntos y evitó incluso atender a queridos amigos, urdiendo estrategias elegantes de esquive para no ofenderlos, con la complicidad de su hermano Felipe. Para él era importante dejar buena parte de este trabajo definido. Así que nos pusimos en esa sintonía. Luego nos despedimos, y a los pocos días Carlos Iván también se despidió.

Post

Un tiempo después proseguimos la tarea, que ha sido de todos modos —y pese al gran avance de esas semanas de abril y mayo de 2011— ardua. Hicimos tres cosas más o menos de modo sucesivo: i) entregamos a Ramón Pajuelo los máster y la digitalización de las grabaciones para que él se encargara de coordinar su transcripción; ii) completamos la recolección de los textos, mejoramos el ordenamiento, aclaramos dudas, para lo cual tuvimos un valioso apoyo; iii) y, finalmente, con cierta dificultad, editamos las conversaciones, procurando mantener lo más posible el estilo coloquial de Carlos Iván; evitamos una reescritura, procurando no sustituirlo en estilo ni completarlo con alguna idea. Ese fue nuestro compromiso y, aunque nos ha costado, ahora lo señalamos, sobre todo por la cercanía afectiva a esas palabras. Luego de muchas vueltas, de idas y venidas, este es el resultado.

Como responsables de la edición y selección y de las conversaciones, decidimos que cada tomo llevase como título el nombre de algún artículo o columna del propio Carlos Iván que resultase significativo para el conjunto.

No queda mucho más que decir. Fue un proceso largo y hecho, sobre todo, con mucho afecto. Agradecemos en este trayecto a Ronald Gamarra y Carlos Landeo, de la CNDDHH, y a Marcos Cueto, entonces director del IEP, quien acogió la iniciativa desde su origen remoto en 2009. Este compromiso fue renovado de manera entusiasta por la actual directora general, Roxana Barrantes, por todo su consejo directivo, y por Ludwig Huber, actual director de Publicaciones.

Agradecemos también a Gabriel Salazar, Flor Correa, Madeleine Torres y Keyla Barrero, quienes nos asistieron en diferentes momentos en el recojo del material; a Lucero Reymundo, quien nos apoyó en la edición; a Felipe Degregori por su generosa hospitalidad y a Ramón Pajuelo porque dio el inicial respaldo institucional y personal en todo momento, con atención, compromiso y, sobre todo, comprensión ante nuestras dudas y dificultades.

Las pequeñas notas introductorias incluyen muchas cosas de valor que Carlos Iván dijo aquellas semanas, entre ellas una nota de despedida muy emotiva. Esperemos que en algún momento haya oportunidad de compartirlo todo. Por el modo en que este proyecto editorial se ha ido desarrollando, esta nota que da cuenta del proceso saldrá con el tercer tomo de las obras seleccionadas. Por ello es que, quizá en un lugar poco común, compartimos un poema de Carlos Iván pues él nos dijo, más de una vez, que le hubiese gustado que fuera el epígrafe de la colección.

Cuando rompa estos lazos,
Cuando acaben esta duda,
este miedo,
En fin, la incertidumbre,
Cuando mi corazón
se abra
Entonces,
la palabra manará
Como un río
Y llegaré al mar
Y
Veré la luz
(1964)

PABLO SANDOVAL – JOSÉ CARLOS AGÜERO

Lima, julio de 2013.

Primera parte

ENTREVISTAS DE CARLOS IVÁN DEGREGORI

BARRANTES Y LA REVOLUCIÓN CENTROAMERICANA[1]

Alfonso Barrantes Lingán, presidente de Izquierda Unida, regresó hace poco al país luego de varias semanas en Cuba, México y Nicaragua. De sus impresiones y las enseñanzas que nos dejan las revoluciones triunfantes nos habla en esta entrevista exclusiva para El Diario.

–Carlos Iván Degregori: *Cuba enfrenta una nueva arremetida del imperialismo norteamericano y de las fuerzas reaccionarias; hace apenas un año se produjo el éxodo de casi cien mil cubanos; ¿cómo ha encontrado a Cuba?, ¿encontró un país en crisis?*

–Alfonso Barrantes Lingán: En ningún momento la revolución cubana dejó de ser hostigada por el imperialismo al que, por cierto, le hacen coro los sectores reaccionarios de América Latina. Lo que pasa es que este hostigamiento se expresa en grados diversos, alcanzando en algunos momentos niveles muy altos. La respuesta del pueblo cubano y de su dirigencia, naturalmente con Fidel a la cabeza, es rotunda en cuanto a la defensa de su soberanía y a los principios que sustentan su revolución.

Una revolución que después de 22 años es capaz de movilizar, en una conjunción admirable de conciencia y de fervor, más de un millón de personas para celebrar el Día del Trabajo, tiene asegurada su continuidad y la reiteración de su victoria frente al enemigo imperialista.

Por otra parte, parecería que el pueblo cubano descubrió el antídoto contra la arteriosclerosis, es decir, contra el burocratismo. No he encontrado una revolución en crisis, lo que no quiere decir que Cuba no tenga problemas y que su pueblo soporte todavía algunas limitaciones; sin embargo, hay por ejemplo un evidente proceso de industrialización.

---

1. Publicado en: *El Diario Marka*, n.° 396, 11 de junio de 1981, p. 11.

Allí está pues enhiesta la capacidad revolucionaria del pueblo cubano que, siendo realmente solidario con las luchas de todos los pueblos, también nos enseña que las revoluciones no son mercancía exportable y que su gestación, heroicidad y desarrollo son prerrogativa de cada pueblo. Cómo no recordar entonces la vigencia del pensamiento de Mariátegui cuando nos advierte sobre los calcos y las copias a los que, desafortunadamente, siguen siendo muy dados algunos —cada vez menos— dirigentes y partidos de la izquierda latinoamericana.

–CID: *México es uno de los centros donde convergen las fuerzas democráticas de América Latina y muchos de los exiliados del Cono Sur y Centroamérica, ¿cuál es la visión de América Latina que se recoge en México y qué piensan esos sectores democráticos sobre el proceso de la unidad de la izquierda peruana?*

–ABL: México es un hogar solidario para todos los exiliados y perseguidos políticos de América y hay que reiterar nuestro agradecimiento por la hospitalidad cordial que siempre dispensó a los peruanos en las épocas difíciles y, naturalmente, por la que brinda a la izquierda latinoamericana. Creo que a propósito de mi breve estancia en ese país, es indispensable resaltar la línea de dignidad soberana y de solidaridad histórica con que conduce su política exterior, y junto con ella su política realmente nacionalista de defensa de sus recursos naturales, dentro de los cuales figura el petróleo, que en modo alguno permite que sea tocado por las denigrantes manos de las transnacionales.

Gracias a la eficiente labor de nuestro Comité de Izquierda Unida (IU) en ciudad de México tuve una reunión verdaderamente singular con los representantes de gran parte de los partidos de la izquierda latinoamericana; con ellos examinamos coincidencias y diferencias de las realidades de nuestros países pero, al mismo tiempo, constatamos el anhelo y el deber irrenunciables —nutridos por las gestas libertarias que nos liberaron del colonialismo español— de coordinar esfuerzos y capacidades para dar fin a la era imperialista en nuestra América Latina. Existe pues allá, una visión optimista del destino americano, que tiene la particularidad de ser un ensueño surgido del examen realista de la situación concreta que viven nuestros países en particular y nuestra gran patria en general.

En cuanto a nosotros, las interrogantes se dirigen de modo exclusivo hacia IU, para averiguar modos y formas que han sido utilizados para crearla; seguros y riesgos a los que está sometida. Hay una evidente expectativa respecto de IU; celebran, por ejemplo, y no sin asombro, que en IU estén trabajando unitariamente el Partido Comunista Peruano y el Partido Comunista del Perú. Se alegran de que transitemos por los caminos de la unidad. Con todas esas fuerzas hemos establecido relaciones que se irán fortaleciendo para un intercambio fecundo de experiencias y de colaboración revolucionaria.

–CID: *¿Cuáles son las enseñanzas que puede obtener la izquierda peruana del proceso revolucionario de Nicaragua?*

–ABL: Las enseñanzas son múltiples pero, como todo espacio periodístico es limitado, señalaré solamente algunas. En la dirigencia revolucionaria hay una modestia que, por auténtica, muchas veces pasa inadvertida. No hay en los comandantes de la revolución con los que me fue grato conversar, actitudes de soberbia o de suficiencia; y es que cuando la entrega a una causa es auténtica, no hay tiempo para ensombrecer la tarea con petulancias o mesianismos. Diez horas del domingo 24 de mayo, que la gentileza del comandante Tomás Borges me dispensó invitándome a visitar con él, Corinto, Chinandega y El Viejo, lugar este último donde una fervorosa multitud rindió homenaje al comandante Germán Pomares, caído en la lucha, me sirvieron para aprender mucho sobre hombres y pueblos; sobre victorias y derrotas; pero sobre todo, sobre realismo político; y como Tomás Borge ha leído y lee a José Carlos Mariátegui, el Amauta estuvo presente en esta conversación inolvidable para mí.

Otra enseñanza valedera para nosotros tiene que ver con la unidad. Para no molestar a los suspicaces, hay que decir, en esto como en todo, que una cosa es aprender y muy otra copiar; de modo que cuando hablo de enseñanza aludo a lo asimilable y no postulo la traslación mecánica de una experiencia. Y a ello voy.

Sin unidad es indudable que no se hubiese logrado, de modo tan rotundo, la victoria contra el somocismo ni tampoco se hubiese iniciado un proceso revolucionario como el que hoy enorgullece a la América Latina. Claro que hay diferencias entre el proceso unitario que vivieron y viven las fuerzas revolucionarias nicaragüenses y las que llevan a cabo las fuerzas de la izquierda peruana; sin embargo, en ambos casos se trata de forjar la unidad como factor indispensable para combates exitosos y para orientaciones certeras.

A propósito de este factor unitario, hay que indicar que la revolución nicaragüense tiene una dirección colectiva y que el sustento medular es el Frente Sandinista de Liberación Nacional, cuya autoridad moral, política e histórica no admite discusión. Resulta ridículo que gentes de la derecha y algunos, felizmente poquitos, de izquierda, pretendan, después de la victoria y sin haber aportado nada para lograrlo, compartir dirección y orientación revolucionarias. No hay, pues, en este proceso un líder, son nueve los conductores de la revolución y con ellos avanza un pueblo que orgullosamente se sabe descendiente de Sandino y de Carlos Fonseca Amador.

Una cosa más, que bien vale para tapar la boca de tanto plumífero que distorsiona los propósitos y las realizaciones de la revolución sandinista. Esta revolución, para decirlo con palabras de Tomás Borge, se desenvuelve sin pena de muerte y con plena vigencia del *habeas corpus*.

–CID: *¿Cómo avanza la reconstrucción nacional?*

–ABL: Los avances son múltiples. En educación, por ejemplo, se ha producido sobre la base de la gratuidad de la enseñanza y de la ampliación de la infraestructura correspondiente, un incremento de la población escolar que alcanza el 68%; la educación para adultos se ha elevado en 14 veces; y por supuesto han sido creadas más de dos mil plazas para maestros. Si queremos tener una idea que sirva para diferenciar al somocismo, como expresión de barbarie, del sandinismo como esfuerzo tangible en favor de la dignificación humana, basta enterarse que el incremento del pliego de educación es del orden del 349,2%. Y que la gran cruzada de alfabetización hizo posible que cerca de medio millón de analfabetos recibieran sus beneficios, reduciéndose la tasa de analfabetismo del 50,35% al 12,96%, una de las más bajas en nuestra América Latina.

El gobierno de reconstrucción ha sextuplicado el gasto estatal destinado a garantizar la salud popular y ha duplicado la cifra correspondiente en el presupuesto general de la república. La seguridad social ha empezado a beneficiar a los nicaragüenses y en este momento se discute el texto de una nueva ley orgánica. En la época del somocismo —y cualquier coincidencia es simple semejanza— el Estado le debía al Instituto Nacional de Seguridad Social la suma de 680 millones de córdobas, esto es, alrededor de 10.800 millones de soles. La niñez empieza a ser, como no podía ser de otro modo, el único sector privilegiado de la sociedad nicaragüense. En el sector vivienda se está atacando el déficit habitacional inherente a las dictaduras de todo tipo, y a la fecha son numerosos los proyectos por culminar otorgando vivienda adecuada a los sectores más necesitados. Ha habido un reajuste equitativo de los salarios y existe un riguroso control de los precios de los artículos de primera necesidad.

–CID: *¿Y el bloqueo imperialista?*

–ABL: El gobierno de Estados Unidos no solo se niega a cumplir sus compromisos contraídos en lo que toca al programa de ayuda internacional, sino que esgrimiendo los manidos infundios de la "infiltración" comunista, alienta la contrarrevolución, prepara mercenarios y amenaza con invasiones. Frente a esta censurable actitud, tenemos que reiterar nuestra solidaridad más fraterna con el Frente Sandinista de Liberación Nacional y, por supuesto, la confianza que tenemos en él y en el pueblo de Nicaragua, de que sabrán derrotar cualquier intento imperialista de invasión o contrarrevolución, pues a lo largo de estos heroicos años han demostrado al mundo que son rotundamente leales al mandato sandinista: Patria Libre o Morir.

BARRANTES:
diálogo sin ilusiones reformistas ni renuncia a los principios[1]

–Carlos Iván Degregori: *Compañero Barrantes Lingán, el próximo miércoles, el Comité Directivo Nacional de IU que usted preside, va a dialogar con el presidente de la república; es la primera vez que se va a producir un hecho de esta naturaleza, por eso, no solo ha despertado expectativas sino también inquietudes. Al dialogar con un gobierno como el de Belaunde, ¿no estaría la IU poniendo en peligro los principios por los cuales siempre ha luchado la izquierda?, ¿qué nos podría decir al respecto?*

–Alfonso Barrantes Lingán: Que en efecto, a las seis de la tarde de la fecha referida, el Comité Directivo Nacional de IU iniciará el diálogo con el arquitecto Belaunde Terry, presidente de la república; que su realización es consecuencia de la posición adoptada por nuestro Comité y que fuera expuesta en la declaración de fecha... En ella, en texto inequívoco, se sostiene que dialogar no significa en modo alguno, ni renunciamiento a los principios que se defienden, ni conciliación con modelos económicos o políticos que afectan a nuestro pueblo. No están, pues, en peligro los principios que IU enarbola; está en juego la habilidad con la que se dialogue, pero que esta sea mayor o menor no pone en riesgo la fidelidad a los principios, como tampoco lo pone el que la conversación sea respetuosa, pues respetar al interlocutor no supone dejar de actuar con entereza frente a él. Únicamente los mudos no dialogan, lo que, sin embargo, no quiere decir que nos vayamos a pasar la vida conversando.

Desde el punto de vista político, hay circunstancias propicias para el diálogo y otras que no lo son; toca a los dirigentes no errar en la apreciación.

1. Publicado en: *El Diario Marka*, 28 de junio de 1981, pp. 10-11.

En esta oportunidad, todos los dirigentes menos uno, hemos coincidido en que resulta correcto dialogar y ninguno de nosotros va a traicionar sus principios ni mucho menos va a proponer o a aceptar concertaciones a espaldas del pueblo. Si esto no ha sucedido con los camaradas parlamentarios que acudieron a la invitación que les formulara el señor presidente de la república, tampoco sucederá con nosotros. En cuanto a que este hecho ha despertado expectativas e inquietudes, conviene hacer algunas precisiones: no hay ilusión o esperanza que nublen la objetividad de esta decisión; dentro de una línea política realista sabemos quién o quiénes van a ser nuestros interlocutores y por cierto sabemos la parte cualitativa y cuantitativamente significativa que representamos dentro de la sociedad peruana; o para decirlo de otro modo, sabemos qué intereses defienden ellos y cuáles nosotros; pero saber esto y aquello no puede ser obstáculo para llevar adelante una conversación puesto que, como lo dice nuestro documento, el diálogo es un vehículo mediante el cual se puede buscar soluciones a determinados problemas que afectan al país. Las inquietudes, si de veras aparecen debido a una real preocupación principista, creo que producida la explicación y sobre la base de una confianza mínima en la dirigencia, carecen de razón suficiente para subsistir; pero si los desasosiegos se nutren de celo personal, buscando encubrirse con altisonancias doctrinales, hay que apelar a los métodos correctivos de la educación y la disciplina partidarias, sin olvidar que en el seno de la izquierda también se produce lucha de tendencias, pues son diversos nuestros orígenes sociales y aún no hemos logrado una genuina proletarización en el pensamiento y en la acción.

–CID: *¿Usted cree que este diálogo con el presidente de la república sirve para legitimar a Izquierda Unida?*

–ABL: De ninguna manera. IU posee la legitimidad que le ha extendido el pueblo y precisamente por eso es que el gobierno ya no puede darse el lujo de ignorarla. Recuerdo que José Carlos Mariátegui, en un artículo, relievaba el que un escritor, modificando el "Dudo, luego existo" de Descartes, proclamaba "Combato, luego existo"; pues bien, IU combate y por eso existe y por eso también es la expresión de un tercio del electorado nacional; en consecuencia, exhibe una legitimidad que el gobierno no puede desestimar. Es en este sentido que hablamos de un reconocimiento de la izquierda por parte del gobierno. Y es conforme a esta circunstancia concreta que hemos dicho que la izquierda tiene que abandonar, como lo viene haciendo, las concepciones y las poses "infantilistas" que hoy resultan incompatibles con la responsabilidad que se deriva del extraordinario respaldo popular que estamos históricamente obligados a no defraudar.

–CID: *¿Qué opina de la necesidad de exigir el cumplimiento de determinados requisitos como paso previo para llevar a cabo el diálogo, según lo plantean algunos sectores en la izquierda?*

–ABL: Desconozco cuáles son los requisitos y cuáles sectores los formulan. En el seno del Comité Directivo Nacional no se habló de requisitos previos, es decir, no se planteó que fueran satisfechos tales o cuales por parte del gobierno, ni este demandó que nuestro Comité Directivo Nacional satisficiese estos o aquellos requisitos. No se trata entonces de un diálogo condicionado. Nadie está desesperado por visitar Palacio de Gobierno ni se hace ilusiones de que visitándolo se van a resolver los problemas sustanciales que agobian a nuestro pueblo; pero, por otra parte, nadie está dispuesto a jugar el papel de "niño terrible" que para dialogar reclama que previamente pongan la luna a sus pies. En el diálogo programado no se va a suscribir ningún pacto; los miembros del Comité Directivo Nacional somos lo suficientemente responsables y consecuentes como para no olvidar que tenemos la condición de personeros del pueblo y que por consiguiente no podemos suscribir un pacto a sus espaldas con quienes, en aplicación de una política económica antipopular, le agravian cotidianamente. En la manifestación pública que IU tiene acordada para el día... informaremos al pueblo sobre el diálogo realizado y lo haremos, como siempre, sin esconder nada, con entera sinceridad y sometiéndonos a su veredicto.

–CID: *¿No cree usted, como sostienen algunos, que con este diálogo se estaría legitimando al gobierno del señor Belaunde?*

–ABL: No lo creo porque en política la legitimidad genuina solo la otorga el pueblo,y la parte del pueblo que en mayo pasado sufragó por la fórmula presidencial de Acción Popular, hoy cuestiona aquella legitimidad y adhiere a los postulados de una oposición patriótica y revolucionaria. Dialogando con los personeros del gobierno, con el señor presidente de la república, ni les legitimamos ni nos legitiman. Vamos a confrontar nuestra razón con la suya, persuadidos de que la verdad es nuestra y que por ello mismo, como dice Juan Gonzalo aludiendo a José Carlos Mariátegui, cada octubre que pasa estamos más cerca de sus vísperas, que es al mismo tiempo estar seguro de que también en el Perú es inevitable el tránsito hacia el socialismo.

–CID: *Hay otra especie que también se esgrime a propósito del diálogo; está bien conversar con el enemigo; así lo dicen; pero señalan que este enemigo es traicionero porque mientras con una mano invita al diálogo, con la otra conculca los derechos humanos y aplica todas las medidas antipopulares que ya conocemos; ¿cuál es su opinión?*

–ABL: El adversario político, el enemigo de clase, no es algo que uno crea o construye; está allí, representa intereses antagónicos y con él hay que contender sin subestimarle ni sobrevalorarle, buscando o tratando de conocerle lo mejor posible para no incurrir en yerros, sino lograr aciertos enla contienda. En el caso concreto que nos ocupa, considero que el diálogo bien puede ser utilizado para mostrar esta conducta ambivalente, para demandar su explicación y, en última instancia, para que acaben las aún existentes ilusiones de algunos sectores populares respecto del gobierno. Una clase social no elige a su antagónica; una y otra son la expresión concreta de determinadas condiciones e intereses materiales concretos. Los dirigentes de IU, identificados con los intereses populares, debemos entonces estar preparados para que no nos sorprendan las maniobras del adversario, las ambivalencias del gobierno y, naturalmente, dispuestos a toda clase de combates, armados de realismo, de responsabilidad y con espíritu de entrega y de renunciamiento.

–CID: *De acuerdo con la posición realista adoptada, se advierte que ni el gobierno ni la Izquierda Unida van a cambiar sustancialmente con motivo del diálogo, entonces, ¿para qué le sirve a la izquierda tal diálogo?*

–ABL: En primer lugar, nadie ha pretendido ni pretende que como consecuencia de un diálogo se produzcan cambios sustanciales en cada uno de los interlocutores; no es ese el objetivo y precisamente no lo es porque estamos aprendiendo a ser realistas. En segundo lugar, no se trata de que el diálogo le sirva o no le sirva a la izquierda; creo que la pregunta certera es esta: el diálogo puede servir para defender en este momento concreto los intereses de los sectores populares y medios del país, ¿o no? Creemos que debemos utilizarlo como uno de los tantos medios de lucha; el que con este medio, como con cualesquiera de los otros, se obtengan algunas conquistas, depende de las circunstancia concretas y de la habilidad de los que lo ponen en práctica.

En todo caso, el diálogo servirá para que se compruebe que los hombres de izquierda, siendo corteses, somos al mismo tiempo inflexibles en la defensa de los intereses de nuestro pueblo y firmes en la adhesión a los principios revolucionarios heredados de Mariátegui, y por lo mismo esforzada expresión de la voluntad combativa de las masas.

–CID: *¿Ese combate inflexible y de masas va a ser la forma principal de la lucha de Izquierda Unida?*

–ABL: Sustancialmente sí, pero hay que tener presente que las formas de lucha corresponden a las situaciones concretas en que hay que librarla. Claro está que dentro de lo diverso resulta permanente la tarea de penetración en el seno de las masas para fundirse con ellas, aprender de ellas y alentar, garantizando con el fortalecimiento de su unidad y con la elevación de su conciencia de clase, el rol protagónico que históricamente les concierne.

Un dicho popular enseña que la experiencia no se adquiere en cabeza ajena; pues bien, en la lucha política no caben las suplantaciones y cuando estas se producen acaban en fracasos; por eso, es erróneo, por decir lo menos, el que algunos dirigentes, sustituyéndose a las masas, pretendan que ya se ha producido la asimilación y por consiguiente está a la orden del día la ejecución de consignas sobre cuyo contenido aquellas masas no han hecho o no han tenido su propia experiencia u otra que la haya antecedido en esa línea. Las masas por su propia cuenta están verificando —más allá de las sutilezas "universitarias"— los límites del quehacer parlamentario, y, por consiguiente, hasta dónde les sirve la democracia representativa; del mismo modo, ellas van a comprobar en la práctica si el diálogo, en este momento concreto, tiene sentido o carece de él.

Pretender pensar por ellas, en vez de colaborar fraternamente para que lo hagan y creer que ellas avanzan al ritmo de la desesperación o de la depresión pequeñoburguesas, constituye una candidez digna de una beatificación.

–CID: *A pesar de que la forma de acción de la izquierda ha sido siempre la lucha directa en defensa de las reivindicaciones más sentidas, la Izquierda Unida como tal aún no ha logrado convertirse en un frente político de masas; ¿a qué cree que se deba este retraso en el desarrollo de IU?*

–ABL: Al parecer, a dos razones: la primera, que no se trabaja lo suficiente para trascender lo estrictamente reivindicativo y mostrar que siendo importantes las luchas por tales o cuales reivindicaciones, hay una tarea fundamental que consiste en la lucha por la transformación estructural de esta sociedad; la segunda, que los partidos aún no se arriesgan a dar el salto histórico que fortalezca a IU, convirtiéndola en eso que usted reclama; hay que señalar que los partidos menores son los más reacios a la decisión, pues temen, creo que infundadamente, su desaparición. Sin embargo, todos han ratificado su voluntad de fortalecer a IU y a ello vamos "sin prisa pero sin pausa", como aconsejaba Goethe. Hay un enorme sector que carece de militancia pero que se reclama de IU, y es a este sector al que hay que darle atención y organizarlo.

–CID: *¿Qué medidas concretas plantearía para que justamente se atienda a este gran sector que indiscutiblemente ha expresado sus simpatías y su respaldo a Izquierda Unida?*

–ABL: Yo considero que hay una que no debe postergarse por más tiempo y es la "carnetización" de todos aquellos que se sienten y se saben identificados con IU; esto no significa desdeñar la militancia de los que la tienen en los partidos que integran IU; por el contrario, significa el establecimiento de un vínculo mayor que, a pesar de las naturales discrepancias, nutre un trabajo revolucionario en común.

Esta "carnetización" contribuiría a solucionar algunos conflictos entre partidos que tienen paralizados comités en diversos lugares del país. Entonces la responsabilidad de la conducción y del desarrollo de IU será consecuencia de la conjunción de esfuerzos y de aportes de los militantes de los partidos y de los militantes de IU en fraterna y sana emulación por vigorizar este Frente, que sin pertenecer a ninguna organización en particular es la creación de todos y tiene el sello de la exigencia popular históricamente acatada.

Hay una segunda tarea que está a punto de concretarse y es la apertura del local central de IU. Antes de mi viaje a Cuba y Nicaragua lo anuncié; desafortunadamente, el dueño del inmueble se ha negado a darlo en alquiler y aprovecho esta entrevista para pedirles a todos los camaradas que se echen a buscar un local central en la seguridad de que este será la sede del esfuerzo unitario en que todos estamos empeñados.

–CID: *Complementando estas tareas ¿no le parece que ya es hora de plantearse cuál debe ser el programa que defienda y difunda Izquierda Unida? ¿Cuál cree usted que debería ser el método?*

–ABL: Efectivamente, creo que ha llegado la hora y estoy seguro de que la capacidad de los dirigentes ha de lograrlo convenientemente. Considero que ya estamos en posesión del espíritu unitario y hemos dado pasos verdaderos en este camino. La práctica nos ha enseñado que primero es el espíritu y el paso certero y luego el programa, y no como quisieron y quieren los académicos y los pontífices de siempre. Recuerdo que en una carta Marx sostenía precisamente que un paso verdadero vale más que 20 programas, y José Carlos Mariátegui afirmaba que lo importante es el espíritu y luego el programa. Estamos, pues, en condiciones de abordar el problema y a ello vamos. El método ha sido esbozado. Queremos llevar a cabo un seminario a puerta cerrada para no caer en la tentación de los aplausos; en él, redactados previamente los temas sobre Mariátegui y el Partido, Mariátegui y el Frente

Único, Mariátegui y la clase obrera, y convenientemente distribuidos entre los dirigentes de los partidos, daremos inicio a la confrontación y discutiremos el contenido del programa. Seguro estoy de que el resultado va a ser exitoso; la responsabilidad revolucionaria así lo impone y lo supone.

Somos revolucionarios que no desechamos las reformas

–CID: *Hay tradicionalmente una pugna entre los que califican a otros de reformistas y estos que, a su vez, califican a aquellos de ultraizquierdistas; a pesar de que este fenómeno ha amenguado en los últimos tiempos, haciendo posible la creación de Izquierda Unida, todavía persiste; usted, ¿cómo enfocaría a las diferencias en estos niveles?*

–ABL: Primero, insisto en la necesidad de afirmar una línea de humildad revolucionaria y de fraternidad humana entre nosotros, gracias a la cual se termine la era de los pontífices, es decir, de aquellos camaradas que, atribuyéndose una infalibilidad papal, regalan adjetivaciones que muchas veces esconden propósitos liquidadores y casi siempre satisfacen necesidades caudillistas. Es muy antiguo el vóleibol entre reformistas y ultraizquierdistas, como también lo es entre revisionistas y dogmáticos. Sin sacar la cara por ninguno de ellos y sin necesidad de haberlo escuchado pero sabiendo que, en más de una oportunidad, se me han achacado algunas de esas desviaciones, debo decirle que más allá de la calificación doctrinal, la práctica sigue siendo el criterio conforme al cual se puede reconocer si una conducta política es correcta o incorrecta, vale decir, si recoge y expresa con autenticidad, los intereses de los sectores oprimidos; en este sentido, aquella fraternidad que invoco deberá servir para ayudarnos mutuamente a no caer o recaer en semejantes posiciones negativas; únicamente cuando el caso es perdido, hay que optar por la condenación pública de quienes, a sabiendas de la desviación en que se encuentran, persisten en ella. A propósito del reformismo y las reformas, acaso valga la pena recordar a Lenin cuando nos enseña que sería absolutamente erróneo suponer que nosotros —se refiere a las socialdemócratas— podemos o debemos abandonar la lucha por las reformas para sostener la lucha directa por la revolución socialista. No debemos hacerlo de ninguna manera. No podemos saber —agrega— cuán pronto lograremos el éxito y cuán pronto las condiciones objetivas han de permitir el advenimiento de esta revolución. Debemos —añade Lenin— apoyar todo mejoramiento, todo progreso efectivo de la situación económica y política de las masas.

–CID: *¿De acuerdo con su propuesta, la lucha debería darse dentro y no rompiendo lanzas hacia afuera?*

–ABL: Desde luego; hay que agotar la discusión interna; considero que es una manera de autoeducación muy importante, solamente cuando aparecen posiciones realmente antagónicas y una de ellas es incurablemente reformista, revisionista, ultradogmática, hay que abrir las puertas y dar paso a la ruptura. Hacer lo que hacen algunos, esto es criticar con petulancia posiciones de partidos o de personas, buscando satisfacciones personales, es no tener conciencia de las limitaciones, pues, si se las tuviese, se advertiría que tamaños devaneos "teóricos" no son felizmente leídos por las amplias masas, que lo que reclaman con insistencia es la unidad y la aplicación correcta de esta al servicio de sus intereses auténticos.

–CID: *Tal vez la insistencia en discutir temas como el reformismo, el revisionismo, se explique atendiendo al deseo de que no vuelvan a repetirse experiencias tan duras como la chilena o la boliviana, de acuerdo con las que la izquierda se convirtió en alternativa de gobierno pero no fue capaz de llegar al poder, habiendo sido derrotada con pérdidas incluso de vidas humanas. En este sentido, los nuevos ejemplos de Centroamérica y Nicaragua quizá ayudan a resolver esta contradicción que de algún modo garantizaría la no repetición de aquellas experiencias.*

–ABL: Realmente el tema es apasionante y no cabe duda de que los riesgos son inherentes a toda lucha política y social; sin embargo, no creo que el asunto se limite a señalar tal o cual desviación, tal o cual riesgo, yo creo que hay que señalar los métodos y los correctivos que harían imposible que experiencias semejantes se repitiesen por estos lares. Yo creo que el aprendizaje debe estar orientado a no caer en subjetivismos y por consiguiente a lograr la capacidad suficiente que garantice una política —para decirlo con redundancia— realmente realista.

Hay que hacer de IU una alternativa de gobierno y de poder

–CID: *Hay algunas suspicacias que se derivan de ciertas declaraciones suyas, por ejemplo, aquella que dice que la Izquierda Unida no pretende desestabilizar al régimen, esta declaración se entiende como si existiese un compromiso entre la IU y el gobierno.*

–ABL: Error gravísimo, entre IU y el gobierno no existe compromiso de ninguna especie; y cuando afirmo, recogiendo el sentido de uno de los acuerdos del Comité Directivo Nacional, que nosotros no queremos desestabilizar al gobierno, esto no significa que hayamos conciliado con él, ni mucho menos que aprobemos su política económica antipopular y su conducta represiva en contra de la izquierda. Sencillamente decimos que conviene a los intereses de nuestro pueblo, y por eso mismo a los intereses de IU, la continuidad de este régimen constitucional, porque al amparo de las libertades conquistadas por el pueblo es posible que sigamos acumulando fuerzas, vigorizando nuestras organizaciones de masas y forjando la unidad de los pobres del campo y de la ciudad. Lo paradójico del asunto reside en que hay sectores del propio gobierno que trabajan por su desestabilización, pues coinciden con los sectores golpistas que, por vocación y temperamento, son antidemocráticos y naturalmente anticomunistas.

–CID: *Una pregunta final:¿es usted optimista respecto del avance de la Izquierda Unida o cree que corre el riesgo de agrietarse o romperse?*

–ABL: Soy vital y revolucionariamente optimista. Izquierda Unida, siendo hechura de los partidos, es creación heroica del pueblo, pues su advenimiento es, como ya ha sido dicho, el acatamiento de los partidos a la voluntad multánime de los sectores oprimidos y explotados del Perú. A partir de la ratificación multitudinaria expresada en la manifestación de la victoria realizada en la plaza San Martín, IU es una alternativa de gobierno y pugna por convertirse en la expresión popular capaz de elevarse a la condición de alternativa de poder revolucionario. Soy, como enseñaba el Amauta, de los que afirman y creen; por eso seguiré en esta tarea unitaria hasta cuando resulten realmente inservibles mis afanes y mis desvelos.

ERNEST MANDEL:
la democracia socialista es posible y necesaria[1]

Ernest Mandel es uno de los dirigentes históricos del trotskismo y cabeza de la tendencia conocida como el Secretariado Unificado de la IV Internacional. Economista de renombre, ha hecho importantes aportes al análisis de la economía mundial de posguerra.

En esta entrevista nos presenta una visión polémica y plena de optimismo sobre el socialismo y la revolución.

–Carlos Iván Degregori: *Un debate que ocupa cada vez más el primer plano en la izquierda revolucionaria es el de la compatibilidad entre socialismo y democracia. Sobre este problema hay diversas opiniones y múltiples hechos, desde el eurocomunismo hasta los sucesos de Polonia, ¿qué nos podría usted decir sobre el tema?*

–Ernest Mandel: Sí, los eurocomunistas cada vez tienen más influencia, también en los partidos comunistas de América Latina. Están conquistando el PC de México, tienen la mayoría en el PC de Brasil, tienen mucho peso incluso en el PC de Chile.

Nosotros rechazamos totalmente el eurocomunismo, nosotros seguimos siendo comunistas leninistas, tradicionales. Pensamos que hay que derrocar al Estado burgués y sus instituciones. Esa es la vía al socialismo, a la emancipación de la clase obrera.

La alternativa al estalinismo es la democracia socialista, una organización estatal en la cual el poder está en manos de los obreros, campesinos pobres y demás capas populares organizadas. Es el poder directo de la clase obrera.

---

1. Publicado en: *El Diario Marka*, 19 de agosto de 1981, p. 11.

El partido proletario, el partido de vanguardia, lucha por la hegemonía política, pero lucha con métodos políticos, no burocráticos. Por eso admite la pluralidad partidaria, la pluralidad de prensa y las más amplias libertades para la organización y movilización del proletariado y el pueblo. Todo esto es compatible con el socialismo.

–CID: *Pluralidad de partidos, libertades democráticas, son puntos que también reivindica el eurocomunismo. Precisando más el deslinde, ¿cuál sería entonces para usted la diferencia central?*

–EM: La ya dicha, ellos quieren esas libertades democráticas y esa pluralidad de partidos en instituciones del Estado burgués, nosotros la vemos en un tipo de instituciones cualitativamente diferentes.

–CID: *¿La diferencia estaría entonces en la necesidad de destruir el Estado burgués?*

–EM: Exactamente, nosotros estamos a favor de la dictadura del proletariado; el eurocomunismo está en contra de la dictadura del proletariado, están por un régimen democrático burgués. Pensamos que todo lo que ellos dicen se aplica después del derrocamiento del Estado burgués, de la expropiación y desarme de la burguesía, propiedad colectiva de los medios de producción, armamento general de pueblo.

–CID: *Frente al problema de la democracia, en el socialismo surgen también posiciones como las de Rudolf Bahro, que dice, quizá simplificando su pensamiento, que para países como los nuestros es casi inevitable una especie de estalinismo.*

–EM: Sí, sí, esa es la posición.

–CID: *¿Qué opinión le merece?*

–EM: Lo que él sostiene es una racionalización *a posteriori*, de lo que sucedió como consecuencia de la interacción entre condiciones específicas muy difíciles en la URSS en los años veinte y la reacción ideológica, política, teórica de los partidos comunistas estalinizados, sobre esa realidad. Evidentemente, en el año 1921 en la URSS la clase obrera estaba limitada al 10% de la población activa, reducida en dos terceras partes de lo que era en el momento de la Revolución de Octubre.

Eran condiciones excepcionales dentro de lo excepcional, excepcionales en segundo grado. Pero basarse en eso hoy para explicar, justificar o racionalizar lo que ocurre en Europa Oriental, donde la clase obrera no es el 10% sino el 50%, 60% o 70% de la población activa, para no hablar de Europa Occidental, Estados Unidos, Japón e incluso de toda una serie de países semiindustrializados, donde la clase obrera y la población urbana son más de la mitad de la población, no tiene sentido.

Bahro es un amigo, no tengo la intención de atacarlo, pero se puede decir que hay una falta de confianza en la clase obrera. Ya los sucesos de Polonia nos demuestran hasta qué punto esto es injustificado. Pero hay falta de imaginación, la gente piensa en estructuras, digamos clásicas, solo generalizando, extrapolando lo que ya ha ocurrido; no piensa que pueda ocurrir algo totalmente nuevo. Es falta de pensamiento revolucionario en el sentido psicológico de la palabra. Hay un miedo en muchos intelectuales, que en mi opinión tiene raíces sociales; hay miedo en las masas populares, al tocar cosas sagradas como la técnica, los transportes, las telecomunicaciones, lo vayan a desorganizar todo, el miedo a la anarquía que se expresa muy bien ahora en los dirigentes comunistas polacos.

¿Cuál es la verdad?

La verdad es que son los expertos los que han organizado la anarquía. Si usted ve el mundo de hoy, el mundo capitalista, los países del Este, es difícil imaginar que los obreros puedan ser tan tontos que puedan crear mayor anarquía de la que existe. Creo que ese temor a las masas no debe existir, y, otra vez, cuando vemos lo que pasa en Polonia en el último año, se demuestra que la gente del pueblo, los obreros, los campesinos pobres, son mucho más inteligentes de lo que piensa el burócrata, el tecnócrata, el experto político profesional.

No existe la omnisciencia

–CID: *Mi pregunta iba más a los países atrasados. Se comienza a hablar y a temer, por ejemplo, el síndrome o el trauma Camboya. Se dice que en los países atrasados hay peligro de instaurar un régimen de ese tipo, existiría todo lo que se llama la herencia "oriental".*

–EM: Sí, pero si usted me disculpa, no son ni los obreros ni los campesinos los que han hecho lo de Camboya. Si algunos lo han hecho han sido de nuevo los expertos, los intelectuales, los funcionarios que creen que conocen la solución a todo. Yo soy mucho más modesto. Por eso es que estoy a favor de la democracia socialista. Creo que no hay nadie en el mundo, ni en el partido, ni en la élite intelectual, que conozca las respuestas a todo. Dejemos al pueblo responder y va a responder con diferentes soluciones y va a haber pelea política y mayorías y minorías, y la mayoría puede incluso equivocarse.

Si abordamos el problema de ese modo, aceptando que nadie conoce las respuestas a todo, que no existe la omnisciencia, seremos más modestos, cometeremos menos errores, evitaremos crímenes que se justifican solo con el mito de la omnisciencia. Stalin sabía todo y por eso tenía el derecho de matar a 20 millones de personas. Los *khmer rouge* [jemeres rojos] lo sabían todo y por eso tenían el derecho de matar a dos millones de personas.

Yo no pienso que sé todo, yo no pienso que el partido revolucionario de vanguardia conoce la respuesta a todo. Y si somos un poquito más modestos, estaremos dispuestos a la democracia socialista, a escuchar a los obreros, a la gente del pueblo, a ver cuáles son las diferentes variantes. Porque hay hipótesis y variantes de solución, nada más. Si aceptamos esto, estaremos ya en la vía de una justificación teórica, no empírica, de la democracia socialista. Esa es la justificación de la democracia socialista: no conocemos la respuesta a todo, hay mucho de experimentación, y en cuanto hay experimentación, se debe dejar libre la vía para diferentes variantes.

–CID: *O sea que de ninguna manera surge de las estructuras de los países atrasados la necesidad de una dictadura que imponga disciplina, entre comillas.*

–EM: Disciplina sí, disciplina libremente consentida, sí. Disciplina de mayoría. Repito, lo de Camboya no solo es un caso criminal sino extremo. Hay evidentemente países en el mundo, pienso en Chad, en la República Centroafricana, donde no hay ni 20 mil obreros. Qué significa la dictadura del proletariado cuando no hay proletariado, evidentemente no tiene sentido. Pero esas son excepciones.

Incluso cuando vemos la República de Nicaragua, ahí la clase obrera era muy pequeña, una de las más pequeñas, sino la más pequeña de América Latina. En esas condiciones, inevitablemente, otras capas, como la pequeña burguesía, el campesinado pobre, se puede discutir sobre los conceptos sociológicos, van a tener un peso más grande. Pero hablando de los países que son la regla, incluida América Latina. ¿Cuáles son los países determinantes acá? Brasil, México, Argentina, Colombia, Chile, Perú, Bolivia son países con una clase obrera mayoritaria o que siendo minoritaria tiene una historia de 40 o 50 años de organización de clase, una tradición de lucha y un peso determinante. No hay entonces necesidad de una disciplina criminal o burocrática-administrativa, absolutamente no.

Los obreros pueden encontrar mejores soluciones. Pueden equivocarse, insisto: la idea de democracia socialista implica que la mayoría puede equivocarse, no pienso que la mayoría siempre tenga razón. La democracia socialista implica que el partido acepte la opinión mayoritaria de los obreros, sin pensar que la mayoría siempre tiene la razón. El partido va a pelear por sus ideas.

Vamos a citar un precedente histórico que es quizás el más conocido y probablemente el más trágico de las experiencias llamadas socialistas. Hubo en la URSS una discusión de cuatro años, la última discusión libre que hubo, entre 1924 y 1928, sobre las diferentes variantes del desarrollo económico en el campo. Lo que ocurrió fue que las dos posiciones más racionales: la de la oposición de izquierda y la de derecha, la oposición de Bujarin, fueron rechazadas, y lo que se aplicó fue la colectivización forzada. Probablemente esto costó al pueblo soviético 20 millones de muertos.

Pero no solo eso, porque uno puede decir de modo cínico, inhumano: qué importan 20 millones de muertos si se construye el socialismo. Pero el hecho es que cuando murió Stalin, la producción per cápita de carne después de 25 años de colectivización forzada fue más baja que durante el zarismo. Fue el fracaso económico total de esa política. Hasta hoy, las consecuencias de ese error o de ese crimen todavía no son eliminadas de la economía soviética y 260 millones de personas continúan llevando sobre sus espaldas las consecuencias de ese error criminal y ético.

Si hubiera existido un mínimo de democracia socialista en la URSS, hubiera habido millones de gentes que hubieran podido ofrecer otras alternativas a esta política.

Existen otros casos donde sucedió algo semejante. En Yugoslavia se corrigió rápidamente después de un año y medio, en China luego de tres años. Cuando hay un régimen de poder ilimitado, estas correcciones se hacen después de 25, 30 o 35 años, e incluso no completamente. Y eso es un desastre.

Yo devuelvo la cuestión contra todos los defensores de esos regímenes y digo que no solamente es inaceptable desde el punto de vista político, moral, humano, no se llega al socialismo, se congela la transición de una fase intermedia, sino que tampoco sirve desde el punto de vista económico, no es racional, no es eficaz. Esa forma de disciplina ciega acumula sacrificios inútiles, pérdidas inútiles, despilfarro inútil, y es como un sabotaje histórico a la construcción del socialismo, no sirve.

ERNEST MANDEL:
China, Nicaragua y la revolución permanente[1]

Una versión muy particular del proceso nicaragüense y la revolución china nos presenta el dirigente del Secretariado Unificado de la IV Internacional, Ernest Mandel, en esta segunda parte de una larga entrevista que concediera a El Diario. *Comenta, además, el fracaso de la Alianza Revolucionaria de la Izquierda (ARI), y se explaya sobre la clásica posición trotskista respecto del frente único y la hegemonía.*

–Carlos Iván Degregori: *Hemos hablado del eurocomunismo, el estalinismo y la dictadura del proletariado. En América Latina, una significativa corriente revolucionaria afirma que la dictadura del proletariado, digamos clásica, no es posible por múltiples razones y se plantea como alternativa la democracia popular en el camino al socialismo. Se pone como ejemplo a Nicaragua. En el trotskismo hubo problemas a partir de una determinada evaluación de esa experiencia. La Brigada Simón Bolívar, por ejemplo, fue expulsada de ese país. Hay pues toda una polémica que tiene a Nicaragua y Centroamérica como ejemplos.*

–Ernest Mandel: Yo creo que aquí hay confusión. El Frente Popular, dejemos esa fórmula...

–CID: *Sí, me refiero más bien a lo que llamamos revolución democrática-popular.*

–EM: Sí, sí, exacto, esa es una estrategia que esencialmente mantiene el Estado burgués, mantiene el poder político en manos de la burguesía. Eso fracasó y va a fracasar siempre, con excepción de países totalmente marginales, sin importancia global.

---

1. Publicado en: *El Diario Marka*, 20 de agosto de 1981, p. 11.

Lo que los compañeros sandinistas han hecho, en mi opinión, es otra cosa. Ellos han aplicado la teoría de la revolución permanente, han destruido al ejército burgués, están destruyendo el Estado burgués. Que no lo llamen así es otra cosa, pero nosotros como marxistas debemos juzgar a la gente no sobre la base de lo que dice, sino sobre la base de lo que hace.

Me referiré a un precedente histórico. Cuando Mao Tse Tung proclamó la República Popular en China, decía que no estaba estableciendo la dictadura del proletariado, que estaba colaborando con la burguesía, construyendo un Estado de democracia popular.

Si hacemos un balance histórico, podemos decir que lo que ha hecho está muy bien, lo que ha dicho está muy mal. Pero lo fundamental es lo que ha hecho. Cómo se puede pensar que la burguesía china tuviera el poder en 1950 o 1951, que el ejército chino que luchó contra los norteamericanos en Corea fuera un ejército burgués, que fuera un Estado de democracia popular el que hizo la guerra, eso no tiene sentido.

Para mí es evidente que lo que se construyó en China en octubre de 1949 fue un Estado obrero, se destruyó el ejército y el Estado burgués. La burguesía votó con sus pies y se fue a Hong Kong, ni un solo burgués chino tenía la idea de estar en el poder en 1950.

En mi opinión, está ocurriendo algo muy semejante en Nicaragua. No hay muchos burgueses nicaragüenses, para no decir burgueses imperialistas, que piensen que es la burguesía la que está en el poder de Managua. Los hechos lo demuestran. Por supuesto que el proceso no ha terminado, podría ocurrir algo, de acuerdo. Por eso nosotros somos prudentes y hablamos todavía de una situación de doble poder. Hay todavía elementos de poder en manos de la burguesía, especialmente en el terreno económico, pero fundamentalmente el poder está en manos de los sandinistas, las armas están en sus manos, la burguesía no tiene armas, y para restablecer el Estado burgués en Nicaragua, ya hoy se necesita una contrarrevolución, y digo más: una contrarrevolución con larga intervención externa, porque en el país mismo ya no hay fuerzas para restablecer un poder contrarrevolucionario.

En ese sentido es que no tenemos dificultad en considerar a Nicaragua, no como una excepción, sino como una confirmación de lo que nosotros pensamos, que es la enseñanza de todas las revoluciones en los países dependientes, subdesarrollados, que confirman la teoría de la revolución permanente.

Se puede discutir sobre otro asunto, que los compañeros sandinistas hayan utilizado antes de llegar al poder palabras, consignas, organización, tácticas, acuerdos, sobre los cuales se puede hacer un juicio: si es posible o no generalizar esto para el conjunto de la América Latina.

Yo no los critico a ellos, tenían razón. En una situación de dictadura sangrienta, no estamos en contra de todo tipo de acuerdos tácticos con sectores burgueses que pelean en los hechos y no solo de palabra contra una dictadura semifascista, sangrienta, o contra el imperialista.

Pero ese no es el aspecto principal. Lo principal es que la experiencia nos enseña que cada vez que se hace un acuerdo político con grupos burgueses, ellos que tienen diez veces más conciencia de clase y experiencia política que la clase obrera, imponen como condición de esos frentes, limitaciones a la movilización, a la autoorganización, a la lucha de la clase obrera y las masas populares. Aceptan bloques políticos con esta condición. Nosotros consideramos que cada vez que la clase obrera limita la defensa de sus propios intereses, la organización de su propia clase, las movilizaciones de sus propias fuerzas, va a ganar la contrarrevolución.

Si hay en un lugar cualquiera una fracción burguesa que está dispuesta a combatir al lado del proletariado y de los campesinos pobres, permitiendo que los obreros defiendan sus intereses de clase anticapitalistas, se movilicen sin limitaciones, tomen las armas para destruir el Estado burgués, bueno, esa ya es contradicción de la burguesía, no es problema nuestro, pero en mi opinión van a ser muy raros esos casos. Especialmente en todos aquellos países en los cuales ya existe una experiencia de lucha de clases. Cómo pensar que la burguesía boliviana, después de todo lo ocurrido a partir de 1952, va a admitir eso: que los obreros tengan derechos ilimitados para hacer huelga, para armarse, para hablar en radio y televisión. Bueno, yo francamente no lo creo, eso puede ocurrir en casos totalmente marginalizados, como Nicaragua después de 30 años de dictadura, de desaparición total de experiencia política, de organización política, donde la gente ve solo lo que está inmediatamente ante ella; e incluso en esos casos, no había muchos burgueses que habían sido ganados. Bueno, si alguno piensa que se puede ganar a los burgueses, que lo intente, pero no al precio de engañar a la clase obrera, no al precio de limitar de cualquier modo su autoorganización, su movilización, su armamento, la defensa de sus propios intereses de clase. Si se puede encontrar burgueses tontos que acepten esto, muy bien, no vamos a expulsarlos, no tendría sentido. Pero muy raros serán los casos en los países donde hay una verdadera experiencia política de lucha de clases de un lado y de otro.

Sobre la ARI

–CID: *Bueno, lo central de la revolución democrática-popular no es la alianza con la burguesía sino con el campesinado y el problema de los sectores medios. Quizá mi pregunta sea muy específica, pero en el Perú esta controversia fue muy actual durante las elecciones del año pasado. En la ARI, los compañeros trotskistas llevaron a un extremo sus propias posiciones, se llegó a la exageración de considerar partidos burgueses a minúsculos grupos de pequeña burguesía. En ese sentido, dónde se pone el límite entre burguesía así tan laxamente definida y lo que podemos denominar capas medias o pequeña burguesía, que en países como el nuestro es numerosa, actuante y muchas veces radical.*

–EM: La pequeña burguesía urbana es en todos los países semicoloniales, dependientes, una aliada natural de la clase obrera y de los campesinos pobres. Pero si no se hace una aproximación formal, si se hace una aproximación sustancial del asunto, mi opinión, como la formulaba antes, es el único criterio decisivo: se acepta o no la autoorganización, la movilización y la defensa de los intereses de la clase obrera y del campesinado pobre.

–CID: *Se aceptaba...*

–EM: Bueno, esa es la base de un frente obrero-campesino, incluida la pequeña burguesía urbana, que no representa un freno al proceso revolucionario y que tiene como objetivo claro la toma del poder por el proletariado apoyado por el campesinado pobre y la pequeña burguesía.

Si se hace la mínima concesión a esos señores de frenar, limitar el libre desarrollo de la lucha de la clase obrera para poder incluirlos en el frente, estoy en contra. Ese freno es diez veces peor que tener una fuerza adicional que, en todo caso, será muy marginal. Si las cuestiones son puramente formales, si esos señores son solo burgueses medios o pequeños burgueses, no tiene sentido. Probablemente haya habido exageración, lo acepto fácilmente, no sé de qué parte, si son los compañeros trotskistas los responsables o si hay responsabilidades principales de aquellos que no tenían el deseo de hacer vencer a la ARI por el peso que tenía el compañero Hugo Blanco en ella.

MANDEL: en Europa la revolución no está lejana[1]

Volviendo a hablar de Europa, conversamos con Mandel sobre el avance de los ecologistas. Para él, ese avance confirma que cuando la clase obrera no juega su papel centralizador de la lucha política, problemas sectoriales, como la defensa del medio ambiente o el armamentismo nuclear, son tomados aislados del conjunto, cayendo en una lógica reformista.

–Carlos Iván Degregori: *¿Por qué la incapacidad en Europa de forjar un movimiento revolucionario de este tipo? Lo que aparece a primera vista es, en el mejor de los casos, un avance de las posiciones que clásicamente han sido denominadas reformistas.*

–Ernest Mandel: Pienso que en Europa occidental, para no hablar de Polonia, la izquierda revolucionaria es hoy mucho más fuerte, cualitativamente más fuerte que en 1968. Después de 1968 cambió la situación y lo que fueron entonces pequeños grupos son hoy corrientes que tienen peso de masas. En la mayoría de los países de Europa occidental, con excepción única de Alemania Occidental, la izquierda revolucionaria hoy día representa el 3% o 4% del electorado, que no es poco si se tiene en cuenta que la mayoría de los partidos comunistas oficiales, con excepción de Italia, tienen alrededor del 10% o 15%. Si la izquierda revolucionaria está ya en 3% o 4%, la relación comienza a cambiar. Hemos vivido el periodo cuando éramos 0,1% contra 25%. Ahora la situación ha cambiado. Y en ese sentido, un viejo como yo puede ver toda la evolución de los últimos 35 o 40 años, no hay punto de comparación.

–CID: *Pero de todas maneras, 3% o 4% es una cifra muy pequeña.*

–EM: No, en una situación no revolucionaria tener 3% o 4% implica llegar a 30% o 40% en una situación revolucionaria, porque eso es lo que ocurre

1. Publicado en: *El Diario Marka*, 21 de agosto de 1981, p. 11.

generalmente. Las fuerzas revolucionarias se multiplican por diez en una verdadera explosión revolucionaria.

–CID: *¿Y es posible una situación revolucionaria hoy en Europa?*

–EM: Absolutamente. Esa es en verdad la gran diferencia entre nosotros y el eurocomunismo, para no hablar del reformismo socialdemócrata. Ellos piensan que la revolución no es posible por un siglo, medio siglo. Brezhnev piensa lo mismo, Deng Xiaoping piensa lo mismo. Nosotros no.

Si vemos la evolución de los últimos 15 años, hemos visto ya tres grandes explosiones en Europa occidental, la de Francia en 1968, la de Portugal en 1974-1975, la de España en 1975; situaciones semejantes en Italia; estamos en una situación similar en Gran Bretaña y hoy de nuevo en Francia. Yo creo que es lo paradójico, pero en eso soy leninista, creo que nadie puede decir fecha, puede ser en 5, 10, 15 años o puede ser en un año, pero el destino de lo que suceda entonces va a ser determinado hoy. El destino de las explosiones revolucionarias es determinado antes. Si uno inicia la construcción de un partido revolucionario en la revolución, es demasiado tarde.

Debe haber 10, 15, 20 años de antemano. Formar los cuadros, ganar la confianza de los obreros en las luchas anteriores, los cambios en la conciencia.

–CID: *¿Y el triunfo de Mitterrand?*

–EM: Yo soy muy prudente en decir que lo ocurrido en Francia sea un triunfo de los reformistas. Formalmente sí, claro. Desde el punto de vista electoral es un triunfo reformista. Los partidos socialista y comunista son reformistas y tienen una mayoría extraordinaria. Nunca se ha visto una cosa así: 55% para la izquierda, 65% de los diputados son socialistas o comunistas. Nunca en el pasado ha sucedido algo así. Pero cuando uno ve con más profundidad las cosas, se entiende que lo que hay detrás es un profundo deseo de cambio global de la sociedad.

Los reformistas son incapaces de dar satisfacción a ese deseo de cambio y solo pueden pasar dos cosas: o la de Chile o la revolución. O esos cambios que los reformistas no pueden realizar llevan a la desmoralización, a la descomposición del movimiento de masas, dando la posibilidad a la derecha de tomar su revancha en dos, tres, cuatro años; o la radicalización de cada vez más amplias capas del partido socialista, comunista, especialmente de los sindicatos, con la posibilidad de que la extrema izquierda gane cada vez más posiciones. O hay desmoralización o hay desborde. Yo creo que habrá desborde. Rápido no, vamos a ver, el pueblo francés, la clase obrera francesa es muy inteligente, la más politizada del mundo, tiene mucha inteligencia táctica, como la de Polonia, sobre lo que es y lo que no es posible en cada momento. Pero históricamente no creo que vaya a dejarse desmoralizar por el fracaso que es seguro de la política económica y social de Mitterrand.

Ya se ve muy fuertemente en las fábricas. Interpretan lo ocurrido como un cambio a su favor en la correlación de fuerzas entre las clases. Y se vuelven más fuertes contra los patrones. Dicen: por primera vez tenemos un gobierno que no va a apoyar a los patrones en cada situación, lo cual es verdad. Evidentemente Mitterrand no puede hacer lo mismo que hacía Giscard. En esas condiciones, por ejemplo, van a oponerse a los despidos. Van a decir: el gobierno no puede apoyar los despidos, lo ha prometido durante la campaña electoral.

Para la patronal se da una situación muy difícil. Es una clase obrera que tiene confianza en sí misma, que tiene gran fuerza sindical, que va a organizarse más aún; hay un gran movimiento de extensión de la sindicalización. No va a ser fácil para la burguesía. Yo creo que es muy difícil la desmoralización. Claro que es posible, es una de las dos alternativas, pero no creo que sea la más probable. Creo que antes que eso vamos a conocer un nuevo mayo francés. Esperamos victoriosos. Vamos a hacer lo posible para que sea victorioso, no estamos seguros; inclusive en Chile, si hubiera habido una dirección perfecta, la victoria no hubiera estado asegurada, pero cuando no se pelea, la derrota es segura. En Francia, por cierto, vamos a pelear.

–CID: *Sus referencias a China han sido favorables con respecto a la URSS.*

–EM: No muy favorables, un poquito favorables.

–CID: *Bueno, pero creo que la pregunta vale, ¿qué piensa de China y de su actual liderazgo?, ¿Deng Xiaoping entra en una lógica burocrática?*

–EM: Claro, pero tampoco se debe subestimar el aspecto burocrático de la fracción maoísta, que fue también una fracción burocrática.

–CID: *¿Y la Revolución Cultural?*

–EM: Hay dos elementos. Lo espontáneo de las masas es positivo, pero hay una manipulación de ese movimiento. En la biografía de Qiang Qing, yo respeto el valor intelectual de Qiang Qing; en el juicio ha mostrado coraje. Pero su persona es el ejemplo tragicómico de la falta de autoconciencia de la burocracia, que es característica de esa capa. La burocracia es una capa social que debe negar su propia existencia en todos los lugares, incluida China. Ella le habla a esa periodista norteamericana contra los privilegios burocráticos, la desigualdad, diciendo que hay que movilizar a las masas, pero después le dice: usted ha visitado mi vivienda, a mí me gustan mucho las rosas. ¡Usted piensa que un obrero en China tiene diez jardineros que se ocupan de sus rosas! Ella lo dice así, con ingenuidad, no se da cuenta de que está describiendo sus extraordinarios privilegios materiales. Eso no es democracia socialista.

–CID: *Cuando usted habla de un elemento de espontaneidad y un elemento de manipulación, ¿no está privilegiando demasiado la espontaneidad? Se puede preguntar, ¿quién encauza este "espontaneísmo"?*

–EM: Cuando digo "espontaneísmo" hablo de una cosa muy precisa. Una fracción de la burocracia, la maoísta, que fue minoritaria, hizo un llamamiento a los jóvenes y a algunos sectores limitados de la clase obrera, para derrotar a la fracción mayoritaria del Partido Comunista. Ese llamamiento trajo como consecuencia grandes movilizaciones de masas, de jóvenes guardias rojos, algunos de los cuales escaparon totalmente al control de la burocracia. Es en ese sentido en el que digo que existió una diferenciación política tremenda.

Esto es poco conocido en el mundo, pero se constituyeron en seis meses por lo menos diez organizaciones a escala nacional y centenares de organizaciones a escala local y regional, cada una con su propia línea política, algunos con títulos, digamos, muy "trotskizantes". "El Ejército de la Revolución Mundial", por ejemplo. Por supuesto que el nombre me gusta, no conozco a los compañeros, pero uno que en China en 1965 toma un nombre así, bueno, no puede ser un estalinista burócrata cien por ciento. Debe haber algo.

Entre ellos se encuentra hoy la mayoría de los disidentes, opositores a Deng Xiaoping, prácticamente todos son guardias rojos, hay muchos emigrantes en Hong Kong, que hablan de toda esa experiencia, traumatizante para ellos, porque tienen conciencia de que fueron manipulados y están tanto contra Mao como contra Deng, y buscan otra vía, digamos la vía polaca. En la China de hoy hay huelgas, lo reconoce la burocracia misma. Hay muchos movimientos, no se puede comparar con Polonia porque China es un país enorme y el movimiento es limitado, pero sí con la Polonia de1968-1970, y la Polonia del setenta prepara la del ochenta. Eso en China va a ocurrir más rápido porque las contradicciones son mucho más explosivas.

–CID: *O sea que para usted la experiencia acumulada durante la Revolución Cultural no ha sido en vano, quedan fermentos.*

–EM: Hay fermentos, sí. La gran diferencia, y en eso de nuevo voy a decir algo positivo de Mao, aunque no les guste a algunos de mis compañeros, hay una diferencia fundamental entre el desarrollo chino y el de la URSS. Stalin y la burocracia pudieron destruir totalmente la continuidad, los cuadros y las ideas de la clase obrera por dos generaciones.

Hay una ruptura total de continuidad y una despolitización muy profunda. Los obreros soviéticos, en los cuales tenemos confianza, deben iniciar su nuevo auge desde cero. En China nunca ha habido esa despolitización total. Posiblemente al inicio de los años cincuenta, pero por muy corto tiempo, sin romper esa continuidad. Y eso hace que hoy el marxismo, el verdadero marxismo, esté mucho más presente en China que en la URSS. En China hay millares de marxistas, en Rusia solo centenares.

En Rusia se necesita tiempo, recuperación, ejemplos extranjeros, impulsos; en China no, en China hay autorreproducción sobre la base de toda su experiencia. Como dije, es emocionante, entre los disidentes de hoy hay muchos antiguos guardias rojos que representan la continuidad de la lucha política en China en los últimos 15 o 20 años, que han pasado todas las grandes conmociones políticas de su país, en la URSS no.

LOS QUE VENCIERON EL TIEMPO
Entrevista a Vicente Santuc[1]

LOS QUE VENCIERON EL TIEMPO es el título de un libro de Lupe Camino sobre los alfareros de Simbilá (Catacaos, Piura), cuya tradición artesanal se remonta a épocas prehispánicas. El texto es parte de un conjunto de publicaciones con las cuales el Centro de Investigaciones y Promoción del Campesinado (CIPCA) celebra su décimo aniversario de trabajo entre el campesinado piurano.

Se trata de recuperar la historia, aspectos valiosos de una comunidad agredida y que, sin embargo, mantiene su dinámica comunal, afirma Vicente Santuc, director del CIPCA.

En el caso de Catacaos, la estructura comunal tradicional continúa muy viva, a pesar de ser una comunidad cruzada por la Panamericana y atravesada por el capitalismo desde el siglo XIX.

La comunidad es el lugar de identidad del comunero: tierra y fiestas son los ejes de un complejo sistema que convierten a la comunidad en lugar de encuentro cultural, lugar de refugio y diferencia con los "blancos", lugar de continuidad histórica. Y para ellos se trata de una historia de lucha por la tierra, en la que se han ido anudando lazos de identidad y de diferencia.

El capitalismo agrario no deshizo la comunidad. Hoy el cataquense participa en ese mundo tradicional, enraizado en el pasado. En el caserío vive unido por lazos que van más allá de las contradicciones que surgen del proceso productivo. Al mismo tiempo el cataquense participa activamente del mercado. Surge entonces una doble conciencia en el comunero.

Pero la comunidad ha sido la instancia que ha permitido superar esa difícil dualidad, porque ha sabido desarrollar un discurso que a partir de la historia se enfrenta al poder central. La comunidad ha sido la bisagra entre

1. Publicado en: *El Diario Marka*, 5 de diciembre de 1982, p. 11.

la tradición y el Estado agresor, desarrollando luchas que anudan nuevos lazos de solidaridad y *manejando comunalmente* las estructuras estatales que la cruzan. La comunidad no se queda entonces en la mera defensa, sino que entra a desarrollar nuevas formas de organización: comercialización de algodón, importación de insumos, solución de problemas entre cooperativas y pequeños propietarios, etc.

Ese es el reto que enfrentan hoy las comunidades, continúa Santuc: producir nuevas formas de vivirse como comunidad, de manera distinta para enfrentar nuevos problemas. Ya no me siento comunero solo porque participo de la tierra, sino porque *manejo determinadas estructuras de identidad y defensa*.

Hemos aprendido mucho y dejado algo

A su manera, el CIPCA está también entre los que vencieron el tiempo. Diez años son la adultez, dice Santuc. Significa haber resuelto un conjunto de problemas y haber encontrado respuestas en un proceso de constante adaptación y cambio, porque si te contentas con sobrevivir, quedas eliminado.

Nuestra institución —afirma el director— es una herramienta de trabajo que los campesinos perciben como tal y que no puede tener otro fin que el que los campesinos puedan darle. A lo largo de estos años, así ha sido. Más de 20 mil campesinos han pasado por cursos de todo tipo, brindados por el CIPCA.

Productor de sociedad

Quien tiene el saber, tiene el poder, continúa Santuc. Si un grupo sabe de plagas, puede criticar al técnico o al burócrata.

Si hay una alternativa, el campesino debe estar en condiciones de manejarla. Esa es la condición de la autogestión, condición para el ejercicio democrático en la comunidad, en la cooperativa, y también en el sentido más amplio.

En Piura esto es muy importante. El campesino es un actor económico, social y financiero que no se toma en cuenta y, sin embargo, nada se podría hacer sin él. Quince por ciento de los préstamos del Banco Agrario han ido a Piura y entre 60% y 70% del total han sido captados por cooperativas y pequeños productores.

Se trata entonces de proponer nuevas estructuras o rescatar antiguas, para que el campesino produzca su propia vida; no se le debe considerar como un mero productor agrícola, sino como un productor de sociedad, de nuevas relaciones sociales y estructuras organizativas. Entonces, hemos tratado de contribuir, finaliza Santuc: hemos aprendido mucho y hemos dejado algo.

EL CUL: SEIS AÑOS DESPUÉS
El día que se sembró la semilla[1]

La celebración del Primero de Mayo adquiere este año ribetes esperanzadores. El Comando Unitario de Lucha (CUL), que emitió un manifiesto y convocó el jueves al tradicional mitin de la plaza Dos de Mayo, ha logrado agrupar lo más representativo del movimiento popular organizado: obreros, campesinos, pobladores, empleados, encabezados por la CGTP. A menos de dos meses de un paro nacional exitoso, la Central Única parece estar, finalmente, al alcance de la mano.

TODO COMENZÓ EN JULIO DE 1977, cuando cinco federaciones independientes, intermedias, no muy politizadas ni precisamente a la vanguardia del combate popular de ese entonces, se reunieron por primera vez para conformar el CUL. Fueron la chispa que encendió la pradera o, más precisamente, el sector de la pradera que faltaba encender porque desde hacía varias semanas el interior del país se hallaba convulsionado. En apenas dos semanas, la CGTP y el conjunto de federaciones independientes, muchas de ellas frontalmente enfrentadas con la dirección de dicha central, confluyeron en el CUL y produjeron el histórico paro del 19 de julio.

Han pasado seis años, el CUL ha cambiado profundamente de naturaleza, la CGTP alista un congreso y la unidad parecería estar *ad-portas. El Caballo Rojo* conversó con tres de los cinco participantes en la reunión inicial que dio origen al CUL: Alejandro Tazza, entonces secretario de defensa de la Federación de Trabajadores de Luz y Fuerza y actual secretario general del sindicato de empleados de Electrolima; Roberto Lecaros, en 1977 secretario de organización y actualmente secretario general de la Federación de Trabajadores de la Industria Cervecera (FETICEP); y Hugo Wiener, que asistió a la reunión en su calidad de secretario de defensa de la Federación de Trabajadores de

1. Publicado en: *El Caballo Rojo*, n.° 155, año III, 1 de mayo de 1983, pp. 4-5.

Compañías de Seguros (FETCOS) y actualmente secretario general del sindicato de trabajadores de *El Diario* (SUTER).

–Carlos Iván Degregori: *Seis años después, ustedes, protagonistas del primer paro nacional del Perú contemporáneo, ¿cómo ven esa experiencia?*

–Hugo Wiener: El paro del 19 de julio dejó un conjunto de conclusiones. En primer lugar, confirmó una tesis que en mi concepto era justa. Hay que recordar que antes del paro había dos grandes corrientes en el movimiento sindical: la que lideraba la CGTP, la del Partido Comunista Peruano, y una corriente a la izquierda de la CGTP: las fuerzas clasistas, compuestas por distintos agrupamientos.

Dentro de las fuerzas clasistas pugnaban dos tesis: la que planteaba la organización al margen de la CGTP, cuya expresión más acabada era el llamado CCUSC. Otratesis sostenía que no obstante que la dirección de la CGTP había comprometido la independencia de clase, era la Central más importante del país; el movimiento social pasaba por la CGTP. Por tanto, un paro nacional tenía que buscar comprometer a la dirección de esa Central.

La huelga de Plásticos El Pacífico en 1975 y de los pescadores en 1976 son antecedentes importantes para quienes insistimos —disculpen la expresión— en hacerle corralito a la CGTP, no darle excusas. Esos fuimos los que estuvimos reunidos antes del 19 de julio emplazando a la CGTP y nos opusimos a las actitudes, a veces un poco desesperadas, que decían: vamos al paro, incluso sin la CGTP.

Sin saberlo, al menos yo no lo sabía, el movimiento que se estaba produciendo dentro de la CGTP y el PCP, que comienza a hacerse visible desde la época de Plásticos El Pacífico, y va a culminar con la ruptura entre el PCP y el PC "Mayoría", era la confirmación de lo que nosotros habíamos venido pensando: que en la CGTP se tenía que producir necesariamente un movimiento de ruptura conuna política desmovilizadora.

En definitiva, el paro permitió modificar los términos de la discusión sobre el problema de la centralización. Fue el final del CCUSC. Tan es así que también hubo una crisis paralela en el Partido Comunista del Perú Patria Roja, que llevó a la ruptura del ala más radical —Pukallacta—, que en el caso de Centrominle dice "no" al paro porque lo dirigen los "socialimperialistas".

A partir de ese momento la discusión es sobre la necesidad de afiliarse a la CGTP; hay una rectificación sana en las fuerzas clasistas, de la llamada izquierda revolucionaria, que comprenden que la lucha hay que darla con y dentro de la CGTP. Y sin esa unidad sindical, dudo que luego hubiera surgido la base suficiente para un agrupamiento político de la naturaleza de IU.

Una última consideración: con el paro, el movimiento obrero pasa a constituirse en dirección efectiva de amplios sectores de masas, que le infringen una derrota al gobierno y lo obligan a iniciar la retirada a los cuarteles.

–Alejandro Tazza: Pienso que se logró centralizar al movimiento obrero y popular, porque las luchas del sur, norte y centro ejercían una presión permanente sobre las bases sindicales, que nos traían una problemática no solo sindical sino de toda la región.

La Federación de Luz y Fuerza aprobó un programa de lucha sencillo, gremial. Partimos del aumento de sueldos y salarios e incluimos un punto que era imprescindible: las libertades democráticas, porque teníamos el derecho de huelga suspendido, no podíamos siquiera presentar nuestro pliego de reclamos.

Esta plataforma tan sencilla, tan gremial, se puso en coordinación con cuatro federaciones. Y aquí viene lo importante: Luz y Fuerza no representaba a una fuerza política ni a un grupo de izquierda, pero se planteó necesidades urgentes, las coordinó con cuatro federaciones: Cerveceros, Seguros, Gráficos y la CTRP-Lima. Los gráficos habían aprobado una plataforma similar; de la misma forma, creo, las otras federaciones. Suscribimos un primer pronunciamiento, repartimos tareas y citamos a otras federaciones.

Con esto quiero explicar que el movimiento escapó un poco a las organizaciones políticas de izquierda. La cosa fue tan rápida que se hizo en la práctica un verdadero frente sindical.

La convocatoria tuvo éxito, se reunieron 17 federaciones independientes, fue un delegado de la CGTP, desconfiando, porque no podía imaginarse el éxito de las federaciones independientes; ve que la intención es seria y se compromete a traer una posición para la siguiente reunión.

El paro estuvo varias veces en peligro de no realizarse. La dirección de la CGTP no era homogénea, porque en ella había contradicciones, una tendencia que impulsaba el movimiento y otra en contra. Al final, la tendencia a favor logró mayoría y consiguió que se apruebe el apoyo al paro.

–CID: *Hace poco ha salido un artículo de Luis Pásara comentando un libro de entrevistas a los dirigentes de la FETIMP. La idea es que los partidos han sido un factor negativo en la lucha sindical. ¿Qué opinión te merece esta posición?*

–AT: El paro de 1919 fue un paro espontáneo. El CUL se convierte en una organización con poder de convocatoria. El mitin que convoca en la plaza San Martín (en febrero de 1978) fue grandioso. ¿Qué pasó después? Algo como lo que sostiene Pásara: la vanguardia de izquierda sacude la cabeza, se da cuenta de que el paro no ha estado en sus cálculos y empieza recién a tomarle atención y estudiar este fenómeno. En las coordinaciones del CUL cada organización quiere tener presencia y al final de cuentas se da el entrampe porque cada organización quiere hegemonizar. Y el CUL se destruye.

No creo que los partidos políticos tiendan necesariamente a destruir la unidad sindical, esa unidad se da en la lucha. El problema es darle continuidad y organicidad. Y esto tiene que ver directamente con la unidad de la izquierda, porque esta unidad del movimiento obrero y popular pasa por la unidad de la izquierda.

–Roberto Lecaros: El paro se da cuando la crisis económica y el "paquete Piazza" generan un conjunto de movilizaciones en provincias. El paro fue la cresta de una ola surgida del interior del país, que golpea a la dictadura.

Creemos que el mérito que tuvimos las federaciones independientes fue haber sentido en vivo y en directo cuáles eran las inquietudes y el espíritu de combate del pueblo. Lo que hicimos fue expresarlo en concreto, articulando el CUL, planteando y exigiendo a la CGTP el paro nacional. Solo encarnamos ese sentimiento y vocación popular de combate contra la dictadura en sus dos fases.

¿Cuáles fueron las deficiencias? El paro fue espontáneo. Ni nosotros nos imaginamos a dónde nos dirigíamos. No nos imaginamos cabalmente la importancia y la trascendencia histórica del paro. Simple y llanamente seguimos el curso que las masas imponían.

El paro fue reivindicativo, pero tuvo también un tinte antidictatorial que el pueblo no explicitaba muy claramente. No nos imaginamos que el paro iba a iniciar la transferencia. Tampoco nos imaginamos que iba a traer tan fuerte represión y el despido de cinco mil trabajadores, y no nos hicimos la gran pregunta: ¿qué hacer después del paro?

Cuando se dan los despidos y el gobierno ofrece elecciones, realmente el movimiento sindical se queda relegado por el golpe que recibe. Es entonces que estas federaciones independientes tratan de rearticular un movimiento nacional, rescatar al CUL, que había sido roto, pero viene el fracaso de la huelga nacional del 20 de septiembre.

Esos han sido los aspectos negativos, pero creo que pesan más los positivos. El movimiento sindical se puso los pantalones largos y entró a ser un elemento protagónico en la vida política del país. El paro allanó el camino a la unidad de la izquierda, sembró la semilla de la unidad.

Por otro lado, el pueblo comenzó a reencontrarse con su historia y con el camino de la revolución. El movimiento tuvo grandes ingredientes de enfrentamiento abierto a los aparatos de la burguesía, incluso de contraviolencia, que alcanzaron su punto culminante en el paro de 48 horas de mayo de 1978.

Por último, sí, este paro arrinconó a la dictadura y la obligó a retirarse a los cuarteles. Y en el plano gremial, replanteó el problema de la unidad sindical.

-CID: *¿Cómo evalúan la experiencia en la CGTP? ¿Cuál es la nueva realidad ahora que una serie de federaciones se han incorporado a la Central? ¿En qué nuevos términos se dan las discrepancias entre diferentes posiciones?*

-RL: La situación ha variado, la lucha por la hegemonía de una alternativa clasista ha variado porque ha cambiado la situación política del país; ahora, con el gobierno civil, es diferente.

Por otro lado, la unidad de la izquierda ha ido de una u otra forma limando algunas aristas muy agudas que existían entre las dos vertientes del movimiento sindical. No las ha desaparecido, pero ciertamente las ha limado en la medida en que ahora es posible encontrar mayores niveles de unidad. Ha sido aceptada, por ejemplo, la afiliación de la Federación Minera, del SUTEP, FETCINE, Cerveceros.

-AT: Es necesario destacar que la dirección de la CGTP, que no estuvo de acuerdo con el paro del 19, ha recogido las experiencias, me imagino que ellos también están en proceso de rectificación, por eso ya el ambiente no es tan sectario, por ejemplo, en admitir la incorporación de federaciones; en otros momentos eran los primeros en oponerse.

-HW: Me parece un gran progreso que una serie de federaciones se afilien a la CGTP. Sin embargo, creo que persisten los problemas. Por los resultados de la última conferencia de organización de la CGTP, parece que los viejos vicios "aparatistas" persisten. La hegemonía se disputa no en el terreno de los programas, de la autoridad moral sobre las masas, sino en el terreno de los aparatos.

Creo que esto tiene que ver con el congelamiento de la situación en IU, que no llega a encarar problemas en apariencia simples. Por ejemplo, la Federación Metalúrgica, una federación histórica del movimiento obrero, hoy día está dividida. No estoy responsabilizando a uno u otro partido, pero el mantenimiento de esta situación es inaceptable.

Tampoco comprendo la multiplicación de listas sindicales que le permite obtener triunfos al APRA, como fue el caso en Siderperú. No digo que sea el PC el que divide, o PCR, MIR, VR. Porque les puedo mencionar cinco sindicatos y allí se encontrarían las más increíbles alianzas cruzadas, todo tipo de combinaciones.

–CID: *Volveríamos entonces a la idea de que son los partidos los que constituirían una especie de traba para la unidad sindical.*

–HW: Si me permites, yo no creo que sean una traba, salvo en la medida en que sus políticas son equivocadas.

–AT: Quiero recoger la experiencia de mi federación. Allí se actúa con mucha independencia de clase y se ha logrado la unidad. Dentro de la federación hay tendencias, y sin embargo la unidad se ha concretado. La clave es en qué medida manejamos el problema del frente sindical. Sobre esto hay una responsabilidad concreta de aquellos que se llaman marxistas, mariateguistas. El hecho de que existan diferentes organizaciones revolucionarias no quiere decir que estas tengan que propiciar la división, por el contrario, deben propiciar la unidad.

–RL: En realidad, el movimiento obrero ya quemó la etapa del apoliticismo. Ya los trabajadores saben que los partidos, especialmente de izquierda, son los que encarnan proyectos, alternativas para el movimiento obrero y popular. Por otro lado, no creo que los partidos sean una traba. El problema es cómo comprenden y practican el problema del frente único. Allí ha habido un balance negativo. La CGTP tiene una obligación en su próximo congreso de aplicar cabalmente el frente único.

ENTREVISTA A EDMUNDO MURRUGARRA URRUTIA:
en el tercer círculo de la represión[1]

La vieja chapa cedió fácilmente, estalló destrozada la ventanilla del portón de madera carcomida. Metralletas en ristre, los diez encapuchados atravesaron sigilosos el patio. En la oscuridad de la noche, uno vociferó: ¡¿quién es Jaime Urrutia?! Al fondo, una luz se encendió y antes de que el tropel irrumpiera en el dormitorio, el buscado asomó, entre sorprendido y somnoliento, para encontrar un bosque erizado de metralletas que le cerraban el paso: soy yo, qué diablos pasa, dijo tratando de dominar el temor.

Se iniciaba así, la madrugada del viernes 6, la odisea todavía inconclusa de Jaime Urrutia, antropólogo y periodista.

Además de un hombre injustamente maltratado, en el camino han quedado pisoteados una vez más los derechos humanos y la Constitución, y flotando una amenaza que el senador Edmundo Murrugarra oyó en labios del general Noel: "se terminaron los privilegios de los intelectuales".

Estos, por su parte, demostraron estar dispuestos a defender, no privilegio alguno sino sus derechos más elementales. La detención de Urrutia generó una rápida y amplísima corriente de solidaridad entre intelectuales, autoridades universitarias y centros de investigación científica que, salvo una única, solitaria excepción, comprendieron la gravedad del hecho y reafirmaron su filiación democrática.

El diputado aprista por Ayacucho, Carlos Capelletti, y el senador por IU Edmundo Murrugarra, viajaron el jueves a Ayacucho para tratar de ver al antropólogo, que permanecía incomunicado luego de una semana de detención.

Finalmente, la mañana del viernes, Murrugarra logró conversar brevísimamente con un Urrutia agotado, enfermo de los bronquios y que no podía verlo pues tenía la cabeza totalmente vendada, parte, al parecer, de los "métodos científicos" que utilizan las fuerzas militares en Ayacucho.

A su regreso de esa ciudad, El Diario *conversó con Murrugarra. A continuación, sus declaraciones.*

---

1. Publicado en: *El Diario Marka*, 15 de mayo de 1983, p. 6.

–Carlos Iván Degregori: *¿Qué pasó con Urrutia?*

–Edmundo Murrugarra: El Comando Político Militar de Ayacucho lo detuvo. No se identificaron ni las personas que efectuaron la detención, ni la institución que tomaba a su cargo al ciudadano.

–CID: *¿Se ha violado el Estado de derecho*?

–EM: Sí, en primer lugar, cuando por sospechas no sustentadas en ningún hecho objetivo se procede a detener de la manera que he señalado, porque no es una citación que se le hace para que comparezca a aclarar alguna cosa, sino un comando de más o menos diez hombres, con armas de guerra, que producen la detención en horas de la madrugada, y sin identificarse ni decir a dónde iban, lo llevan a un centro de absoluta seguridad como es un cuartel militar. Estos son procedimientos contra personas de alta peligrosidad.

–CID: *Aun si Urrutia lo fuera, habría una serie de irregularidades.*

–EM: En efecto, porque el ordenamiento jurídico, que no queda suspendido, por una declaratoria de emergencia como la que rige en Ayacucho, no elimina en ningún momento la obligación de comunicar todas las detenciones automáticamente al Ministerio Público y al Poder Judicial.

El Comando ha dado cuenta de la detención cinco días después. Otra cosa es que la noticia se haya filtrado por mecanismos no oficiales.

–CID: *¿Se estaría abriendo una nueva etapa en la represión?*

–EM: Las acciones de represión a Sendero Luminoso comenzaron con la búsqueda de los "senderistas" activos en la lucha armada. Pero la lucha de Sendero se amplió y, por el contrario, los activistas encarcelados terminaron siendo liberados.

La incorporación posterior de estudiantes secundarios a la acción armada, determinó que la represión se extendiera a un segundo círculo, a lo que ellos consideran los semilleros de Sendero Luminoso: colegios, magisterio. Sendero, sin embargo, siguió actuando en esa región del país, la guerra se trasladó con toda furia al campo.

Y entre los muertos no se encuentra ninguno de los que se presume son el núcleo dirigente de Sendero Luminoso.

Es entonces que los militares parecen entrar a golpear un tercer círculo, donde esperan encontrar las redes logísticas de Sendero, y como la jefatura salió del medio académico universitario, entonces creen que los fondos que manejan los centros de investigación, de promoción, van a Sendero Luminoso. Evidentemente, no van a encontrar nada.

–CID: *Están golpeando a ciegas.*

–EM: Así parece. Van a fracasar rotundamente; lo peligroso es que este fracaso lo constaten después de haber agredido a toda la infraestructura de investigación en ciencias sociales que hay en el Perú, de haber golpeado a sus mejores científicos, de haber hecho correr mucha sangre. En el corto plazo, esto se orienta a cerrar la Universidad de Huamanga.

–CID: *Por otro lado, revela un desconocimiento de la ideología de Sendero Luminoso, en tanto de acuerdo con sus principios, para ellos recibir plata de alguna fundación extranjera es casi sinónimo de ser agente del imperialismo.*

–EM: Los señores del comando político-militar están trabajando con supuestos de hace 50 años, cuando se creía que lo subversivo venía de fuera. Ya la Alianza para el Progreso reconoció que era *dentro* del propio país donde estaba la raíz del descontento. Y planteó reformas, recomendó la reforma agraria. Eso, con respecto a la tesis anterior, era un avance, que ha sido abandonado para regresar a la tesis de la injerencia internacional.

Sin embargo, el ministro del Interior reconocía hace poco que el gran factor favorable a Sendero Luminoso era la insatisfacción de las necesidades de gran parte de la población peruana. Si se tomara en serio, tendría que plantear un programa económico diametralmente opuesto al actual. Pero a pesar de constatar esa realidad, no son consecuentes con sus propias tesis, por lo menos Pércovich.

–CID: *¿Es cierto que en Ayacucho solo existen, prácticamente, Sendero y las Fuerzas Armadas?*

–EM: En absoluto. El 2 de diciembre, las organizaciones laborales, tanto de trabajadores como de profesionales, incluidos también los comerciantes, hicieron un paro. El 10 de marzo, con motivo del paro nacional, nuevamente estas organizaciones se ponen en marcha y paralizan la ciudad.

Hay una Federación Departamental de Trabajadores de Ayacucho (FEDETA) afiliada a la CGTP, con 35 gremios y hay másmenos cinco o seis capítulos de colegios profesionales, hay una Cámara de Comercio. Estas organizaciones han coordinado y están dispuestas a hacerlo otra vez. Las condiciones en que está sumiendo esta guerra sucia a la población de Ayacucho, son terribles. Como todo el sur, Ayacucho ha sufrido también la sequía que se ha añadido a la desaparición del turismo interno y externo que con la universidad, habían constituido los grandes actores del renacimiento de la ciudad de Huamanga. Hoy la universidad languidece, los extranjeros que van son periodistas audaces y los probables asesores del comando político militar, que van discretamente.

El sector más golpeado es el artesanal, que ocupaba a buena parte de la población. La depresión, la recesión en Ayacucho es dramática. Del campo la gente huye a la ciudad y allí no encuentra nada. El propio general Noel reconoce que Ayacucho ahora es una de las ciudades más caras del Perú.

En esas condiciones, entonces, encuentra que la organización gremial le sirve, le es útil, la está asumiendo y está enfrentando al aparato represivo y también las amenazas de Sendero Luminoso.

Esta es la palanca que las fuerzas democráticas debemos fortalecer para construir una alternativa democrática en Ayacucho.

Ahora que la represión amplía su radio de acción, choca otra vez con los intereses de un grupo muy amplio de la sociedad ayacuchana, que no lo va a tolerar. Entonces encontramos ahora en la plataforma de los gremios la exigencia del retiro de las Fuerzas Armadas y la constitución de un gobierno regional provisional.

En Ayacucho todo son quiebras. El Banco Industrial declaró una mora de cuatro meses, ya se cumplen y en junio empiezan los cobros y los embargos. Ahí la FEDETA tiene que levantar inmediatamente un programa regional, y un gobierno regional.

Esto último es una cosa de más largo plazo, que implica la derrota política nacional de Sendero Luminoso, por eso la urgencia de la unidad mariateguista y el fortalecimiento de IU para ofrecer otra alternativa entusiasta, combativa.

–CID: *¿Y la izquierda?*

–EM: Bueno, los gremios funcionan, pero los partidos políticos han cedido todo el terreno. También la izquierda, que está sin iniciativa. Capelletti [diputado aprista] me dice: ustedes tienen que venir, el único que viene soy yo, y es cierto, hay que reconocer su labor en defensa de los derechos humanos, sin sectarismos.

La gente está descontenta con la izquierda. Sus dirigentes están presos y no reciben apoyo, sus concejales están presos y no reciben apoyo, porque están descontentos con *El Diario* que no apoyó su paro. Dos titulares seguiditos para el paro de Sendero Luminoso, en el cual no se sabe en qué medida influyó el temor a represalias, pero ningún titular al paro de Ayacucho, solo una pequeña notita; más bien *El Observador* lo destacó en primera plana.

El comité directivo de IU ha acordado hace tiempo ir a Ayacucho y hasta ahora no lo hace, hay montones de concejales de Huamanga, Magno Ortega, de Huanta, el alcalde de Carmen Alto, Quispe Asto, presos. Tenemos que ir con Barrantes.

HABLA JAVIER DIEZ CANSECO.
Cuando Ayacucho nos alcance[1]

El encuentro de los rollos de Willy Retto dio un vuelco inesperado al caso Uchuraccay. Apenas revelados, testigos clave comenzaron a morir o desaparecer. El proceso, por otra parte, prosigue empantanado. En ese clima de violencia, incertidumbre y frustración, los familiares de los periodistas victimados han viajado a Ayacucho exigiendo justicia. Con ellos partió un grupo de parlamentarios, entre ellos el diputado Javier Diez Canseco, con quien conversamos poco antes de su partida.

–Carlos Iván Degregori: *¿Qué opinas del giro que ha tomado el caso Uchuraccay?*

–Javier Diez Canseco: Hay varias cosas que han cambiado. En primer lugar, el informe de la comisión investigadora cayó por los suelos, se desbarató completamente. Las verdades absolutas o relativas de la Comisión no sirvieron para nada porque presentaban los hechos como un trágico error de identificación. Pero la increíble labor de Willy Retto —porque fue realmente increíble que alguien fuera tan consciente de la situación e hiciera ese esfuerzo supremo para dejar un testimonio— ha revelado que ellos se identificaron sin duda alguna.

En segundo lugar, creo que pone sobre el tapete con mucha más fuerza la tesis de que el asesinato no solo fue inducido por elementos del aparato represivo, sino que fue un paso con objetivos claros: expulsar al periodismo del campo, liberar el área para la acción de las Fuerzas Armadas sin control alguno, con impunidad absoluta.

En tercer lugar, creo que el esclarecimiento de fondo será difícil. La muerte de la esposa de Gavilán, de Celestino Ccente, la no captura de sospechosos centrales, la reticencia del comando político-militar a cumplir con las órdenes judiciales, la ausencia de garantías para el funcionamiento del Ministerio

1. Publicado en: *El Caballo Rojo*, n.° 161, año IV, 12 de junio de 1983, pp. 4-5.

Público, la absoluta falta de garantías para el periodismo, nos revelan un marco en el cual el esclarecimiento solo puede ser fruto de un milagro.

–CID: *Y, sin embargo, los familiares de las víctimas persisten...*

–JDC: Es una lucha que tiene antecedentes. Es la lucha de la abuelita de Fernando Lozano, de las madres de la plaza de Mayo, es la lucha de gente que ya no está peleando porque se castigue al culpable inmediato de la muerte del familiar querido, sino de gente que ha entendido que hay algo más grande detrás de quien manejó el hacha o la honda y que hay alguien que ordenó, que maquinó todo esto. Es gente que empieza a ver en otros peruanos a sus hijos, su marido, su pariente muerto y que no quiere que otro pase por lo mismo.

Ellos son conscientes de que Willy Retto, Mendivil, De la Piniella, no van a revivir con lo que están haciendo, pero comienzan a sentir en carne propia lo que nunca habían sentido. Ayacucho es hoy un fenómeno presente para ellos, vivo, y están dispuestos a jugarse. Han tenido un vuelco en su vida. Toda es gente no política y de pronto su vida ingresa en una dimensión nueva, donde tienen tiempos distintos, se meten en instancias e instituciones que nunca habían conocido, hablan con personajes de los que esperaban respuestas afirmativas, acciones ejecutivas, y se encuentran con discursos vacíos, con promesas incumplidas, y comienzan a percibir que alguien les está haciendo dar vueltas en círculo, que las instituciones en las que confiaron no son tales, que la justicia que esperaban no está a la mano, que lo que parecía tan simple, tan elemental, tan lógico, tan avalado por la Carta Magna, por la Ley de Leyes, el derecho, comienza a no funcionar,hacerse imposible de aplicar, que los mandos de la sociedad y las jerarquías están completamente trastrocados, que un juez no manda sobre un general, sino que un general manda sobre un juez, que no investiga el aparato encargado de hacerlo sino que investiga el cuerpo militar, que el conjunto de las acciones que ellos esperaban que se tomen, no son las que se toman.

–CID: *Se convierten en la parte más sensibilizada de una opinión pública que masivamente empieza a intuir lo mismo.*

–JDC: Creo que sí, es una vanguardia terrible, dolorosa, angustiante, que está en una batalla completamente desproporcionada, pero que es anunciadora en carne viva de lo que puede ocurrir y, en ese sentido, son un conjunto de personas que hay que apoyar. Además, creo que son los nombres de los cientos que mueren sin nombre, porque en este país realmente nos estamos acostumbrando a leer casi sin inmutarnos sobre cincuenta, sesenta, noventa muertos y pareciera que esto pasa en Camboya, Vietnam, Corea o El Salvador, pero es este país. Y, sin embargo, mucha gente sigue sintiéndolo como algo ajeno, lejano.

–CID: *A pesar de que ya tenemos estado de emergencia a escala nacional...*

–JDC: Así es. En Ayacucho se está implantando probablemente un laboratorio, creo que esa es la intención, por lo menos de un sector de los mandos militares. Un laboratorio represivo que está llevando a un baño de sangre sin precedentes en este país.

El control político-militar de la zona ha abierto una situación nueva, el establecimiento de un gobierno especial que tiene normas, estilos y formas de ejercicio del poder absolutamente propios, sin obligación de rendir cuentas a las instancias judiciales o a las instituciones del Estado. Un gobierno que está combinando el operativo selectivo con el asesinato colectivo; un gobierno que a través de partes da cuenta de enfrentamientos reales y supuestos, de volúmenes de muertos reales, de confrontaciones en el campo que desde hace varios meses no producen ningún herido, ningún prisionero, todos son muertos. Muertos cuyos cadáveres no son levantados con participación del juez o del agente fiscal. Operativos desarrollados por hombres sin rostro, cubiertos con pasamontañas, sin identificación alguna, ni siquiera un número sobre sus uniformes, ni siquiera el grado militar que tienen hombres que no son identificables ni siquiera por el Poder Judicial. Este es un hecho indudablemente novedoso. Resulta que hay una casta improcesable en el país, inidentificable y absolutamente impune.

En segundo lugar, creo que se ha abierto un proceso en el que se combinan elementos de argentinización con elementos de centroamericanización.

–CID: *¿Qué posibilidades ves de que Ayacucho cubra todo el país?*

–JDC: Creo que dentro de las Fuerzas Armadas hay quienes pretenden vender Ayacucho como fórmula de solución. Estoy convencido de que hay una intensa labor dentro de las Fuerzas Armadas con el objetivo de lograr este convencimiento y con el objetivo de ocultar que este método esencialmente ha fracasado. Es absolutamente cierto que las Fuerzas Armadas no han logrado capturar a una sola de las cabezas de Sendero Luminoso, ni qué decir la GC.

–CID: *¿Qué probabilidades de éxito a escala nacional tendría esa estrategia?*

–JDC: Quienes buscan comprometer a las Fuerzas Armadas con un baño de sangre no miden el efecto que ello tiene sobre la defensa nacional, ni les interesa. Recordemos el desastre del régimen militar argentino en las Malvinas, marcado indudablemente por su incapacidad de apoyarse en un pueblo al que había masacrado y reprimido sin misericordia. Hoy la resistencia popular se ha multiplicado, las dictaduras no logran una salida a las crisis ni alcanzan la impunidad para sus crímenes.

–CID: *Todo indica que por lo menos Sendero Luminoso estaría interesado en provocar una tal salida, aunque Letts diga que no. En este sentido, te hago una doble pregunta: ¿ha variado tu posición respecto de Sendero, qué piensas de lo que viene declarando Letts al respecto?*

–JDC: Pienso que Sendero Luminoso ha sido una fuerza que la izquierda no ha sabido evaluar oportunamente y que aún no evalúa con claridad. Sendero Luminoso es un trauma para algunos sectores de izquierda.

Sigo creyendo que Sendero Luminoso representa a ciertos sectores muy pobres del país y sectores de pequeña burguesía pauperizada; que es una expresión de la miseria, el hambre, el horror que crea la política de las clases dominantes.

Sigo pensando, sin embargo, que es un grupo extremadamente dogmático y sectario, discrepo de su proyecto estratégico, de su absoluta negativa a reconocer la importancia de la democracia en su proyecto socialista, y del autoritarismo férreo que propugna y aplica; discrepo de su táctica de que todo va por la vía de la lucha armada y que no hay otra forma de lucha a desarrollar, porque salvo el poder, todo es ilusión. La acumulación de fuerzas combina distintas formas de luchas parciales y objetivos parciales y no por ser parciales son ilusiones, son realidades: la organización popular conquistada, el peso de masas, la izquierdización de las mismas, son realidades, no ilusiones, son producto de un trabajo concreto, político, ideológico, sindical.

Sendero Luminoso no entiende ni valora ese proceso, no tiene una política de alianzas para la revolución en este país, y en términos prácticos aísla a determinados sectores de la pequeña burguesía pauperizada y a sectores del campesinado pobre, de otros sectores del campesinado, los aísla incluso de la clase obrera, de capas medias que conforman las fuerzas que deben ser aglutinadas. Sendero Luminoso es una fuerza cuyo accionar no apunta en las condiciones actuales a un fortalecimiento de las alternativas del campo popular sino de una vanguardia autoproclamada que alimenta con mucha fuerza al golpe.

–CID: *¿Y sobre Letts?*

–JDC: Discrepo de Letts en dos cosas. Primero, en su valoración de Sendero Luminoso. Él cree que en principios generales hay acuerdos básicos con Sendero Luminoso, yo creo que en determinados principios generales no hay acuerdos básicos con Sendero: su concepción de la democracia, su visión del socialismo, la política de alianzas que desarrolla, la crueldad que utiliza en determinadas acciones. No existe solamente una discrepancia táctica con Sendero.

En segundo lugar, discrepo con Letts cuando afirma que Sendero no persigue el golpe fascista. Sí, lo persigue y está desarrollando una política que puede liquidar años de avance del movimiento popular, que no se debe liquidar sino potenciar.

En tercer lugar, discrepo con Ricardo Letts cuando hace una propuesta de diálogo con Sendero para defender la constitucionalidad y el orden establecido. Si alguna lucha política hay que dar con Sendero, no es para retrotraerlo a la defensa de una Constitución que no representa los intereses del pueblo del Perú y de las mayorías nacionales, sino que defiende básicamente, sobre todo en materia económica y su concepción del aparato de Estado, los intereses de un puñado representativo de las clases dominantes. Si bien el diálogo con Sendero es necesario, es indispensable, este debe hacerse desde una posición de fuerza. No se dialoga sobre la base de la mera negociación.

–CID: *Posición de fuerza ¿de la izquierda?*

–JDC: Sí, una posición de fuerza de masas, política, de alternativa. Lamentablemente, estamos en una seria dificultad como Izquierda Unida, para tener iniciativa política, para hacer política. Yo creo francamente que con los terribles errores que tiene Sendero está haciendo más política en el Perú que IU y que hay necesidad de retomar iniciativa, capacidad de acción de masas. Veo con sorpresa que en el lenguaje de compañeros de izquierda se van perdiendo los términos revolución, socialismo, democracia popular, para ser sustituidos por Constitución, concertación, salvación, términos donde las clases se diluyen, donde los enemigos se difuminan y donde no hay forma de canalizar la terrible situación en la que está el movimiento popular, y por allí hay necesidad de renovar métodos y alternativas.

Creo que Letts tiene un gran mérito, que es el mérito de haber batallado por un reconocimiento de Sendero como una fuerza con un peso determinado, y el mérito de entender que aquí tenemos un problema político que hay que tratar políticamente y de plantear con constancia, con permanencia, el problema del diálogo.

–CID: *¿Y sus opiniones sobre la izquierda?*

–JDC: Inaceptables. Es inaceptable que un compañero, siendo miembro de un partido, emita declaraciones personales tratando de una forma hiriente y vejatoria a otros compañeros de izquierda, porque creo que uno puede ser muy franco en el tratamiento de las discrepancias, pero en las circunstancias actuales no solamente hay que ser franco sino que hay que ser constructivo y buscar propuestas alternativas, más allá de adjetivos que puede ser que eliminen un poco la bilis que uno tiene encima, pero no contribuyen a una salida.

Yo veo además que el diálogo solo es posible desde una posición de fuerzas, porque no solamente Sendero ha eliminado gente vinculada a partidos de izquierda, como el caso de la UDP, sino que tengo un testimonio muy reciente donde una de las personas detenidas en el caso Bayer, expresamente denuncia al compañero César Gonzales del CECAP de Collique, como que en el CECAP hubiera sido desarrollado el plan para esta acción. Esa es una actitud absolutamente provocadora, absolutamente inaceptable, de alguien que entiende a un militante de la UDP, como es el compañero Gonzales, como un agente enemigo, un traidor, al cual hay que echarlo en las peores condiciones a la represión. Esto me parece absolutamente inaceptable, debe ser enérgicamente rechazado como método político, como deben ser rechazados algunos tratos verbales y políticos hacia lo que ha sido o lo que es Sendero, que obviamente cierran también la posibilidad de diálogo.

HABLA EL SECRETARIO GENERAL DE LA FEDETA: Queremos paz, democracia y desarrollo en Ayacucho[1]

Hace poco, IU-Ayacucho publicó un pronunciamiento en el que llama a la conformación de un frente regional que aglutine al conjunto de organizaciones cívicas y populares de ese departamento. Con tal motivo buscamos a Félix Gutiérrez, secretario general de la Federación Departamental de Trabajadores de Ayacucho (FEDETA), que agrupa a los trabajadores urbanos y constituye la organización popular más importanteque ha logrado mantener un cierto funcionamiento, a pesar de la violencia reinante en Ayacucho.

Félix Gutiérrez, quien es además miembro de la filial ayacuchana de CONADEH, respondió a nuestra entrevista en momentos en que la represión se abate sobre el movimiento sindical ayacuchano, 48 horas después de la entrevista fue detenido el secretario general del SUTE universitario, José Coronel Aguirre, sin que hasta el momento se conozca su paradero. Asimismo, desde el 21 de septiembre, permanecen detenidos Walter Gamboa, subsecretario general del sindicato de empleados municipales, y el trabajador Martín León Guerra, del concejo provincial.

–Carlos Iván Degregori: *En Ayacucho, parece que las Fuerzas Armadas y Sendero Luminoso fueran los dos únicos protagonistas: ¿qué ha pasado con el movimiento popular ayacuchano?*

–Félix Gutiérrez: A partir de la declaración de Ayacucho como zona de emergencia en octubre de1981, y más aún, con la intervención del Ejército en diciembre de 1982, se ha limitado el conjunto de derechos del movimiento popular, pero de ninguna manera este ha dejado de tener vigencia, es decir, las organizaciones de los trabajadores y del pueblo, a pesar del conjunto de

1. Publicado en: *El Diario Marka*, 25 de octubre de 1983, pp. 8-9.

medidas que adopta el comando político militar, persisten pero con muchas limitaciones. En primer lugar, mantienen su estructura orgánica gremial. También se mantienen las direcciones en el ámbito centralizado: federaciones, frentes de defensa.

En cuanto a su accionar, en ese último periodo se ha visto obligado a asumir acciones en defensa de los derechos humanos. Es decir, una preocupación permanente y diaria por la libertad de los trabajadores detenidos en diferentes formas, ya sea secuestrados de sus domicilios, ya sea en batidas masivas en las calles o detenidos en su centro de trabajo. Los gremios y los trabajadores se preocupan por obtener su libertad. Con mucha dificultad, logran que el comando político militar reconozca su detención. En algunos casos se ha reconocido la detención de dirigentes luego de 40 días o, más comúnmente, luego de 15 días. Esta preocupación resulta fundamental en este periodo: luchar por la libertad de los trabajadores detenidos.

En segundo lugar, asumimos también la defensa de los derechos humanos de los familiares de los detenidos y del pueblo en su conjunto.

Por otro lado, la presentación de pliegos de reclamos se ha ido limitando al extremo. Hoy en Ayacucho presentan pliegos de reclamos y hacen uso del derecho de huelga solo los sindicatos que están afiliados a federaciones nacionales, mas no así los que tienen solo una vivencia local. Estos últimos ya no pueden en estas condiciones de intimidación del comando político militar (CPM), presentar sus pliegos de reclamos anualmente como normalmente se hacía.

–CID: *Cuando hablas de organizaciones populares y de los trabajadores, ¿cuáles son las principales o cuáles son las que mal que bien siguen actuando?*

–FG: Podríamos decir que la centralización del movimiento popular se hace urgente en la medida que los excesos de las fuerzas policiales y del Ejército continúan en Ayacucho.

Por ejemplo, en diciembre de 1982, fue la centralización de los gremios en el Frente de Defensa y la coordinación con la Cámara de Comercio y los industriales, lo que permitió concretizar el acto masivo más exitoso, en protesta por los excesos de las fuerzas policiales, exigiendo el levantamiento del estado de emergencia y también la atención del gobierno central a un pliego de reclamos único de Ayacucho.

Dentro del Frente de Defensa, como baluartes, están la Federación Departamental de Trabajadores (FEDETA), afiliada a la CGTP; la Federación de Barrios y la Federación Agraria (FADA), base de la CNA. Quizá la que en mejor condición está dentro de la debilidad del movimiento popular es la FEDETA, por las condiciones en las que diariamente realizan su trabajo, diariamente mantienen información sobre la violación de los derechos humanos.

–CID: *¿Y quizá porque los barrios y el campo son los sectores más golpeados por la represión?*

–FG: Indudablemente, en las zonas rurales, el campesinado ha sufrido una represión masiva. Igualmente en los barrios, a través de operativos combinados, represión selectiva, allanamiento de domicilios. El control militar más directo contra los barrios, naturalmente impide que estos sectores puedan desarrollar con mayor solidez su organización.

–CID: *Cuando hablabas del paro del año 1982, has mencionado a la Cámara de Comercio. ¿Esto quiere decir que no son solo estrictamente los trabajadores y los sectores populares, sino más amplias capas de Ayacucho las que están participando de este movimiento?*

–FG: Es que la principal bandera de lucha que une a los ciudadanos de Ayacucho, de distintas actividades, es justamente la defensa de los derechos humanos. La defensa del conjunto de libertades democráticas y también un pliego con reivindicaciones que signifiquen el desarrollo de Ayacucho. De allí que la Cámara de Comercio y también la Asociación de Industriales y los colegios profesionales unifican sus esfuerzos con la clase trabajadora y con el resto de pueblo.

–CID: *Eso quiere decir que entre Sendero Luminoso y las Fuerzas Armadas hay una amplia franja de población que no toma partido por ninguno de los dos bandos.*

–FG: En mi opinión, los sectores populares organizados en su mayoría son independientes o ajenos a las acciones de Sendero Luminoso, por un lado, preservan sus organizaciones como frente único y mantienen su accionar que es de tipo principalmente reivindicativo y por la paz, la democracia y el desarrollo en Ayacucho.

En segundo lugar, protestan contra la salida de violencia que el gobierno implementa a través del CPM. Violencia por la cual justamente la mayoría de los caídos y detenidos son ciudadanos inocentes.

–CID: *¿Hay detenidos o desparecidos que son dirigentes sindicales?*

–FG: El periodo en que el movimiento popular ha sufrido mayor cantidad de detenidos ha sido los meses de abril y mayo. Actualmente está preso el dirigente barrial Víctor Coronado, presidente del barrio Ciudad de Cumaná. De igual manera, ha desaparecido el dirigente campesino Julio Orosco Huamaní, secretario de defensa de la Federación Campesina del Río del Valle de Apurímac (FECVRA). Otro caso que conocemos es el del trabajador docente Manuel Masías, que es jefe de Investigación de Estadística de la UNSCH. Últimamente hubo una batida por el paro nacional.

–CID: *¿Y qué reacción ha producido en Ayacucho el informe sobre los desaparecidos en el programa* Visión, *la carta de Amnesty, la respuesta del gobierno?, ¿qué opina la FEDETA?, ¿qué ánimo hay en Ayacucho con respecto a estas denuncias?*

–FG: La opinión de la colectividad ayacuchana es de apoyo y respaldo a las denuncias realizadas por Amnesty International, en la medida en que diariamente observamos el discurrir de los familiares ante la Fiscalía de la Nación o el fiscal provincial, ante las dependencias policiales, ante el cuartel Los Cabitos, pidiendo la aparición de sus detenidos. Incluso casos de familias completas que son detenidas y luego no se reconoce su detención. En esta medida es que la denuncia de Amnesty International tiene acogida por su veracidad. Da aliento moral a la población ayacuchana que organismos de prestigio internacional se interesen por los derechos humanos de una región tan golpeada como la nuestra.

–CID: *¿Qué quiere Ayacucho? Tú me dices paz, desarrollo, respeto a los derechos humanos, quizá podrías ampliar más sobre eso. ¿Cuál es el ánimo de la población ayacuchana, qué exigen sus organizaciones más representativas?*

–FG: Podríamos señalar, quizá, tres niveles de exigencia: el primero es histórico, corresponde a un conjunto de obras que modifiquen la faz de atraso de la región y le permitan un desarrollo autosostenido mediante obras importantes, como la irrigación del río Cachi; la electrificación extendiendo la línea de transmisión del Mantaro; un conjunto de irrigaciones medianas y pequeñas; un parque industrial; el mejoramiento de la vía de Los Libertadores; la culminación de la variante Rumichaca-Huaytará; la mejora de las carreteras de Ayacucho a San Francisco, de Huamanga a la zona del sur (Víctor Fajardo, Lucanas y Parinacochas).

Esta etapa de reivindicaciones se cancela prácticamente con el inicio de las acciones de Sendero Luminoso y la implantación del estado de emergencia a partir de octubre de1981. Desde entonces, a esta plataforma de desarrollo regional se agrega, hasta volverse prioritaria, la defensa de los derechos humanos, la vida y libertades democráticas.

Pero qué sucede: en el mes de julio de este año, cuando Sendero Luminoso impone con una campaña de temor entre la población, que paralice el 25 y 26 de julio, el CPM inicia una campaña de intimidación a todo el movimiento popular a través de comunicados radiales y perifoneo por las calles, anunciando que los trabajadores serán subrogados, los estudiantes verán canceladas sus matrículas, los comerciantes perderán sus licencias de funcionamiento si es que adoptan alguna medida de paralización o protesta. En segundo lugar, el CPM controla todos los medios de comunicación radial, impidiendo que las organizaciones se expresen en forma libre. En tercer lugar, la libertad de prensa está sujeta a los comunicados oficiales del CPM.

Este conjunto de medidas han puesto en una situación difícil a los trabajadores en Ayacucho, lo que se ha manifestado en el éxito relativo del paro nacional del 27 de septiembre. Indudablemente haciendo un esfuerzo, los trabajadores han paralizado en forma parcial. Esto demuestra que el movimiento popular tiene una reivindicación más que resaltar, además del desarrollo regional, además de la defensa de los derechos humanos, y es asumir la defensa del derecho de huelga, anulado por el CPM.

–CID: *Tú estarías haciendo una diferencia neta entre el paro que convocó Sendero Luminoso y los paros previos en los cuales participó la FEDETA y el resto de organizaciones populares.*

–FG: Sí, porque la FEDETA, con el apoyo y coordinación de los demás sectores organizados de Ayacucho, ha efectuado paros totales y exitosos, como los de diciembre de 1982 y el 10 de marzo de1983, acatados en forma disciplinada y voluntaria por los sectores organizados. Es decir, han sido la conciencia y la organización del pueblo las que se han manifestado a través de los paros. En cambio, los paros convocados por Sendero Luminoso, el primero de ellos de 24 horas poco antes del 10 de marzo, fue impuesto a través de actos de violencia y logró parar parcialmente. El paro del 26 y 27 de julio también fue impuesto a través de un conjunto de acciones de intimidación y tuvo un éxito total, pero la diferencia es que en estos se paraliza debido al temor a las represalias que Sendero Luminoso pueda tomar.

–CID: *Volviendo al tema anterior, ¿crees que es factible alcanzar las reivindicaciones que plantean?*

–FG: Nuestra evaluación es que la situación de emergencia de nuestra región ya no es problema solo de los ayacuchanos. La violación de los derechos humanos, la conculcación total de las libertades democráticas, la usurpación del Poder Judicial por parte del CPM, ya no son problemas solamente del pueblo de Ayacucho, sino un problema que ha trascendido incluso las fronteras nacionales. En este sentido, creemos que las alternativas que planteamos deben estar vinculadas a un movimiento democrático de masas en el ámbito nacional.

Por ejemplo, contar con el apoyo permanente de nuestras centrales nacionales: CGTP, CCP, CNA y las federaciones independientes que tienen bases en Ayacucho. Por señalar algunas: la FENDUP, la FETRAMUN, la Federación de Luz y Fuerza. En segundo lugar, llamar a todas las organizaciones profesionales, cívicas, a la Iglesia, a los partidos de oposición, para que apoyen nuestra causa, y centralizar a todas las organizaciones democráticas de Ayacucho y vincularlas a todas las organizaciones de residentes ayacuchanos en Lima, de ser posible incluso en el exterior. En tercer lugar, gestionar ante todos los organismos de defensa de los derechos humanos de carácter oficial, como la comisión de derechos humanos del Parlamento, Amnesty International, Naciones Unidas, para que aunando esfuerzos, todos estos organismos de defensa de los derechos humanos, nacionales e internacionales, destaquen un equipo en Ayacucho que coadyuve a la defensa de los derechos humanos, y también aquí en Lima se pueda tener todo el apoyo para que las organizaciones populares y todos los ciudadanos de Ayacucho puedan gestionar la libertad de sus detenidos injustamente inculpados de terroristas.

Finalmente, creemos también que un encuentro democrático de las organizaciones de Ayacucho puede contar con el respaldo moral y activo de todos los parlamentarios que se identifiquen con nuestro programa de paz, justicia, democracia y desarrollo regional.

–CID: *¿Cómo se inscribe todo este accionar, y cómo ve el pueblo de Ayacucho las próximas elecciones municipales?*

–FG: Esto escapa a una opinión de tipo gremial. Personalmente creo que en Ayacucho no existen las más mínimas garantías para un verdadero acto electoral, que respete el sentir del poblador ayacuchano. En este sentido, creo que la exigencia de sectores del pueblo, de que en Ayacucho deben realizarse posteriormente elecciones complementarias con un mínimo de garantías, de libertades democráticas, es una exigencia correcta. Una exigencia que sí podría permitir al poblador de Ayacucho elegir sus auténticas autoridades locales. Y quizás a través de ellas buscar una alternativa de pacificación, una alternativa de desarrollo.

Yo, personalmente, llamaría por ejemplo a los partidos de la oposición a que asuman esta posición.

Si los partidos de oposición en Ayacucho quieren ser realmente consecuentes, el APRA y el PADIN deben retirar sus listas. Porque participar en las elecciones en Ayacucho en estas condiciones sería avalar el desangramiento de miles de vidas inocentes. Significa avalar una salida militar que no lleva a un desarrollo con justicia y democracia en esta región.

EL SOCIALISMO AMABLE DE ALFONSO BARRANTES[1]

La primera vez entré con el regidor Nolasco. Y era como en el vals: palacio principesco de espejos biselados, salón azul, sala de los embajadores y otras que atravesé casi sin darme cuenta hasta que el regidor abrió una puerta, dijo nos vemos y yo quedé solo en medio de otra habitación inmensa, giré la cabeza y en un enorme escritorio vi un hombre empequeñecido por una alta ruma de legajos que firmaba con los lentes sobre la frente. No lo veía desde antes de las elecciones. "Doctor, qué hace usted aquí", fueron las únicas estúpidas palabras que acudieron a mis labios. "Cómo que qué hago aquí, estoy aquí por culpa de ustedes, a veces paso horas firmando, todo lo tengo que leer para evitar petardos. ¡Y ahora quieren que intente cruzar la pista! La segunda vez, un grupo de adolescentes disfrazados de chiclayanos de pies a cabezas, bailaban un tondero para él y multitud de madres, tías y profesoras que colmaban el salón dorado. Al terminar la ceremonia, quise acercarme para concertar esta entrevista sin imaginar, ingenuo, que decenas de periodistas con similares objetivos lo rodearían instantáneamente, dando inicio a una suerte de procesión en la que grabadoras y cámaras reemplazaban a cirios y pebeteros, mientras al centro él, oráculo macluhiano hablaba pausadamente. Luego llegaron los canales de TV, esos microbuseros del periodismo que se abrieron paso atropellando con su pesada parafernalia electrónica. Hubo, pues, que sudar la gota gorda, pero helo aquí, Alfonso Barrantes, primer alcalde socialista de la muy noble, insigne y leal Ciudad de los Reyes de Lima.

Añoro leer novelas, ir más al teatro. Aunque el otro día oía la Salsa Roja.

Son las 7:15 a.m. y en la Casa de Alfonso Barrantes Lingán, en La Capullana, están ya dos regidores y el albañil que trabaja en la construcción del segundo piso.

1. Publicado en: *El Caballo Rojo*, n.° 204, año IV, 8 de abril de 1984, pp. 6-7.

Iba a tener una gran ventana, pero en una de esas por ahí me tiraban la bomba.

Son las 7:15 de la mañana y el alcalde ordena un desayuno con huevos a la inglesa, que luego comerá con abundante ají. Y el colesterol, doctor, y el hígado, y la úlcera.

Las críticas, la maledicencia de ciertos órganos de prensa en realidad no me afectan. Primero, a mí nunca me alterarán la paciencia indígena que tengo. Segundo, diré como el alcalde de Nueva York que a mí no me van a provocar úlceras. Son ellos los que han empezado a padecerlas desde que fui elegido.

Son las 8:15 a. m. y Barrantes sube a su limusina negra, acompañado del arquitecto Ruiz de Somocurcio, para ir tratando algunos problemas por el camino.

Barrantes tiene una preferencia especial por la niñez.

Bueno, eso quizá lo podría explicar después de una larga sesión de psicoanálisis con un psiquiatra o un psicólogo. Lo cierto es que hay autenticidad en mi afecto por los niños, acaso un recuerdo de mi infancia que felizmente se desarrolló sin adversidades dolorosas que yo pueda recordar. Es una suerte de adhesión a la cosa pura, inmaculada que tienen los niños y que si la proyectamos, frente a la ola de corrupción que vive el país, se advierte la necesidad de que la sociedad peruana recupere esa cosa pura que viene de la niñez y la cuide para que cuando llegue a la juventud y acceda a la adultez, pueda ser capaz de acabar con la corrupción que está ahogando al país.

En cuanto al programa del Vaso de Leche, de acuerdo con el ritmo calculado, terminaremos el año superando el millón de vasos diarios. La infraestructura no hubo necesidad de crearla porque existe. Es que la solidaridad entre los pobres no tiene parangón, ellos han sabido defenderse de las arremetidas de la política económica mediante la creación de comedores populares, clubes de madres, organismos vecinales, que son los que se encargan de la distribución de la leche.

En todo caso, en un país desgarrado por la violencia, es importante que a pocos días de los sucesos de El Sexto, la izquierda, a través de Alfonso Barrantes Lingán, aparezca encabezando una alegre concentración de miles de niños en el parque de La Reserva. Comienza a ponerse de pie lo que estaba de cabeza; la violencia tiende al fin a identificarse con sus principales promotores históricos, mientras aflora el rostro humano del pueblo y de la IU, que busca ser su representante política.

Amplitud y consenso

Pero si hay algo que lo obsesiona más, mucho más que la niñez, es el consenso, la necesidad de articular voluntades, la lucha contra el sectarismo.

Tenemos que seguir trabajando para convertir a Lima en una ciudad para todos, pero a partir de atender las necesidades de los más pobres. Nuestro mayor éxito en estos cien días ha sido la comprensión popular, pero también comprobar que hay sectores que, sin estar identificados ideológicamente con nosotros, comprenden nuestras dificultades e incluso colaboran con nosotros.

Le contaré un ejemplo. Estamos viendo de rescatar algunas áreas históricas de Lima. Buscando una financiación para la rehabilitación del convento de Santa Catalina, he tenido la oportunidad de ver cómo están reconstruyendo la Habana Vieja, y a mi regreso he conversado con Manuel Solari, enamorado de Lima. A sabiendas de las grandes diferencias ideológicas, acaso insalvables, hemos coincidido en conjugar esfuerzos en la recuperación del centro y posiblemente viaje a La Habana con otro enamorado de Lima, Manuel Ugarte Eléspuru.

Y así, frente a una derecha que debió hace tiempo rehabilitar Lima pero que teniendo la posibilidad real de hacerlo dejó que su propia ciudad se destruyera, hoy la izquierda aparece rescatando sus valores históricos. Se está poniendo de pie lo que estaba de cabeza.

Bueno, los más cavernarios de la derecha hubieran querido que el advenimiento de la izquierda al gobierno municipal convirtiera la plaza de Armas en un centro del caos, y hubieran querido que el sectarismo reinara. Pero se han visto defraudados.

Esa gran convocatoria que hicimos el 18 de enero logró un desfile folclórico muy hermoso donde el pueblo con su presencia y su alegría desbordó la plaza, pero no hubo un solo incidente. Los provincianos tomamos Lima, y seguramente había también allí muchos limeños que, convocados por el gobierno municipal de izquierda, convirtieron esa noche en una fiesta.

Hemos rendido homenaje a personajes de diferente significación intelectual y política: Augusto Salazar Bondy, Luis E. Valcárcel, y en julio se rendirá homenaje a don Oscar Miró Quesada de la Guerra.

Se ha puesto, pues, en evidencia, que el gobierno de IU no es sectario. Más del 90% de los acuerdos aprobados en el concejo provincial han sido tomados por unanimidad. Ninguna fuerza política puede decir que IU ha hecho uso del carpetazo, siempre buscamos el consenso, con las naturales discrepancias, lo cierto es que existe un espíritu de colaboración.

¿No es que trata a la derecha con guantes de seda y a la izquierda, a veces, con dureza?

Bueno, uno tiene que ser severo con la gente a quien uno quiere, porque esa es una manera de contribuir a la mutua educación.

Y no es que yo tenga guante de seda para la derecha. Es simplemente un comportamiento civilizado que aprendí de Mariátegui, a pesar de no haberlo conocido. Cuando yo leo el editorial de JCM "Voto en contra", escrito en ocasión de la elección de Matías Manzanilla como rector de la Universidad de San Marcos, me doy cuenta de que Mariátegui no le niega sus cualidades personales e intelectuales, reclama de él el incumplimiento de las obligaciones que tiene quien se dedica a la enseñanza y ataca en él lo que él representa, vale decir, la clase a la cual él pertenece, en la medida en que esos intereses son contrarios a los intereses que él defiende. Pero yo no he leído a lo largo de la obra de Mariátegui ninguna procacidad, ninguna frase subalterna contra sus adversarios. En esta polémica que todavía no ha terminado, entre Mariátegui y Haya, vemos la hondura de su pensamiento, la lucidez de su reflexión, y la nobleza de sus expresiones, que en muchos casos contrastan con la ligereza y la agresividad con que Haya le responde.

Actuar civilizadamente no significa actuar con guante blanco, porque en el momento en que se produzca una confrontación, entonces la historia demostrará si somos o no consecuentes con lo que decimos, porque en última instancia es la práctica la que define las posiciones y no el discurso.

Si somos esforzados seguidores de Mariátegui, reconoceremos la capacidad creadora en cualquier clase y en cualquier lugar. Lo que buscamos son aquellas coincidencias que, sin renunciar a nuestros principios ideológicos y políticos, hagan posible la conjunción de esfuerzos para la solución de los problemas de la ciudad.

Caballerosidad

Creo que era Macera el que en un viejo artículo afirmaba que si Mariátegui, Sánchez, Haya, etc., podían tratarse unos a otros de tal manera, era porque por encima de las diferencias de clase, todos eran "caballeros", compartían ese ideal de comportamiento oligárquico que tiene, indudablemente, un lado bueno. Y allí tenemos a ABL rescatando posiblemente lo único positivo que la oligarquía trajo a la política, pero que perdió allá por los años cincuenta: la caballerosidad. El contraste con ministros que se empegostan en sus cargos, con un Bedoya cada vez más chabacano y achorado, es bastante notorio.

¿Es que se trata de un "reformista" que le habla a los sectores medios, o es que también en las capas populares existe aprecio y añoranza por un comportamiento que cada vez tiene menos espacio en la gran ciudad tugurizada? Un comportamiento refinado y amable, que no necesariamente tiene que ser obsecuente, predominó en ciudades de provincias, pueblos y comunidades campesinas. Por supuesto, el contexto era otro: estamental, antidemocrático. ¿Pero no será acaso que el Perú crecientemente achorado tiene una cara no tan oculta, caballerosa y amable, no solo en la caricatura de postal turística sino en el ámbito de la vida cotidiana? ¿No es que Belaunde salió elegido apelando precisamente a esos valores? Claro, su fracaso ha demostrado un hecho incontrastable: la caballerosidad al servicio de una política económica inhumana se vuelve vergonzosa hoja de parra, coartada y finalmente, trampa. ¿Pero, en otro contexto?

Bueno, pero se trata de una experiencia en el ámbito municipal, ¿qué pasaría si la ocupada fuera la Casa de Pizarro y no la de Nicolás de Ribera?

Siempre aparece el fantasma chileno. Bueno, hay que partir de una constatación real: hay sectores que diciéndose democráticos y llamando a combatir al peligro comunista, en realidad lo que buscan es defender la permanencia de sus privilegios, y naturalmente que esos sectores serán capaces de utilizar cualquier recurso, por ilícito que fuera, para impedir el advenimiento de un gobierno de izquierda.

Ese es un peligro, pero también es cierto que la existencia de actitudes infantiles, apresuramientos infundados y exigencias que superan la realidad concreta pueden contribuir a que un gobierno de izquierda en el poder se deteriore, pueden contribuir a su erosión y facilitar su caída.

Ahora, yo creo por mi filiación que no hay dos fenómenos históricos iguales y que, por consiguiente, aquí no se va a dar lo que se dio en Chile. Sin embargo, tenemos la obligación de no defraudar. Por eso, junto con la prédica de la revolución tenemos que organizarla, y la manera es precisamente creando los comités distritales y provinciales de IU, que permitirán que los actuales gobiernos municipales y acaso en el futuro el gobierno central, tengan no solo el sustento de una organicidad necesaria sino también una conciencia lo suficientemente desarrollada y sobre todo una disciplina que ponga coto a cualquier tentación negativa.

Organización, conciencia, disciplina, y además un esfuerzo permanente por ser realistas en el quehacer político. Yo creo que lo más difícil es ser realista. Quien no actúa de acuerdo con la realidad se convierte en un iluso que a veces quiere sacar peras del olmo.

Seamos realistas, pidamos lo imposible

Le recuerdo un dicho del mayo francés: "seamos realistas, pidamos lo imposible".

Ah, claro, pero ese es el grito de la pequeña burguesía desesperada que hizo abortar un movimiento.

¿Pero no será que ya estamos consiguiendo, en parte, lo imposible, lo que se creía imposible, justamente actuando con realismo?

Bueno, sí. Es evidente que lo imposible de hace algunos años empieza a convertirse en posible y que el pueblo sabe darse sus propias utopías, como decía Mariátegui, está surgiendo el mito de una verdadera transformación en el Perú, un mito del cual se está apropiando nuestro pueblo y que lo está haciendo con la confianza de que IU va a ser el instrumento de ese cambio con el que está soñando.

Son las 11:15 a. m. El alcalde ya recibió a una representante de la UNICEF, dispuesta a colaborar en cualquier programa de bienestar infantil; a una delegación del SUTE-Lima, y ahora discute con la comisión de presupuesto. El déficit de apertura es de 16 mil millones de soles. Lo cierto es que las dificultades económicas son gigantescas, hay demoras y reticencias del gobierno central. ¿Por qué esperar a que lleguen los fondos y no privilegiar la movilización popular para exigir fondos?

Bueno, a pesar de las discrepancias políticas existentes, entre el gobierno central y el municipal no existe la hostilidad que algunos quisieran que hubiese.

Soy de los que creo que las movilizaciones tienen un efecto muy importante, pero que son el recurso al que uno tiene que echar mano cuando los otros ya no surten efecto. Ya lo he dicho y lo repito, solo propiciaré, por ejemplo, marchas de sacrificio cuando yo decida recorrerlas desde su lugar de origen y no sumarme a ellas cuando faltan dos cuadras para llegar al punto de destino. Creo que no hay que agotar el recurso fundamental de la lucha revolucionaria convocando a movilizaciones a cada rato.

¿De qué manera, entonces, democratizar el gobierno municipal?

Organizando a la población, estando en contacto con ella y tomándole el pulso. En la mayoría de los distritos se han llevado a cabo cabildos abiertos y a través de ellos los gobiernos municipales no solo han recibido la ratificación del pueblo, sino que han tomado conciencia de las prioridades que reclama la población organizada.

Pero avanzar hacia un cabildo metropolitano es casi una utopía. Ni aun cuando estuviera la plaza llena sería la expresión democrática de la ciudad en su conjunto. En el ámbito metropolitano hay que establecer coordinación estrecha con las instituciones representativas: organizaciones sindicales, barriales, colegios profesionales.

Otra vez el consenso. ABL representa posiblemente el giro de una izquierda que pasa del simple agudizar las contradicciones "avanzando sin transar", a la lucha hegemónica y a convertirse en alternativa de gobierno. ¿Se está yendo al otro extremo, olvidando el poder? (salvo el poder, todo es ilusión, afirma Sendero Luminoso). El tiempo —y las masas— lo dirán. En todo caso, en un país harto de la violencia, quizá el socialismo amable de Barrantes pueda convertirse en un hermoso mito capaz de congregar a las mayorías para grandes batallas por la justicia, la paz, la amabilidad.

Luego de una larga sesión del concejo, casi a las cuatro de la tarde, con un grupo de técnicos de IU puede almorzar en un restaurante del parque de La Reserva. Cau cau con arroz, que tenga concolón (mala suerte, en las ollas del restaurante no hay concolón). Y antes una sopa a la criolla con un huevo sacudido.

Otro. Y el colesterol, doctor. Soy longevo, ha declarado en algún sitio. En todo caso, resiste bien las jornadas de 15 o más horas. Pero este es un almuerzo de trabajo y a esa hora de la tarde en que el sol de otoño vuelve la ciudad más apacible, como retrotrayéndola al pasado, el cansancio se dibuja en el rostro del burgomaestre.

Cada pequeño paso cuesta una dura lucha contra la burocracia, contra el gobierno, contra la pobreza de recursos, contra la inexperiencia de la propia izquierda. Pero en un país que ya ha dado un Martín de Porres, quizá un longevo obsesionado por la unidad logre sus propósitos y todos —casi— coman del mismo plato.

El hombre de la bandera

Al atardecer, de regreso a la casa de La Capullana, antes de que tenga que volver a salir para reunirse con la señora de UNICEF y comer con el representante de la CEPAL, encontramos la rendija de tiempo para la entrevista.

Tampoco descanso los domingos porque voy a reuniones en bases. Esta vez tengo que entregar títulos en San Juan de Miraflores y El Ermitaño. Pero ahí es distinto, hay fiesta.

Mi mayor satisfacción se produjo el 8 de noviembre, en el mitin con que se cerró la campaña electoral. La satisfacción de saberse querido por una multitud que hasta antes de esa fecha nunca se había reunido en Lima. Y, como IU, haber mostrado que el APRA ha perdido el monopolio de la convocatoria, que esa capacidad ha pasado a Izquierda Unida y que somos nosotros los que tenemos ahora la capacidad de reunir multitudes.

Anochece, la sencilla sala-comedor se va sumiendo en tinieblas. Cuadros de Guayasamín, retratos de Mariátegui, Lenin, un recuerdo de un recluso, un gran afiche de Marx en alemán anuncia: "Un fantasma recorre Europa...". Viene a mis labios la pregunta que todo el día revoloteó en mi mente. De alguna manera, al aparecer como primera figura de la izquierda, está usted creando un estilo, con todo lo bueno y lo malo que pudiera tener. ¿Cómo se siente de ser el hombre que encarna este nuevo giro de la izquierda?

Bueno, aunque parezca mentira, ha disminuido considerablemente el grado de vanidad que tenía antes y ha sido reemplazado por un sentido de responsabilidad que me tiene abrumado.

No suena retórico. A lo largo del día y de la conversación se me aparece indiscutiblemente más cuajado, más sólido que cuando hacíamos campaña por la UDP, allá por 1979. Pero también angustiado por las grandes tareas y las urgencias impostergables. Si bien Izquierda Unida depende de su carisma, él depende a su vez de la unidad y consolidación de la izquierda.

A mí me ha sucedido un poco lo que en la película de Chaplin. Yo resulto recibiendo no sé de quién ni en qué circunstancias específicas una bandera, y cuando miro hacia atrás, todos están detrás mío y yo nunca quise arrebatarle la bandera a nadie, llegó a mis manos por decisión popular y ahí estoy, a cuestas con ella buscando el vigor de las manos populares para que esa bandera nunca sea arriada y que cualquier debilidad personal mía sea suplantada por el coraje y la combatividad del pueblo organizado.

RESURRECCIÓN, EL TRIUNFO DE LOS POBRES[1]

En coautoría con Alberto Adrianzén

De mirada tranquila y voz profunda, Jorge Álvarez Calderón transmite de manera transparente lo que significa optar por el pobre hoy. Su testimonio personal de entrega, así como su comprensión del mensaje evangélico, lo ubican como uno de los sacerdotes —junto con Gustavo Gutiérrez, con quién celebró sus bodas de plata sacerdotales hace pocos meses— que han decidido unir sus vidas con los condenados de esta tierra.

Álvarez Calderón es amigo de muchos años del padre Gutiérrez, quizá el más importante teólogo de América Latina y del Tercer Mundo. A continuación un breve resumen de una larga conversación que busca desentrañar el significado de Semana Santa —de la muerte y resurrección de Cristo— en un Perú agobiado por el hambre y la miseria, pero al mismo tiempo remecido por los intentos del pueblo de construir una nueva esperanza.

–El Diario: *¿Qué significa la 'Resurrección de Cristo en el Perú de 1984'?*

–Jorge Álvarez Calderón: Es en primer lugar una afirmación de la vida sobre la muerte. El Dios bíblico, el padre de Jesucristo, es fundamentalmente el Dios que opta por la vida y la desea en plenitud para sus hijos. Se alza contra todas las fuerzas de muerte y asume la causa de la vida y de aquellos que la promueven.

La afirmación de fe de que Jesucristo es resucitado por su Padre va en primer término de esa línea. En nuestro país, las fuerzas de muerte están desgraciadamente demasiado presentes; ellas apuntan a la destrucción de nuestro pueblo, su destrucción física —pienso en la desocupación, el hambre—, la destrucción de su identidad, la destrucción de su esperanza. Celebrar la

1. Publicado en: *El Caballo Rojo*, n.° 206, 22 de abril de 1984, pp. 4-5.

Resurrección hoy día es celebrar el proyecto de vida y de vida en plenitud de nuestro Dios. Significa levantar la esperanza de un pueblo, dar sentido divino a sus justos anhelos, fortalecerlo.

Pero, además, la Resurrección es para los creyentes la afirmación de que la práctica de Jesús es aceptada por su Padre. Esa práctica, condenada por los poderosos de su época como blasfema y peligrosa, es sin embargo la única práctica aceptada por el Padre. La Crucifixión eliminó a Jesús, el Profeta nazareno, testigo del Dios bíblico, esperanza de los pobres y desheredados. La Resurrección es la intervención del Padre que confunde a los que mataron a Jesús, es la indicación de que el único tipo de vida que tiene sentido para Dios, es aquella que vivió Jesucristo: desde el corazón de los despreciados, amar con hechos, anunciar al Dios de la Historia, hablar con valentía la verdad, estar dispuestos a entregar la vida para que haya vida en plenitud, dar, en suma, testimonio del Dios vivo. Eso es celebrar la Resurrección.

Hoy en día, eso significa valorar desde la fe el compromiso generoso y profundo de tantos hombres y mujeres de nuestro pueblo que no desfallecen, que aman con fuerza, que entregan su vida —y muchas veces su sangre— por sus hermanos. Es un gran cuestionamiento también para aquellos que nos decimos cristianos pero que no nos atrevemos a entrar en la lógica de la práctica de Cristo.

Finalmente, para nuestra Iglesia latinoamericana, la Fiesta de la Resurrección está convirtiéndose en la celebración de su vida misma. En efecto, la vitalidad de nuestra Iglesia se está haciendo notar por la calidad de muchas comunidades cristianas que viven la fidelidad del Evangelio en una entrega muy honda por su pueblo. La práctica de Jesús está siendo vivida de mil maneras en gestos, opciones, palabras. Hay una experiencia muy profunda de la fe, del llamado del Señor y de su seguimiento. Los mártires de nuestra Iglesia en estos últimos años dan testimonio de la fe en Jesucristo desde una inserción real en el sufrimiento y anhelo de vida de los pobres. Son signo de la presencia del Resucitado. Son gérmenes de esperanza que entonan y dan sentido al esfuerzo de los pobres por construir un mundo fraterno para todos. Celebrar la Resurrección es celebrar esa fuerza de vida que el Señor está entregando a su Iglesia, y comprometerse a que se desarrolle.

–ED: *¿Qué significaría el triunfo de la vida sobre la muerte en términos sociales? Porque hablas del triunfo de la vida sobre la muerte, algo así como la esperanza futura. Sin embargo, ahora estamos en la época en que triunfan los factores de muerte. ¿Qué sería, entonces, el triunfo de la vida sobre la muerte, qué tipo de orden habría entonces?*

–JAC: La fe en la Resurrección apunta hacia un futuro de plenitud, promesa de Dios, pero se va realizando concretamente también hoy. Por ello, y para abordar su pregunta, quiero empezar valorando cosas que existen ya entre nosotros. Me refiero a ese rico tejido de organizaciones de base y el compromiso solidario y cotidiano que tantos hombres y mujeres tienen en ellas. En esas organizaciones los pobres luchan por su vida y la defienden: son una admirable afirmación del deseo de vida en medio de tantas condiciones de muerte. Es cierto que en situaciones tan duras en las que vive el pueblo, muchos se desmoralizan, pierden toda esperanza, llegan a no creer en nada ni en nadie. Pero es cierto también que muchos otros dan testimonio de la fuerza de otra lógica. Ellos no se resignan y, porfiadamente, con tenacidad, luchan por la vida.

Pienso en aquellos que están comprometidos en las organizaciones vecinales y campesinas, en los comedores y bibliotecas populares, en los centros de salud. Pienso en aquellos que defienden sus sindicatos a pesar de los duros ataques de que hoy día son objeto. En todo ese mundo popular hay una fuerza y creatividad que es a la vez realidad y esperanza. Ningún proyecto social debe descuidar esa riqueza que existe en la base y en sus organizaciones si quiere recoger y potenciar la vitalidad de un pueblo.

El pueblo anhela, por otro lado, una auténtica democracia. Aquella que le permita participar y gestar su propio destino, aquella que le permita afirmarse. Por eso rechaza los verticalismos, vengan de donde vengan. Y eso empata con una de las exigencias básicas del Evangelio, que es la fraternidad. Un gran reto en la construcción de un orden social es elaborar el proyecto que cuide las condiciones de una autentica fraternidad, donde se tienda a la eliminación de la injusticia y la expoliación de un grupo sobre otro.

Más aún, el Evangelio plantea una crítica muy profunda a una concepción del poder en términos de dominio, por ser esto justamente un atentado contra la fraternidad. El poder, desde el mensaje de Jesús, debe ser concebido como un servicio y, más aún, como un servicio que tiene como punto de referencia al más olvidado. El pobre es el punto de arranque y el lugar de verificación de un poder eficaz y creador. Esta crítica atraviesa a todo el conjunto social. A los poderosos que en nuestros países utilizan el poder en desmedro de la vida de las mayorías. Pero también a muchos dirigentes populares, que marcados por el egoísmo, la corrupción o una concepción errónea de sus cargos, se aprovechan de ellos en provecho personal o de dominio de grupo.

Pero es importante subrayar otra idea. El poder no lo hace todo en la sociedad. Es peligroso cuando el poder se vuelve como un absoluto y se busca el poder por el poder. Corre el riesgo descuidar la calidad de las organizaciones —que tienden siempre, por el pecado inherente, a volverse dominadoras— y la calidad de los dirigentes. Debemos forjar día a día organizaciones democráticas, respetuosas de los procesos, de la cultura, de los problemas concretos de un pueblo. Pero también debemos cuidar la calidad de nuestros dirigentes, cuya mística y entrega vayan a la par con un testimonio personal de coherencia, germen del nuevo tipo de hombre y de mujer que precisamos. Solo así irá surgiendo un proyecto de organización social que sea novedad y que sea realmente humano. El mensaje del Evangelio es un elemento de juicio continuo a nuestras prácticas y actitudes, a la calidad de lo que construimos. La fidelidad al mensaje evangélico es exigencia grande de entrega, pero es cuestionamiento continuo sobre la calidad de esta. El Evangelio no plantea ningún proyecto preciso de sociedad; exige, eso sí, que cualquier proyecto no solamente esté adaptado a las condiciones concretas de un pueblo sino que tenga como punto de referencia fundamental al más pobre y desde ahí construya en todos los niveles las condiciones de verdadera fraternidad.

–ED: *¿Cuáles serían las fuerzas de muerte en este momento?*

–JAC: Lo que vivimos en nuestro país es demasiado evidente. Esas fuerzas de muerte ya nadie las puede ocultar. El sistema social, tal como existe ahora, es, en los ámbitos nacional e internacional, fuerza de muerte. Porque no está basado en el servicio y en el amor sino en el deseo descarado —inhumano— de lucro egoísta. Las fuerzas económicas y políticas que siempre se han aprovechado de nuestro país, hoy en día lo están haciendo con una intensidad cruel. La muerte lenta del hombre, la violencia creciente a la que se nos está sometiendo, la corrupción están ahí, y eso destroza.

Pero también es preciso decir, que esas fuerzas de muerte están en el seno mismo de nuestro pueblo, en la medida que allí el dominador está introyectado y el pecado lo marca. Pienso en aquellos que viven aún con el complejo de su raza, que consideran que el blanco, el poderoso, el que tiene plata, tiene la vida. Pienso también en la falta de comportamientos éticos a todo nivel.

Son actitudes y dimensiones de la vida popular que deben ser saneadas. Sin embargo, es preciso decirlo, en esta sociedad tan desgarrada, las fuerzas de fuera de nuestro pueblo, son las principales responsables de esta irracionalidad. Es preciso ubicar ese desorden social profundo para poder también luchar con las fuerzas personales del mal que cada uno tiene dentro de sí.

–ED: *En la Biblia hay una serie de frases, tanto en el Antiguo como en el Nuevo Testamento, sumamente radicales. Por ejemplo: "Yo no he venido a traer la paz sino la guerra", "he venido a esperar a padres de hijos". ¿Qué implican para ti estas palabras contenidas en el mensaje bíblico?*

–JAC: Estas palabras corresponden a la veta profética del mensaje bíblico, y Jesús se inserta plenamente en esa línea profética. Eso quiere decir que el Dios de Jesucristo, que el Dios de la Biblia es el Dios de la Historia, el que se revela en el acontecimiento histórico como el Dios vivo, que ama, que actúa y que por ello surge contra todas las fuerzas del mal.

Palabras como estas deben apartarnos de toda concepción de la fe o del amor en términos de resignación o pasividad. Acoger el don de Dios significa entrar activamente en la sociedad y ser promotor de auténtico amor y paz. Bien sabemos que en sociedades tan marcadas por el desamor como las nuestras, vivir la fe en forma concreta supone muchas veces tomas de posiciones claras, y eso trae conflicto. Amar y promover la paz implica evitar todo falso pacifismo, todo falso amor. Ese es el sentido de la palabra evangélica.

En esta manera de vivir, también sabemos que se redefinen en cierta manera los lazos familiares y de amistad. Porque aquellos que optan o están inmersos en un amor egoísta, no pueden comprender y hasta rechazan a los que seriamente desean adoptar una forma de vida más adecuada al Evangelio. En nuestros países es bastante común ver ese tipo de desgarramiento, doloroso por cierto, pero marcado de humanidad y gestos de una familia más grande y de amor más fecundo que aquella basada en afectos egoístas. En ese sentido, a mi parecer, el problema central es optar por una vida que se entrega u optar por una vida que se repliega.

–ED: *En tus respuestas has puesto mucho énfasis en la importancia de Jesús. ¿Qué significa Jesús para ti?*

–JAC: Para mí, Jesús es el centro de mi fe. Es la revelación concreta de Dios en la humanidad, es Dios hecho carne. Me gusta hablar de Jesús como el Nazareno. Indica su origen concreto, del norte de Palestina, un sector poco apreciado en el país de su tiempo. Desde ese sector despreciado, Jesús se ubica en medio de los pobres y hace alianza de vida con el mundo, desde los pobres y despreciados. Es la encarnación del Dios siempre fiel al pobre y despreciado porque es Dios de la vida y el amor. Jesús, en sus hechos, en su vida, en la ubicación social que asumió, en las palabras que pronunció, en la fidelidad hasta la muerte, encarna la radicalidad del amor de Dios que entra en la historia y se compromete totalmente con ella.

La manera de actuar de Jesús, me indica la única manera de actuar que es conforme al Padre. De esa manera yo comprendo cuando dice "Yo soy el camino, la verdad y la vida". La resurrección de Jesús no es para mí un milagro cualquiera, un hecho espectacular; es una experiencia de fe y la prueba de que el Padre acepta y se compromete con ese Jesús, que Él constituye en Señor. A partir de esa resurrección su práctica se constituye en criterio para juzgar toda práctica y manera de actuar en la humanidad.

El acercarme a los evangelios significa para mí un gran cuestionamiento sobre la manera como oriento mi vida, y la forma como debo impulsar y contribuir en la construcción de una sociedad acorde con la voluntad del Señor.

Creer en Jesús como el Señor es para mí creer en la historia y es fuente de esperanza agradecida y activa.

–ED: *En el mes de enero celebraste junto con Gustavo Gutiérrez las bodas de plata sacerdotales. ¿Cómo entiendes los últimos ataques, que además ya llevan tiempo, en contra de Gustavo Gutiérrez?*

–JAC: En primer lugar, quiero aprovechar esta ocasión para testimoniar una muy antigua y profunda amistad con Gustavo. Nos conocemos desde cuando éramos universitarios. Con él he compartido muchos proyectos. Es un auténtico amigo, un amigo fiel, un amigo que siempre está presente. Pero además —frente a tanto ataque inicuo que se está haciendo—, es un hombre profundamente marcado por la fe en Jesucristo y su Evangelio, es un sacerdote coherente y profundo. Su trabajo intelectual, reconocido en el ámbito internacional, brota de su misma fe y del compromiso con su vocación sacerdotal y eclesial. Es indignante el tipo de calumnias que se están haciendo.

Es preciso ubicar los ataques, contra Gustavo y contra su obra, la *Teología de la liberación*. Los periódicos y las revistas que están implicados en la campaña representan intereses bastante claros, no precisamente evangélicos. Los cables internacionales, que distorsionan hechos e información sobre la obra y persona de Gutiérrez, vienen de agencias que no solo distorsionan hechos teológicos... No hay que olvidar en todo esto la existencia del Documento de Santa Fe, hecho por los asesores del gobierno de Reagan. Ahí se habla claramente de la teología de la liberación como algo que hay que combatir, como algo peligroso. En realidad, lo que ocurre es que hay sectores a escala nacional e internacional que temen a una Iglesia que vive en concreto, por fidelidad al Señor, las exigencias de la encarnación. Los sectores dominantes prefieren una Iglesia silenciosa y servil; no una Iglesia profética, buena nueva para los pobres y oprimidos. Esos sectores tienen mecanismos bien refinados para confundir, echar lodo, calumniar, sembrar sospecha fuera y dentro de la Iglesia.

Por otro lado, Gustavo Gutiérrez no es el único involucrado en este tipo de calumnias y de ataques. Lo que ha ocurrido en esta semana con relación al señor cardenal muestra hasta qué punto se puede llegar. Como sacerdote deseo expresar aquí mi indignación por lo ocurrido y mi solidaridad plena con el señor cardenal. Yo sé hasta qué punto esas acusaciones no corresponden a la verdad y el cuidado que él siempre ha tenido por su fidelidad como pastor. Quizá todo esto nos hace ver en concreto lo que significa la Semana Santa... Ser testigo del Señor de la Vida no es fácil, pero los que son fieles son objeto de las bienaventuranzas: "Felices los perseguidos por causa del bien, porque de ellos es el Reino".

ADOLFO PÉREZ ESQUIVEL, EL PROFETA DESARMADO[1]

Ni los parapetos construidos con sacos de arena, ni los nidos de ametralladoras que se divisan desde las ventanillas del avión, parecen inmutar al hombre de rasgos regulares y aspecto mitad sabio distraído mitad profeta o maestro, que ahora avanza hacia los controles del aeropuerto Mendívil entre flashes de fotógrafos y dos filas de avioneros provistos de metralletas y perros policías, sin abandonar en ningún momento una sonrisa casi imperceptible, rodeado de un puñado de activistas cristianos, representantes de organismos de derechos humanos y algunos parlamentarios.

"NO TE OLVIDES QUE YO VENGO DE ARGENTINA. No sé si conoces otro régimen más violento que el anterior argentino, donde tuvimos un saldo de más o menos 30 mil personas secuestradas y desaparecidas, mujeres, niños, tumbas NN. Y eso lo enfrentamos a través de la organización del pueblo. Primero pequeños grupos hasta llegar a la respuesta masiva del pueblo, a nuevas instancias de toma de conciencia. A nosotros eso nos costó mucho dolor, mucha sangre. Sabemos que vamos a ser reprimidos, yo he pasado 28 meses detenido".

Adolfo Pérez Esquivel, Premio Nobel de la Paz 1982, victorioso combatiente no violento contra la dictadura argentina recientemente derrotada, se explaya sobre uno de sus temas recurrentes: "la paz no es un regalo, la paz se conquista en la lucha de todo el pueblo unido".

A la salida del aeropuerto, militarizado hasta su último rincón y cuyo acceso está prohibido a todo el que no sea viajero, se divisa a los lejos —más allá de las áreas de estacionamiento ahora en desuso— un medio centenar de civiles pequeñitos que hacen gestos de saludo. Cuando la comitiva está ya muy cerca de ellos, un oficial invita al Premio Nobel a abordar un carro de transporte de tropas que los ayacuchanos denominan "salchipapa". Pero en

1. Publicado en: *El Caballo Rojo*, n.° 208, 6 de mayo de 1984, pp. 4-5.

el preciso momento en que Pérez Esquivel se dispone a subir, se oye una voz femenina que dice tímidamente: "¿por qué no vienen en el carro del concejo?".

Es Leonor Zamora, alcaldesa electa de Huamanga. Mujer frágil, encinta, vestida con absoluta sencillez, es la imagen misma del poder civil desvalido y apabullado por la implacable maquinaria militar, pero sobreviviendo tercamente. Tras un segundo de vacilación, la comitiva incrementada por multitud de periodistas y camarógrafos se apiña en la camioneta *pick-up* del concejo provincial, violando efectivamente las normas de seguridad, incluso vehicular. Pero así, arracimados y cara al viento, los visitantes hacen su ingreso en la ciudad por avenidas en las que subsisten obstinadas las pintas senderistas.

Honoris causa

Luego de una brevísima visita al Arzobispado, Pérez Esquivel se dirige a la universidad, donde la Facultad de Derecho le otorgará el doctorado *honoris causa*. San Cristóbal, la universidad que optó por persistir en medio de la guerra, sabe que es una de las pocas oportunidades en que puede reivindicar sus fueros plenamente y hacer oír con fuerza su voz tricentenaria. Por eso el Paraninfo está de bote en bote, por eso el himno nacional resuena como nunca lo escuché en diez años en esos claustros, por eso lo canto con fuerza y rabia junto a esa masa compacta que recalca: somos libres.

El Premio Nobel agradece el honor y se explaya en otro de sus temas centrales: la unidad latinoamericana.

"Desde la época colonial ha habido una política sistemática para impedir que los pueblos de América Latina se conozcan entre sí, para enfrentar pueblo contra pueblo y generar conflictos regionales: Perú-Ecuador, Argentina-Chile, Chile-Perú-Bolivia. En Centroamérica el caso de Nicaragua es muy claro: a un pueblo que busca su autodeterminación, lo enfrentan contra países hermanos, como Honduras y Costa Rica".

A la salida, centenares de estudiantes lo conducen hasta una vieja higuera, símbolo de la universidad, para tomarse fotos con él. Pero si dentro del claustro la alegría es desbordante, afuera el ambiente sigue sumamente tenso, como comprueban los visitantes que ahora atraviesan la plaza de Armas rumbo a la iglesia de San Francisco de Paula para una misa por los muertos y desaparecidos.

El miedo se quiebra

En el templo, el público es distinto, se ve aquí más gente humilde y buen número de huamanguinas de lliclias y polleras que atienden silenciosas el servicio mientras en el coro canta un pequeño grupo con acompañamiento de órgano y violín. Solo comulgan Pérez Esquivel y una persona más. Pero al final el coro entona en quechua el tan solemne *Apu Yaya Jesucristo*, y por primera vez todos lo siguen: cantan las "mamachas" con voces agudas, pero también los hombres, viejos y jóvenes. Y luego viene, lleno de sentimiento, el *Ccollana María*, que los asistentes entonan mientras salen del templo hacia el sol de mediodía y el cielo transparente frente al cual decenas de mujeres comienzan a desplegar, primero tímidas y después decididas, pequeños carteles que guardaban entre sus ropas: "Dónde está mi hijo", "Devuélvanme a mi esposo"... y los nombres y las señas. Alguien le entrega al Premio Nobel una cruz de madera, la que debía conducir (pero no pudo hacerlo por la oposición del comando político-militar) hasta la cumbre del cerro Acuchimay que domina la ciudad.

"Hoy decía que nunca se comienza con 30 mil desaparecidos: se comienza con uno, con dos, con tres, y vos dejás pasar todas esas situaciones: llega un momento en que esas injusticias te desbordan y logran algo que paraliza a los pueblos: el miedo. El miedo neutraliza. En cambio, la lucha no violenta, el apoyo, la solidaridad, significan fortalecerse unos a otros".

"Nadie comulgó, pero esta ha sido la eucaristía, la comunión solidaridad", me comenta una activista de la FEDEFAM refiriéndose a los cantos en quechua y el despliegue de pancartas. Y yo recuerdo ese lema de las marchas populares: "¡Aquí, allá, el miedo se acabó!". No necesita corearlo esa multitud que ahora avanza pisando fuerte por las calles de Ayacucho.

Dicen que mientras se celebraba la misa, comandos semidesnudos y pintarrajeados atravesaron el centro de la ciudad, entonando sus cánticos de muerte. Pero ahora cientos de personas desembocan de regreso a la plaza de Armas, expresando su opción por la vida, arremolinadas alrededor del que lleva la cruz, mientras un locutor se desgañita desde los portales anunciando la visita de Pérez Esquivel al concejo provincial.

"A veces los amigos se ríen cuando yo digo que esto es como la lucha del elefante contra la hormiga. Fíjate el tamaño del elefante y el de la hormiga. Pero todos sabemos que hay más hormigas. Lo importante es cómo esas hormigas se organizan y cómo comienzan a enfrentar al elefante. En otros términos, esto significa toma de conciencia crítica y organización.

La no violencia se basa en una acción del conjunto del pueblo. Muchas veces vemos respuestas violentas de los que quieren ser la vanguardia del pueblo, pero sin el pueblo. La no violencia nunca la puedes aplicar sin el pueblo. Son grandes acciones de masas, producto de la acción consciente del conjunto de un pueblo".

Pérez Esquivel expone con apasionamiento su confianza en las acciones de masas como única garantía de victoria:

"En el proceso nicaragüense se ha visto. Durante mucho tiempo los sandinistas estuvieron combatiendo a Somoza, pero únicamente triunfaron cuando el pueblo tomó conciencia, se unió y revertió la situación".

Y también su rechazo al vanguardismo militarista:

"Fíjate, los regímenes militares, ¿en qué basan lo que están haciendo? En que hubo grupos armados, entonces ellos tienen justificativos para la violencia represiva. Es una escalada que desemboca en situaciones extremas. [Por otro lado] no cambias la mentalidad y entonces se corre siempre el riesgo que cuando llegan al poder, los oprimidos de hoy pueden transformarse en los opresores del mañana".

Huésped ilustre

Su rostro está transido de emoción, pero la voz no se le quiebra como al secretario del concejo provincial, que termina de leer entre sollozos el pergamino donde consta que la muy noble y muy leal ciudad de Huamanga lo declara huésped ilustre. Tampoco se le llenan los ojos de lágrimas como a nosotros cuando las madres, abuelas y muchachas con sus hijos en la espalda o apretados contra los senos, lo invaden todo, desplazan a la prensa yse apretujan para estar más cerca de él, y algunas estallan en llanto en el salón capitular del municipio, que a estas alturas es un desbarajuste colmado de gente, y la alcaldesa inmóvil y el locutor que se sigue desgañitando sin diferenciar entre la presentación de un Premio Nobel y la de un catchascanista. Pérez Esquivel conserva la calma.

"Es que vengo de Nicaragua, vengo de Honduras, de la selva de México en la frontera con Guatemala, pasé dos días en la selva con los refugiados guatemaltecos; una violencia infernal".

¿Equipara usted la violencia de los opresores y la de los oprimidos?

"Las palabras por el uso y el abuso que se hace de ellas, se devalúan como el dinero. Los argentinos sabemos algo de devaluación, ¿o no? En eso podemos dar cátedra. Así que primero tenemos que clarificar: ¿qué es la violencia? Si no aclaramos esto, pensaremos que la violencia es solo agarrar una metralleta o cualquier instrumento de muerte. Para mí la violencia nace de la situación de injusticia estructural, nace de la marginación, la miseria de los pueblos. Hay violencia cuando los niños mueren de hambre, cuando no existe medios para salud, educación, vivienda, cuando no hay libertades sindicales ni políticas, cuando no existe el derecho de informar, o de aprender y enseñar".

No es pues tan solo un hombre de buena voluntad, sino alguien dotado de una visión muy coherente de la sociedad. Luego del almuerzo vendrá su visita al CRAS, a la Corte Superior y su entrevista frustrada con el general Huamán.

"Satyagrajha"

Pronto llega la noche. Lleva varios días durmiendo dos o tres horas. Sin embargo, accede generosamente a concederme una entrevista en el cuarto de su hotel. "Solo 15 minutos", dice su secretario, que inmediatamente cae dormido sobre la cama vacía. Pero no el Premio Nobel, que a pesar del cansancio me acoge, se entusiasma, se explaya y va delineando lo que es la no violencia activa:

"La no violencia no significa pasividad, es una lucha activa donde se busca encontrar respuesta de otro orden, no responder a una violencia con otra.

Es la misma que utilizó Gandhi, que la llamó 'Satyagrajha', que en sánscrito significa 'la fuerza de la verdad'. Y Luther King la llamaba 'la fuerza de amar', nacida de la raíz misma del Evangelio. Gandhi dice que la descubrió en los antiguos libros sagrados de la India, y también en los evangelios, en el sermón de la montaña".

Desempolvo mis apolillados argumentos: ¿pero no son diferentes la historia y la idiosincrasia de la India?

"¿Por qué? ¿Qué han sido en Argentina nuestras luchas durante ocho años de dictadura y por qué llegamos a una democratización? Toda la lucha fue no violenta; ojalá el pueblo argentino la hubiese descubierto antes, se hubiesen salvado muchas vidas".

Frustrado abogado del diablo, saco lo último de mi arsenal: ¿no es que en Chile y en Brasil este tipo de lucha se estrella contra un poder que aparece tan impenetrable que puede resistir manifestaciones gigantescas como las brasileñas o jornadas de protesta como las chilenas?

"Yo creo que no hay que confundir. No todas las batallas se ganan al primer intento. Hay etapas. La lucha no violenta a través de la conciencia popular también tiene sus etapas. Muchas veces no se alcanza el objetivo último pero sí etapas hacia determinado objetivo.

Chile es muy claro, el debilitamiento del régimen se produce a través de la lucha no violenta. Pinochet hubiese estado muy contento si el pueblo le respondía con violencia, porque entonces hubiera tenido justificativo para su represión. ¿Qué cosa es la no violencia? Quitarle los justificativos a la agresión.

Hasta en Paraguay comienza a revertirse la situación contra la dictadura más antigua del continente. Es que los pueblos recién se están dando cuenta que tienen un potencial de respuesta que antes no lo habían puesto en práctica por desconocimiento".

Quizá atrapados en la vieja y posiblemente mal planteada disyuntiva entre tránsito pacífico o revolución violenta, no valoramos un nuevo tipo de acción que parece multiplicarse en un continente hastiado de vanguardias iluminadas que no ostentan chance alguna frente al perfeccionamiento del aparato militar. Pareciera que justamente como respuesta a esa sofisticación mortífera los pueblos optaron por presentarse explícitamente desarmados, sin entrar a combatir en el terreno enemigo y atrayendo a este, por el contrario, a dar la lucha en el terreno del pueblo.

En todo caso, tampoco el planteamiento de Pérez Esquivel aparece cerrada y excluyentemente no violento.

"Uno comprende que los pueblos, cuando llegan a la desesperación, cuando no encuentran caminos alternativos, recurren a los medios que tienen. Es el caso de El Salvador, de Nicaragua. Pero nunca todas las acciones son totalmente violentas o no violentas. En Nicaragua, en la lucha de los sandinistas, hubo mucha lucha no violenta, muchísima. Cuando le restan todo el apoyo a Somoza, cuando comienzan las acciones en las parroquias, las movilizaciones, los paros, allí hay una respuesta concreta".

Tiene razón, nunca las acciones son totalmente violentas o no violentas, pero él opta por las segundas. No porque se le ocurre, sino rescatando una tradición opacada por aquella otra antiquísima que identifica al héroe con el guerrero (desde Aquiles y Ulises hasta el Che Guevara). Él rescata otros héroes:

"Las mujeres en Bolivia, las cuatro mujeres mineras que comienzan el ayuno masivo que derroca al gobierno de Banzer, que se había sostenido nueve años".

Y al hacerlo, al tiempo que apuesta a la vida, rescata otra historia, o el otro lado de la historia:

"Fíjate y haz un poco de memoria. Cuando eras chico siempre te enseñaron la historia de la violencia, pero la humanidad no sobrevive por la violencia, sobrevive por la capacidad de defensa de la vida que tienen los pueblos. Pero nunca se habla de eso, la historia que te enseñan es la de la violencia y la dominación. Pero hay una historia no contada, pero sí fuertemente vivida por los pueblos. ¿Por qué sobreviven los pueblos?".

Evidentemente, no por su capacidad de muerte sino por su capacidad de vida. Los planteamientos de Pérez Esquivel, por lo demás, rompen con otra dicotomía tradicional: reforma o revolución. Sus propuestas son radicales:

"La política, tal como está planteada en nuestros países, está agotada, no ha dado respuesta a las necesidades de los pueblos.

En las campañas electorales los partidos puedes prometer hasta lo imposible, porque saben que nunca lo van a cumplir, porque desde que toman el poder ya están condicionados por las mismas estructuras. Por eso hay que buscar, en el buen sentido del término, lo que son procesos de liberación, lo que son procesos revolucionarios. Nuestro pueblo ya no resiste más remiendos...".

Socialismo utópico

Propugna el arquitecto argentino (nadie se acuerda de que es arquitecto, así como pocos recordaban que su compatriota el Che era médico) otra democracia: "que no se quede encerrada en los convencionalismos de la democracia restringida, condicionada para que nada cambie, sino que avance nuevas alternativas de democracia participativa".

Y propugna, asimismo, una nueva economía que rompa con la explotación y el consumismo, que aproveche nuevas fuentes energéticas, como el sol, el agua, el viento: un nuevo ordenamiento social que rompa con el gigantismo urbano y propicie el repoblamiento del campo.

Él es consciente de que ello implica recomponer totalmente el continente:

"Seguimos con una mentalidad colonialista, impuesta desde la Conquista. Basta ver un mapa de cualquier país para ver que hay una gran centralización en las grandes urbes exportadoras, zonas portuarias, hay que desarrollar alternativas, nadie se ocupa del agro.

Jamás se va a poder pagar la deuda externa, hemos llegado por esa vía a un callejón sin salida. Por qué los países latinoamericanos no se unen y renuncian al pago de la deuda, el mundo financiero no lo resistiría".

Esa nueva sociedad, ¿no es acaso una utopía irrealizable?

"Nicaragua lo está haciendo: la economía mixta... el rescate de las culturas populares (¡hasta los dulces que prepara la gente!), las expresiones artísticas del pueblo...".

Cada revolución deja su huella fecunda en el camino a la utopía.

"... hay algunas experiencias que se están dando, de participación a través de las comunidades de base que han surgido con mucha fuerza en Brasil, y tienden a un tipo de sociedad nueva con relaciones no tan verticalistas sino más horizontales".

Desde otra perspectiva, su propuesta sí es utópica, con ribetes campesinistas, anarquistas, todo aquello que se denominó precisamente "socialismo utópico". Pero viendo lo que está resultando en la práctica el "científico", es indudable que se impone una revisión que incorpore algunos elementos otrora despreciados y que hoy parecen fundamentales para cualquier proyecto revolucionario.

El énfasis de la izquierda en la defensa de la vida, ¿no tiende acaso un puente hacia los planteamientos de este profeta de la no violencia? En todo caso, un principio definitivo une a los que un poco a tientas y tanteando avanzan buscando el camino de la liberación. Finaliza Pérez Esquivel, y a estas alturas todos estaremos sin duda de acuerdo: "nadie va a liberar al pueblo, es el pueblo mismo el que va a asumir su propio camino de liberación".

CONVERSACIÓN CON GUIDO DELRAN

Sur andino, alternativas desde el pueblo[1]

Si 20 años no es nada, parecería extraño celebrar el décimo aniversario de una institución. Sin embargo, en el país de lo efímero, una década no resulta poca cosa. Más aún si se trata de un centro de estudios que desarrolla sus actividades en el Cusco, a contracorriente del centralismo que también agobia a las ciencias sociales. Y si, como en el caso del Centro Las Casas, los diez años cumplidos el pasado 24 han resultado sumamente fecundos, existen motivos de sobra para alegrarse, y también para reflexionar. Para ello conversamos con Guido Delran, director y principal animador del Centro de Estudios Andinos Bartolomé de Las Casas del Cusco.

1968. Después de mucho tiempo, en Francia la primavera ha sido diferente. Un inusitado movimiento estudiantil, que se extiende por Europa y también al otro lado del Atlántico, hace tambalear la Quinta República, esbozando su utopía libertaria. En el Perú, de manera muy distinta, germinan también cambios profundos.

–Guido Delran: Llegué al Perú en septiembre de 1968, coyuntura importante para la llegada de un extranjero. En octubre se inició la experiencia militar con sus objetivos de transformación de las viejas estructuras. Y acababa de realizarse la Conferencia Episcopal de Medellín en Colombia, momento de replanteamiento profundo para la Iglesia con la cual me inserto en el país. Las orientaciones de Medellín se van a concretar en el mensaje de la conferencia episcopal en enero de 1969. Todo un esfuerzo por repensar la presencia de la Iglesia en los sectores populares.

Yo venía al Perú en una perspectiva bastante personal. Estaba estudiando sociología, mi profesor era François Bourricaud, que acababa de publicar su libro *Poder y sociedad en el Perú contemporáneo*. Y cuando llego, la primera

1. Publicado en: *El Caballo Rojo*, n.° 211, 27 de mayo de 1984, pp. 4 y 12.

charla a la que asisto, en la Universidad Católica, resulta siendo una de Rolando Ames que comentaba precisamente ese libro. Yo quería hacer mi tesis, mi tema de investigación iban a ser los mistis de las capitales provinciales y distritales: "La función arcaizante de los intermedios sociales", se iba a llamar.

–Carlos Iván Degregori: *¿Llegaste a hacer la tesis?*

–GD: No. Me quedé en el Perú, pero no hice la tesis. Me fui involucrando en otro tipo de tareas que las condiciones del momento daban como posibles, tareas de coordinación regional de un trabajo de Iglesia que me permitió vincularme con muchísima gente en todo el sur andino, especialmente en torno a problemas de educación rural y promoción agraria. De allí nació la idea del Centro.

–CID: *¿Por qué un Centro?*

–GD: Es que no había instancias que jugaran un papel de articulación entre una comprensión científica de la realidad global y el trabajo de campo. Existía una distancia muy grande entre quienes desarrollaban investigaciones y la gente que hacía promoción.

También nos preocupaba la distancia entre técnicos y políticos. Los técnicos no ubicaban su propio quehacer dentro de una concepción histórica y económico social de la sociedad peruana. Los políticos, por su parte, difundían discursos sumamente ideologizados con categorías macro: imperialismo, dependencia. Hoy las ciencias sociales han desarrollado un conocimiento del Perú que entonces no existía, era la época del dogmatismo.

Nuestra idea fue un Centro cercano al movimiento social, al trabajo de campo, y a la vez no tan implicado en la acción local como para perder de vista la integración de esos conocimientos concretos dentro de un marco teórico más amplio.

Por sus frutos...

–CID: *Y luego de estos diez años vertiginosos, ¿cuáles han sido los logros principales del Centro Las Casas?*

–GD: Durante cuatro años, el Centro no pudo desarrollarse mucho por falta de recursos, entonces centramos nuestras fuerzas en conformar una pequeña biblioteca y centro de documentación. Hoy tenemos más de once mil volúmenes, contamos con documentación regional muy rica y recibimos 300 publicaciones periódicas.

–CID: *¿Y los lectores?*

–GD: El año pasado recibimos más de ocho mil. Es decir, lo que sospechábamos, se constató. Hay un sector en el Cusco, especialmente universitarios, que necesita el servicio, que es gratuito y proporciona además una cierta orientación bibliográfica.

A partir de 1978, cuando efectivamente pudimos constituir un equipo, comenzamos a editar *Sur*, un informativo agrario que ha venido saliendo desde entonces mensualmente, ya vamos por el número 73. Todos en el Centro han contribuido en su elaboración. *Sur* ha tenido bastante aceptación, lo cual no se traduce en una venta muy masiva, pero somos, creo, el único medio relativamente constante y que da cuenta con cierta amplitud —y espero que objetividad— de los eventos campesinos significativos, por ello *Sur* es una referencia un poco obligada para quienes siguen la vida del movimiento campesino.

Sabemos, además, que *Sur* llega a bases campesinas donde los ejemplares son leídos colectivamente. Un *Sur* que esté presente en una biblioteca rural, en un centro de promoción o una parroquia, es leído por un número relativamente amplio de campesinos y utilizado por promotores locales.

Estamos iniciando nuestra segunda década con un programa radial, bilingüe pero con predominancia del quechua, *Mosoq Allpa*, que se pasa por Radio Quillabamba y se escucha desde Ayacucho hasta Puno.

Junto con esta línea de vinculación al campesino surandino, el Centro Las Casas ha comenzado a desarrollar en los últimos años diversas líneas de investigación y publicaciones que lo ubican en la primera línea de producción y reflexión teórica en ciencias sociales. Desde los Cuadernos de Capacitación Campesina*, que ya alcanzan los 40 títulos, hasta las publicaciones especializadas: libros como* Wiraqocha y Ayar, Cusco, aguas y poder, *la* Biografía de Gregorio Condori Mamani *o el reciente estudio histórico de Glave y Remy sobre Ollantaytambo son aportes significativos, a los cuales se ha sumado en los últimos meses la* Revista Andina*, publicación semestral, a la altura de las mejores en su género.*

Cambios superficiales

–CID: *Luego de 10 o 15 años en el sur andino, ¿cuánto ha cambiado el Cusco?*

–GD: Es complicado responder sin caer en lo anecdótico. Hay cambios más bien aparentes. Una modernización de la ciudad, de las formas de vestirse, una introducción mucho más rápida de las modas foráneas o limeñas. Una escolarización mayor,pero a la vez más frustrante, porque hay más afán de escolarización pero, desde hace algunos años, más incapacidad para cumplir con ella, y un deterioro, tanto del aparato educativo como de la economía familiar, que hace aumentar la deserción escolar. Hay también un mayor impacto de los medios masivos, especialmente la televisión, que hasta hoy es de manejo estrictamente limeño y llega ya al campo a través de televisores de segunda mano en blanco y negro.

La reforma agraria trajo cambios significativos. La tradicional clase terrateniente de hecho ha desaparecido como clase preponderante, sustituida por una capa comercial, pero no muy pujante por las condiciones generales del país.

Siento, sin embargo, que en las relaciones sociales hay un enraizamiento todavía muy fuerte de lo que se denomina gamonalismo, que ha tomado modalidades diferentes. Pero todavía el desprecio y la postergación de los campesinos son muy notorios. En el campo, la discriminación y opresión por parte de los poderes locales es todavía muy fuerte. A ello se suman intentos de los terratenientes por regresar a sus tierras. También en las ciudades el trato al campesinado sigue siendo profundamente despreciativo.

–CID: *¿Y el avance de la izquierda, por ejemplo en las federaciones campesinas y en los municipios, no significa una modificación?*

–GD: Pero todavía débil. El mismo movimiento y las mismas organizaciones son deficientemente democráticas, recogen solo parcialmente el conjunto de expectativas y necesidades. En los municipios, la escasez de recursos materiales y humanos hace muy difícil todavía articular y consolidar ese movimiento. El reto es que en todos estos avances no se pierda la articulación real con los pobladores que se pretende representar. Me parece sumamente importante que no se copien modelos imaginados por determinados grupos urbanos, sino que puedan ser los propios campesinos quienes expresen lo que efectivamente los productores del campo pudieran desear.

Alternativa desde el pueblo

Le pido que se explaye sobre esto último, sobre qué es lo que las poblaciones andinas ofrecen como contribución a un proyecto regional y nacional, y Guido Delran se explaya. Tras su apariencia académica y su hablar contenido, se revela el hombre apasionado y comprometido.

–GD: No estamos frente a "buenos salvajes" malogrados por la civilización, no, no. En los Andes hay un refinamiento en la organización social para facilitar un tipo de solidaridad y participación indispensable para el modelo de reproducción social. Creo que hay mucho que aprender allí, en vez de pretender pasar un barniz democrático sobre una realidad ajena. Es necesario potenciar los mecanismos democráticos inscritos en las necesidades mismas de la producción y la reproducción de la sociedad andina, esa es la fuerza de las comunidades campesinas, a pesar de sus muchos problemas.

Hay también otros aspectos a ser rescatados. El Centro se unió con otras instituciones, especialmente provincianas, para formar la Comisión Coordinadora de Tecnología Andina, porque una de las partes más significativas de la cultura andina es su capacidad de aprovechar los recursos ecológicos a su disposición. Allí también hay mucho que aprender, lo que no quiere decir que no haya nada por corregir o introducir. Creo que se requiere una valorización necesaria y difícil de los conocimientos tecnológicos andinos, ligados a formas organizativas que suponen un nivel de participación y de consenso que las organizaciones comunales han desarrollado para su subsistencia.

–CID: *Una pregunta revolotea por mi mente desde el inicio de la entrevista. ¿Piensas terminar algún día tu tesis?*

–GD: He perdido todo interés en ella.

ELECCIONES: PASADO, PRESENTE... ¿Y FUTURO?[1]

En coautoría con Sinesio López

LAS ELECCIONES DEL PASADO 14 DE ABRIL constituyen sin duda el acontecimiento político más importante en lo que va de la presente década. Por primera vez en más de 50 años, está a punto de culminar una transferencia de gobierno entre dos presidentes elegidos por voto popular. Pero las recientes elecciones constituyen un momento especial en nuestra historia política por muchos otros motivos. El ausentismo disminuyó drásticamente, así como los votos nulos y en blanco. Como han expresado diversos analistas, los ciudadanos se volcaron masivamente a las urnas con la intención de castigar tanto el terrorismo de Sendero Luminoso, como la política antinacional del régimen que fenece. Triunfante holgadamente en 1980, Acción Popular se derrumbó en 1985 hasta llegar al borde mismo de su extinción legal. Jamás un partido gobernante sufrió debacle de tales dimensiones.

Tras cinco años de gobierno conservador, llegó por fin el turno de la oposición. Con más del 20% de votos, la izquierda socialista alcanzó su más alta votación presidencial en toda nuestra historia. Pero es el triunfo del APRA, con casi el 50% del total de votos, el aspecto más notorio de esa jornada. Después de 60 años, para el viejo partido ha llegado por fin la hora de la verdad.

Sobre el significado de las elecciones de abril conversaron con *El Zorro de Abajo* Julio Cotler, director del Instituto de Estudios Peruanos y profesor de la Universidad de San Marcos; Rolando Ames, senador electo de Izquierda Unida y profesor de la Universidad Católica; y Javier Iguíñiz, responsable de la Comisión de Plan de Gobierno de IU y profesor también de la Universidad Católica.

–El Zorro de Abajo: *Quisiéramos plantear tres niveles de discusión: coyuntura, historia y perspectivas. Sobre la coyuntura, intentemos un resumen de los da-*

---

1. Publicado en: *El Zorro de Abajo*, n.° 1, junio-julio de 1985, pp. 3-15.

tos que ustedes conocen: descenso vertical de AP en todo el país, salvo Oriente; disparada meteórica del APRA, sobre todo en el norte, Lima y Oriente; estancamiento del PPC y de la IU. Una precisión para el PPC: el grueso de su votación es limeña y de la costa sur. Otra para la IU: los once puntos que pierde en Lima, comprendidos los pueblos jóvenes, los recompensa sobre doceo trece puntos en provincias. Finalmente, reducción drástica de las abstenciones y de los votos nulos y blancos. ¿Cuál es el sentido político de estos datos? ¿Qué significan en términos de relaciones de fuerzas políticas y de clases sociales? ¿Qué significa este enorme centro político con polos estancados?

–Julio Cotler: El del PPC es un voto clasista muy limitado; no me sorprende que se haya quedado estancado. Yo no creo, como mucha gente, que ya la derecha desapareció.

Hay un voto, llamémoslo burgués, que está más o menos estabilizado. Espero que crezca en los próximos años, que haga lo indecible por crecer, porque en la medida en que trabaje políticamente, estabiliza el sistema político. En vez de irse a tocar las puertas de los cuarteles, prefiero que trabaje en el Parlamento y en las calles, de tal manera que haya una interpelación ciudadana, y en esa misma medida el voto de derecha deja de ser un voto reaccionario para convertirse en un voto conservador.

Ahora, qué pasa con ese voto de AP que se desplaza hacia el APRA. Es un grueso de la sociedad que mantiene relaciones, llamémoslas de clientelismo, con la política y que se acerca al partido que tiene más chance de ganar, en busca de una distribución de beneficios. AP fue eso el año 1980. Belaunde mostró su buena disposición a trabajar para todos; ahora el APRA hizo lo mismo. La izquierda, por su parte, no fue esta vez lo suficientemente creíble como alternativa de gobierno.

¿Por qué un desplazamiento tan grande hacia el centro? Fundamentalmente por ese increíble espacio nacional que nadie ocupa; esa interpelación hacia el futuro, en positivo, que es sobre todo nacional y nacionalista. Pero no a lo Velasco, porque en esa época lo nacional era, por llamarlo de alguna manera, antiextranjero. Ahora no es especialmente antinada. Bueno, están los malos del Fondo Monetario, pero eso es asunto secundario. Aquí la cuestión es una disposición que llamaría tecnocrática, en la que no se compromete la creación de un escenario de riesgos. Yo hablaría un poco de la teoría del campesinado: hay una animadversión al riesgo. Cuando se llega a una situación tan crítica, decir que se va a expropiar el Banco de Crédito o la Southern levanta un nivel de riesgo al que la gente no está muy dispuesta —aunque pienso que nunca la gente está muy dispuesta a ese tipo de riesgos—, y mucho menos cuando se está en una situación en la que no se tiene certeza sobre los resultados.

En conclusión, creo que hay un realineamiento de fuerzas de la derecha hacia la izquierda en el que gana el APRA, partido que se presenta monolítico pero no prepotente. Hay que ver el trabajo de dos o tres años de cambio de imagen. Desde la época de Villanueva no ha habido ningún eslogan de fuerza, de sectarismo: es el compromiso con todos, la convocatoria a todos y para eso hay un espacio enorme...

El problema nacional

–EZA: *Entonces, en la votación del PPC habría un voto clasista, en la del APRA un voto nacional... ¿y en la de la izquierda?*

–JC: En los dos polos, izquierda y PPC, se acumularía el voto clasista, o lo que más se acercaría a una conciencia clasista, mientras que en el centro te encuentras justamente lo nacional y lo popular. Es que esta cuestión nacional y popular puede ser muy laxa...

–EZA: *¿Por qué lo nacional tendría que expresarse en el centro? ¿Por qué no se puede expresar en la izquierda?*

–Rolando Ames: Uno debe diferenciar más bien sectores de la población definidos ideológica y políticamente, que desde 1978 para adelante tienen más consistencia en su comportamiento electoral: derecha, izquierda y APRA. Habrá un 10% o 15% para la derecha, un 20% para el APRA y otro tanto para la izquierda; gente que en las buenas y en las malas va a votar por su opción. Aquella votación de mayo de1980 por la izquierda dividida es la mejor muestra de que ya había entonces una definición consistente de preferencias.

Y lo que hay luego es otra capa de población que tiene una relación mucho más lejana con la política y que se pronuncia en función de coyunturas electorales, de simpatía por candidatos. Este tipo de voto evidentemente tiende al centro, pero sobre todo a apostar a ganador, a lo que con criterio práctico —que no hay que subestimar— le parece lo mejor en cada momento. Barrantes captó en las elecciones municipales una buena franja de esa votación fluctuante.

Esta vez lo decisivo fue que la elección se planteó por demasiado tiempo en términos gobierno-oposición. Yo le doy importancia, por ejemplo, a la forma en que *La República* construyó, de acuerdo con su propia visión, la imagen de la oposición política: una oposición con dos fuerzas parecidas, y la izquierda no pudo romper ese esquema sino más bien actuó dentro de él.

Frente a este cuadro, ese electorado fluctuante, pragmático, evidentemente encontraba mucho más razones para votar por el APRA, y comparto con Julio la impresión de que la izquierda no apareció con credibilidad para gobernar. Muchos izquierdistas albergamos la ilusión de que nuestros problemas y actuales insuficiencias eran palpables y arreglables dentro de casa. Pero las ventanas estaban demasiado abiertas, los ojos afuera eran aguzados y se veía muy bien lo que había en casa y lo que faltaba.

IU como alianza electoral de partidos mostró sus logros pero también los límites de esa condición con demasiada claridad.

Imagen contestataria, imagen constructora

–EZA: *Da la impresión de que lo que ha estado en la lucha política ha sido las imágenes de cada candidato. De alguna manera, más una imagen contestataria en Alfonso Barrantes, una imagen constructora en Alan García; una imagen clasista en un lado y una más nacional en el otro; viabilidad política frente a desconfianza; unidad de un partido frente a posibilidades de división, etc. Son imágenes, pero no ha habido un debate programático.*

–JC: Esta es otra historia que no he podido entender: ¿en qué parte del mundo se ha debatido? El problema es ese, la imagen que tú das.

–EZA: *Hay imágenes, pero también propuestas más racionales.*

–JC: Pero ¿quién va a entrar a discutir si la tasa de cambio debe ser tal o cual? ¿Quién entiende eso?

–EZA: *Bueno, aquí no, pero en países donde la política es más racional...*

–JC: En Inglaterra, ¿tú crees que discuten sobre la tasa de cambio en la TV?

–EZA: *Son imágenes, pero también programas.*

–JC: Las imágenes son los programas.

–Javier Iguíñiz: Solo los aspectos más tecnocráticos no se han discutido, porque creo que hay un programa tras los planteamientos que hace el APRA. Esa imagen sin riesgo, sin conflicto, es además una imagen programática y muy sencilla. Yo diría que se centra en una especie de: "el Perú, no voy a decir que es el mendigo sentado en un banco de oro, pero casi". Un Perú con naturaleza desperdiciada donde no hay problema de relaciones sociales ni de correlaciones de fuerzas, sino de recursos naturales desperdiciados. Es un planteamiento *fisiócrata*.

Cuando tú ves el programa de supervivencia popular, que ellos llaman de alimentación, observas que tienen un diseño "ingenieril", donde la política y la sociedad pasan totalmente a un segundo plano. Es un esquema muy atractivo porque además todo el mundo lo entiende. Si hay naturaleza desperdiciada, mar sin usar, tierra que puede dar más, no se requiere financiamiento. Entonces, cuando nosotros decíamos, ¿y de dónde van a sacar los fondos?, para el amplio público nuestra pregunta, que sigue siendo totalmente válida, era ocultable tras un planteamiento fisiocrático en el cual era la naturaleza la que iba a dar el superávit.

JC: Bastaba recoger los pescados.

JI: Decíamos nosotros: la agricultura requiere apoyo financiero, a alguien hay que sacarle los recursos; por tanto, la ciudad tiene que aportar. Pero para el amplio público, con una fortísima campaña —televisión y todos los medios a su alcance—, esa interrogante quedaba subordinada por el martilleo del planteamiento de que los recursos "están ahí", ahí está el pescado, lo que pasa es que hay que sacarlo, y ahí está la tierra. La visión fisiocrática que Alan García ensaya le permite incluso ganar tiempo para no tratar sobre economía y sobre política, porque cuando le preguntan algo, se va al agro.

En lo demás estaría bastante de acuerdo con ustedes. Esa imagen clasista, de sacrificio, de combatientes, de que "la tortilla se vuelva", ha estado muy presente en la campaña y quizás incoherentemente. Porque a veces no coincidía con la actitud ante la CITE, por ejemplo. En general, en el mensaje ha predominado el componente de polarización frente al componente de conciliación, por el que optó con éxito García.

Creo que Alfonso Barrantes decidió radicalizar su mensaje. Este tuvo mucho eco entre la gente que va a los mítines y que sin duda es un componente cualitativamente importante de los sectores populares.

Me atrevería a decir que se ensayó una polarización en contraposición a "Mi compromiso es con todos los peruanos". Porque en realidad el debate programático ha sido ese: sin riesgo de Alan versus combatientes de Alfonso; con todos los peruanos versus con los de abajo, y que los de arriba tengan cuidado. Eso, como dice Rolando, no ha salido en los grandes medios, pero sí en los mítines.

–EZA: *Pero Javier, el programa daba para vender otra imagen.*

–JI: Así es. En realidad se trasmitió una imagen distinta a la de la elección municipal; se rompió con la imagen municipal.

–JC: Hay un problema, yo no sé si le llamaría de crisis o de identidad política de Izquierda Unida. En el caso del APRA tú ves a un solo tipo que habla y a una maquinaria que está detrás. Conflictos hay, eso lo sabemos, pero bien guardaditos. Una persona que sale, que no ataca a nadie, una imagen consistente. Eso yo lo veo como programa. En el caso de Alfonso, a veces aparece como menchevique, a veces como bolchevique. ¿Por dónde va? ¿Cuál es la imagen? No la hay. Yo creo que la alianza electoral es el fundamento de ese problema de identidad política. Porque Ludovico sale criticando a Alfonso Barrantes, Javier Diez Canseco dice que está bajando el programa, Carlos Malpica dice que ha estado menos radical de lo que fue antes. Entonces tú dices, ¿quién?, ¿cuál es la imagen?

Y aquí algo de lo que tú decías sobre la tortilla, Javier. En Sicuani, por ejemplo, cuando tú dices que la tortilla se voltee, ¿quién está de qué lado de la tortilla? ¿Cuáles son los límites para que uno esté en un lado u otro lado de la tortilla? Yo insisto en el problema de la ansiedad. La inseguridad económica es muy grande: esta increíble inseguridad que en este momento todos tenemos es existencial, y nos prometen más inseguridad. Tal vez llegamos al paraíso, pero tal vez nos vamos directamente al infierno.

–EZA: *Lo que llama la atención es que tres nacionalizaciones asusten tanto cuando Velasco hizo más de cien estatizaciones...*

–JC: Es que te dicen: ahí tenemos los resultados. Ha calado hondo que la crisis se debe a eso...

–RA: No creo que tanto, pero es cierto que las nacionalizaciones no tienen hoy un significado unívoco.

El triunfo del centro

–EZA: *Los diagnósticos de la izquierda apuntaban a que había un proceso de polarización. Los datos muestran que no existía. Hay un estancamiento en los polos y un crecimiento del centro político. ¿Qué significa eso en términos de estabilidad política futura?*

–RA: Todos sabemos que si determinados sectores o reacciones políticas "a la izquierda de IU" tenían fuerza, iban a crecer los votos nulos, pero no han crecido sino, por el contrario, han bajado significativamente. Lo mismo las abstenciones. Entonces, esta es la expresión de una opinión política nacional que ha sido ganada por el centro. Lo que estamos discutiendo son las razones...

–EZA: *Aquí hay un punto de desencuentro entre economía y política. ¿Cómo explicar, ante la gravísima crisis económica, esa especie de distensión política?*

–RA: Yo diría que lo que busca la gente no es solo reaccionar contra, sino definir por qué optar. En términos de opción por, yo creo que si la Izquierda Unida hubiese ofrecido una propuesta de transformación más radical pero visible como viable, consistente, hubiera podido también mejorar su votación. Como dijo Julio, no se perfiló con claridad una imagen, un programa, una identidad.

Se puede decir, simultáneamente, que el programa de la izquierda era muy radical y asustó porque habló de nacionalización, mientras otros pueden decir que fue muy conciliador porque no se diferenció suficientemente del APRA.

Creo que las dos cosas tienen parte de verdad. El problema estuvo en otro lugar: en la falta de fuerza política para unificarnos internamente y definir un programa con un mensaje y una identidad claros, y ser todos coherentes con ese mensaje. Este problema me parece, para el futuro, mucho más serio que la discusión entre reformistas y radicales. Si construimos una organización y un proyecto consistentes, podremos aspirar a una confianza mayor de la población.

–JI: El voto por Napurí o por segmentos salidos de IU "por la izquierda", no ha existido. Nadie ha mirado hacia ahí, a pesar de que se ha señalado que Izquierda Unida tenía un mensaje tibio, rosado. Bueno, no han mirado hacia allá, pero parece que sí hacia Alan García, lo cual no deja de ser importante. Yo creo que influyó esa aversión al riesgo y la dificultad de confiar en IU.

Creo que han hecho mucho daño a Izquierda Unida las carátulas de *Ojo*: ... división, división, dificultades internas. Son un componente, entre muchos otros. No es el único que da la imagen de Izquierda Unida, pero no hay que minimizar el daño que causa. Cuando alguien dice: señores, Barrantes es esto, o Izquierda Unida es lo otro, su significado político es totalmente sobredimensionado por el Canal 5 y por otros medios de comunicación. Esto la derecha lo ha levantado, lo ha multiplicado por diez, y después no sirve que un dirigente salga por ahí a desmentir, y a veces ni siquiera protestamos para no echar más leña al fuego. La derecha lo ha visto muy claro, y entonces podemos tener un programa, pero el pueblo ha visto que el brazo que levantaba ese programa era un brazo sin la musculatura que da la plena unidad y que quizás no se podría cumplir lo que se estaba poniendo sobre el papel.

–RA: La de hoy ha sido una competencia entre una fuerza con capacidad para gobernar en lo inmediato y una fuerza desorganizada aún pero con más contenido no solo clasista, popular, sino con más vitalidad social, porque creo que el APRA es fundamentalmente aparato y la izquierda es más movimiento social.

–JC: ¿Con los datos de todos los barrios populares votando por el APRA?

–RA: Vamos a ver cómo están compuestos los barrios populares en Lima y cuáles son los sectores con más dinamismo en ellos y cómo votaron. Eso es difícil de decir, pero quiero terminar con esto: al APRA le ha sido muy fácil el cambio de imagen y esto es parte de la responsabilidad de la izquierda. Porque el APRA llega al comienzo de este régimen rechazado por un buen sector de la población que lo encuentra duro, autoritario, ligado a la segunda fase, con un programa de política económica antipopular, Sin embargo, frente a Belaunde el APRA se limpia como oposición, con un sentido moderno y pragmático de la política. Pero sin resolver incluso problemas internos del partido que siguen subsistiendo, construye una imagen coherente para afuera y cambia el discurso verbal hacia la izquierda. Nadie lo obliga a hacer el inventario de sus alianzas anteriores y es asumido demasiado prácticamente por la mayoría que el APRA es una fuerza nacionalista, democrática, popular, con buena organización, con un buen candidato y... adelante.

–JC: El APRA superó la gran crisis del año 1980; la resolvió en 1982 por la vía de una imagen democrática. Yo quiero insistir sobre esto. La imagen nacional popular es tal porque es democrática. ¿Qué quiero decir? Se ha hecho la imagen de una cierta práctica interna democrática. En un momento en que la sociedad peruana ha avanzado hacia la democratización en su lucha contra los militares, lo que quiere es representarse. Y de repente se encuentra con que en ese partido, internamente, se realiza lo que en la sociedad se predica. Yo me acuerdo mucho de qué manera el APRA repunta bruscamente a raíz de sucesivas elecciones internas.

Dos luchas paralelas

–EZA: *Tengo la impresión de que ha habido dos luchas paralelas: una más cultural, ideológica y programática; otra electoral. La primera ha sido más sorda y sin articulaciones con la segunda. Mi impresión es que en la lucha cultural, ideológica y programática la izquierda avanzó mucho más que en la electoral, articulando técnicos, profesionales, intelectuales; a diferencia del APRA, que quitando quizás a Silva y Moreyra, no tendría la dimensión alcanzada por IU. ¿Cuál es tu impresión, Javier?*

–JI: Es difícil decir porque, en primer lugar, yo todavía no tengo conocimiento del plan del APRA. Mis "infiltrados" no existen, entonces no he podido hacer un análisis. Lo que he podido percibir en discusiones con algunos de ellos es un programa, como dije antes, de ingeniería, sin análisis político ni social. El país es un poco como una mesa de billar, un territorio mal cultivado, que habría que cultivar bien; nada más. Las clases no serían relevantes para cumplir las promesas que se plantean al país.

Son planteamientos difíciles de presentar en público, porque la discusión política hubiera llevado a que la gente misma le obligara al APRA a responder ciertas preguntas, que mientras no se planteaba una polémica, el propio pueblo no sentía necesidad de hacerse. Si hubieran dado más cara en la discusión programática, de análisis político y social sobre el Perú, se hubiera recogido más otras vetas de la conciencia popular, que fueron aletargadas por el tipo de campaña, por la facilidad de la televisión. Las vetas que le hacen decir a la gente: "Bueno, hay que cortar cabezas arriba". Hay mucha gente que dice eso: "El nivel es tal que hay que barrer con los de arriba". Bueno, este tipo de afirmaciones, que también son parte de la conciencia popular, no entraron en la discusión.

–EZA: *He visto dificultades de relación entre la comisión de programa, la comisión de campaña y la campaña misma de IU. ¿Cómo explicas tú esas dificultades de comunicación?*

–JI: Ha habido ausencia de comunicación, a pesar de que los partidos han estado presentes en la Comisión. Eso puedo fundamentarlo con actas de asistencia, pero no es ese el problema, sino una inercia según la cual el izquierdismo todavía se expresa en gran medida al estilo de la década del sesenta, en términos de nacionalizaciones. Y claro, otros componentes del programa, a mi juicio mucho más revolucionarios, más democráticos y más populares, han pasado desapercibidos. ¿Por qué? Porque hay un proceso lento de asimilación de qué cosa es el movimiento popular, cuál es su real potencialidad...

–EZA: *¿Cuáles serían para ti esos elementos más revolucionarios?*

–JI: Por ejemplo, lo que llamamos democratización de la sociedad y del Estado. Yo creo que esos elementos los han detectado algunos de relance y no los entienden bien. Mufarech, por ejemplo, estaba harto ya con nuestro programa. Decía: "Oye, ya me tienen harto con democratización. Esto ya es democracia, ¿qué hacen ustedes insistiendo en democratización?". ¿Por qué? Porque hablábamos de democratización de la empresa, democratización del municipio, democratización del Estado; todo era participación y democratización. Pretendíamos recoger una veta de participación popular donde, a nuestro juicio, se juega más estratégicamente que en la determinación de la naturaleza estatal o privada de una empresa. Ahora, también hay justificaciones para nacionalizar lo que hemos planteado; puedo fundamentarlo, pero el peso relativo que se le dio a este punto fue desproporcionado.

–JC: La pregunta sigue en pie: ¿por qué los líderes de IU no ven eso y sí ven expropiaciones? Lo que habría que preguntar es cuál es el liderazgo de los partidos de izquierda, qué quieren ellos. ¿No estarán pensando, como en los años sesenta, que socialismo es igual a expropiación y automáticamente todo el mundo está bien?

–JI: Paradójicamente, todavía los planteamientos de la izquierda son insuficientemente sociales y el elemento nacional definido como "anti" es más poderoso que el elemento de transformación de las relaciones de poder dentro de la sociedad, pero desde la base, no desde el Estado. El antiimperialismo pesa mucho más que las transformaciones sociales y políticas de la sociedad...

–RA: Yo añadiría otra cosa, creo que convergente. Las direcciones partidarias, sin hacer un bloque de ellas, tienen más confianza en los aparatos que en los sujetos sociales. Hay una confianza excesiva en el Estado como instrumento de cambio de la sociedad y en el partido como el conductor del poder popular, pero no hay aún la debida confianza ni en la democracia social como mecanismo de desarrollo de los sujetos, de las fuerzas populares nuevas, ni en ese poder popular como sujeto revolucionario a construir integralmente, no solo a dirigir.

–JI: El plan de gobierno de Izquierda Unida es justamente un plan que enfatiza la confianza en los sectores populares, su desarrollo organizativo, levantando este aspecto relativamente subordinado. También está lo otro, lo clásico de la posición antiimperialista.

–RA: Tengo la impresión de que quienes hemos participado en la elaboración del plan de gobierno, es decir, quinientas personas y nuestra periferia inmediata, sabemos a lo que nos referimos cuando decimos que el plan de gobierno de IU iba a buscar una radicalidad más por el lado de los sujetos que por el lado de las medidas.

–JC: Por otro lado, también está lo que dice Javier. Necesitas tiempo de maduración y de ejemplo. A mí, desde fuera, todo me resulta solamente verbal, porque me dicen eso y yo digo: bueno, en qué municipio de la izquierda se practica...

–RA: Yo creo que sí hay algunos...

–JC: Es posible que los haya, pero qué es lo que han hecho para difundir esa imagen...

–RA: Era el sentido de mi intervención. El plan de gobierno de IU es todavía un gran desconocido; se terminó un poco más tarde de lo deseable y luego se produjo este insuficiente interés, y se tomó solo el punto más entendible, que es el de las nacionalizaciones. En cambio, hacer de los gobiernos locales pequeñas instancias con el conjunto de las atribuciones estatales para que el pueblo se apropie del poder y participe, como no está en el libreto más conocido, necesitará quizás de más tiempo para asumirse. Nosotros, y Sinesio allí fue partícipe, insistimos en esa utopía del autogobierno como movilizadora de una democratización de la política y del poder. Creo que ese es un tema que tiene que hacer su camino en la izquierda peruana y ahí sí estoy totalmente con Javier, pero quiero que se entienda que cuando hablamos del plan de gobierno de IU, hablamos de un librito cuyos lectores todavía son muy pocos... En ese sentido es que afirmaba antes que no pudimos dar una imagen clara y unificada de nuestro programa.

–JC: Rolando, perdóname pero no es un problema de programa sino de concepción. Si tomaron las nacionalizaciones, no es únicamente porque era lo más fácilmente aprehensible, sino porque son estatistas. Es desde el Estado que se modifican las cosas; lo demás viene de por sí. Un poco como la estructura y la superestructura: la superestructura va a cambiar automáticamente con la estructura.

–RA: En la izquierda estamos entrando, en efecto, a un debate de concepciones, que es probablemente el terreno de fondo para convertir la alianza electoral en un frente popular democrático. Todavía no hemos entrado explícitamente a este terreno. Nos ha sido muy fácil tener éxitos electorales dejando intocado este aspecto, pero creo que allí, en la relación entre sujetos sociales populares, dirección y proyecto nacional, es donde se va a plantear el problema de fondo.

Mapas electorales y mapas sociales

–EZA: *Ubiquemos históricamente cualquier programa. En este siglo, del año 1930 en adelante tenemos tres mapas electorales más o menos definidos: el de 1930, el de 1956 y el de 1978. Cada vez la irrupción de una fuerza política nueva y de importancia produjo terremotos en los mapas. Lo que yo pregunto es: ¿en qué medida el triunfo del APRA produce un nuevo mapa?, ¿o simplemente se inscribe en la lógica de 1978? ¿Qué relación existe, en todo caso, entre los mapas electorales y los mapas sociales del Perú, desde 1930? Es verdad que no hemos votado en 1931, pero...*

–JC: Ahora tenemos todas las fuerzas políticas sobre el tapete. Hay un realineamiento de fuerzas políticas muy claro, y los partidos de los notables ya no existen.

Este es un país moderno en términos políticos. No tenemos partido radical, no tenemos Javier Ortiz de Zevallos ni Morales Bermúdez, nada. Tenemos partidos que interpelan masas ciudadanas y las interpelan en términos de sus intereses ciudadanos. Bedoya tiene que hablar del hambre, del desempleo. Los tópicos de convocatoria son similares en todos: son convocatorias ciudadanas, masivas.

Ahora, ¿por qué esta distribución diferencial del voto? No creo que sea únicamente un voto clasista, en el sentido que representa claramente clases sociales. Entre sociedad y política ya hay en el Perú un buen distanciamiento, cosa que no existía en la votación de 1945. Esta fue, creo, una de las más importantes, probablemente el terremoto político después de 1930.

Creo que estamos frente a un escenario muy movilizado, bastante integrado. No hay partidos ni caudillos regionales (los Cáceres han desaparecido). Curiosamente, estamos frente a una sociedad culturalmente muy segmentada, pero tenemos un escenario político muy unificado. Es que efectivamente los peruanos "se ven cada vez mejor" en el ámbito político. Aquí no tenemos, como en otros países, partido de la costa y partido de la sierra, o partido del norte y partido del sur. Nada de eso.

Yo sí creo que, como se viene diciendo, estas elecciones son un triunfo de la democracia en el Perú, y una derrota política para Sendero. Y es en la esfera de la política que se da esta integración nacional. Tenemos mucho más mercado político que mercado económico; incluso diría que en el ámbito político se construye la representación de la sociedad.

–EZA: *Pero encuentras diferencias regionales. Por ejemplo, el APRA consolida su sólido norte, que viene desde el treinta.*

–JC: Perdón, pero ha dejado de ser un partido regional; a eso voy. Y la Izquierda Unida tiene votación en Trujillo. Como todo partido, van a tener una distribución regional desigual, pero tienen presencia nacional, líderes nacionales.

–JI: Salvo el PPC.

–JC: Salvo, probablemente, el PPC...

–RA: Yo diría que eso es indicativo de los sectores a los que el PPC representa, fundamentalmente limeños.

–JI: La pregunta de Sinesio es sobre mapas electorales y mi primera tentación es recordar que 1978 fue la primera experiencia de la crisis. Entonces, el mensaje que da Hugo Blanco, por ejemplo, tiene una ubicación en medio de la lucha contra la dictadura y el primer remezón fuerte de la crisis, que es justamente en 1978 con Silva Ruete y Moreyra.

El año 1985 es ya el foso de una crisis. ¿Qué pasa hoy con la polarización y la distensión? Se ha hecho una identidad absurda, porque cualquier primer esbozo de historia social y política muestra que no es cierto que a mayor crisis, mayor polarización. Eso es falso.

Creo que los procesos progresistas de transformación ocurren al comienzo de la caída, o sea al final de un periodo expansivo, en la primera inflexión de la curva. Pero ahora ya tenemos un tobogán que ha hecho una doble caída; entonces ya el terror del pueblo a seguir cayendo es feroz, porque no es cierto que no tengan nada que perder sino sus cadenas.

En segundo lugar, en muchos casos se descompone el marco institucional que le ha dado fuerza, optimismo y autoconfianza a los sectores populares.

Sí, se recrea de otras maneras, pero yo diría que la recreación de formas institucionales es muy defensiva, mientras que las formas institucionales que se crean en el escenario son más agresivas, más ofensivas. Esas fueron destruidas, por ejemplo, con los cinco mil despedidos de Morales Bermúdez en el campo sindical. Hoy las dificultades de mantener las organizaciones en pueblos jóvenes, de lograr candidatos a secretario general en los sindicatos, son reveladoras de una población que ha sido sometida a la supervivencia a niveles infrahumanos y que entonces no está en condiciones... Hay que adecuar esa afirmación "a más crisis, más reacción popular". Cierto tipo de reacción popular, sí, pero esa es la que incluso está en cuestión.

–JC: En cuanto a mapas, el periodo 1978-1980 para adelante significa: el voto a los 18 años, el voto a los analfabetos, entre otras cosas. Nunca hemos tenido un periodo tan largo, con alzas y bajas, de tanta información nacional. Yo insisto sobre esta mayor unificación del campo político nacional: los canales, los programas de discusión, las revistas, la participación de la izquierda. Esta se ha consolidado en los últimos cinco años, dejando de ser la izquierda universitaria. Uno, por la representación parlamentaria; dos, por ese breve periodo heroico de *El Diario*, que después cae y luego tiene que pasar por *La República*, que es la gran consolidadora de la izquierda, a la imagen de lo que *La República* quiere hacerlo; no es que la izquierda se consolide a sí misma: es desde fuera que la consolidan.

La imagen que da la izquierda es esa, y no tenemos otra. Esta incapacidad para autoconstruirse es una cuestión que habla mucho de la izquierda, una izquierda que tiene el 25% de los votos (estamos hablando de dos millones de personas), que no puede tener su programa de televisión, de radio, que no puede tener fondos, sacar una revista.

–EZA: *Esta ya sale...*

–JC: Creo que es simplemente sensacional, a mí que me lo expliquen, no lo puedo creer: sin fondos, sin periódico, sin "carnetización", sin nada, y después me vienen a decir que han sido derrotados. Bueno, esto sí que no lo puedo entender...

–EZA: *Es a puro pulso del movimiento social... y un liderazgo personal, ciertamente... Un elemento nuevo en el mapa electoral es el sentido nacional de los actores. Hay otro elemento que Javier tocó: la idea de que crisis económica, crisis social y política no van necesariamente de la mano. Quizá en el mapa del treinta sí iban de la mano.*

–JI: Es que en 1930 recién comenzaba la crisis. En 1928 todavía era la expansión... similar a 1978.

–JC: Además de la crisis económica hay otros factores. El año 1930 es una ruptura muy clara: estás hablando de un régimen oligárquico. Hoy no es un régimen oligárquico, pues hay muchos canales de expresión y de participación económica: te botan de la fábrica y te metes de ambulante...

Lo que nos depara el futuro

–EZA: *El mapa electoral de 1930 es un mapa social sin sociedad civil. El mapa de hoy es un mapa donde hay sociedad civil, donde no necesariamente la crisis económica, la crisis social y la crisis política se combinan. La pregunta final sería: ¿hacia dónde vamos? En la izquierda se discute si vamos a una confrontación o más bien a una nueva estabilización política. Quisiera una reflexión vuestra sobre este tema. Y precisando un poco más: ¿cuál será el devenir del APRA, de la derecha y, más que el devenir de Izquierda Unida, qué significa en el Perú de fines de los años ochenta ser socialista, ser por consiguiente revolucionario, radical? ¿Cómo puede permanecer vigente y ser alternativa la utopía socialista en las postrimerías del siglo?*

–JI: Lo primero que querría decir, por sesgo profesional, es que los factores económicos no hay que sobrevalorarlos, en relación con el desenvolvimiento del conjunto. Son importantes, pero al mismo tiempo hay una gama de opciones para la misma situación económica, que es la que merece ser tomada en cuenta para perfilarse hacia adelante. Mi impresión es que puede haber un respiro conquistado políticamente, con iniciativas, con medidas impresionantes o impresionistas, pero que junto con lo que preveo como una pequeña recuperación económica en 1986, momentánea, creo, pero de todas maneras no desdeñable, le va a dar tiempo al APRA para poner en marcha algunas cosas. Por otro lado, el futuro de la experiencia aprista va a depender, más que de ella misma, de la solidez con la cual se planteen las alternativas al APRA. Lo principal va a ser qué Izquierda Unida le haga oposición y qué oposición le hace; y qué PPC es el que se opone.

Tengo la impresión de que el APRA va a profundizar, va a llevar más allá algunos aspectos de la experiencia de Velasco, va a descansar mucho en el Estado, y va a tener como oposición dos opciones democráticas de distinta naturaleza: la democracia individualista, libreempresista, elitista, incluso con ciertos ingredientes positivos que trae por propia historia; y por otro lado, una izquierda democrática que exige autonomía para las organizaciones populares, repartición de la responsabilidad, derecho a decidir y a participar en instancias que el APRA va a ver con mucho celo, como competencia hacia el Estado central.

Creo que el APRA no tiene una historia contemporánea como para confiar en una descentralización del poder, en una democratización del Estado, y que la crisis va a hacer más difícil ese proceso. Me parece entonces que la alternativa más posible es que intente desarrollar lo que en parte ha desarrollado ya durante la campaña y es la concentración en la figura presidencial, un líder que lima asperezas y que distribuye puestos de responsabilidad entre sus alas derechas e izquierdas, que dirime en las dificultades y contradicciones: por un lado, CONAPLAN, por otro lado Moreyra; por un lado la presión internacional, por el otro Puno. Eso va a traducirse en una concentración del poder en Alan García y en una élite estatal y estatista a su alrededor.

–EZA: *Parece que el APRA daría más medidas espectaculares en política que en el terreno de las medidas económicas...*

–JC: Pero lo primero puede ayudarle mucho a lo segundo. Sorpresivamente, me gusta el sesgo profesional. Es que hemos entrado en el momento en que la política se vuelve interpelación de masas. Se va a tener que entrar a una política de y con masas, y yo lo que vislumbraría es una suerte de movilización que llamaría del Estado para apoyar al Estado. Es el Estado el que busca movilización de apoyo. En América Latina hay una demanda de la sociedad por un Estado fuerte, central; capaz de realizarse. Aquí existe un espacio, como en tantas otras cosas, que es impresionante. Puedes revitalizar Cooperación Popular, para comenzar. Movilizar su juventud al campo, o a recoger basura en un distrito, por ejemplo, sin que les cueste nada. Ya se está hablando de cambios en las dirigencias sindicales. No creo que entren con cadenas a disolver sindicatos sistemáticamente. Más bien esperaría un desarrollo en las formas de cooptación política, que Velasco inició pero que aquí nunca hemos tenido de manera sistemática. Creo que ya se están viendo hoy todos los niveles de cooptación política. No, no se trata de ofrecer simplemente el empleo o el cargo, pero hay gestos, desde una llamada telefónica. Son formas de neutralización política, puentes que se abren. Vamos a comenzar nuevamente a tener puentes con el Estado. Para los intelectuales se van a abrir puentes. Puede haber un nivel muy alto de cooptación profesional, técnica, intelectual; muy alto, pero desde una perspectiva confusa. Estarán los de CONAPLAN, estarán los Moreyra, estará Puno, el FMI, en fin; eso es lo nacional popular, en lo que se tiende a diluir los rasgos clasistas. Total, ya tenemos en IU dos grandes empresarios, entonces qué, ¿IU va a atacar a la burguesía nacional?

–RA: Creo que las posibilidades que plantea Julio existen. Son las posibilidades de una versión peruana del PRI mexicano, ¿no? No tanto, quizás, pero algo en ese sentido: un APRA que potencializa toda su capacidad de aparato partidario y que bordea, serpentea las dificultades de la crisis económica sobre la base de voluntad política.

Pero creo que en política no se pueden predecir solo éxitos. El APRA tiene muchas cartas de éxito. Pero las dificultades y la propia posibilidad de errar en política están abiertas.

La visión negativa del futuro aprista sería la combinación de una política económica de austeridad, caso convencional poco imaginativa y valiente, para quedar bien con distintos sectores, y un corporativismo autoritario hacia los sectores populares; descontento entonces abajo, enfrentamientos APRA-anti-APRA, la derecha azuzando también el antiaprismo desde su propia esquina y el APRA en el centro. Una izquierda capaz de jaquear al APRA con coherencia, con algunos de los propios enunciados del proyecto aprista. Todos podemos imaginar qué va a pasar en el Parlamento si sectores nacionalistas, que desde los primeros tiempos van a ser muy radicales dentro del APRA, dentro de dos años tuvieran que estar invitados a votar por una política económica más definidamente antipopular. Una izquierda con imaginación y con voluntad política debe crearle no solo problemas, sino alternativas, por el flanco izquierdo al APRA. No olvidemos que el APRA tiene que conciliar incluso en su interior intereses no fácilmente armonizables.

Existen las dos posibilidades: un futuro negativo o un "futuro diferente". Pero pondría un matiz a lo que dijo Javier. Decir que el APRA va a ser en algún aspecto más radical que el velasquismo a mí me parece, al menos ahora, demasiado; en todo caso, ese es el horizonte más alto de innovación al que el APRA puede llegar...

Y por ahí empalmo con tu otra pregunta: qué significará ser izquierdista, revolucionario a finales de los años ochenta. Creo en primer lugar que la izquierda ha logrado ser una fuerza de masas y tiene una presencia nacional y una representación parlamentaria que le dan todas las posibilidades de configurarse como organización política nacional de masas.

–JC: Perdón, el problema no está en el apoyo de masas sino en la capacidad de construcción, de organización.

–RA: Para mí esa capacidad de construcción existe en IU y tú tienes todo el derecho a plantear la interrogante: ¿dejarán las dirigencias partidarias expresarse a los comités de base?, ¿se abrirán a una organización democrática de frente?... Yo te diría que esa interrogante puede responderse afirmativamente.

Para que la izquierda se construya como fuerza política nacional, a la altura de sus responsabilidades, deben cumplirse varios requisitos. Pienso ahora en dos: uno es dar organización a ese movimiento social que constituye su sustento, no solo su razón de ser sino su fuerza. Esa gente que vota por la izquierda, sin campaña, sin organización, y que yo creo que en este momento va a ser naturalmente mucho más exigente con la izquierda de lo que fue hasta ahora.

En segundo lugar, a partir del plan de gobierno, qué capacidad de proyecto, de programa nacional va a tener IU. Porque creo que el éxito político de la izquierda todavía es ambivalente como contenido. Es decir, la izquierda podría convertirse en una fuerza, digamos parecida al ala izquierda del APRA, que juegue solo a una eficacia política estatal para desarrollar mejor el programa aprista, en el caso de que el programa aprista fracase, o de que los conductores del programa aprista fracasen. Esta es una de las posibilidades.

Pero la izquierda peruana tiene un elemento que la hace muy interesante, y es que se ha hecho de masas a partir de una utopía revolucionaria de un contenido humano muyhondo que me parece que constituye uno de los aspectos más interesantes de su vitalidad. Yo he visto en las dos o tres noches previas a las elecciones, en innumerables barrios de Lima, a centenares de personas en cada uno entrenándose para ser personeros con una mística que no creo que pueda ser mantenida si el tipo de programa que IU ofrece no le da un lugar protagónico directo al desheredado, al que sufre marginación. Creo que esta estructura económico-social, aun si llega a ser enmarcada políticamente por el APRA, va a seguir produciendo desigualdad social, frustración, una clase popular inestable ocupacionalmente, todavía étnicamente extraña en su país. El programa de la izquierda debe convocar a esa masa, pero con una mística movilizadora que promueva democracia y organización hacia adentro de ella y pueda hacerlo por tanto también hacia afuera, hacia el conjunto del país. Allí la izquierda peruana tiene un desafío que está en el ámbito de lo desconocido en América Latina. Tiene que ser radical, pero tiene que redefinir en qué consiste ser radical, y para mí eso lo tiene que hacer en un diálogo directo con su base popular.

Algunas dirigencias de izquierda todavía creen que el pueblo pobre desea solo lucha, enfrentamiento. No es así. Y cuando el pueblo pobre desea lucha, desea lucha en la que él participe y decida en función de objetivos verdaderamente alcanzables y significativos para sí.

–JC: Una pregunta, y espero que no sea considerada de mala leche: ¿qué posibilidades le das a esto?

–RA: Le doy, si quieres, un cincuenta-cincuenta...

–JC: Bueno, siempre has pecado de optimista...

–RA: No es eso; mi optimismo radica en el conocimiento de que los mismos dirigentes de IU perciben que el dinamismo y la vitalidad del Frente vienen de abajo. Todavía no hay claridad para ubicar cómo tratar a esos sujetos sociales, pero la percepción empieza a ser muy evidente.

La experiencia nacional que ha adquirido la izquierda nos puede llevar por eso a esta combinación de organización popular democrática, radical, revolucionaria, con propuesta nacional. No digo que esto sea lo más probable, pero la posibilidad está ahí. El pecado radicaría en no reconocerlo. El viejo esquema vanguardista y de revolución estatista y partidocéntrica ya no tiene fecundidad histórica. Nos falta la capacidad de repensar el proyecto nacional y las formas organizativas, que en parte están ya en acción en la propia IU. Basta que la dirección se acerque a la base para que encuentre una dosis de energía impresionante. Esta es ya la opción de nuestro aún desconocido plan de gobierno. Si se pierde esa vitalidad popular consciente, ya es otra cosa. La IU podrá ser una fuerza electoral si es que el APRA fracasa y le abandona su espacio, pero dejará de ser esa izquierda radical y revolucionaria que comenzó a mostrarse en los años setenta, y esa es todavía lo mejor de su búsqueda de identidad política: expresar la nueva confianza del pueblo peruano en sus propias fuerzas.

Oposición de izquierda, oposición de derecha

–EZA: *Se ha dicho que la derecha no tiene agotadas sus posibilidades de desarrollo. Pero, ¿con qué fuerzas contaría para su crecimiento? Eso supondría un cierto desgaste del APRA, y al mismo tiempo un arrinconamiento de la izquierda para lograr ella un espacio mayor dentro de las fuerzas de oposición, desarrollándose como alternativa nacional y no solo clasista. ¿Puede hacerlo?*

–JC: El espacio nacional popular no es solo muy heterogéneo sino muy móvil: podemos tener formas nacionales y nacionalistas también de derecha. Al fin y al cabo, Pinochet no da el golpe únicamente con el Ejército; lo de Chile fue con apoyo de masas. El golpe de 1964 en el Brasil, también. Para usar un término antiguo, hay una "disponibilidad de masas", precisamente por la falta de constitución de sujetos políticos clasistas claros.

Y hay determinadas vertientes en el APRA que son francamente derechistas. Se pueden dar encuentros ideológicos y coincidentes. Piensa tú, una ola de huelgas, quieren pararlas...; también es posible una especie de coalición APRA-Ejército-Bedoya.

Estamos en un punto en el cual se abren varias posibilidades y aquí el problema es cómo actúan, en el sentido estricto de la palabra, los actores; aquí no hay libreto predeterminado, pero hay una cuestión previa muy importante: en una situación de coyuntura como esta, las formas nacionales y populares en América Latina, y en el Perú esto es evidente, son formas bonapartistas. No hay nada más bonapartista que Alan García, como no sea Alfonso Barrantes.

Tenemos liderazgos de carácter bonapartista, con todo lo que eso significa. Entonces, hay que seguir también muy de cerca al personaje, y ver cómo funciona su hígado, porque él va a tener que jugar al mismo tiempo con distintas fuerzas. ¿Querrá ser prepotente o no querrá ser prepotente? ¿Jugará únicamente con su mayoría parlamentaria o no? ¿Podrá jugar con su mayoría, o de repente se encontrará con divisiones dentro de su partido? No hay un patrón dado. Cuando subió Manuel Ulloa, uno podía proyectar hacia dónde iba a ir. Además, conocías a Belaunde, ya lo habías tenido antes. Acá la situación es diferente...

–RA: El elemento incógnita para el comportamiento aprista radica mucho en lo que vaya a hacer Alan García. Si eliminamos el elemento Alan, podríamos proyectar más fácilmente, a partir de lo que es el aparato APRA, y los límites de su comportamiento político serían más estrechos o al menos más previsibles. Para mí, la capacidad de innovación viene del líder, no solo porque es el líder, sino porque además es un sujeto él mismo poco conocido en política, con un itinerario político corto y poco claro, que da para muy diversas interpretaciones...

–JC: Pero en determinados momentos de crisis las situaciones bonapartistas estallan... En sociología política se habla de momentos de ansiedad carismática: cuando la sociedad se fragmenta, cuando no se ven horizontes factibles, cuando no hay propuestas viables, cuando la inseguridad y la anemia política son muy grandes. En ese momento hay una enorme ansiedad por alguien que represente, que convoque a todos y en sus manos se concentre todo el poder. Yo creo que la situación peruana es esa. No es únicamente en países subdesarrollados.

En Estados Unidos es el caso de Reagan; en Francia lo fue De Gaulle: siempre centralización del poder. La cuestión no es que el sujeto tenga carisma; tiene carisma porque todo el mundo quiere que él tenga carisma, quiere verlo en él. Y lo que creo es que hay que tener en mente estas estructuras bonapartistas, como les decía antes, aquí hay que ver quién es el líder, porque en un momento de su historia personal, desde sus angustias y ansiedades personales, le llega el mensaje de que es una opción histórica. Cuando uno se pone a ver, Alan García tiene 35 años. En el Perú, curiosamente; una carrera política dura muchos años. Digamos que tiene 35 años por delante, y todavía tiene para arriesgar...

–EZA: *Tiene mucho de mesiánico, y no quiere fracasar...*

–JC: Bueno, tiene un precedente: hay un fantasma en el APRA, que es el de Haya de la Torre.

EDUCACIÓN, LA ALTERNATIVA DE LA IZQUIERDA[1]

En días pasados, el presidente sacó un nuevo comodín bajo la manga: la revolución educativa. En larguísimas reuniones de trabajo trató de exprimir las neuronas de los funcionarios apristas del sector para ver qué salía. Del sombrero del prestidigitador salieron conejitos varios, pero nada coherente. Cuando el SUTEP enunció críticas, el ministro Pango respondió críticamente a su vez a sus críticos por no tener alternativas. Falso.

Está próximo a aparecer como libro el *Plan de educación* de la Comisión de Plan de Gobierno de IU. Se trata de un trabajo integral y coherente, que incluye un diagnóstico cuantitativo y cualitativo sobre cómo se educan los peruanos actualmente, sobre la administración estatal y el magisterio, para luego, señalando las diferencias con el APRA y la derecha, plantear una alternativa revolucionaria alrededor de ejes fundamentales: educación y construcción nacional, educación y organización estatal. Sobre este tema central para construir un Perú socialista y que se encuentra hoy en el centro del debate nacional, *Amauta* conversó con Gloria Helfer, Luis Carlos Gorriti y Marita Palacios, maestros, sutepistas y miembros destacados de la Comisión de Educación del Plan de Gobierno de IU, autores, entre otros, del libro que está próximo a aparecer. De este mismo texto presentamos también, como primicia exclusiva, extractos del capítulo IX: "Hacia una educación revolucionaria".

Una propuesta educativa desde el pueblo

–Carlos Iván Degregori: *Alan García y Grover Pango han enunciado una supuesta revolución educativa al ritmo de quenas y zampoñas. ¿Qué opinión les merecen sus recientes declaraciones?*

---

1. Publicado en: *Amauta*, 12 de febrero de 1987, pp. 15-17.

–Gloria Helfer: Es importante que se inicie el debate. Porque en el año y medio de gobierno aprista solo hemos presenciado preocupaciones menores y coyunturales: que si subían las pensiones de los colegios particulares o si el uniforme único iba a ser buzo o bluyín.

Paralelamente, el ministro decía que no planteaba medidas inmediatas porque se estaba elaborando un gran proyecto que iba a ser consultado al país. Desde octubre, esta propuesta está lista pero solo circula entre los funcionarios del ministerio. El SUTEP no la ha recibido. Menos la IU.

–Luis Carlos Gorriti: Jamás en la historia republicana se presentaron dos propuestas educativas que expresaran a las fuerzas políticas más importantes. Hace 80 años se produjo la famosa polémica entre Deustua y Villarán. El primero, representante de la aristocracia que iniciaba su declive. El segundo, de la burguesía emergente. Pero eran pensadores que representaban a sus clases. Hoy son los propios partidos los que plantean propuestas.

–GH: La propuesta de IU recoge la tradición y la trayectoria de trabajo de la izquierda en el movimiento popular, en el cual ocurre un hecho singular y trascendente: las luchas y el proceso de organización popular van acompañados de aspectos educativos.

–Marita Palacios: Sí, la educación es una preocupación constitutiva de cualquier tipo de organización popular: obrera, campesina, barrial. De allí surge la educación popular. Hasta hace poco se daba fuera de la escuela, en las organizaciones campesinas, clubes de madres, etc. Hoy comienza a entrar en la escuela.

–LCG: Por eso nuestro proyecto no es una utopía que surge de nuestra cabezas, sino un trabajo de síntesis de una historia de educación popular que tiene sus antecedentes en las bibliotecas obreras de los anarcosindicalistas, en las universidades populares de José Carlos Mariátegui y el APRA germinal, en las escuelas de cuadros de los partidos revolucionarios, y que cobra auge en la década del setenta, cuando convergen profesionales con vocación social, militantes cristianos de base, con las organizaciones populares para programas educativos que atienden a las necesidades e intereses populares desde la sociedad civil.

–CID: *Pero si bien los sectores populares exigen educación, esta resulta una exigencia ambigua, en tanto la educación, especialmente entre el campesinado andino, asume características etnocidas.*

–LCG: La escuela ha sido un espacio de choque entre la cultura andina y la occidental. Como la escuela está en manos de las clases dominantes, la cultura occidental se ha impuesto sobre la andina, avergonzándola, minimizándola. Pero no todo es destrucción, las poblaciones reinterpretan los contenidos.

–MP: Sí, se tiene que dar una lucha ideológica dentro de la escuela, que va a ser prolongada. Pero los maestros ya vienen trabajando por revalorar la cultura andina. En una reciente investigación, Gonzalo Portocarrero muestra cómo los estudiantes de secundaria tienen una mejor valoración de lo andino, diferente del desprecio de hace algunos años.

–GH: Desde otro punto de entrada, se puede decir que hasta ahora se ha luchado por la cobertura educativa. Pero su crecimiento cuantitativo ha ido en desmedro de la calidad, porque el producto sale cada vez con menos inversión del Estado: se reducen las horas de enseñanza para tener tres turnos por local; las condiciones materiales están en deterioro; los profesores tienen más carga docente, están mal pagados.

–MP: Hasta hoy la lucha ha sido por ingresar al sistema educativo, pero sin capacidad de opinar o decidir sobre sus contenidos. Para que la educación sea revolucionaria y apunte a la transformación social, tiene que convertirse en educación popular: que el pueblo se apropie de la escuela. La participación popular es fundamental para que se llegue a ello. Tiene que ser un proyecto compartido por estudiantes, profesores, padres de familia y directivos de las escuelas.

–CID: *Pero eso se logrará tal vez cuando haya un gobierno revolucionario.*

–LCG: El nuestro es un programa educativo para ser desarrollado desde hoy. No espera necesariamente a que IU sea gobierno, así como la educación popular no ha esperado el permiso del Estado para desarrollarse desde hace décadas. Este programa redimensiona la educación popular, que hasta hoy funcionó fuera del aula y con los adultos.

Si los maestros son de extracción popular, comprometidos con las clases populares, afiliados al SUTEP, con una reconocida tradición de lucha y disposición para cambiar su práctica educativa, cuando encuentren nuestro programa se va a producir una fructífera unión que va a posibilitar que la educación popular se difunda en la escuela.

–GH: Nuestro proyecto busca el encuentro entre un Estado democrático y la sociedad. Supone la acción del Estado, pero supone como contraparte que la población organizada tenga claro qué cosa es lo que quiere.

Esa es la única forma de que realmente un Estado democrático pueda recoger las auténticas aspiraciones, anhelos, necesidades de esta población. Lo que denominamos toma del poder no va a producir cambios profundos en la educación si no hay esa interacción, esa construcción desde ahora. Por eso el nuestro es plan de gobierno pero también programa de acción, desde ahora, para ir justamente transformando esta escuela en un campo de lucha democrática por la participación, que permita recoger lo que son las propuestas que vienen de la población organizada.

–CID: *Hay una propuesta aprista, aunque hasta ahora no se haga pública; hay declaraciones de Pango y García, ¿cuáles son sus aportes y sus defectos?*

–LCG: Circuló un documento que se llamaba "Educación para la vida", que fue la exposición de Pango en el Parlamento. Allí caracterizaban a su proyecto como democrático, popular y nacional. Obviamente, solo eran frases, pero inclusive esta caracterización ha sido eliminada del proyecto nacional que por ahora circula semiclandestinamente.

El APRA plantea su proyecto desde fuera del movimiento popular. Los términos del documento "Educación para la vida" plantean dar educación para los "sectores postergados de la sociedad". La propuesta sale del APRA para esos sectores. No recoge de ellos sus intereses, sus propuestas, sus aspiraciones.

–MP: No recoge siquiera las propuestas primigenias del APRA, como por ejemplo, las universidades populares. No aparecen en el centro de su discurso actual.

–LCG: El proceso de involución del APRA no solo se da en relación con lo que afirmó hace seis meses sino que es un salto atrás en relación con la reforma educativa de Velasco, donde se formulaba con claridad que se quería la concientización del poblador y generar en él una actitud crítica. En el perfil educativo que los apristas proponen no aparece ni el desarrollo de la conciencia social, ni la actitud crítica, ni la actitud transformadora. El APRA postula un sujeto que "esté en armonía con la naturaleza, que sea justo, cooperador, participante". Si de algún modo se define la propuesta aprista, es por la necesidad de que el hombre peruano mejore sus condiciones de vida dentro del sistema educativo imperante, al que no pone en cuestión en ningún momento.

–CID: *¿Y las declaraciones recientes de García, llenas de alusiones a una nueva ética?*

–GH: Esas son actitudes positivas a desarrollarse entre los alumnos; no tienen por qué ser negadas. El problema es que no son parte de un proyecto que contemple el problema de la educación globalmente y en relación con la sociedad, el trabajo, la producción. Son declaraciones que a mí me hacen pensar en fuegos artificiales: aparecen como una luz, brillan, se apagan. No tienen nada que las sostenga. Mientras brillan esos fuegos artificiales, la realidad educativa sigue transcurriendo tal cual, o agravándose cada vez más.

En "Educación para la vida" se habla de una famosa consulta e incluso, explícitamente, de una participación. Lo que nosotros discutimos son los términos de la participación. El APRA concibe la participación como consulta momentánea, puntual, y a individualidades. No hay una participación de las organizaciones. Pero el pueblo nuestro en la actividad está organizado. El magisterio está organizado. Los mismos padres de familia.

Otra diferencia entre IU y el APRA: no solo quienes participan, sino cómo. ¿La participación es solo consulta y yo recojo eso y lo manejo como mejor me acomoda? No. Nosotros estamos planteando la participación como gestión, como toma de decisiones en los diferentes niveles de todas las personas concernidas en la tarea educativa.

Por ello IU propone la formación de los consejos educativos escolares, la autonomía de la escuela en su propia gestión, las redes escolares, los consejos educativos comunales vinculados a los gobiernos locales, las regiones educativas vinculadas a los gobiernos regionales, es decir, la organización educativa vinculada al planteamiento de IU sobre un nuevo Estado democrático y popular.

–LCG: Creo que AGP tampoco está más adelante de los apristas del Ministerio de Educación. Al contrario, él es el inspirador de su discurso central. AGP se refiere constantemente a las "fuerzas sociales secularmente marginadas". A partir de esta definición, olvida lo que los propios apristas aprobaron en el preámbulo a la Constitución de 1979: que el hombre no debe ser explotado ni explotador. AGP define a las grandes mayorías como marginadas, pero en ninguna parte aparecen los marginadores. Solo el Estado, que produce la marginación. Pero ese Estado no tiene nombres ni apellidos, no es un instrumento de clase, es etéreo, es una entelequia.

Por otro lado, el fenómeno del subdesarrollo es definido textualmente por AGP como consecuencia de la dependencia. Es decir, por un agente externo, no hay explotación interna. Tampoco existen clases, menos lucha entre ellas.

–MP: Uno de los principios centrales de la propuesta de IU es la democracia, la cual no aparece en la práctica del APRA. Hay una contradicción entre el discurso aprista sobre educación y su práctica. Por ejemplo, AGP acaba de criticar los textos escolares. Sin embargo, la propia gestión aprista ha sacado el año pasado los famosos "pangolibros", que no se diferencian de los textos tradicionales. Igualmente, en su discurso plantea democratizar la educación, pero ni siquiera somete a discusión sus propuestas. Pareciera que hubiera cierto temor al debate público, tal vez porque las propuestas apristas son muy débiles.

–LCG: Por lo tanto, quiere imponer su proyecto por la vía del Estado. Una forma autoritaria de proceder. Nosotros, que tenemos como gran objetivo la búsqueda de la hegemonía cultural, pensamos acceder a ella a través del consenso, de la disposición de la gente a recoger nuestra propuesta educativa. Ese es el tipo de contraposición que se va a producir entre uno y otro proyecto. El uno desde el Estado, el otro desde las fuerzas de la sociedad organizada.

ESCRIBIR ES: UN RITO INTERMINABLE[1]

En coautoría con Carlos Guevara

Escribo poemas solo cuando hay una motivación muy fuerte, esa especie de electricidad interna que se puede sentir; pero en algunas ocasiones he hecho algunos, más desde la inteligencia; pero es la excepción, no la regla.

Marco Martos

–El Zorro de Abajo: *En* Los nuevos, *libro que "lanza" a la llamada generación del sesenta, tus respuestas al cuestionario de Zevallos destacaban por ser las más escuetas y posiblemente las más... no sé si ácidas sea la palabra, pero en todo caso poco complacientes. Te hago una pregunta clásica: si hay un espíritu en la poesía de los sesenta, cómo te ubicas dentro de esa generación y qué ha pasado con Marco Martos entre los años sesenta y ochenta, cómo ha cambiado, qué cosas permanecen.*

–Marco Matos: Leonidas Zevallos no era simplemente una persona que hace un libro, sino un amigo en años en los que la amistad es tal vez más importante que después. En ese grupo probablemente yo era el más provinciano, incluso más que Ortega, el que con más dificultad se estaba ambientando en Lima, y eso tiene que ver con la biografía personal. Pero ese es un matiz que está expresado también en mis respuestas, que diría son hurañas, y también en los poemas que escribía en ese momento. Ese carácter provinciano y norteño, de alguna manera prevalece, y esa es la manera de ubicarme en Lima, ese sello uno no lo pierde nunca, solo que ahora Lima es mi provincia...

1. Publicado en: *El Zorro de Abajo*, n.° 7, junio de 1987, pp. 58-61.

–EZA: *¿Y qué ha cambiado del marco de los años setenta al de los ochenta, aparte de que ahora Lima es una provincia?*

–MM: Evidentemente, hay un ensanchamiento de la esfera de intereses, cada vez más variada. Me ha pasado todo lo que va de una adolescencia a esto que llaman madurez, que no sé si la tengo realmente, pero que en todo caso procuro tener en la mayor parte de mis actos públicos.

–EZA: *Me gustaría saber si ya escribías poesía en Piura y cómo se relaciona esa poesía con la que haces ahora. Parece que la provincia trae ciertas limitaciones tal vez, pero también la nostalgia por lo irreparable, por lo que se perdió...*

–MM: En la poesía, por lo menos de mi primer libro, lo que está marcado es más bien la dificultad de tránsito de una provincia a la ciudad capital. La nostalgia es una cosa que ligo mucho a una actitud más bien proustiana que de alguna manera reconozco tener: uno valora después aquello que está en la infancia y que de alguna manera puede interpretar como feliz. Es un poco la casualidad la que preside mis lecturas de esos años, tenía un ambiente muy propicio en mi propia casa, mi padre era un lector infatigable y entonces había muchos libros que el azar traía a mis manos, por ejemplo *Las mil y unas noches*. A los 12 años leer ese libro es como saltarse los cuentos de hadas y entrar de pronto en un mundo de ensoñación que los adultos creen que solo es de ellos. De eso me acuerdo, pero definitivamente no era un escritor, tenía muy confusa esta atracción.

–EZA: *Pero no eras solo el provinciano, sino el más inconformista, al menos de los autolograrados, porque bueno, Lucho Hernández no aparece en* Los nuevos. *Tú eras la cigarra, ¿no? Y también, sobre todo el que rehúsa. Me hacías recordar un poco la obra de Sillitoe,* La soledad del corredor de fondo, *no sé si te acuerdas del final, él va ganando y simplemente para y deja pasar a los otros. Una actitud tipo: "no me importa triunfar".*

–MM: Es curioso, creo que esa es la imagen que yo daba a muchos en esa época: concentraba mi ordenación personal no tanto en mi vida, ni siquiera en lo que escribía, sino más bien en mi voluntad esta que tú conoces, de ser un ajedrecista.

Ajedrez, ritos, poesía...

–EZA: *Poesía y ajedrez... cómo se combinan.*

–MM: Me sorprendía no poder escribir como otros poetas; no me daba cuenta que eso estaba bien; incluso había los poetas que aparecían en La Rama Florida, de imágenes sencillas, y yo eso no lo podía escribir, hacía otro tipo de poesía. En algún momento me di cuenta que en eso que yo consideraba mi debilidad también estaba mi fuerza, pero todo esto no era calculado, difícilmente me iba entroncando con la retórica, y más bien procuraba trasladar una supuesta perfección a lo ajedrecístico. Muchos años después, José Miguel Oviedo —cuando yo publiqué mi segundo libro— hizo una observación que la guardé de memoria, porque me pareció extraña.Dijo él que yo escribía mal excelentes poemas; apuntaba justo a ese "desmañamiento": ahora, puedo escribir un poema formalmente satisfactorio desde tal perspectiva o tal otra, pero eso es ya un cierto entrenamiento. El ajedrecista acostumbra calcular bastante y el poeta un poco menos.

–EZA: *¿Sigues con el ajedrez?*

–MM: El ajedrez es una pasión personal que no he abandonado, pero que ya logro controlar; los ajedrecistas somos una especie de secta, uno ya tiene su estigma hasta que muere y yo pertenezco a ese grupo desde mi más remota adolescencia; el ajedrez tiene un nivel de abstracción y de belleza que muy pocas personas pueden sentir y he visto con alegría un artículo de Steiner que homologa el ajedrez con las matemáticas y con la música.

–EZA: *Hay un poema tuyo donde un hombre está inclinado sobre escaques o libros o muchachas, ¿se puede hablar de muchachas?*

–MM: Quería allí equiparar la experiencia ajedrecística con la experiencia de lectura y con la experiencia amorosa, y finalmente, el poema también alude a la metáfora política del ajedrez.

–EZA: *La mayoría de poetas de los años sesenta recibe mucha influencia de la poesía inglesa, tú, cómo es que te quedas con la española.*

–MM: Me interesó mucho la literatura española y cada vez me interesa más, en el sentido de que siento que es mi modo natural de expresión. De tal manera que lo de la influencia inglesa valía para otros poetas, no tanto para mí; después me he acercado a algunos poetas de lengua inglesa, como Eliot, y me han gustado algunos poetas más bien marginales, por ejemplo, Edgar Lee Masters o Wallace Stevens.

–EZA: *Cuando uno se acerca a tu poesía, de alguna u otra forma sabe que no va a encontrar cosas raras, ahí está el mar, la confidencia, el dolor, el regreso a una esquina, el encantamiento. Recuerdo unos versos de "Rito": "Hoy, ayer y mañana, hoy en este instante... donde todo y nada sucede"..., todos lo pueden entender fácilmente.*

–MM: Nunca he tenido la pretensión de poner a un poema la palabra "poética", pero si alguno se acerca es ese texto que tiene que ver con conceptos muy arraigados respecto de la poesía, principalmente la idea de que la poesía es un arte muy antiguo, y que además no ha cambiado tanto a lo largo de los siglos. Hay poetas de la época de Pericles que nos suenan como modernos, dentro de eso, el poeta, incluso el más innovador, viene y se incorpora a una tradición, o muy pronto su innovación es tradición, es el caso de Vallejo entre nosotros. En ese sentido, la poesía es un rito interminable que va cambiando de voz y los sentimientos adánicos no son ciertos.

–EZA: *El tiempo, la nostalgia por lo que se pierde, sería parte de ese rito: "pero este instante es irrepetible recuérdalo y escríbelo".*

–MM: Ese es un sentimiento personal pero además es colectivo. La idea de un tema que ha cruzado un poco la literatura española y latina, es el tema del "Carpe Diem", que tiene origen en un verso de Horacio, la idea de que es ahora cuando se vive, no después. En ese sentido, hay un acercamiento de la poesía con la fotografía, detener el instante; la fotografía lo detiene en una imagen y la poesía en palabras.

–EZA: *Y el amor, por supuesto, es otro componente del rito. Estos últimos versos de "Yuyo" me parece que son universales: "mi corazón, ¿miras mi corazón? / tú solo conoces su verdad tristísima de pez varado en la playa".*

–MM: La experiencia amorosa está insertada en un diálogo del hombre con su medio, y en el caso mío, estoy desde siempre muy relacionado con el mar, pasé mi infancia en Paita, después he vuelto al mar con una persistencia personal, he estado muchas veces atento a estas sutilezas del cambio del color del agua, los atardeceres y durante todo el día, es tan hermoso realmente.

En la poesía amorosa generalmente se canta más al momento del dolor que al momento de la alegría, pero lo más grande es una poesía que tiene una aspiración metafísica; en ese sentido, la poesía, por poner los más grandes ejemplos, de Dante o Petrarca en este nivel, es una poesía definitivamente metafísica. En el fondo de todo poeta amoroso hay esa aspiración de tocar el cielo.

–EZA: *Francisco Bendezú cuestionaba duramente a aquellos poetas que hacían poesía sin que mediara la emoción previa, el sentimiento. ¿Tú esperas la emoción o puedes elaborar un poema sin que exista?*

–MM: Escribo poemas solo cuando hay una motivación fuerte, esa especie de electricidad interna que se puede sentir; pero en algunas ocasiones he hecho algunos, más desde la inteligencia; pero es la excepción, no la regla.

San Marcos, Católica, Huamanga

–EZA: *Y qué significa para ti ser sanmarquino entre los años setenta y ochenta, habiendo estado en un principio en La Católica. Un día decidimos irnos juntos. Recuerdo que era todo un grupo que nos fuimos a San Marcos.*

–MM: Sentíamos como que La Católica no era nuestro sitio, esa fue la razón por la que nos fuimos. Mantuve muchos lazos de amistad y cariño en el espacio antiguo de la plaza Francia, pero nos llamaba San Marcos, pues era lo popular, era el Perú, era una forma de salir de un gueto. Pasaron muchos años sin darnos cuenta de que San Marcos también era otro gueto.

–EZA: *Tú estuviste en Huamanga en los años sesenta. ¿Cuál es tu recuerdo de Ayacucho, de la universidad?*

–MM: Yo creo que fui un poco por azar a Ayacucho, pero un azar, si cabe la contradicción, un poquito dirigido. A mí me atraía siempre Ayacucho, no sé bien por qué razón. Un buen día resulté en Huamanga y me sentí embrujado. Simultáneamente, Ayacucho era, como continúa siendo, un lugar de tradiciones explosivas, y eso era fácil de ver sin salir de los muros de la ciudad, los niveles de pobreza extrema; en este medio empezaron a actuar los que después serían del PCP-SL.

En ese momento las experiencias antiidílicas que me marcaron de manera muy fuerte fueron los sucesos del 18 y 19 de junio del año 1969. En ese momento el gobierno dio un dispositivo según el cual los estudiantes que fuesen desaprobados en algún curso en diciembre, se volverían pagantes al año siguiente. En Ayacucho esta situación afectó a mucha gente. En ese momento había una organización popular de la ciudad donde tenía presencia lo que después sería Sendero, y era el llamado Frente de Defensa del Pueblo, y este frente se movilizó, y en ese momento lo que hizo el gobierno fue atribuir a gamonales estas protestas populares. Vi entrar a los sinchis a la plaza, entraron disparando, mataron gente ahí; después se despejó la plaza y vi cómo un grupo de personas reconocía un cadáver y se llevaba a su muerto, apareció un camión del Ejército y el cadáver fue a dar como un saco de papas a la carrocería del camión. Eso ha quedado grabado en mí como la experiencia más dura, más triste que he visto en mi vida, porque no es solamente la muerte, sino el desprecio por la muerte de otros. Bueno, ahí fue donde detuvieron a mucha gente y entre otros a los que después fueron líderes de Sendero; entonces se podía ver ya con algo de malicia que eso iba increscendo, el resto es historia nacional.

Periodismo, Perú 1987

–EZA: *Tu otro campo de actividad es el periodismo dentro del cual, si no la mejor experiencia, al menos la más exótica habrá sido tu paso por* El Diario de Marka...

–MM: Recuerdo que a mí se me ocurrió un poco tarde ser periodista; los periodistas generalmente empiezan a los 15 o 17años, yo no, quería ser literato y no sospechaba que hubiera ese puente; en realidad tenía una cosa muy antigua, soterrada, de la cual no era consciente, era mi propia vinculación con el periodismo porque mi padre se dedicó toda su vida a él, pasé mi infancia dentro de un periódico.

–EZA: *¿En cuál?*

–MM: En *La Industria* de Piura. Mi padre fue director de este periódico por 20 años. Recuerdo que quien me invitó a acercarme más al periodismo fue Félix Álvarez cuando estaba en *Correo*, ahí escribí frecuentemente, y con Luis Valera estuve en distintas publicaciones, como *Jornal*, por ejemplo, después estuve en el *Amauta* que dirigía Óscar Dancourt, y finalmente apareció *El Diario de Marka*, que era lo que me habías preguntado. Entramos creyendo que era un periódico como cualquier otro y resultó de lo más *sui generis*. Fue una experiencia finalmente valiosa que ojalá se acumule. Creo que la izquierda perdió una gran oportunidad con *El Diario de Marka*, porque nunca más ha tenido un órgano pluralista que represente las distintas tendencias; fue un fracaso en lo inmediato, pero en lo mediato ojalá que no lo sea, pasará más tiempo antes de saberlo.

–EZA: *Un título tuyo me sirvió mucho, porque por primera vez comprendí lo que era el infierno, realmente el infierno es el lugar donde no se ama, ¿de dónde sacaste los títulos de tus libros?*

–MM: El título que no ha salido de otro es *Casa nuestra*, porque *Cuaderno de quejas y contentamientos* es sugerido por Ítalo Calvino, en su *libro El barón rampante; Donde no se ama* es de Teresa de Ávila; *Carpe Diem* es el tema de Horacio; *El silbo de los aires amorosos* está tomado de San Juan de la Cruz; el libro que voy a publicar, ese sí es un título mío: *Muestra de arte rupestre*.

–EZA: *¿Quién lo editará?*

–MM: El INC. Es una antología de poesía hecha por mí mismo, que incluye poemas de los libros que he publicado y unos diez o doce nuevos.

–EZA: *El año pasado en el IEP hubo unos conversatorios poco después de la matanza de los penales. De alguna forma surgió la idea de que el Perú se dividía entre los que tienen pasaporte y los que solo tenían libreta electoral; es decir, entre los que podían irse y los que no podían ni ser ciudadanos completos. Pásara dijo, bueno, yo tengo pasaporte y me voy; y se fue. ¿Cómo te ubicas en este Perú de 1987 que ya no necesito describir?*

–MM: Tengo pasaporte, pero evidentemente no tengo los deseos de Pásara de irme del Perú. Este es mi sitio, y es el sitio donde mejor puedo expresarme. No deja de inquietarme el clima de violencia que nos toca vivir. Veo con dolor profundo cómo tan fácilmente la violencia va creciendo en todas las relaciones entre peruanos. En el terreno bélico, tanto en la fuerza armada como en los grupos subversivos, existe ignorancia de la humanidad del *otro*.

UNA LARGA AGONÍA.
Conversando con Henri Favre[1]

En coautoría con Raúl González

Henri Favre, director de investigaciones del Centro Nacional de la Investigación Científica de Francia, no requiere de mayor presentación. Antropólogo, estudioso de la realidad peruana desde hace muchos años, es ampliamente conocido en nuestro país. En los últimos tiempos, ha dedicado especial atención al estudio de Sendero Luminoso. Aprovechando su última visita al Perú, Quehacer *lo entrevistó. En esta oportunidad contamos con la presencia de otro antropólogo especializado en la materia: Carlos Iván Degregori.*

–Raúl González: *Quisiera comenzar preguntándole su opinión sobre la entrevista a Abimael Guzmán, publicada por* El Diario. *¿Usted cree que es auténtica? ¿Qué impresión tiene?*

–Henri Favre: Creo que si lo sostenido no sale de la boca misma de Abimael Guzmán, se trata sin duda de la palabra oficial de Sendero, y así hay que tomarlo. Saber si los periodistas entrevistaron a Abimael Guzmán en persona o no, es, a mi juicio, un problema secundario. Lo importante es que estamos ante un documento oficial de Sendero.

–RG: *Tal vez el documento más importante…*

–HF: Seguro, porque es el más detallado, más explícito y hasta más extenso publicado por Sendero. Y ello no es casual, porque desde 1985 Sendero empieza a publicar cosas, necesita expresarse. En los primeros años de la insurrección senderista, la organización no hace declaración alguna, pero a partir de 1986

1. Publicado en: *Quehacer*, n.° 54, agosto-septiembre de 1988, pp. 49-58.

empieza a publicar documentos, hace una especie de política de relaciones públicas, se esfuerza por hacer publicidad para sí mismo. Eso es nuevo.

Carlos Iván Degregori: *Ellos aseguran que es parte de algo que estaba programado. ¿Considera usted que eso es cierto, que estaba en sus planes iniciales, o que son las circunstancias, la misma vida, lo que los obliga a hablar?*

–HF: Si hay algo que llama la atención en este documento es el énfasis que se pone al señalar que el partido y su jefe siempre habían previsto con antelación lo que iba a ocurrir y habían tomado las medidas necesarias. Sin embargo, en el mismo documento se puede ver que ese no fue siempre el caso. Por ejemplo, en una parte dice que se había previsto la intervención masiva de las Fuerzas Armadas, pero luego se confiesa que el golpe recibido por Sendero entre 1983 y 1984 fue muy duro; es decir, eso no se había previsto.

–RG: *Se refiere a lo sucedido en Lucanamarca...*

–HF: Nosolo a Lucanamarca, sino en general; ellos dicen que Sendero recibe golpes muy duros durante los años 1983 y 1984. Es decir, no se había previsto todo, como dicen. Y eso, ¿qué significa?: que si bien el estado mayor de Sendero tiene una capacidad de previsión bastante grande, no lo puede prever todo. Por eso creo que si Sendero sale de su mutismo, ello se debe a varias razones. En parte a la competencia que desde 1985 le hace el MRTA. Esa es una hipótesis; es decir, que desde fines de 1984 empieza a desarrollarse un movimiento insurreccional competidor, que si bien no se dirige a las mismas bases sociales, es una organización que hace una intensa propaganda con un lenguaje asequible para gruesos sectores de la población. Sendero entonces se ve obligado a salir de su reserva y mutismo y a hacerse más expresivo, a hacer propaganda, a definir sus metas y hasta a reivindicar sus acciones; lo que no hizo en los cuatro o cinco primeros años. A mí siempre me llamó la atención el uso de los símbolos que inicialmente manejaba Sendero, pues eran muy difíciles de entender para el común de los mortales; por ejemplo, los perros colgados; se necesitaba bastante sutileza intelectual para entender que lo hacían para referirse a Deng Xiaoping y al grupo revisionista en el poder en Pekín. Ahora, si comparamos esto con el uso que un grupo como el M-19 hizo de la espada de Bolívar...

–RG: *Eso hizo también el MRTA...*

–HF: Robaron esa espada para apoderarse de un símbolo nacional y para dar a entender que librarían la segunda guerra de emancipación. Con eso decían: "nosotros somos los detentores de la legitimidad nacional". Sendero, con los perros colgados, lo que pretendía era colocar una barrera entre ellos, los "legítimos herederos del maoísmo", y los demás.

–CID: *Lo que muchos decían por esos días era que ello se debía a que Sendero era un movimiento andino, mesiánico, una especie de heredero de la utopía andina. ¿Usted comparte esas opiniones?*

–HF: Yo trabajé varios años en los Andes, en comunidades campesinas e indígenas, y tengo muchas dudas sobre la pertinencia de la llamada teoría de "lo andino" que se asume y postula, sobre todo en algunos medios intelectuales, criollos, de Lima. De lo que se trata es de una mitificación del mundo andino, y creo que ello se debe a que ciertos intelectuales, tal vez debido a sus orígenes étnicos, raciales, sienten cierto malestar en la sociedad actual y se resisten a aceptar el enorme movimiento de aculturación que se produce en el país aproximadamente desde 1940 y que se acelera a fines de los años sesenta. Ustedes se van a cualquier comunidad de Ayacucho, de Huancavelica o de Puno, y se van a encontrar con que lo que quiere la gente es dejar de ser indígenas, tener acceso al castellano a través de la escuela. Ese ha sido el afán de cualquier comunidad, desde hace mucho tiempo. No olvidemos que en la sierra la escolarización empezó con las escuelas privadas construidas por las comunidades. Una vez que tuvieron la escuela, comenzaron a contratar maestros particulares de lenguaje, y luego reclamaron su fiscalización.

–CID: *Para que les dieran valor oficial...*

–HF: Así es. Y ahora hay intelectuales limeños que quieren enseñar a esa gente su propia lengua: el quechua. Recuerdo lo que sucedió cuando se oficializó el quechua en 1975. Yo estaba en Yauyos; la gente rechazaba la medida porque pensaban que se les iba a impedir acceder al castellano, cuando ellos luchaban desde hacía décadas para poder aprenderlo. ¿Por qué razón? Porque en la sierra los grupos dominantes locales, las aristocracias terratenientes, trataban de impedir que los campesinos aprendieran el castellano y les prohibían hablarlo. El bilingüismo en el Perú, hasta no hace mucho, no fue una práctica de los campesinos sino de los terratenientes, capataces y mayordomos. A quienes sostienen la ideología de lo andino los compararía con aquellos que hablan de la Lima que se va. Parecen decir: la sierra que se va, el indio que se nos escapa...

Esta mitificación del mundo andino oculta un rechazo a reconocer los cambios que han ocurrido en el país y que producen la negación de la bipolaridad andino-costeño, indígena-criollo, es decir, las categorías tradicionales que están desapareciendo en el Perú...

–RG: *¿Por qué razón?*

–HF: Por un proceso bastante complejo. Primero, por los cambios en los sistemas regionales de dominación, que permiten la penetración lenta y suave del capitalismo. Pero luego vienen las reformas drásticas de Velasco, de los militares de la primera fase: la reforma agraria derrumba por complejo la estructura de poder tradicional en la sierra; ese sistema de dominio que mantenía al campesino en su indianidad y que lo excluía culturalmente y le impedía el acceso a la cultura nacional. Es el derrumbe del sistema tradicional de dominio, que trae consigo un aumento de las demandas sociales por parte de este campesinado que exige mayores ingresos, que busca trabajo y se moviliza geográficamente, cuando hasta 1969 muchas veces no podía moverse de la hacienda. Hasta la ley de reforma agraria imperaba en muchas regiones un sistema de servidumbre. Ese sistema secular se derrumba y entonces se produce una liberación del campesinado, que empieza a alimentar nuevas expectativas. ¿Qué sucede? Se mandan a mudar a Lima, porque no existe una política agraria del gobierno que les asegure poder sobrevivir y satisfacer las nuevas aspiraciones que surgen a partir del momento en que caduca el sistema tradicional de dominio.

–RG: *Se crea un vacío...*

–HF: Así es. Los militares primafásicos hicieron reformas considerables, muy radicales, en particular la reforma agraria, pero no tuvieron éxito en crear nuevas estructuras sociales, especialmente en la sierra. Los hacendados desaparecieron, pero no surgieron ni cuadros sociales nuevos ni una pequeña burguesía agraria que hubiera podido constituir marcos estructurales nuevos para la sierra; y el Estado fue incapaz de encuadrar socialmente a la población a través de estructuras, vamos a decir, políticas o técnicas.

–RG: *El Estado no se hace presente...*

–HF: El Estado no llega. Aquí se destruyen las estructuras tradicionales, pero el Estado no logra establecerse en el campo, constituir a través de sus agentes técnicos nuevos cuadros sociales que llenen el vacío que han dejado los hacendados.

–RG: *Es lo que pretende hacer SINAMOS.*

–HF: Es lo que pretendía hacer SINAMOS...

–RG: *Y después Cooperación Popular...*

–HF: Así es, pero uno fue desactivado y el otro fracasó. Entonces tenemos una masa rural, no solo campesina, que no tiene otra alternativa que emigrar. Hoy en día esa masa campesina no representa más del 12% de la población económicamente activa en el país... Y con esta constatación podemos volver a la entrevista...

–RG: *Sí, eso nos permite volver a la entrevista, porque de ese fenómeno se da cuenta Sendero.*

–HF: Es indudable que los dirigentes de Sendero se han dado cuenta, primero, de que la población campesina es minoritaria, muy minoritaria en el Perú de los años ochenta; y, segundo, de que la población campesina que queda en el país y que se encuentra en las zonas más elevadas, rechaza a Sendero y a su proyecto organizacional. Y que, por el contrario, las bases sociales en donde Sendero puede captar adherentes son las poblaciones que han dejado de ser campesinas, que han dejado de ser indias.

–RG: *Pero que no se han incorporado al sistema...*

–HF: Porque no pueden proletarizarse, porque la industria no genera el número suficiente de empleos que debería.

–RG: *Por el agotamiento del modelo...*

–HF: Exactamente... Por el agotamiento del modelo de desarrollo.

–RG: *Y por eso Sendero se viene a la ciudad a trabajar en las barriadas...*

–HF: Eso es; aunque no dicen que se vienen a la ciudad. Ellos han tenido una presencia en la ciudad, pero lo que sucede es que ahora aceptan en el ámbito teórico una práctica que habían desarrollado antes; es decir, la necesidad de actuar en la ciudad. En Sendero siempre encontramos una racionalización de su práctica política *a posteriori*.

–RG: *Pero acá hay, además, un cambio, porque ya no se habla de la revolución del campo a la ciudad, sino que se sostiene que "la revolución será en el campo y en la ciudad": algo totalmente distinto...*

–HF: Eso es cierto, pero, sin embargo, la idea del "cerco" continúa, porque ahora lo que dicen es que actuarán en las barriadas, que serán el "cordón de hierro" que cercará a las ciudades...

–RG: *Ya no es "cercar las ciudades desde el campo", sino "cercar las ciudades desde las barriadas"...*

–HF: Eso es: hay un cambio; o, mejor dicho una justificación a posteriori de una práctica que ya habían comenzado a desarrollar; ahora se encuentra justificada teóricamente...

–RG: *¿Y eso es un viraje?*

–HF: No necesariamente, porque ideológicamente pueden decir que esa es la forma como se desarrolla creativamente el maoísmo; que eso es el pensamiento Gonzalo: la adaptación del pensamiento Mao a las condiciones históricas y espaciales peruanas. En resumidas cuentas, una adaptación de la estrategia de Mao.

–CID: *Mucho se ha hablado del carácter polpotiano de Sendero Luminoso; pero, hasta donde conozco, en Camboya existe una estructura social diferente: campesina, étnica; y también una, llamémosla así, aplicación diferente del maoísmo, distinta a la de Gonzalo. ¿Cuál es su opinión?*

–HF: Es un poco ligero definir a Sendero como un movimiento polpotiano. Ellos, por su parte, no lo hacen, por razones obvias; yo no tengo los elementos para hacer este acercamiento; lo único que sí advierto es que Sendero Luminoso y los khmer rojosforman parte del Movimiento Revolucionario Internacionalista (MRI), es decir, de la "Quinta Internacional".

–CID: *¿Los jemeres rojos también forman parte del MRI? Sin comentarios... Por lo menos se trata de "matices" dentro de una concepción...*

–HF: Cierto, aunque en el MRI también se encuentra el Partido Comunista Filipino.

–CID: *Una pregunta que se me quedó, no en el tintero, sino en la cinta de la grabadora. Usted dice que Sendero reconoce el golpe de los años 1983-1984. Para mí sigue siendo parcialmente una incógnita el cómo logran recuperarse de ese golpe. ¿Tiene usted alguna hipótesis?*

–HF: Yo creo que Sendero nunca ha tenido problemas para reclutar a nuevos miembros. Por ejemplo, el año pasado parecía perder un poco la iniciativa, había menos acciones; Sendero había sido derrotado en Puno, y yo me preguntaba por qué. Hice algunas investigaciones y me pareció que no había problemas de reclutamiento de jóvenes. La hipótesis que adelanté de Sendero, es que tenía problemas de formación ideológica, política y militar de sus cuadros. Y esto porque la primera generación senderista había sido eliminada,pero la segunda que la sustituye no tiene la misma preparación militar e ideológica, quizá debido a que las Fuerzas Armadas destruyen varias de las escuelas de cuadros de Sendero.

–RG: *Quisiera proponer una hipótesis al respecto. Tengo la impresión de que el golpe más duro que sufre Sendero no es en 1983-1984, cuando ingresan los militares, sino el que sufre hacia 1984-1985, cuando cae todo un grupo de dirigentes que forman parte del partido, del núcleo de la organización. Creo que es importante tener presente la diferencia entre lo que es el partido-partido, la organización, y todos los otros organismos periféricos que ellos llaman generados, los que, estando ligados al partido, sin embargo no lo comprometen porque tienen su propia dinámica. Me atrevería a decir que, incluso, el "Ejército Guerrillero Popular" no forma parte del partido, aunque depende de él. Entonces eso es lo golpeado en 1983, 1984; el trabajo periférico es el que sufre un daño; el partido, la organización como tal, lo sufrirá también, pero más tarde. Por eso es que ellos pueden recuperarse continuamente; porque la estructura partidaria, ese gran aparato logístico que apoya los nuevos trabajos, no es tocada hasta 1984-1985, cuando caen dirigentes como Díaz Martínez y Zorrilla, entre otros. Luego se recuperan; desde ahí no vuelven a sufrir otro golpe hasta 1988, cuando cae Morote...*

–HF: Es muy posible, pero no tengo los medios para evaluar...

–RG: *Es una hipótesis...*

–HF: Otra hipótesis es la existencia de conflictos internos dentro del estado mayor senderista, pero cuando leemos la entrevista, vemos que el conflicto ha sido institucionalizado, es casi un requisito... Se necesitan de las dos líneas que luchan para resaltar lo bueno de la línea que triunfa. Es un poco como en las iglesias pentecostales; ellos necesitan que el diablo esté presente dentro de la iglesia para poner de manifiesto la gloria de Dios.

–CID: *Usted dice: descartamos lo de la utopía, el milenarismo..., pero ahora se refiere a semejanzas, y hace analogías con las iglesias pentecostales. Es decir, ¿acepta que hay algo o mucho de religioso, de fundamentalista, en Sendero?*

–HF: Su pensamiento hay que vincularlo, primero, al pensamiento marxista en general. Acuérdense de las purgas de Stalin y de cómo viejos militantes del partido bolchevique se autoproclamaban traidores y lo reconocían públicamente, sin tortura alguna, porque el partido así lo había decidido.

–CID: *Muy marxista, pero también muy cristiano...*

–HF: Pero no hay que olvidar que el marxismo se desarrolla y nace en un área cultural cristiana...

–CID: *¿Cómo combina este sustrato, llamémosle religioso, con esa especie de pragmatismo frío del que hacen gala y que los lleva a cuantificar el costo social de sus acciones, la "cuota de sangre"?*

–RG: *O el uso del narcotráfico para recaudar fondos y ganar cuadros...*

–HF: Ellos no son víctimas de su ideología. Tienen una visión, una percepción aguda de la realidad, como sucede con la Iglesia católica: de un lado, el dogma; de otro, determinadas conductas que aportan al dogma. El papa dice que no hay que utilizar anticonceptivos, y el 90% (si no el 100%) de los católicos los utilizan.

–CID: *No es inédita esa combinación...*

–HF: No lo es. Pero reitero: antes de poner a Sendero dentro del marco de un modo depensamiento de tipo religioso, habría que compararlo con el marxismo vigente en tiempos de Stalin, cuando el partido es la Iglesia... y nadie puede tener razón contra el partido: vieja fórmula bolchevique.

–RG: *El partido siempre tiene la razón. Yo quisiera regresar a un punto. Usted decía que el campesino propiamente dicho rechaza a Sendero, cosa con la cual yo estoy de acuerdo; se enfrenta por lo menos al proyecto de Sendero, y son pocos en realidad los que se enrolan voluntariamente al proyecto senderista. Sin embargo, en zonas como el Alto Huallaga, tal vez por esta ilegalidad en que se encuentran los productores de coca, el fenómeno no es exactamente el mismo. Entonces, curiosamente, Sendero, que se inicia como movimiento que reivindica lo campesino, termina teniendo como base social a los sectores productores de coca del Alto Huallaga. ¿Cómo lo explica usted?*

–HF: Bueno, no pienso que entre lo que queda del campesino en el Perú y Sendero hay un conflicto total; el conflicto surge a partir del momento en que la comunidad, como agente que dialoga o negocia con Sendero, no puede manipular a Sendero para conseguir sus propios objetivos. Es la manipulación genial que hacen todos los campesinos, en cualquier parte del mundo, de lo que les viene de afuera. "¿Para qué puede servir este tipo que viene a vivir entre nosotros?", es la primera pregunta que se hacen los campesinos en el Perú, como en cualquier parte del mundo donde hay campesinos. Hay un acuerdo perfecto con Sendero, cuando Sendero, por ejemplo, liquida a los abigeos, cuando castiga a los adúlteros, cuando hay una alianza táctica posible que permite utilizar a Sendero para luchar contra la comunidad vecina con la cual se ventilan problemas de linderos desde tiempos inmemoriales. Pero a partir del momento en que Sendero dice: "Ustedes van a trabajar colectivamente", o "no van a vender más sus productos", "van a vivir en la economía autárquica", el rechazo es total. Efectivamente, en el Alto Huallaga tenemos alianzas de Sendero con los campesinos y una alianza que no parece táctica, sino de carácter más estratégico; eso debido, primero, al hecho de que este campesinado es, como lo mencionaste, un campesinado que vive al margen de la ley; y, segundo, porque es un campesinado no tradicional. Son gente casi desarraigada, más moderna, y que actúa individualmente antes que como comunidad.

–CID: *Varios intelectuales que han leído la entrevista me han dicho: "Yo pensé que Abimael era más sofisticado". ¿Usted qué opina?; porque yo creo que si bien no tiene un gran impacto en medios intelectuales, sí lo tiene en determinadas capas sociales.*

–HF: Primero hay que preguntarse el porqué de la entrevista. Antes de que saliera la entrevista, Raúl González había previsto que, debido al golpe que significaba la caída de Morote, algo iba a ocurrir y que podría aparecer Guzmán. Creo, entonces, que era una necesidad; ellos tenían que decirle a sus militantes: a pesar de todo, seguimos adelante; tenemos dirección; el partido no ha variado en su línea ideológica. Tenemos dirección y la dirección se mantiene intacta, la "Iglesia" no corre ningún peligro; el "papa" vive para preservar los dogmas. Y en ese documento, de manera reiterativa, se reafirma los dogmas.

–RG: *¿Usted no cree que para Sendero significaría un golpe muy duro la posibilidad de que en 1990 ganara, por ejemplo, Alfonso Barrantes?*

–HF: No sería la mejor situación, es cierto. La mejor situación es un gobierno militar, y lo dicen en la entrevista cuando hablan de cómo pasarán a la fase de equilibrio estratégico. Para Sendero la situación óptima es la de una polarización política entre ellos y un gobierno militar represivo que obligaría a mucha gente, en particular a la de los movimientos políticos del centro y de la izquierda, a pasar a la insurrección, es decir, a integrar las filas de Sendero. Le teme a la IU, pero creo que más a las nuevas estructuras militares que están constituidas, como al MRTA, o, dentro de poco, a las milicias anunciadas por el PUM... Sendero no quiere competidores. La Izquierda Unida lo es, y lo son también las organizaciones militares o paramilitares de la izquierda mencionadas. Sendero apuesta a crear una situación donde la polarización sea la característica...

–CID: *Dos órdenes; dos repúblicas...*

–RG: *Me gustaría conocer su opinión sobre la situación política del país, porque usted lo ha recorrido. Y aprovecho para contarle a Carlos Iván que cuando Henri Favre llegó a Lima, agarró su mochila y se fue a Huancayo; de ahí pasó a Huancavelica; luego a Ayacucho, al Cusco, a Puno, y desde ahí a Arequipa. Incluso fue asaltado...*

–HF: Entre Sicuani y Juliaca...

–RG: *Bueno, fue un pequeño paréntesis...*

–HF: Retomando lo anterior, creo que el Perú no se encamina hacia una polarización que lleve al enfrentamiento...

–CID: *A pesar de la crisis económica...*

–HF: A pesar de la crisis, porque existen muchas contradicciones. Primero, porque hay grupos que piensan que como el país se va hacia el caos, organizan estructuras militares o paramilitares: el MRTA, que se fundó creyendo que se convertiría en la estructura militar de la Izquierda Unida el día que...

–CID: *El día del caos...*

–HF: Eso es. Si agregamos a eso los anuncios del PUM, los grupos paramilitares del APRA, las rondas de campesinos, y aparentemente comandos de extrema derecha como el Rodrigo Franco, bueno, son muchas armas que andan sueltas en el país, sin contar a los partidos legales y Sendero. Así que este caos se postula como inevitable, y va a terminar ocurriendo de manera inevitable. Es la profecía autocumplida. Se cree que el caos va a llegar, y todos contribuyen a que llegue el caos.

La segunda razón por la cual no creo que el Perú se encamine a una situación de bipolaridad, son las Fuerzas Armadas. La guerra de contrainsurgencia es una guerra que desgasta tremendamente a cualquier ejército clásico del mundo, y lo desgasta, primero, moralmente, porque un ejército no está hecho para librar una guerra interna; y, segundo, lo desgasta no tanto material como organizativamente, puesto que hay que desarticular el ejército para que sea eficiente en la lucha antisubversiva. Me pregunto si el grado de desgaste en las Fuerzas Armadas peruanas ha llegado al punto en que puedan ser capaces de tener una reacción golpista. No lo creo. Si a eso agregamos la situación económica personal de cada militar, de cada oficial, completamos el cuadro. En la actualidad el coronel del Ejército gana aproximadamente cuarenta mil intis al mes. Entonces, quién piensa en dar un golpe. En lo que se piensa es en cómo hacer para completar sus ingresos. No sé, quizá me equivoque...

–CID: *Esa es una parte del escenario: no ve bipolaridad, pero tampoco posibilidades de triunfo de Sendero...*

–HF: Yo no veo esa posibilidad en un futuro previsible, salvo que ocurriera un colapso total de lo poco que queda del Estado peruano.

–RG: *¿Cuál sería su diagnóstico del momento político?*

–HF: De entrampamiento. No veo ninguna salida; ninguna capacidad de éxito para Sendero; ninguna salida política para el año 1990, y —ojalá no me equivoque— ninguna posibilidad de golpe militar...

–CID: *Nos condena a vivir una larga agonía.*

–HF: No condeno. Es que no veo qué va a pasar. En 1990 seguramente habrá elecciones; hay muchas posibilidades de que las haya; ese es mi diagnóstico. ¿Quién va a ganar las elecciones? ¿Barrantes? ¿Izquierda Unida? Quizá si

Izquierda Unida sigue unida puede ganar las elecciones; pero, ¿podrá gobernar? Debido a sus divisiones internas... bueno. Hay también el problema cultural, o cultural-institucional. Lo que fascina a un científico social extranjero en América Latina, en general, es constatar el alto grado de autonomía de lo político en relación con los grupos sociales y económicos, que en otros países tienen intereses representados. La representación de los intereses se hace muy mal en América Latina. La preocupación mayor de un político —con excepciones, claro— es cómo llegar al poder, y una vez en el poder, cómo mantenerse en él, a cualquier precio y con cualquier discurso. Eso no favorece la determinación de una política a largo plazo, que es lo que los países latinoamericanos hoy día necesitan para superar la crisis que cada uno de ellos, en grados diversos, experimenta.

–CID: *Quizá ese sea, en el fondo, el terreno donde Sendero se mueve, porque Sendero es la mayor voluntad política organizada que ha surgido en el Perú, por lo menos desde la época del APRA.*

–HF: Desde el APRA, efectivamente. Entonces, en un país donde lo político tiene ese juego, Sendero, que nace de manera tan arbitraria en el ochenta, a punto de voluntad política y de sangre, se va haciendo un espacio.

–RG: *Ahora, a pesar de esta larga agonía de la que usted habla que vamos a tener que sufrir, yo percibo que en el Perú —y lo percibo saliendo, sea fuera del país, o viajando por el interior— el tiempo político es distinto al tiempo cronológico. Es decir, aquí se queman etapas todos los días, o pareciera que se queman etapas todos los días. Para el año 1990, técnicamente falta... ¿cuánto? Año y medio; yo creo que llegar a él es como llegar al año 2000, y que este país va a llegar no solo con ese rasgo de agonía, sino agotado políticamente.*

–CID: *Es un país milenario, después de todo.*

–HF: Lo que es sorprendente es la capacidad de los peruanos de aguantar, la capacidad de aguante; es impresionante...

–RG: *¿Incluyendo los apagones, por ejemplo?*

–HF: Incluyendo eso. Se ha integrado al senderismo a la vida cotidiana. Pero esto tiene un aspecto negativo, porque al integrar a Sendero en la vida cotidiana, la sociedad deja de segregar, de generar anticuerpos.

–RG: *Bueno, yo quisiera hacerle una última pregunta. Quisiera pedirle que, viendo las cosas un poco de fuera, tratara de ver al Perú dentro del contexto de América Latina y dentro de aquello que los científicos sociales convienen en llamar "el problema del Estado-Sociedad en América Latina". ¿Cómo ve esta democracia que tiene, a pesar de todo, ocho años? ¿Cómo ve al Perú con esta democracia de ocho años en el contexto latinoamericano?*

–HF: Creo que uno de los problemas básicos en todos los países latinoamericanos es que el Estado, bajo el efecto de una ideología neoconservadora, o más bien, bajo el efecto de la crisis económica, se redespliega. Yo veo, por ejemplo, cómo en México, que ha tenido un aparato estatal muy desarrollado, muy complejo y relativamente eficiente, hay una redefinición en un sentido más limitativo del papel del Estado y un redespliegue del aparato estatal. Podemos decir lo mismo de Brasil. Pero hoy, en algunos países, esta redefinición, o redespliegue del Estado, toma la forma de un derrumbe. Es el caso de Bolivia, y también del Perú.

–CID: *Ambos con raíces andinas, además.*

–HF: No. Yo no creo que venga de una localización en el espacio, ni tampoco debido al peso de una población indígena. Eso viene del fracaso, de un fracaso político, que en el caso del Perú es el fracaso de los militares de la primera fase; y este fracaso no ha podido ser superado por los gobiernos siguientes por razones diversas, pero básicamente por razones políticas. En esos dos países hay un colapso del aparato estatal. El año pasado, por ejemplo, cuando salí para darme mi vuelta por la sierra, me di cuenta de que fuera de Lima no hay más poderes públicos; no hay más. Entonces, lo que me llama más la atención, al fin y al cabo, no es tanto la actividad de Sendero o del MRTA, sino la delincuencia generalizada, el abigeato, el bandolerismo; el hecho de que el tren entre Cusco y Puno sea asaltado cada día entre Sicuani y Juliaca. ¡Dios mío! Llegando a Sicuani, había en el vagón un peruano que se levantó y nos dijo: "Buenos, señores y señoras, hay que poner a las mujeres en el centro del vagón; nosotros los hombres vamos a bloquear las puertas del vagón". Lo miré: está loco este tipo, me dije. No. No estaba loco; solo que estaba acostumbrado a viajar; y, bueno, cuando ocurrió el asalto, yo defendí mi mochila con un cuchillo, diciendo: el primero que se acerque tendrá por lo menos tres centímetros de hierro en la barriga; pero había en el vagón un grupo de turistas que perdieron todo: sus cámaras fotográficas, sus pasaportes, su plata. Entonces, me extraña un poco cuando escucho a gente, a peruanos, que dicen: "bueno, el Estado está demasiado presente en el país". No: yo creo que la primera cosa que un político digno de ese nombre debería hacer es cobrar los impuestos. Tengo entendido que hoy en día ni quisiera se puede cobrar los impuestos. Bueno: cobrar los impuestos, y con el ingreso de los impuestos mejorar, crear condiciones de vida y de trabajo decentes a los miembros del aparato judicial. Es una de las primeras cosas que se debería hacer. Aunque, obviamente, no es la única tarea pendiente.

ENTREVISTA A ORIN STARN

Rondas campesinas, un rostro inesperado[1]

Orin Starn, profesor de la Universidad de Duke, fue uno de los varios antropólogos que en la década del ochenta escribieron sobre las rondas campesinas de Cajamarca.[2] En diciembre de 1991 coordinó en el IEP un taller en el cual se encontraron por primera vez dirigentes ronderos del norte, con líderes de los "comités de defensa civil" surgidos en Junín y Ayacucho en medio de la guerra contra Sendero Luminoso.[3] Año y medio después, Starn regresó a Cajamarca y Huanta (Ayacucho). Sobre lo que encontró, conversa con Argumentos.

Carlos Iván Degregori: *¿Has visitado nuevamente las zonas de Huanta y Cajamarca? ¿Qué diferencias observas entre la realidad que los dirigentes nos mostraron en diciembre de 1991 y la situación actual?*

Orin Starn: Es necesario recordar primero las diferencias entre las rondas que surgen en el norte del país y las del sur y el centro. Las primeras nacen para hacer frente a problemas en las propias comunidades, especialmente el abigeato, mientras que las del sur y sur-centro se organizan para enfrentar a Sendero Luminoso.

Hace poco visité algunas zonas de Cajamarca y Piura, donde la diferencia más notable que encontré, cuando lo comparo con mi primer viaje, es el nivel de represión policial contra dirigentes ronderos en el marco de la última ley antiterrorista. Como sabemos, los ronderos en el norte siempre han tenido conflictos con la policía y las autoridades, pero generalmente eran problemas que surgían por usurpación de funciones y podían resolverse sin mayores

1. Publicado en: *Argumentos*, año 2, n.° 8, junio de 1993, pp. 12-15.
2. *Reflexiones sobre rondas campesinas, protesta rural y nuevos movimientos sociales*. Colección Mínima n.° 24. Lima: IEP, 1991.
3. *Hablan los ronderos. La búsqueda por la paz en los Andes*. Documento de Trabajo n.° 45. Serie Talleres n.° 2. Lima: IEP, 1993.

consecuencias. Ahora, a pesar de que el Estado reconoce legalmente algunas funciones de las rondas campesinas, existen autoridades locales que no aceptan su trabajo y, a partir del gobierno de Fujimori y la ley antiterrorista, denuncian a algunos dirigentes ronderos. Tenemos los casos de José Ruiz, presidente del Comité Central de Rondas Urbanas de Bambamarca, y Segundo Manuel Torres Centurión, vicepresidente de la Federación Departamental de Rondas de Cajamarca en Cutervo. Estos dirigentes no tienen absolutamente ninguna relación con Sendero Luminoso o el MRTA, pero los han metido en la cárcel bajo acusaciones falsas.

–CID: *Esta situación, ¿cómo afecta el funcionamiento de las rondas? ¿Crees que pueden debilitarse hasta el grado de desaparecer?*

–OS: Las rondas no van a desaparecer. Tienen alrededor de 17 años de funcionamiento y están muy enraizadas en el campo. Lo que existe es un poco de miedo de los campesinos para asumir cargos dirigenciales. También hay temor a las autoridades judiciales, porque estas no ven con buenos ojos cuando las rondas asumen funciones de administración de justicia. Ciertamente, la organización, pese a estos problemas, no va a desaparecer, pero sí afronta un cambio abrupto. Las detenciones de los dos últimos años han significado más miedo y más problemas.

–CID: *¿Es la hora para que los viejos poderes locales emprendan un "ajuste de cuentas"? Aprovechando los cambios en legislación antiterrorista y las características autoritarias del gobierno, ¿ellos están tomando algún tipo de revancha?*

–OS: Sí, hay un poco de eso. Algunos capitanes de policía y jueces quieren recuperar poder, volver al monopolio sobre la administración de justicia que lo ronderos habían quebrado. Pero también hay problemas de otro tipo, hasta personales, entre dirigentes ronderos y jueces. Por cierto, existen algunos abusos de determinados dirigentes ronderos cuando maltratan a alguien que han detenido. Por ello, algunos jueces, con intenciones no necesariamente malévolas, inician acciones contra ellos y entonces surgen problemas. Para dar un caso específico, Jesús Ruiz Cubas es presidente del Comité Central de Bambamarca. La ronda urbana detuvo y castigó a un supuesto adúltero, que resultó ser exdueño de un restaurante en la localidad y por lo tanto una persona con dinero. Luego, cuando el dirigente es capturado por otros cargos, llega una carta anónima a la Corte Superior de Cajamarca acusándolo de terrorista. Esta carta es a todas luces fabricada por el dueño del restaurante. Como se ve, todo está muy entremezclado con disputas locales. Claro que en términos generales diría que sí hay una suerte de ajuste de cuentas. Aunque no es una campaña planificada ni centralizada, sí demuestra el intento de las autoridades para que desaparezcan las rondas.

–CID: *Más aún cuando existe un contexto legal favorable...*

–OS: Sí, sobre todo cuando el gobierno busca silenciar a los grupos opositores y mantiene al Poder Judicial bajo su control. Cualquier juez que quiere ser promovido a otro cargo puede ganar algunos puntos imponiendo la autoridad del Estado frente a los ronderos. En un escenario político nacional en que existen límites a las actividades de la oposición, las autoridades locales pueden obtener méritos a su favor actuando contra estas organizaciones.

–CID: *Quisiera conversar ahora sobre las rondas de Ayacucho. Hace un tiempo se afirmaba que las rondas de la sierra central carecían de autonomía, más aún, aparecían como "títeres" de las Fuerzas Armadas. Diferentes acontecimientos y discusiones han ido matizando tal criterio. Actualmente, ¿cómo se da la relación entre las rondas y las Fuerzas Armadas? ¿Si no son títeres, qué son... la punta de lanza de qué?*

–OS: Efectivamente, la idea de los ronderos del sur y la zona central como "títeres" de los militares ha quedado completamente despedazada. Ahora es muy difícil negar que hay un cierto grado de autonomía e iniciativa en muchas de las rondas. Habría que señalar la heterogeneidad de ellas en esta zona. Desde lugares donde realmente existió un control y manipulación de los militares, como en Huanta entre 1990 y 1991, hasta zonas como el valle del Apurímac donde los ronderos se organizaron sin el control de los militares. Existen lugares —como señala Ponciano Del Pino en un nuevo trabajo—[4] donde el acceso está restringido para los militares y para Sendero Luminoso. Específicamente en Huanta, hay que reconocer lo que las rondas han logrado. Allí se vivía un nivel de violencia y terror muy altos. Me impresionó el número de pueblos "fantasmas", de caseríos quemados. No nos damos cuenta de la escala de brutalidad que sufrieron dichas poblaciones.

Como sabemos, siempre ha habido abusos de los militares. En la primera contraofensiva entre 1983 y 1984, en Huanta hubo atrocidades innumerables. Ahora, se puede decir que no existen abusos serios de los derechos humanos; se limitan a pedir animales o comida a los campesinos.

---

4. Está en prensa su trabajo "Tiempo de guerra y de dioses. Sendero, ronderos y evangélicos: historia de una guerra sin fin".

En Huanta notamos una trayectoria de violencia realmente impresionante, principalmente de Sendero Luminoso. En cada pueblo de las alturas encuentras numerosos huérfanos y viudas. Hubo un momento en que Sendero Luminoso definió a los "comités de defensa" y a Huanta en general como "enemigo para ser arrasado". Gracias a las rondas, se han organizado cerca de 80 pagos en la provincia, con lo cual el nivel de violencia ha bajado un 90%. Como ves, los resultados de las rondas son obvios: se ha logrado un nivel de paz —muy precario—, donde Sendero Luminoso está en retroceso.

–CID: *Sin embargo, ¿cuáles serían los problemas que presenta la acción de las rondas en esas zonas?*

–OS: Por un lado, persisten las contradicciones internas en las rondas. Divisiones entre las nuevas agrupaciones y las comunidades. También conflictos entre los que tienen más dinero y los campesinos pobres; peleas personales, líderes que no trabajan democráticamente. Además, aún persiste cierto grado de control y manipulación de los militares y abusos más o menos cotidianos. Por ejemplo, exigen que los campesinos les lleven leña a sus bases o venden las balas que deberían entregarse como donación. También los sábados los comandos de todos los pagos deben dirigirse a la base para recibir instrucciones. Entonces, no estamos hablando de un movimiento con una autonomía total ni carente de contradicciones internas. Para terminar, queda la pregunta: ¿hacia dónde conduce la actual situación? Me parece que las rondas representan una suerte de proyecto posideológico, donde los campesinos no tienen mucho interés en definir una propuesta clara a partir de sus organizaciones, ni en intervenir por otros medios en la política nacional.

–CID: *¿Crees que sea cierta la aseveración de que, más allá de su papel militar frente a Sendero Luminoso, las rondas se convierten en ejes alrededor de los cuales se reconstruye un tejido social muy destruido por la guerra?*

–OS: Es cierto que en Huanta y otras zonas las rondas participan en algunas labores de desarrollo comunal. Por ejemplo, en el pueblo de Chaca, los ronderos están llevando adelante un proyecto de agua potable. En otros sitios construyen escuelas. Esto cuestiona la idea más o menos generalizada de las rondas como campesinos embrutecidos y armados. En diferentes lugares existe interés en el desarrollo comunal y en mantener formas de democracia interna. En Huanta —a principios de 1990—, el comandante militar nombraba a los comandos de la ronda; ahora son elegidos en asambleas.

Sin embargo, en contraste con el norte, no encontramos los mismos sentimientos de orgullo por participar en las rondas y, por el contrario, se reproducen algunas relaciones de clientelismo o de paternalismo en las mismas. Así, algunos ronderos van con sus gallinas donde el alcalde para que les pongan el agua potable. Incluso con las ONG se reproduce este juego de dependencia y clientelismo. Los campesinos van a utilizar cualquier método para solventar los proyectos de servicios y obras, sin embargo, reproducen antiguos patrones de subordinación. Parece que se establece cierto tipo de "ciudadanía de segunda clase" en el campesinado.

En el caso de Apurímac también se está construyendo una sociedad campesina mediante las rondas, muy distinta a la idea tradicional. Por ejemplo, la pacificación lograda frente a Sendero Luminoso facilita que la gente adinerada en la selva pueda mantener una vida de lujo, donde una fiesta implica el consumo de cincuenta cajas de cerveza, o donde algún vecino puede comprar un Toyota del año. Dibujan una especie de zonas liberadas para los narcos. Cabe preguntarse entonces, ¿qué tipo de sociedad se está reproduciendo allí?

–CID: *Tú comenzaste tus investigaciones estudiando movimientos sociales. Luego tuviste una polémica sobre las relaciones entre antropología y violencia en los Andes.*[5] *¿Tu actual trabajo de campo cambia algunas de las ideas que sostenías en esa época? ¿Es posible definir a las rondas como "movimientos sociales" en el sentido clásico con que lo usábamos en los años ochenta?*

–OS: En los años ochenta entendíamos que los movimientos sociales surgían generalmente por iniciativa de los sectores populares, con una intencionalidad de progreso, igualdad y defensa de valores democráticos. En este sentido, las rondas del norte podían encuadrarse en esa definición. Por el contrario, las del sur presentan un rostro completamente inesperado. Las rondas no surgen desde abajo sino como una imposición de los militares. En Huanta, por ejemplo, los campesinos cuentan que el comandante Hurtado y su suboficial Centurión —acusados de muchos abusos de derechos humanos— son los que impulsan las rondas. Este "nuevo movimiento social" tiene como aliado no a la izquierda sino a las Fuerzas Armadas; maneja un discurso más o menos pronacionalista pero sin cuestionar al Estado. No es opositor ni busca plantear reivindicaciones. No podemos esperar que tales movimientos van a seguir un único camino hacia la igualdad y la utopía futura. Además, junto con las iglesias evangélicas, son las organizaciones con mayor importancia en la sierra.

---

5. "Antropología andina, 'andinismo' y Sendero Luminoso". En: *Allpanchis* n.° 39, Instituto Pastoral Andina, 1992: 15-71.

Los evangelistas representan otro movimiento que realmente tiene fuerza y tampoco encuadra en lo que normalmente suponíamos. Son un grupo que es formado por los "imperialistas yanquis" desde afuera. Además, siempre fue visto por la izquierda como conservador. Pero la gente del campo ha retomado y adaptado el discurso de los evangelistas. En Chaca, muy tarde en la noche, escuchábamos canciones en quechua y pensábamos que se trataba de una fiesta, pero eran himnos de una ceremonia adventista. Esta Iglesia viene importada de Estados Unidos, pero ha sido tomada por los ayacuchanos y articulada en una nueva forma de identidad andina. Es decir, tenemos nuevas identidades: evangelistas que cantan en quechua, ronderos que hablan de defender el Estado. Son identidades andinas producto del sincretismo y del transnacionalismo.

–CID: *Resulta muy interesante el escenario que planteas. ¿Consideras que los antropólogos —extranjeros y nacionales— han logrado percibir estos procesos?*

–OS: En general, los extranjeros no hemos regresado al Perú. La mayoría de antropólogos estadounidenses está trabajando en Ecuador y Bolivia. Para mí lo interesante de estos años, es que a partir del crecimiento del sector universitario aparecen nuevos intelectuales ya no solo en las universidades de Lima, sino también en provincias. En el caso de Huamanga, los mejores trabajos no son de doctores de Cornell o Chicago sino de dos profesores de la propia universidad de Huamanga —Ponciano Del Pino y José Coronel— que han vivido estos años de violencia y ahora están escribiendo.[6]

–CID: *Para terminar, toquemos el tema de los desplazados por la guerra, que ahora parecen plantearse la posibilidad de volver. Sin embargo, no queda claro si son los propios campesinos los que tienen ese deseo, o es más bien parte de una política del gobierno y/o de algunas ONG.*

–OS: En la zona de Huanta existe un número impresionante de personas que quieren regresar a sus tierras. Ahora que el tema se ha convertido en una suerte de industria donde muchas ONG y organismos internacionales han decidido participar, creo que es importante escuchar a los propios campesinos. Existe el peligro de que el debate se desarrolle entre las ONG y el Estado únicamente. Parece que las ONG consideran aún prematuro el regreso, pues entienden que

6. Además del ya mencionado trabajo de Ponciano Del Pino, se refiere a la investigación de José Coronel: "Violencia política y respuestas campesinas. Huanta 1980-1992". También en prensa.

la coyuntura no es la más adecuada o que los campesinos pueden ser "carne de cañón". Ciertamente, hay que ser prudentes, pero los propios campesinos quieren regresar y tienen pedidos muy concretos: quieren armamentos, quieren calaminas, alimentos mientras van sembrando. En algunos lugares, incluso, ya han regresado.

–CID: *Sin embargo, ¿no resulta también conveniente para los militares impulsar el retorno de los campesinos?*

–OS: En Huanta, por lo menos, da la impresión de que la voluntad para regresar a las zonas abandonadas no proviene mayormente de los militares. Por el contrario, me parece que son los campesinos los que quieren regresar y presionan a los militares para que estos los apoyen. Más que una medida de los militares imponiendo su voluntad, me parece que la iniciativa parte de los propios campesinos, que realizan muchos trámites con este propósito con ONG, militares, concejos municipales.

EL INTELECTUAL FRENTE AL PENSAMIENTO ÚNICO[1]

En coautoría con Carlos Reyna

–Quehacer: *Dices que siempre fuiste "la minoría de uno"...*

–Aníbal Quijano: Tengo la sensación, desde hace largo tiempo, de haber sido y de ser aún la "minoría de uno", por razones más o menos entendibles: la derecha por molestarse y la izquierda porque siempre estuvo muy molesta. Lo que quedaba era el centro heterogéneo.

–Quehacer: *Da la impresión que siempre te sentiste así...*

–AQ: La gracia de ser la "minoría de uno", es que en el momento en que se enuncia algo, siempre se es "minoría de uno". Un tiempo después, una parte de las ideas parecen generalizarse, lo que no quiere decir que se deba a la influencia de uno sino a que las cosas se hacen más visibles de lo que eran un poco antes. Lo importante es el tipo de preguntas que se ha querido hacer, el tipo de preguntas que no se ha querido hacer, incluso que se ha rechazado y con tanto tipo de conclusiones a las que había que llegar.

---

1. Publicado en: *Quehacer*, n.° 125, julio-agosto de 2000, pp. 5-15. Quijano es un sociólogo peruano. Fue uno de los forjadores de la teoría de la dependencia. Sus principales libros son: *Movimientos campesinos en América Latina* (1965); *Imperialismo y marginalidad en América Latina* (1977); *Imperialismo, clases sociales y Estado en el Perú* (1978); *Dominación y cultura: lo cholo y el conflicto cultural en el Perú* (1980); *Modernidad, identidad y utopía en América Latina* (1988); y *El fujimorismo y el Perú* (1995).

–Quehacer: *A mí me animó preguntarte por lo de la "minoría de uno" porque me daba la impresión de que había sido una opción tuya en algún momento, porque te recordábamos en los años de la revista* Sociedad y Política. *En esa época tenías una suerte de voluntad, usemos la palabra, de ser intelectual orgánico. Luego hubo un repliegue, un alejamiento incluso físico, y un discurso que ya no tiene un público objetivo tan concreto.*

–AQ: Durante los años sesenta y setenta, cuando realmente se estableció la corriente social e intelectual de izquierda con sus múltiples facetas, pero que fue la dominante, todo aquello que estaba en sus fundamentos y en sus implicaciones de largo plazo no era para mí aceptable: es decir, lo que es llamado entre comillas "materialismo histórico", con sus ramificaciones en el extremismo, claramente en el maoísmo o en el trotskismo, y otros ismos de la época. Ciertos momentos de incandescencia heroica, por ejemplo, como el que representa el Che, introducen un matiz en este cuadro. La figura del Che tiene un fulgor propio que está más allá, un poco al otro lado. Con excepción de esto, lo demás debe ser, pasado el tiempo, visto en perspectiva, con calma. Ustedes probablemente no estarían muy en desacuerdo conmigo en admitir que esas eran las hegemonías de ese tiempo. Pero yo no podía estar cerca de eso; tampoco podía estar muy lejos porque estábamos más o menos emparentados, pero para las ideas que quería trasmitir había como un barranco: y como yo sabía eso, como un ejercicio de reflexión, pensaba: "hay tantas preguntas que no se pueden hacer", y esas eran justamente las preguntas que yo pensaba que había que hacer.

–Quehacer: *Supongo que hablas de un espíritu reaccionario de derecha y otro similar de izquierda. En el sentido de bloqueo a las ideas, al debate, una especie de dogma sagrado que impedía plantearte algunas preguntas.*

–AQ: Eso no fue un privilegio exclusivamente peruano. No solo era en el Perú, sino en todo el mundo. Lo que estoy llamando "materialismo histórico" es una vertiente que en una parte se remite a Marx, pero que omite el hecho de que Marx fue sumamente heterogéneo, y para mí, por cierto, afortunadamente. Luego, dicho en términos actuales, lo eurocéntrico del movimiento de reflexión de Marx no solo omite sino que bloquea aquello que es su reflexión en la última parte de su trabajo: su curiosidad por el Asia, su encuentro y su debate con la investigación rusa del siglo XIX, etc.

Hay una derivación, sin embargo, que luego fue canonizada y codificada con el nombre de materialismo histórico, marxismo leninismo, codificada e impuesta. Las vetas, al costado, se hicieron tributarias de ese tronco en una actitud defensiva, que reacciona, que pierde autonomía, como los descendientes de Rosa Luxemburgo, los descendientes de Trotsky.

–Quehacer: *¿Hasta qué punto Marx ha dejado de ser un modelo intelectual para ti?*

–AQ: Yo insisto en que Marx es intelectualmente muy heterogéneo, aunque su perspectiva es básicamente eurocéntrica. Las herencias que pueden obtenerse de él son diferentes; entonces, no se puede hablar de un modelo. Hay, creo, muchas cosas que aún están en él como presupuestos y puntos de partida. Incluso, yo digo eurocéntrico, pero él nunca fue prisionero del eurocentrismo. Se debatió contra eso, y al final incluso estaba al borde de la locura.

Los andamiajes teóricos centrales no han sido terminados ni son totalmente obsoletos, aunque hay una cantidad de preguntas que no han sido respondidas. Y hay una cantidad de preguntas nuevas que hemos aprendido en el transcurso del tiempo y que no fueron planteadas en el siglo XIX. Tú tienes un Marx que abre realmente el terreno de la investigación, por primera vez en serio, de Saint-Simon sobre la sociedad; y un Freud que abre el problema de la subjetividad. Lo único que no estaba, por ejemplo, o estaba apenas tocado y nunca desarrollado realmente, es el tema del cuerpo. El eurocentrismo que comienza con Descartes, esta radical división, separación entre el cuerpo y no cuerpo, aún tiene una huella clara, seguimos aún prisioneros en gran parte de eso. Por eso digo, no era un andamiaje teórico, homogéneo y sistemático de punta a punta. No era una doctrina, sino un esfuerzo teórico; por lo tanto, con relaciones contradictorias y conflictivas entre sus elementos y con la realidad, que es lo que diferencia la teoría de la doctrina.

–Quehacer: *Yo no estoy del todo de acuerdo, porque me parece que tu visión es demasiado monolítica. Aquí hubo resquicios, espacios, tal vez no en San Marcos, donde la vida social era más asfixiante. Pero justamente tú te refieres a los años donde, más bien, se comienza a resquebrajar la hegemonía del pensamiento marxista leninista, maoísta y todas las variantes, y da lugar a que haya, como se llamó una revista en San Marcos:* Herejes y Renegados.

–AQ: Esas críticas en San Marcos son recientes.

–Quehacer: *Hubo intentos de enlazar el marxismo con estas nuevas corrientes, como la incorporación del cuerpo, de la subjetividad, de los subalternos.*

–AQ: ¿Desde cuándo estás hablando?

–Quehacer: *Para decirte la verdad, en el Perú, desde fines de los años setenta.*

–AQ: Si uno dice que hay ciertas vertientes dominantes, no está hablando de nada monolítico. Heterogeneidad implica discontinuidades. Dicho esto, por supuesto, una hegemonía no quiere decir nada monolítico y quiere decir exactamente que hay algo que subordina a las demás. Las que no se llegan a subordinar son variantes, quedan al margen, requieren estar al margen y al frente. En los años sesenta, en varios lugares del mundo, particularmente en América Latina, hubo todo un debate en torno a la dependencia, que en su primer momento, no en su momento de canonización, estaba fundado en el redescubrimiento de la heterogeneidad. Es muy curioso. Ahora, la idea de multiculturalismo, de hiperculturalidad, de heterogeneidad, parece que viniera de centros académicos de Europa y de Estados Unidos. Casi, casi, parece que lo han descubierto allá y que nosotros lo estamos importando. Pero es patrimonio latinoamericano de los años veinte y, sobre todo, en su gran momento, de los sesenta. La derrota política hace que también eso intelectualmente se sumerja. Porque mientras no sea usado, es un pensamiento que está al margen. Mientras una pregunta hecha acá no sea una pregunta admitida y usada y explorada por los demás, por lo menos por un sector relativamente importante, está allí, pero al margen; existe, pero al margen.

–Quehacer: *A partir de los años noventa hubo casi una desaparición del papel de los intelectuales en la vida pública y, más bien, fue reemplazado por tecnócratas o por intelectuales mediáticos o* light. *Jaime Bayly, entrevistado y pidiendo referéndum, seguramente tiene más impacto que si firman 20 o 50 o 100 intelectuales. ¿Cómo ubicarse ahora como intelectuales?; ¿tienen posibilidades de desempeñar algún rol? Pero antes, una curiosidad: ¿cuál es tu opinión, como intelectual, de Macera, Vargas Llosa y Guzmán?*

–AQ: Empecemos por una primera observación que me parece indispensable, para escapar de estamitificación de categorías: campesino, clase obrera, intelectual, a la que nos han habituado. Se trata de una realidad, de un universo muy heterogéneo. Creo incluso que los intelectuales tienen una sola cosa en común: que su actividad principal, y a veces la única, es la reflexión sistemática. La otra observación nos remite a la historia y sus referentes intelectuales. Los europeos, por ejemplo, han discutido, *grosso modo*, en torno a dos vertientes. Una, cuyo exponente más grande es Mannheim. Mannheim, recordemos, ve al intelectual como una "inteligencia que vuela, o flota libremente". Es una vertiente muy influyente porque remite a algo que todo el mundo reclama, que es la autonomía del intelectual respecto de su clase. La otra vertiente la representa Gramsci, con esa idea de intelectual orgánico, que todo el mundo repite por calles y plazas y que por momentos es casi irreconocible. En ambos, sin embargo, hay la idea de que el intelectual debe ser crítico, que debe estar, sobre todo en la versión francesa del treinta para adelante que Sartre lanzó a la celebridad, *engagé*, es decir, comprometido.

La relación entre intelectuales y poder debe haber sido siempre muy tortuosa, conflictiva, contradictoria y complicada, porque hemos encontrado intelectuales destacados como seguidores de dictaduras, que incluso terminaron condenados y mandados a ejecutar por sus amos. En América Latina, *La fiesta del Chivo* describe a esta mancha de intelectuales, que parecen fascinados, deslumbrados y pasan al servicio, no de la dictadura, sino de ese personaje fabuloso que es el Chivo. Pero si Vargas Llosa u otro fueran a novelar, por ejemplo, a Juan Vicente Gómez, en Venezuela, mucho antes, encontrarían lo mismo, solo que en Venezuela además medió un teórico político importante, Laureano Vallenilla Lanz, autor de un libro que en su momento fue muy influyente, *El cesarismo democrático*. Allí trata de probar que un fulano como Juan Vicente Gómez, dictador realmente bestial, no era cualquier cosa. Trujillo era refinado; el otro era una bestia. Pero los dos eran considerados por esta gente como virtualmente los fundadores de la nacionalidad, los que toman todas las riendas para organizar, centralizar, dar corporeidad histórica a eso que parece algo caótico y que no sale nunca de la crisis. Vallenilla Lanz dice que ser democrático es exactamente eso. En América Latina hay, pues, toda una tradición al respecto. Si miramos al Perú, encontramos que en este siglo hay muchos paralelos entre los años veinte y el Perú de los años noventa. No solo por Leguía, aunque ciertamente todo el mundo ha hablado principalmente de eso. En los años veinte emerge una franja llamada de los intelectuales que están políticamente distribuidos en un amplio espectro, que va desde Mariátegui, pasando por Haya, Basadre, Villarán, etc. Es decir, toda la progresión de la izquierda hasta la derecha; y que de algún modo prolongan a la vez que rompen con el pensamiento de la generación llamada del novecientos y proponen por primera vez una imagen de lo que podía llegar a ser un país como el Perú. ¿Qué tienen en común todos ellos, a pesar de todas sus variantes? Que todos ellos se formaron dentro de la atmósfera de la educación llamada oligárquica. Unos porque vienen directamente de ahí y otros porque es lo único que hay. Eso hace una franja de gentes que son socialmente muy heterogéneas y que todos como generación aparecen como encarnando una suerte de misión histórica. Lo que dijo Víctor Andrés Belaunde temprano: queremos Patria, lo vamos a hacer de esta manera. Claro, para eso se crea toda esa mitología nacional, en la cual todavía vivimos. En la generación de ustedes, Tito Flores y Manuel Burga han heredado y han vuelto a celebrar unos mitos típicos de ese momento, como en Basadre, que habla de una república aristocrática; donde la palabra aristocracia es tomada sin inventario porque, obviamente, lo menos que era esa república es aristocrática. Pero se crean esos mitos, se heredan y se retransmiten.

Esos intelectuales tenían simultáneamente una relación de cercanía y de conflicto con la dictadura de ese momento. Porque los años veinte son una ruptura no solo en el campo del pensamiento sino de punta a punta: el país se está transformando y con Leguía tiene una relación de odio-amor. Podemos recordar que Leguía es el maestro de la juventud en el año veinte, de todos ellos, porque en San Marcos esa era la actitud general. Recordemos que a Haya le preguntaron poco antes de morir quién había sido a su juicio el mejor presidente del Perú. Dijo Leguía, sin vacilar.

–Quehacer: *Bueno, le habían tocado tiempos peores.*

–AQ: Valga la ironía. Pero había una diferencia importante con nuestra época. En el año veinte —recordarán— tenemos la revolución mexicana, la revolución china, la revolución rusa, la revolución turca, el comienzo de la gran rebelión hindú... Teníamos un horizonte espectacularmente brillante, resplandeciente. Allá estaba, o bien la democracia en su sentido liberal, porque aquí la oferta liberal era la revolución, o bien la oferta del socialismo, sin importar si esta era una cosa despótica armada en torno al control estatal, feroz, etc., etc. Entonces, el horizonte estaba allí, las metas aparecían allí, el problema era cómo llegar a ellas partiendo de donde partían. América fundó, en un momento absolutamente crucial, una ruptura del tiempo histórico y de ahí los horizontes de la modernidad, la humanidad, el progreso, el liberalismo, el socialismo, uno tras otro, pero nunca dejó de haber un horizonte cuyo brillo fuera mayor o menor según las opciones.

Los años noventa, en cambio, ya son los tiempos de la derrota. Creo que es la primera vez después del siglo XV, en que no hay horizonte. No lo hubo durante los años noventa. De ahí, las decenas de libros después de la caída, después del diluvio, etc. No hay horizonte. ¿Qué horizonte podía haber? El socialismo se había terminado y para mucha gente las distintas ideologías de solo unos años antes parecían de cien años atrás. Eso produjo no solamente una desmoralización muy grande, y una desocupación política muy grande, sino que impuso cambios en el patrón de memoria, acompañados de crisis muy notables de identidad política y de identidad social. Entonces, el único horizonte que queda es el del neoliberalismo. Cuando Ramonet, en *Le Monde Diplomatique*, habla del "pensamiento único", alude precisamente a eso. La inteligencia en todo el mundo lo resiente, aunque en el Perú de manera un poco extrema, por lo que hizo la izquierda en los años ochenta. La deserción teórica, intelectual, después de los años ochenta, está detrás del eclipse total del ejercicio intelectual serio en el Perú, en los años noventa, para mí.

–Quehacer: *¿Y cómo afecta esto a Pablo Macera?*

–AQ: Pablo, todo el mundo ha renegado de Pablo, lo que yo he oído son insultos por todas partes. La gente creo que olvidó rápidamente algunas cosas. Uno, que Pablo fue uno de los mitos que esta izquierda de la que estoy hablando levantó. Un editorial de la revista *Marka*, que dirigía, si mal no recuerdo, Sinesio López en ese momento, dice: "Pablo Macera es la conciencia moral del Perú". Más no se puede. ¿Por qué lo hacían? Es una pregunta muy importante. Porque él nunca dijo soy socialista, ni soy marxista. Dijo muchas cosas, pero nada sistemático sobre esto. Macera publicó en *La República* una nota que se titulaba algo así como "La generación palteada", era un homenaje a Hugo Bravo, un amigo nuestro de esa generación, de Palermo de todos los días, un gran tipo, formidable. Macera dice algo muy curioso ahí: "yo le debo a la juventud peruana el no haber sido jefe guerrillero porque la juventud peruana ha estado esperando que yo vaya a las guerrillas". Yo me quedé perplejo porque a mí realmente no se me hubiera ocurrido pensar que a alguien de la juventud peruana se le hubiera ocurrido que Pablo fuera guerrillero. Entonces, es curioso, pero muy poco después, en el año 1995, se sabe que Pablo ya está trabajando con el gobierno, que viaja con Fujimori, que es su asesor en muchas cosas, que es su delegado internacional...

–Quehacer: *Sin reparos democráticos de parte de Macera...*

–AQ: La democracia no le importa, y su argumento es sensacional. Dice: porque nunca ha existido, y dice después que un gobierno como el de Fujimori es un gobierno históricamente necesario para mantener integrada a la sociedad y llevarla hacia adelante, tal como Laureano Vallenilla Lanz en *El cesarismo democrático*, diciendo casi lo mismo de Juan Vicente Gómez. Sus justificaciones están allí. Pero a él no se le ocurrió decir eso cuando, no mucho antes, la izquierda peruana lo convertía en su líder moral. Al contrario. Y si lo mitificaban de ese modo, no era tampoco por pura simpatía personal, sino porque estaba trasmitiendo afirmaciones críticas sobre la sociedad peruana y en particular sobre su falta de democracia. Por eso era importante.

Ahí, insisto, cuando este horizonte al que me refería antes desaparece, este resplandeciente horizonte donde los fines están ya establecidos, mucha gente pasó a la desmoralización, pasó a la desocupación política; muchos intelectuales se replegaron y muchos otros se sintieron libres para, finalmente, poder transitar cómodamente por el lado contrario. Y alguien como Pablo, que no tenía ninguna de estas características, entonces también, obviamente, resiente el impacto de todo esto y siente, en un tramo un poco tardío de su vida, que se duerme en su forma de vincularse y de tener alguna influencia en el centro del poder. Sin la derrota mundial, sin este eclipse total de horizonte, esto hubiera sido menos probable. Quizá...

–Quehacer: *Vargas Llosa sería un caso significativamente distinto.*

–AQ: Pero también creo que con Mario hay un equívoco absoluto, del cual él no es en absoluto responsable. Y creo que eso es responsabilidad, una vez más, del conjunto de la izquierda, que siempre ve cosas que no están. Mira a Pablo como su líder ideológico y moral, no sé por qué, y con Mario es igual. Mario fue, desde que lo conozco hasta hoy, un liberal en política. Es verdad que en sus memorias mucha gente dice que se matriculó en una célula del Partido Comunista, pero aparte de esas aventuras extracurriculares, Mario nunca dejó de ser un liberal, solo que es un liberal consecuente y en eso es radical. Ahora bien, un liberal consecuente bajo la dictadura de Odría entre 1948 y 1956, obviamente debía parecer a muchos un hombre radicalmente de izquierda.

–Quehacer: *Pero está su acercamiento a Cuba también...*

–AQ: No solo eso. Antes, cuando vive en París, recordemos, él es autor de esa famosa carta de respaldo a De la Puente y sus compañeros cuando entran a las guerrillas, que firmamos un grupo de intelectuales encabezados por él. Cuando la recibimos en Lima, dijimos: qué es esto, una locura. Ellos dicen: les damos nuestra caución moral. Por amor de Dios, ¿quiénes eran para darle caución moral a nadie?, ¿y por qué?

Entre los puntos que firmaban, había uno o dos aliados de De la Puente, ¿pero un liberal peleando por esto? Se explica: un liberal joven, radical, está en el límite de la revuelta, porque para una empresa liberal en serio se requiere una revuelta.

Luego viene la experiencia con Cuba. Pero eso no es culpa de Mario, es culpa de los cubanos. Los cubanos, como necesitaban salir del aislamiento, acogen e invitan a intelectuales de todo calibre, con la única condición de que sean más o menos antiimperialistas. La historia es conocida. En un momento, Fidel pasa del liberalismo total al estalinismo total. Viene el caso Padilla.

Entonces, esto lo va alejando, porque, entre tanto, el liberalismo también ha cambiado. Si tú eres liberal aquí, el mundo se ha movido, y si tú sigues en el mismo sitio, ese sitio puede ser físicamente el mismo, pero no es lo mismo, ni histórica ni socialmente. Supongo que eso le ha pasado a él y al resto de gente. Entonces, eso no es culpa de él. Si tú quieres, su liberalismo lo hizo thatcheriano y reaganiano, porque en la empresa antiestaliniana se hizo anticomunista, entonces se plegó al neoliberalismo del grupo Santa Fe, etc., etc.

–Quehacer: *Queda por último Abimael. Todos lo llaman por su primer nombre.*

–AQ: Yo creo que es muy difícil pensar en términos intelectuales en Abimael, porque lo que publicó antes es esta recepción y encuadre doctrinario de que el Perú es feudal o a lo menos semifeudal; de que aquí la revolución era del campo a la ciudad; de que el capitalismo burocrático es proterrateniente, etc., etc. Teóricamente, eso no tiene sustento, ni empírico, ni teórico, ni histórico; es decir, no tiene que ver con nada. En su famosa "entrevista del siglo", él rectifica esto, pero lo rectifica por su experiencia; no es una teoría. Él dice: la revolución no es solo del campo a la ciudad, sino a la vez en el campo y en la ciudad. Claro, porque cuando le hacen la entrevista, así había ocurrido en la práctica. Porque a fin de cuentas, ¿qué había ocurrido? Que él, como buena parte de los prochinos de ese momento, asimilaba el Perú a la China de los años treinta, donde, en efecto, el 90% de la población era rural, a diferencia de lo que sucede en el Perú, donde el 70% es urbano, y por consiguiente tiene poco o nada que ver. Entonces, creo que su lugar no es intelectual, aunque sin duda, por otro lado, no deja de haber un ejercicio intelectual en función de la práctica política. Él viene de la filosofía, básicamente, pero cuando comienza a trabajar sobre la sociedad y trabaja en términos científico-sociales, entonces ahí pierde piso. Lo que tiene, cuando escribe, es una visión. Y los intelectuales suelen tener visiones. No hay nada citable intelectualmente, pero entonces tiene que citar sus visiones. Pero fuera de eso no hay mucho más.

–Quehacer: *¿Cómo definirías la situación ahora, en este nuevo contexto que también ya va cambiando, después de esa cerrazón de horizonte a la que te has referido? ¿Cómo ves eso, ahora que comienza un nuevo capítulo y en ese capítulo los jóvenes aparecen nuevamente en la escena de la política?*

–AQ: Conviene remontarnos un poco en el tiempo. En los años cincuenta se podía percibir que entraba una nueva clase media en el Perú. Hasta esa época una gran parte de las capas medias eran gente que venía de las rupturas de las capas altas de la sociedad peruana y de sus capas medias más sociales. La inmensa plana del magisterio y de los políticos de los años treinta que entran con el APRA, es gente que proviene de los rangos provincianos de la fauna terrateniente. Pero en los años cincuenta y sesenta, gracias al proceso de movilización mayor de la sociedad peruana, vamos a encontrar una nueva fauna, y creo que no se puede explicar la existencia de movimientos pro chinos, su inmensa presencia, sin un factor semejante. Incluso, uno puede llegar a entender por qué les parecía que era feudal el país, con solo observar los comportamientos sociales subsistentes. Todos los "tics" de tratamiento social en esos años eran para mucha gente de carácter feudal o por lo menos semifeudal.

–Quehacer: *Hasta el día de hoy...*

–AQ: De acuerdo, pero en los años setenta era mucho más... Entonces, había ciertos lobotomas sicosociales que son producto del señorío [sic], aunque las relaciones sociales correspondientes no tuvieran exactamente ya presencia en ese momento. Pero por ahí daba la impresión de que hacía su ingreso otra inteligencia, por primera vez una inteligencia que no venía de la educación oligárquica, sino de sus rupturas, y en contra de ella; solo que la opción política y teórica que asumieron no les permitió el vuelo necesario, excepto en poesía y narrativa. Entonces de esa generación, en términos de producción intelectual y teórica, ¿qué cosa importante quedaría? Muy poca, de pocos.

Luego, en los años noventa, la nueva burguesía, la que emerge, está aún menos interesada en el mundo letrado, mucho menos que la de los años cincuenta y sesenta. La de los años veinte y treinta estaba interesada, pero recordarán que entre los años veinticinco y treinta y cinco en cada país de América Latina hay un proceso revolucionario, sin excepción; no hay un solo país que se escape de eso y, salvo en Chile, en todos los demás hay una derrota absoluta bajo sangrientos regímenes militares. Entonces, de la inteligencia crítica no es que no quede, sino que no aparece, no está en el escenario, no publica, no tiene dónde. Por eso en 1945 reaparecen todos. Pero después de eso, la burguesía que emerge en los años cincuenta, en los sesenta, no tiene más interés intelectual, y la de ahora mucho menos. Y no solamente eso, hay una cosa mucho más grave con la juventud. Hay una franja nueva que ha aparecido en estos diez años con Fujimori, que ha emergido en ese espacio donde la frontera entre lo lícito y lo ilícito se ha borrado, que ha lucrado, se ha beneficiado y se ha convertido en una nueva capa media. Incluso hay mucha gente que viene de muy abajo y se ha instalado como clase media. Como Frank diría de la vieja burguesía norteamericana: es una especie de clase media peruana lumpen, donde el lugar de la inteligencia y de las letras no existe o es mínimo. Entonces, cuando arranca gente nueva, entrando, gente que tiene probablemente menos de 25 años en este momento y mirando sus revistas —porque en este momento por fin otra vez empieza a haber un montón de revistas universitarias por todas partes; en San Marcos hay media docena, en la Católica, en Cusco, en Trujillo, en Chimbote—, son por el momento sobre todo poético-literarias, narrativas, etc., de denuncia en materia política, pero todavía no asoma en ellas ninguna propuesta en términos de preguntas que hacerle a la realidad, o propuestas de respuesta a las preguntas que ya están establecidas. Este es un asunto muy serio que nos concierne a todos. Cuando fui al mitin en la plaza San Martín el famoso lunes después de las elecciones, tuve una sorpresa agria. Había unas 60 mil personas, pero la franja entre 45 y 75 años no estaba ahí; todos eran menores y sobre todo gente de menos de 25 años. ¿Qué quiere decir eso? Que la memoria no está, o sea la correa, esa franja que transmite la memoria no está ahí. Este reencuentro aún no parece haberse producido totalmente. Si la memoria tiene que ser aún recuperada, si el debate, las bases del debate, las preguntas, requieren aún ser establecidas, entonces estamos ante un problema importante que debe preocuparnos a todos: la total confusión entre liberalismo y democracia. Entonces volvemos a la vieja quimera del liberalismo latinoamericano: democracia, en los términos del capital, sin ciudadanía. El mercado no existe sin la ciudadanía, y sin esta, la ciudadanía, la sociedad, el Estado van a ser como lo que son ahora.

–Quehacer: *¿Cómo ves la relación que Fujimori establece con los intelectuales?*

–AQ: No creo que su relación con los intelectuales sea apreciativa, ni cordial; yo no creo que esto le interese mucho. No quiero decir con esto que Fujimori sea el equivalente de Ferdinand Marcos en Filipinas: una especie de puédelotodo, y hácelotodo. Es por eso que yo insisto en hablar de algo llamado fujimorismo, que es un régimen político, hecho de muchas cosas. Dentro de ese ensamblaje Fujimori es una parte, probablemente ha ido incluso creciendo su margen de acción, pero no creo que sea el que tome las decisiones mayores ni más importantes, ni ahora, ni antes.

Segunda parte

ENTREVISTAS A CARLOS IVÁN DEGREGORI

CULTURA ANDINA Y PROBLEMA NACIONAL[1]

–Ideología: *¿Cuál es tu opinión sobre las definiciones de "nación" y "cultura andina"?*

–Carlos Iván Degregori: Las poblaciones andinas no constituían un todo homogéneo. Existían un conjunto de rasgos comunes (el que mejor los ha definido ha sido Murra): reciprocidad, redistribución, aprovechamiento de un máximo de pisos ecológicos, por ejemplo. Sobre esa base económica-social se levantaba todo un andamiaje cultural e ideológico más o menos común. A lo largo de siglos se había ido constituyendo un trasfondo pan andino. Pero sobre este trasfondo se dibujaban etnias, reinos, confederaciones, etc., con un conjunto de especificidades. Sobre ellas los incas se imponen durante solo siglo y medio.

Los españoles encontraron pues, sólidas bases comunes y, al mismo tiempo, mucha diversidad étnica, lingüística, cultural.

Durante la Colonia dos hechos refuerzan la homogeneización de las poblaciones andinas: por un lado, la separación entre "república de españoles" y "república de indios", y por otro la universalización del quechua como idioma casi único de evangelización.

Los pobladores andinos van a tomar así conciencia de que eran indios, y existían otros no indios, los europeos, y van a tener una lengua franca para reconocimiento, lengua que al parecer se extiende durante la Colonia mucho más de lo que había estado extendida anteriormente. Sobre esta mayor homogeneización trabajan los curacas rebeldes del siglo XVIII hasta Túpac Amaru II. Pero los límites se notan también en esos momentos decisivos, allí

1. Sin detalle de entrevistador. Publicado en: *Ideología, Revista de Ciencia Sociales*, n.° 9, diciembre de 1985, pp. 37-41. IER-Ayacucho.

está Pumacahua para probarlo. Las poblaciones andinas no habían logrado constituir una nación.

Durante el primer siglo de República, la disgregación del país, la falta de medios de comunicación, ayudan a que se pierdan incluso las identidades étnicas que sobrevivieron la caída del Imperio incaico.

Se pierden los horizontes, y como insistía mucho Rodrigo Montoya, los campesinos ya no se reconocían ni siquiera parte de una comunidad o de un pueblo grande, sino apenas de un ayllu, Montoya insistía mucho en que no había una cultura ni una identidad "andina", refiriéndose al caso de Puquio. Claro que eso depende del contexto. También a ti cuando te piden definir tu identidad respondes soy victoriano, limeño, peruano, profesional o criollo, de acuerdo con el contexto en el cual estás hablando. Pero en parte Montoya tenía razón, pues hay una disgregación que hace que se recorten las identidades. Sin embargo, incluso en el momento de mayor disgregación, que a mi entender, como ya dije, sería en el primer siglo de República,seguía habiendo elementos panandinos. La gente decía "soy qollana", sí, pero desde otro punto de vista decía soy runa, de alguna manera "soy indio". Había una cierta conciencia y una serie de manifestaciones culturales comunes, desde las prácticas agropecuarias, los sistemas económicos y las instituciones sociales, hasta lenguas relativamente inteligibles y manifestaciones culturales, como el pago a los cerros o la fiesta del agua, para hablar solo de Puquio; incluso santuarios regionales como el de Qoyllur Riti, en Cusco, donde el campesino que va allí no es solo miembro de un ayllu, sino parte de toda una población regional. Incluso en los momentos de mayor disgregación, siempre hubo elementos que trascendían el mero límite de la comunidad o el ayllu.

Estos elementos de homogeneización se ven reforzados con el desarrollo capitalista a partir de los años veinte, y sobre todo los años sesenta de este siglo, y por supuesto, este es un proceso contradictorio. Por un lado, el Estado, la educación y los medios de comunicación homogeneizan, yo diría más que, por ejemplo, el Ejército, que también ha sido uno de los integradores. Bueno, detrás de todo esto está el mercado, el mercado que uniformiza todo. Pero en el ámbito de la cultura, la educación y los medios de comunicación son los grandes instrumentos de una unificación nacional-estatal, subordinada a la economía y la cultura transnacional. El lema "nos estamos viendo" de Panamericana TV es cierto, cada vez nos estamos viendo más en el ámbito nacional. Lo curioso es qué parte de nosotros vemos. Evidentemente, es esa parte abyectamente subordinada a la cultura transnacional estatal la que "se la lleva". Hay, pues, una integración territorial nacional estatal subordinada, que va desde la burocracia hasta la educación y el mercado—desordenadamente—, hasta, por ejemplo, la lengua y el vestido: las zapatillas las usan casi desde los pastores de puna hasta los residentes de Chacarilla, estos usan "Ocean Pacific", los otros "7 vidas", pero todos zapatillas, desde Gregorio Condori hasta Pepe del Salto.

Pero, por otro lado, hay una integración *nacional-popular* tendencialmente democrática y autónoma, que surge desde abajo y que tuvo sus puntos culminantes hacia fines de la década pasada. Esta integración se refleja en la infinidad de organizaciones populares que forman un tupido tejido social allí donde antes predominaba el aislamiento y la disgregación: desde las centrales obreras, campesinas, barriales, magisteriales, hasta los frentes de defensa, las asociaciones culturales, deportivas, femeninas, religiosas, etc. Esta vertiente nacional-popular "expropia" a veces elementos de la vertiente estatal: la bandera peruana encabezando las tomas de tierras, urbanas y rurales, por ejemplo; la importancia del reclamo de ciudadanía y los "papeles"; incluso las elecciones y el derecho al voto. Es que conforme se teje la red nacional-popular y los sectores populares van perfilando una tendencia al autogobierno, el Estado se vuelve terreno de disputa.

Lo importante es que dentro de estos procesos, la cultura andina, definida como aquella propia de las poblaciones quechuas y aymaras, es decir la cultura indígena, sufre un significativo retroceso, al igual que la criolla tradicional, si bien esta última conserva cierto mayor estatus. Lo que se va consolidando es una cierta cultura "nacional mestiza". ¿Está resuelto entonces el problema nacional? Algunos creen que sí, a raíz de la integración territorial y estatal producida por las clases dominantes; otros, como Carlos Franco (*Socialismo y Participación* n.° 24), a raíz de la consolidación de una nación y una cultura chola.

–Ideología: *¿Podríamos entonces hablar con seguridad de una "cultura mestiza" propia, producto de una mayor integración nacional?*

–CID: Yo tendría varias observaciones. De culminar la integración nacional-estatal vamos camino a convertirnos en una especie de barriada de Occidente, un Puerto Rico, un Little Miami. No creo que el problema se resuelva por esas vías.

Por otro lado, si bien las brechas entre andinos y criollos se han reducido, este sigue siendo un país de doble estratificación: clasista y étnica. Aquí hay burgueses y proletarios, pero también indios, cholos, blancos, y un racismo muy fuerte. Además, el mestizaje es un proceso ambiguo, una especie de tránsito. Algo así como que un punto intermedio entre indios y blancos está el mestizo o el cholo.

Pero depende por dónde vaya el país para saber qué tipo de mestizaje va a resultar, porque tú puedes tener dos personas en ese centro escurridizo, ambas "mestizas". Puedes tener uno para el cual este estar allí, sea primero una vergüenza (¡tan cerca de los indios y tan lejos de Miami!), sea tan solo una pascana en su evolución hacia lo blanco, lo transnacional, claro, hacia la clase alta. Tú sabes que los que llenan el Amauta cuando se presenta La Más Más de Panamericana, o cuando llega Menudo, no son los de Miraflores, ni los gringos de Surco, son gente mestiza, de urbanizaciones populares. Entonces, el mestizaje puede tener una doble faz, puede ser mestizaje que se avergüenza de sus raíces y de su color, lo que decía Frantz Fanon en su *Piel negra, máscara blanca*, donde hablaba de los antillanos, de los negros americanos que querían blanquearse, lacearse el cabello. Me acuerdo que aquí había una propaganda de Leche Victorias Regias, una crema blanqueadora, cosas así. Pero puede haber otro mestizaje más bien orgulloso de sus raíces, que no quiere correrse para allá sino que se planta en el centro (ya no puede regresar a lo indio porque ya es otra cosa), un poco como en la revolución mejicana, reivindicando sus raíces prehispánicas y su tradición, su cultura, su arte.

Entonces, lo que hay es una pugna entre dos mestizajes, y yo creo que el problema nacional se resuelve si un proyecto nacional popular y clasista llega a tener en sus manos la conducción del Estado. Hasta ahora la sociedad no se ha reconocido en su Estado, desde los niveles más elementales. El derecho a voto para los analfabetos, por ejemplo, existe desde 1980. Los analfabetos no son los flojos que no han querido aprender a leer, sino las poblaciones quechuas y aymaras que más que analfabetas son ágrafas.

Sobre todo durante el gobierno de Belaunde, el Estado no ha representado a la sociedad ni a la nación en absoluto. Ahora el gobierno aprista trata de producir un encuentro. Ahí está la gran polémica, que sigue vigente. Para Haya de la Torre era posible consolidar la nación dentro del capitalismo, para Mariátegui solo era posible hacerlo superando el capitalismo, construyendo el socialismo peruano, que se alimenta de todas las tradiciones nacionales y que debe coger lo mejor de Occidente. Por eso Mariátegui pone énfasis en la comunidad campesina y en el indio, como uno de los pilares del socialismo peruano. La gran polémica sigue en pie, ahora mismo estaría dilucidándose.

Con el gobierno aprista hay un intento de reconciliar a la sociedad con el Estado y de construir nación. La incógnita es si eso se podrá dentro del capitalismo o si tendrá que avanzarse al socialismo a riesgo de repetir, en caso contrario, la experiencia de Velasco, lo que Mariátegui llamó una "borrachera nacionalista", y luego otra caída. Ahí está el gran reto para el APRA y para la izquierda. Por nuestra parte, apostamos al socialismo.

–Ideología: *¿Qué papel le correspondería a la "cultura andina" en esta perspectiva?*

–CID: A nuestro entender, por los caminos demográficos, socioeconómicos y culturales producidos en las últimas décadas, ha pasado de ser pilar fundamental a componente, de todos modos importante, en una doble dimensión. Por una parte, el componente indígena lo constituyen las poblaciones quechuas y aymaras (o las etnias amazónicas) que en un proyecto nacional-popular y socialista deben tener garantizado el respeto y el derecho al desarrollo de todas sus potencialidades. Por otro lado, entendemos lo andino como componente que atraviesa crecientemente amplios sectores y diversas manifestaciones culturales del país, como trasfondo o raíz india —transformada— de ese mestizaje "orgulloso". Y podríamos preguntarnos si ese tipo de mestizos que reivindican sus raíces no son en realidad "el nuevo indio" del que hablaba Uriel García. Podríamos preguntarnos, finalmente, si la solución al problema nacional no será la conversión del Perú en país cabalmente andino, no como sinónimo de ubicación geográfica ni tampoco de indígena, sino de esa nueva acepción de raíz principal de un país en el que conviven y se enriquecen "todas las sangres", según el sueño todavía incumplido de José María Arguedas.

REPUDIO A LA MUERTE[1]

La increíble furia homicida de Sendero Luminoso provoca horror en la gente, y esto es una barrera infranqueable en el crecimiento de Sendero que no calculó el arraigado amor que tiene el pueblo peruano por la vida. Esto es lo que sostiene en un tramo importante de esta entrevista, el antropólogo Carlos Iván Degregori (41 años), quien se encuentra en vísperas de publicar un libro sobre el fenómeno senderista (Sendero Luminoso: los hondos y mortales desencuentros —Lucha armada y utopía autoritaria) *con el auspicio del Instituto de Estudios Peruanos. Degregori trabajó ocho años en la Universidad de Huamanga, y el libro en mención empezó a escribirlo en 1985, como estallido reflexivo de su experiencia académica ayacuchana. Esta entrevista resume aspectos muy poco conocidos sobre el fenómeno senderista.*

–Caretas: *Es poco probable que Sendero haya cometido un crimen tan perverso como el de Rodrigo Franco. ¿Por qué esta salvajada, y por qué el recrudecimiento de la violencia?*

–Carlos Iván Degregori: Yo sospecho que se trata de una planificación fría, que no tiene en cuenta a la persona sino a la idea.

–Caretas: *¿Y cuál es esa idea?*

–CID: La idea es golpear al APRA. Por eso es que eligen un criterio de costo-beneficio. Con poco costo sacan un gran beneficio: Rodrigo Franco indefenso en Ñaña les provoca un gran beneficio.

---

1. Sin detalle de entrevistador. Publicado en: *Caretas*, n.° 972, 14 de septiembre de 1987, pp. 34-36.

–Caretas: *¿Qué beneficio?*

–CID: Recuperar protagonismo, volver al primer plano, y sobre todo, quebrar el realineamiento de fuerzas que venía dándose. A partir de la propuesta de la estatización de la banca sucedían dos cosas: primero, que todos los sectores convengan hacer política. Empiezan a hacer política muy activa la derecha, el APRA y la izquierda, aunque en menor grado. Todo el debate sacaba a Sendero del primer plano. Por otro lado, el reacomodo del APRA que enfilaba a un acercamiento objetivo con la izquierda. Todo esto lo bloquea Sendero con el asesinato de Rodrigo Franco.

Ellos ahora están satisfechos: los malos vuelven a ser malos, y todo vuelve a ser lo mismo.

–Caretas: *Sendero no soporta los matices.*

–CID: Sendero no tolera matices, les son insoportables. Los malos tienen que ser malos y ellos tienen que ser buenos. Fíjese que el APRA ya no era el genocida fascista, sino un movimiento populista que venía a tomar iniciativas con el pueblo. La misma derecha aparecía aglutinándose y saliendo a las calles. Entonces Sendero se descoloca.

–Caretas: *Sendero se desespera...*

–CID: Sí, recuerde que los primeros días aparece defendiendo a los banqueros en El Diario, con mayor ardor que *El Comercio* y *Expreso*. Luego ya se ubica mejor.

–Caretas: *¿Cómo se concilia que ellos pretendan seguir apareciendo como los buenos con un asesinato tan malvado como el de Franco?*

–CID: Ellos aparecen como los buenos dentro de su lógica. Y dentro de su lógica, que pretende ser científica, estamos dentro de una guerra, y dentro de una guerra, la gente muere. Ellos ven esto como el costo de la guerra.

–Caretas: *¿En qué tramo de su estrategia se encuentra Sendero Luminoso?*

–CID: Sendero sufrió evidentemente duros golpes en la zona de emergencia en los años 1983 y 1984, y trataron de revertir estos golpes con dos grandes lineamientos: una, expandir las acciones a todo el territorio nacional, y la otra, desarrollar sus acciones en Lima, poniendo énfasis en asesinatos de personajes destacados.

–Caretas: *¿Qué han logrado hasta ahora?*

–CID: Han logrado romper el cerco de la zona de emergencia, y salir a otras partes del país, como el Alto Huallaga, Cerro de Pasco, la sierra de La Libertad, las zonas de Cusco y Puno, y principalmente Lima, en cuanto a zonas urbanas.

–Caretas: *Sin embargo, el éxito ha sido variable.*

–CID: Bueno sí. Ellos objetivamente han sufrido serios retrocesos en Cusco y Puno. Ahí han sufrido duros golpes.

–Caretas: *Y sin embargo, se temía mucho por Puno...*

–CID: Lo importante es que en el caso de Puno, y a partir del propio campesinado organizado, Sendero no logra conquistar al campesinado. Y es que, curiosamente, Sendero tiene éxito ahí donde la población está menos organizada y, por lo tanto, tiene menos experiencia democrática.

–Caretas: *La organización popular es una barrera para Sendero...*

–CID: Así es. Mientras que en Ayacucho solo estaban las comunidades tradicionales, en Puno había comunidades campesinas muy pujantes. Y es que los senderistas son guerreros, no son políticos, y menos dirigentes gremiales.

Cuando entran a hacer política, o cuando tratan de orientar gremios, fracasan de forma estrepitosa. En Lima, Sendero no gana significativamente sectores sindicales. Donde hay organización democrática, Sendero se topa con una barrera que hasta el momento es infranqueable.

–Caretas: *Bueno, esta incapacidad de penetración democrática es una falla histórica en sus concepciones.*

–CID: Así es. Aquí manifiesta una grave falla de sus concepciones teóricas y de historia. Antes de 1980, Sendero no había tenido gran experiencia en lo que se llama trabajo de masas, en organización política o gremial de sectores ciudadanos. La tuvo en los años sesenta con el Frente de Defensa en Ayacucho, pero después la perdió.

–Caretas: *¿Cómo es entonces que careciendo de habilidad de penetración democrática, Sendero se fortalece?*

–CID: Porque tiene estas cosas: una voluntad política, a mi entender nunca vista en la historia del Perú. Ellos son de un voluntarismo inédito. Y porque si bien sus concepciones les impiden captar sectores organizados, sí les abren las puertas de sectores juveniles desesperanzados.

–Caretas: *Pero entonces si hay mucha desesperanza, hay mucho Sendero, según esa lógica.*

–CID: La gente siempre se sorprende sobre cómo creció Sendero. Pero yo me sorprendo sobre cómo, a pesar de siete años de guerra, de crisis terrible y de incapacidad del resto por dar una respuesta adecuada, Sendero no crece más.

–Caretas: *¿Y esto por qué?*

–CID: Casi hay que felicitarse que en este país tan terrible, Sendero no logre ganar la simpatía de sectores más amplios de la población. A pesar de todo, de la crisis, de la miseria, del hambre, la gente sigue repudiando a Sendero Luminoso.

–Caretas: *Bueno, en este repudio entran otros elementos.*

–CID: Sí. Aquí entra el grado de violencia y de brutalidad de Sendero. Sendero choca con un principio básico que no hemos calibrado lo suficiente, pero que está probándose en estos años, y es el respeto a la vida. En sectores mayoritarios del pueblo peruano, a pesar de todo lo que se hable de violencia y de su crecimiento objetivo, está muy arraigado el sentimiento de respeto a la vida. Por eso es que Sendero provoca horror. Por más que la gente no tenga trabajo, por más que la gente padezca hambre, Sendero provoca horror. Su desprecio por la vida provoca horror. En esto falló. No tenía en cuenta que nuestro pueblo amaba y respetaba la vida.

–Caretas: *Usted debe tener testimonios elocuentes sobre esto.*

–CID: Bueno, sí, tengo testimonios de gente que dice que lo que la distancia de Sendero no es tanto la línea política que es sofisticada, ni siquiera su autoritarismo, sino la falta de respeto por la vida, esa actitud tan fría, tan implacable. Se han convertido en lo que ellos mismos quisieron ser. Ellos definieron a su partido como una máquina de guerra. Lo lograron en buena parte, y esa es su fuerza, porque siguen sobreviviendo. Pero también esto es su debilidad, porque no ganan adhesión de la gente. En su fuerza, Sendero tiene su debilidad.

–Caretas: *¿Está golpeado Sendero? La barbarie de Franco ¿no fue un gesto desesperado?*

–CID: En parte sí. Desde la impotencia de hacer política, responden con el crimen. Todos los sectores del país se están disputando alternativas políticas.

–Caretas: *¿Seguirán estos aniquilamientos selectivos?*

–CID: Creo que sí. Durante el primer semestre pareció que podían haber sido dejados de lado, pero la muerte de Franco implica que van a seguir. Habría que prepararse para algo: cuanto más avancen las fuerzas democráticas, cuando más impotente se vea Sendero de avanzar, más va a recurrir a esto.

–Caretas: *¿Cuáles serían las tesis esenciales de su libro?*

–CID: Que Sendero no es un movimiento mesiánico, utópico, andinista, milenarista, como se ha dicho muchas veces. Sendero es un movimiento hiperracional. Para ellos la historia es absolutamente racional. Pero son tan racionales, que de esa racionalidad llegan a hacer su religión. Los extremos se tocan. La razón se ha convertido en su religión. Para ellos la historia son leyes que se cumplen inexorablemente. Tienen una religión fría, sectaria.

–Caretas: *¿Y son un movimiento campesino, como también se dice?*

–CID: No, tampoco son un movimiento campesino. Pueden ganar sectores campesinos, pero con la imposición, y esto es otra cosa. Sendero, más que un movimiento campesino, es un movimiento de intelectuales y jóvenes sin esperanza.

PESADILLA DE LA RAZÓN[1]

Entrevista de Lucas Barton

Carlos IvánDegregori es uno de los intelectuales que ha estudiado el fenómeno de Sendero Luminoso con mayor profundidad y conocimiento de causa. Antropólogo de profesión, publicó hace tres años *Conquistadores de un nuevo mundo* (IEP), historia de una barriada en San Martín de Porres, antes de dar a luz *El surgimiento de Sendero Luminoso y Qué difícil es ser Dios*, dos volúmenes —que desde hace poco circulan en las librerías limeñas— imprescindibles para comprender la complejidad de las circunstancias que dieron origen al radicalismo violentista de las huestes de Abimael Guzmán.

Degregori fue profesor en la Universidad San Cristóbal de Huamanga, entre 1970 y 1979, donde compartió cátedras y polemizó con la actual plana mayor de Sendero Luminoso. Asimismo, fue dirigente del Movimiento de Izquierda Revolucionaria (MIR) durante los años setenta y dirigió a mediados de los ochenta, la revista *El Zorro de Abajo*, catalizadora de debates cruciales para la izquierda peruana. Actualmente se desempeña como profesor en la Universidad de San Marcos y como investigador en el Instituto de Estudios Peruanos. No está demás añadir que ha sido objeto de varias amenazas de muerte y menciones matonescas en documentos internos y publicaciones senderistas.

–Lucas Barton: *¿Te consideras un senderólogo?*

–Carlos Iván Degregori: En absoluto. Soy antropólogo. Incluso más que Sendero, me interesan temas como el impacto de la educación en una región como Ayacucho, el papel de los intelectuales provincianos, los efectos de la violencia en el campesinado. Claro que Sendero tiene que ver con todo eso...

---

1. Publicado en: *Página Libre*, 25 de marzo de 1990, p. D15.

–LB: *¿Desde cuándo estudias a Sendero Luminoso?*

–CID: Escribí un librito en 1985, a partir de mis recuerdos porque fui profesor en Huamanga en los años sesenta. Pero venía tratando el tema desde antes como periodista en el *Diario de Marka*. Me acuerdo que fui a cubrir el asalto al puesto policial de Tambo en agosto de1982. Hasta me hubiera podido tocar ir a Uchuraccay, porque yo era editorialista.

–LB: *En tus libros, la educación pareciera tener un sino fatal. Para usar tu metáfora, el que ve a Dios se enajena; el que ve la luz se enceguece. La educación aparece como factor distorsionador en Ayacucho y en general para los jóvenes provincianos.*

–CID: La educación en los Andes juega un papel muy ambiguo. Por un lado es etnocida, no respeta las culturas quechua o aymara. Por otro es una reivindicación democrática muy sentida por esas mismas poblaciones. Porque desde el momento mismo de la Conquista, el monopolio del castellano, la lectura y la escritura fueron un instrumento de dominación. *Qué difícil es ser Dios* comienza justamente con el encuentro del Inca y los españoles en Cajamarca. Valverde le enseña la Biblia al Inca y le dice "esta es la palabra de Dios". El Inca no escucha nada, tira el libro y al hacerlo justifica la Conquista. De alguna forma, aprender castellano es repetir el gesto de Prometeo arrebatándole el fuego a los dioses. Y el fuego puede quemar. Algo de eso hay. Pero ojo: aún hoy, después de diez años de iniciada su guerra y a pesar del descalabro total del país, los jóvenes que optan por Sendero siguen siendo una reducida minoría.

–LB: *¿Y no crees que el autoritarismo de Sendero Luminoso encuentra un buen caldo de cultivo en nuestras tradiciones políticas?*

–CID: Sí, pero no creo que el Perú sea un país esencial o especialmente violento. Me parece tramposo cuando se retrocede hasta las páginas dentadas de Chavín o los sacrificios humanos del Imperio incaico para decirnos que en el Perú de hoy, Sendero es algo natural. Eso, en jerga sociológica se llama "fatalismo de las estructuras", que no acepto.

–LB: *Pero Sendero avanza...*

–CID: Por defección de los otros actores políticos. Avanza y revive los aspectos más autoritarios e intolerantes, que hasta 1980 estaban en retroceso. Y, por supuesto, la crisis económica rearcaíza la vida social y política y nos tira de regreso a la Edad Media, y entonces puede avanzar una propuesta que corta orejas, dedos, manos en nombre de la revolución.

–LB: *Pero eso pasa también en otros países y sin que exista una respuesta política tan primitiva como la de Sendero.*

–CID: Tiene que ver con las brechas, no solo entre ricos y pobres —"violencia estructural" que le llaman— sino entre criollos, mestizos e indios; entre intelectuales limeños y provincianos. El núcleo inicial de Sendero Luminoso es un grupo intelectual, por eso son tan ideologizados, dispuestos a morir y matar por una idea. Pero pregúntame también, ¿por qué tiene que matar tantos campesinos, dirigentes obreros, barriales, gente de izquierda? ¿Por qué no tiene millones de seguidores como los ayatolas en Irán? Porque no es algo "natural" en este país, porque va en contra de tendencias muy profundas, a pesar de la crisis actual.

–LB: *¿Y cómo crees que Sendero mantiene incólume su ideología frente a los actuales desmoronamientos del mundo socialista?*

–CID: En parte por eso, porque tiene su propia dinámica, que no es solo la ideología. Además, en el corto plazo, el derrumbe en Europa Oriental parece darle la razón, porque ellos decían que tanto China como la URSS habían traicionado al socialismo. Pero en el mediano plazo, la única forma en que van a poder seguir siendo impermeables es cerrándose más y más al mundo y convirtiéndose cada vez más en fundamentalistas y, posiblemente, siendo más violentos.

–LB: *Tú hablas de fundamentalismo y no —como sí lo hacen otros historiadores y científicos sociales— de milenarismo o mesianismo.*

–CID: Es que los intelectuales senderistas son los últimos hijos del Siglo de las Luces perdidos en los Andes. Han hecho de la ciencia una religión, como en los versos de González Prada: "Y ya sabemos que a veces los sueños de la razón engendran monstruos".

–LB: *Tú, además de ser antropólogo, has publicado un libro de poesía y haces periodismo, ¿qué proyectos tienes ahora?*

–CID: Terminar un segundo volumen sobre el tema. Una explicación global de Sendero Luminoso, con el telón de fondo de la guerra en Ayacucho, ya en los años ochenta. Y luego una novela de ciencia-ficción ubicada en el año 2015, cuando Vargas Llosa sea presidente de Perú del Norte. Muy anciano, rodeado de médicos y enfermeras que le suministran antivomitivos para calmar la náusea que le produce la política. Cada día la odia más, pero no puede dejarla. Piura es la capital y al Palacio de Gobierno le dicen la Casa Verde. En Lima, que es una llaga, está Sendero, que celebra actos de masas a la coreana en el Estadio Nacional, ante el cuerpo embalsamado del doctor Guzmán. Perú del Sur, que sobrevive precariamente, es izquierdista. Pero hace tiempo botaron a las dirigencias criollas de la izquierda y surgió un liderazgo más representativo. Alan García es un viejito que canta canciones mejicanas en el metro de París, pero de incógnito y solo para revivir antiguos tiempos, porque tiene un montón de casas por todo el mundo y espera las elecciones del 2020, en Perú del Norte. Lo que no sé es si el final será feliz. Da ganas, ¿no?

"SIN ACUERDO NACIONAL ES IMPOSIBLE ENFRENTAR A SENDERO"[1]

Entrevista de Pedro Salinas

–Pedro Salinas: *¿Por qué surge Sendero Luminoso en Ayacucho?*

–Carlos Iván Degregori: Al principio existe la idea de que Sendero Luminoso era un movimiento campesino, indígena, mesiánico, mientras que expresaba a las poblaciones andinas más tradicionales. Y una de las "pruebas" era que surgía en Ayacucho, zona bastante atrasada. Eso constituyó por mucho tiempo una concepción errónea de lo que sucedió en Ayacucho. Si bien Ayacucho era una zona pobre y atrasada, al mismo tiempo era una región en la que los habitantes de la ciudad y del campo estaban buscando desesperadamente salidas a esta situación.

–PS: *¿Qué tipo de salidas?*

–CID: Una es la migración y otra la educación.

–PS: *Pero el fenómeno de las migraciones aún se sigue produciendo. Cuando uno va a Ayacucho encuentra que buena parte de la población se ha trasladado a Lima, y a la ciudad de Huamanga se han trasladado a su vez miles de campesinos...*

–CID: Claro, y es que las migraciones en Ayacucho en la década del ochenta han sido de un carácter diferente debido a la guerra. Más que de migrantes, se podría hablar de refugiados o desplazados. Mientras que en las décadas previas podemos hablar del migrante clásico.

---

1. Publicado en: *Expreso*, 19 de mayo de 1990, pp. 8-9.

La educación

–PS: *La otra salida a la que se refirió fue la de la educación...*

–CID: Cuando Velasco el año 1969 restringe la gratuidad de la enseñanza en todo el país, hay protestas, pero el único sitio donde se da un movimiento masivo que involucra no solo a jóvenes sino a campesinos y a pobladores urbanos es en Ayacucho (en Huanta y Huamanga). Esta movilización masiva va más allá de lo que ustedquizás podría considerar manipulación por parte de algún grupo político. Sí, hay gente politizada, pero la dimensión de movimiento rebasa cualquier dirección o presencia política. Y ese movimiento es el más importante de la región en esos años. La principal movilización de masas que se da en esa época no es la lucha por la tierra sino un movimiento por la gratuidad de la enseñanza. Entonces, todo lo que es educación juega un papel muy conflictivo en el país en general y en el surgimiento de Sendero Luminoso en particular. Sendero Luminoso surge en esta región con las contradicciones de ser una zona muy pobre pero, al mismo tiempo, muy interesada en la educación.

–PS: *El antropólogo Nelson Manrique ha declarado hace poco en* Página Libre *que Sendero Luminoso surge del discurso de la izquierda. ¿Usted comparte lo mismo?*

–CID: En parte sí. Es una de las explicaciones del surgimiento de Sendero. Pero otro de los puntos que explican el surgimiento de Sendero Luminoso es el de las tradiciones señoriales de este país. Creo que Sendero Luminoso no es un movimiento andino, indígena, mesiánico, milenario, sino la combinación de la gama más dura del marxismo-leninismo, es decir, el maoísmo de la Revolución Cultural, con las tradiciones señoriales de este país.

–PS: *¿Podría explicarse mejor?*

–CID: Cuando hablo de señoriales me refiero a toda esa estructura de poder provinciana, misti terrateniente, que imperó en el Perú hasta hace algunas décadas. La élite que forma Sendero Luminoso está conformada, no por mistis terratenientes, pero sí por personas que son producto de ese ambiente. En todo caso, por gente de clase media. No son campesinos. No son tampoco la clase media urbana moderna, sino la que responde a una estructura de poder local muy tradicional y señorial, donde los que están arriba mandan y los que están abajo obedecen. Este es el perfil social de la élite inicial de Sendero

Luminoso. Entonces, Sendero Luminoso no necesita democratizarse para ser revolucionario. Sendero Luminoso mantiene una estructura vertical muy peruana y señorial. Sendero Luminoso se llama revolucionario sin renunciar a esta estructura de pensamiento porque abraza las gamas más autoritarias y más verticales del marxismo. Es una especie de fusión de ambas tradiciones.

–PS: *¿Cómo explicaría el fundamentalismo de Sendero Luminoso?*

–CID: Bueno, en esa fusión ambos autoritarismos se potencian y surge algo nuevo e inédito en la historia del Perú. Y diría también que casi inédito en la historia del marxismo, porque cuando se le compara con Kampuchea, creo que se está subestimando a Sendero. A partir de estas transformaciones a lo largo de los años, Sendero Luminoso llega al fundamentalismo casi religioso. Sendero Luminoso, más que una opción política, parece una opción religiosa.

Sendero, ¿avanza o retrocede?

–PS: *¿Sendero Luminoso está avanzando o está retrocediendo?*

–CID: La tendencia hasta hace año y medio ha sido de avance. Hasta los años 1988 y 1989 avanza —con sus altibajos pero avanza—, pero en septiembre de 1988, cuando el país se comienza a caer a pedazos, lo asombroso es que Sendero Luminoso no avanza más. Cuando Sendero Luminoso pudo "dispararse", no lo hizo. Sendero Luminoso no supo aprovechar la división de la izquierda, la hiperinflación, el desgaste de los partidos.

–PS: *¿Por qué?*

–CID: Algunos dicen que Sendero se empantana, otros que está en crisis y atraviesa por pugnas internas fuertes. Yo creo que es porque el pueblo, es decir, la sociedad, lo ha rechazado de forma pasiva, creándole vacíos. Entonces, es sorprendente el grado de madurez de esta sociedad que le dice NO a la voluntad política más fuerte de la historia del Perú (Sendero Luminoso). De esta manera, la sociedad peruana se merece mejor respeto y respuesta por parte del Estado y de los partidos políticos. El Estado y los partidos parece que estuvieran en la banca de los suplentes mientras que el pueblo solo está conteniendo el avance de la subversión. Y la pregunta lógica es, ¿hasta cuándo va a ser capaz de contenerlo?

Recapitulando. Sendero Luminoso avanza por la incapacidad del resto. Sendero está jugando solo en la cancha. Nadie es capaz de salirle al frente con un discurso alternativo y democrático. Sendero Luminoso avanza por defecto del belaundismo (1980-1985), el aprismo (1985-1990) y las izquierdas que no lo supieron enfrentar.

–PS: *Pero el problema sigue siendo este divorcio entre el Estado y la sociedad civil, por el cual la sociedad civil se encuentra marginada precisamente por quien debería darle protección (el Estado)...*

–CID: Claro. Los partidos políticos, en teoría, son el nexo entre el Estado y la sociedad civil. Pero no lo han sido. El divorcio es patente y Sendero Luminoso lo aprovecha para avanzar. Y si a esto usted le añade la crisis económica y hasta elementos como el azar... Por ejemplo, Sendero Luminoso en los años setenta no sabía que iba a encontrarse con el narcotráfico de los años ochenta en el Huallaga donde se aclimató muy bien. Ahora, más allá de todo esto, hay factores internos. Sendero Luminoso avanza porque es la voluntad política más fuerte surgida en la historia del Perú y porque en la política peruana hay elementos autoritarios a partir de los cuales Sendero puede "engancharse" sobre todo con el campesinado de zonas no muy organizadas, como el caso de Ayacucho. Finalmente, Sendero Luminoso avanza porque logra captar una minoría significativa de jóvenes. Sendero básicamente está avanzando entre jóvenes provincianos, mestizos, con educación superior al promedio. Lo interesante es que ni siquiera gana a la mayoría de esos jóvenes (que son centenares de miles o millones), pero sí tiene una franja pequeña en la cual puede ir ganando cuadros.

–PS: *...y donde finalmente Sendero encuentro su tasa de reposición...*

–CID: Así es.

Estrategia antisubversiva

–PS: *¿Cuáles deberían ser los lineamientos de una estrategia contrainsurgente?*

–CID: Por lo pronto, hay dos puntos sobre los que se debe partir. El primero es que el problema es interno y no externo. Después de la perestroika ya no puede decirse que se trata de un fenómeno externo y manipulado desde afuera, como se dijo al principio. Lo segundo es que la solución a este problema es más política que militar. En el libro de María del Pilar Tello *Sobre el volcán*, hasta el general Cisneros —que al principio era el más militarista— reconoce que la solución es fundamentalmente política.

–PS: *¿Por qué debe ser básicamente política?*

–CID: Sendero utiliza la guerra. Es lo único a lo que sabe jugar. Si privilegiamos la guerra, estamos cayendo en lo que Sendero quiere. Y eso es lo que sucede con cada masacre producida por las Fuerzas Armadas y las fuerzas policiales. Sendero Luminoso las utiliza para cosechar entre los familiares el resquemor que esto produce. Entonces, la vía que privilegia lo militar es precisamente lo que busca Sendero. Sendero Luminoso ha estado buscando el golpe militar. No lo ha logrado y eso lo desconcierta, porque esta es una de sus principales derrotas. Sendero Luminoso creía que, de acuerdo con las versiones más dogmáticas del marxismo, la polarización de la sociedad iba a ser mayor. Ellos han jugado a polarizar. Pero, en vez de polarizarse, la sociedad ha corrido al centro. Y el propio Vargas Llosa ha experimentado lo que eso significa. La sociedad no quiere nada con extremos y eso ha descolocado —parcialmente, por cierto— a Sendero, el cual esperaba a estas alturas tener al país dividido en dos: los que estaban con ellos y los que estaban contra ellos. Esto no se ha producido porque se han preservado espacios políticos. La alternativa debe ser política y, además, democrática. Si la alternativa fuera autoritaria seríamos el espejo de Sendero. Si es *alternativa*, esta debe ser *democrática*, y si es democrática debe tener dos pilares, uno es el respeto a las organizaciones sociales.

Organizaciones populares

–PS: *¿Qué pasa con las organizaciones populares?*

–CID: En este punto hay una ceguera enorme de parte de las Fuerzas Armadas y de parte de los partidos: el temor que han tenido a las organizaciones populares independientes.

Si estamos en democracia, hay que acostumbrarse a organizaciones que no son como uno. Incluso si estas fueran radicales, uno sabe que no son senderistas y que no van por la vía armada. Se ha dejado desamparada a la organización social y se le ha dejado entre dos fuegos. La ataca Sendero y también la ataca el Estado y las Fuerzas Armadas.

Le doy un ejemplo, el conflicto minero y las últimas huelgas. ¿La federación es muy radical? Sí. Pero casi por naturaleza los mineros son radicales. Parece ser que hasta el espacio en el cual cohabitan (los campamentos mineros) es propicio para radicalizar a los trabajadores. Mire usted, a la Thatcher las huelgas más fuertes se la han hecho los mineros. A Gorbachov las huelgas más fuertes se la han hecho los mineros. En todas partes los mineros son radicales. Pero es evidente que en este país los mineros no son un instrumento de Sendero Luminoso. Y sin embargo, los empresarios mineros desataron una campaña impresionante contra la federación minera. Esto me parece una miopía tremenda. Porque más bien son esas organizaciones las que deberían ser su barrera contra Sendero, aceptando que van a existir contradicciones con ellas.

Acuerdo nacional

–PS: *El primer pilar sobre el cual debe reposar esta alternativa democrática en la lucha contra la subversión sería entonces el respeto a las organizaciones populares. ¿Y el segundo?*

–CID: El acuerdo nacional. No hay un solo actor político que le pueda ganar a Sendero. Ni el APRA, ni el FREDEMO, ni las izquierdas.

–PS: *El acuerdo nacional sobre el punto fijo de la pacificación del país supone una serie de subpuntos fijos sobre este mismo tema, ¿no es así?*

–CID: Así es.

–PS: *¿Cuáles serían?*

–CID: El primero es el que le decía anteriormente: el respeto y la protección a las organizaciones sociales, al margen de su ideología, con tal de que no estén en el proyecto senderista —sean radicales, de derecha, de centro o de izquierda. Este es un punto clave.

El Ejército, cuando llega a un lugar, tiene que llegar no para apresar a los dirigentes naturales, comunales, sino para protegerlos porque Sendero los está matando.

Le doy el ejemplo de la simplificación administrativa de Hernando de Soto, que parte de la confianza. Usted viene acá a entrevistarme y yo no le pido su credencial de *Expreso* y conversamos. Parto de que usted no me está engañando. Es cierto que en una situación de guerra la primera reacción es la de desconfiar de todos —sobre todo en una guerra como la que desarrolla Sendero Luminoso—, pero no se puede partir del punto de que todos son senderistas. ¡Es al revés! Uno tiene que partir del hecho de que Sendero Luminoso es una minoría —como que lo es— y que la población no está con Sendero. Pero ocurre que llegan las Fuerzas Armadas, llega el Estado, y parten de la consideración de que todos son sospechosos y comienzan a reprimir indiscriminadamente. Este es un punto fundamental que hay que considerar en una estrategia de pacificación.

Derecho de ciudadanía

–PS: *¿Cómo debería enfocarse el tema de los derechos humanos en una estrategia de pacificación?*

–CID: Hay un punto previo al tema de los derechos humanos, y es el del derecho de ciudadanía. Mejor dicho, este punto está dentro de los derechos humanos pero se ha tratado muy poco.De lo que se trata es que en este país siguen existiendo ciudadanos de segunda categoría. Por el hecho de ser campesinos, tener piel oscura, ser mestizos o indios, estos ciudadanos no son iguales a nosotros. Y este es uno de los caldos de cultivo más grandes para Sendero y para opciones semejantes. Más que la pobreza. Fíjese, estas poblaciones preferirían aguantar ser pobres a ser ciudadanos de segunda categoría sin derechos. Es gente despreciada, manipulada, "levada" por ambos bandos. Es gente que, sobre todo cuando se declara zona de emergencia, dejó de tener el frágil derecho que antes tenía (y que era mínimo) y vuelve a ser una especie de siervo. Finalmente, si muere una de esas personas no importa mucho, como en el cuento de Ribeyro "La piel de un indio no cuesta cara". Eso, desgraciadamente, sigue siendo cierto en el Perú. Los derechos humanos se violan más con los que son mestizos e indios. Si se comenzara por reconocer y asumir que en este país somos todos iguales, las violaciones de derechos humanos disminuirían enormemente.

Civiles y militares

–PS: *¿Cómo aplicar el principio de priorizar lo político sobre lo militar en las zonas de emergencia donde los comandos político-militares son los que conducen la lucha? ¿Cómo explicarles a estos militares que por encima de ellos tiene que estar un civil?*

–CID: Para eso se tiene que lograr el acuerdo nacional, en el cual ellos (los militares) también tienen participación.

–PS: *Usted está planteando un acuerdo nacional que incluya a los militares y no solo a los partidos políticos...*

–CID: Básicamente partidos políticos, pero llamando también a las fuerzas vivas (colegios profesionales, sindicatos, Iglesia, etc.), y que sepan los militares que tienen un papel en este acuerdo nacional. Por supuesto que no van a acudir como corporación independiente, como puede ir el Colegio de Abogados, pero ellos son también parte de este acuerdo. Mire, un gobierno solamente aprista, un gobierno solamente fredemista o un gobierno solamente izquierdista...

–PS: *No se olvide de Cambio 90...*

–CID: ... o un gobierno de Cambio 90, tiene menos posibilidad de enfrentar la subversión. Un acuerdo nacional legítima mucho más que los civiles estén al mando. Por otro lado, si los gobiernos regionales se reorientaran y se volvieran eficaces, pueden ser un arma muy importante para la pacificación.

Regionalización

–PS: *¿Por qué?*

–CID: Porque acortarían la brecha entre Estado y sociedad. ¿Por qué Sendero mata a alcaldes y regidores? Porque la estrategia de Sendero es crear vacíos de poder del campo a la ciudad para crear su "nueva república".

Entonces es importante crear una estrategia antisubversiva global, continua y nacional, porque hasta el momento no la hay. Es impresionante ver cómo en Huamanga el jefe militar hace una cosa y en la vecina Huanta el jefe de la Marina hace otra diferente. El comportamiento no es uniforme. Por otro lado, el general Arciniega en el año 1989 tiene una política que parece exitosa en el Huallaga, pero luego se va, en 1990 llega otro, y no hay ninguna garantía de que continúe con esa estrategia. La estrategia antisubversiva es totalmente fragmentaria y espasmódica.

–PS: *... avanza de tumbo en tumbo y la subversión sigue viva a ojos de todo el mundo...*

–CID: Así es. Otro punto: hay que regionalizar la lucha antisubversiva. Las zonas donde está presente la subversión son distintas. Los gobiernos regionales y locales deberían jugar un papel importante.

–PS: *¿Usted cree que ha existido una estrategia antisubversiva?*

–CID: No. Creo que lo que hay que hacer es repensar una estrategia antisubversiva para este país. Yo he escuchado decir a generales del Ejército que ya no sirven los manuales obsoletos que, de una u otra forma, han usado las Fuerzas Armadas en los últimos años. Hay que buscar una estrategia antisubversiva integral donde lo político sea el eje.

–PS: *Finalmente, usted cree entonces que una estrategia antisubversiva sería del todo ineficaz sin un acuerdo nacional...*

–CID: Sí. Sin acuerdo nacional sería imposible enfrentar a la subversión. Actualmente es tal la fragmentación y la fragilidad institucional del país, que se hacen necesarios acuerdos sobre puntos como pacificación, narcotráfico o deuda externa. De no ser así, el país va a ser ingobernable.

SENDERO NO LOGRÓ DAR EL "GRAN SALTO"[1]

Entrevista de Mariella Balbi

Carlos Iván Degregori se graduó como antropólogo en la Universidad Nacional de San Cristóbal de Huamanga. Ahí conoció de cerca los inicios de Sendero Luminoso. En la siguiente entrevista traza un objetivo balance de los diez años subversión. Para este investigador "el ritmo del avance de Sendero Luminoso ha disminuido en el último año", lo que indica que dicha organización "tiene grandes discrepancias en su interior". Degregori trabaja actualmente en el Instituto de Estudios Peruanos y es profesor de la Universidad de San Marcos. Con el IEP, acaba de publicar el libro Ayacucho 1969-1979. El surgimiento de Sendero Luminoso, *texto imprescindible para comprender el nacimiento y la evolución de Sendero a lo largo de la década del setenta.*

–Mariella Balbi: *Doctor Degregori, a diez años del surgimiento de Sendero Luminoso, ¿usted encuentra que dicha organización está debilitada, que se halla en un repliegue estratégico, o va en avance?*

–Carlos Iván Degregori: Diría que el ritmo de avance, en cuanto a amenaza creciente al Estado, pareciera haber disminuido en el último año. Si tuviéramos una curva estadística se vería que esta no cae, pero el ángulo baja.

–MB: *Hay quienes afirman que Sendero estaría atravesando por una severa crisis, ¿usted observa eso?*

1. Publicado en: *La República*, 20 de mayo de 1990, pp. 12-14.

–CID: Es la primera vez que hay evidencias, más o menos sólidas, de discrepancias dentro de Sendero Luminoso. Raúl Gonzales dice que se trata más bien de los organismos generados contra el partido. No sé exactamente. Pero por varios sitios llegan volantes, también la gente de la zona de emergencia cuenta que hay dos directivas o dos volantes diferentes. De alguna forma, debe haber contradicciones fuertes dentro de Sendero Luminoso. Que eso lleve a la división y al descalabro, sería prematuro decirlo. Tampoco diría yo que es pura pantalla ritual o teatralización de la lucha entre las dos líneas.

–MB: *¿En qué se basa?*

–CID: Mire, hasta 1988 estuvieron creciendo de manera significativa. En esa fecha la amenaza alcanzaba al territorio nacional. Llegaron a la ciudad, al Alto Huallaga. Comenzaron los paros armados, no solo en Ayacucho sino en Huancayo, la Carretera Central, las avenidas Argentina y Colonial. La situación fue de tal crisis que se podía pensar que era el gran momento de la polarización y del crecimiento de las simpatías por Sendero; no tanto del partido, porque a ellos no les interesa crecer como organización. En el periodo que se abre a partir de septiembre de 1988 pudo darse el gran salto y este no se produce. Al principio parece que sí. El asalto al puesto policial de Uchiza tiene todas las características del inicio del salto. Es hecho, además, con la simpatía de la población, como lo vimos todos en la televisión. Pero se quedan a la mitad del salto, se diluyen y se orientan hacia el terrorismo. La campaña contra las elecciones municipales se ha centrado en el asesinato del candidato alejado, sin protección. En las presidenciales, la ofensiva senderista ha tenido que ser casi poselectoral. Pero hacerlo después, le quita el impacto psicológico y político que hubiera tenido si se hace antes.

–MB: *Ahí comienza a revelarse el debilitamiento de Sendero...*

–CID: Se revelan los límites que los hacen incapaces de dar el gran salto; teniendo muchas facilidades, incluyendo la división de la izquierda. Son diez años a su favor y, además, para ellos las elecciones son muy importantes.

–MB: *¿Cuál sería la dificultad básica?*

–CID: Que no han logrado ganar simpatía de masas. El pez crece pero no encuentra el agua suficiente para moverse. Puede seguir creciendo en el ámbito de cuadros, siempre va a encontrar dentro de esa franja de jóvenes educados, provincianos, a quienes convencer, pero no encuentra el apoyo de la masa, y cuando lo tiene, el agua parece ser de poca profundidad. El Alto Huallaga es un ejemplo. Vea, Sendero pasa una prueba tan dura como la matanza de los penales; sin embargo, al no encontrar apoyo en sectores mineros, urbanos, campesinos, comienza a chocar con ellos. Es curioso, los golpes a Sendero no se lo dan tanto los partidos o el Estado, sino la misma población. Le hacen vacío, hielo, o simplemente se escapan y abandonan la zona. Todo esto me hace pensar en un debilitamiento interno.

–MB: *Sin estar en desacuerdo con usted, no obstante se afirma que los volantes que menciona son fraguados...*

–CID: Suponga que lo sean. Hay algo que era básico para la estrategia de Sendero: la polarización del país. Sin embargo, la crisis no ha dado lugar a esta. Más bien —creo yo— la acción de Sendero ha impedido una mayor polarización. La gente, ante una guerra que no la sentía suya, se ha corrido al centro. La subversión sufre con esto. Con la fragilidad de su base del Alto Huallaga con la llegada del general Arciniegas. También su conversión en un actor más dentro del campo ayacuchano. Se han quedado atrapados en su dinámica, no han perfilado nada nuevo. Yo no hablo de repliegue estratégico, sino que disminuye el ritmo en el cual ellos avanzaban en convertirse en una amenaza para el Estado.

–MB: *¿Cuáles serían los "logros"—si podemos llamarlos así— de Sendero Luminoso en estos diez años?*

–CID: Son importantes para lo que era. En 1980 era un pequeño grupo regional entre los menos importantes de la izquierda de la época. Teniendo en cuenta de dónde parten, es impresionante lo que han alcanzado. Es la voluntad política más fuerte de la historia del Perú. Más, sospecho, que la del APRA auroral. Entre 1980 y 1982 logran tener una base campesina sólida, y entre 1983 y 1984 rompen el cerco militar y se expanden a otras zonas del país. Sobreviven a la matanza de sus cuadros en los penales. Son logros considerables.

–MB: *¿Y cuáles serían los problemas?*

–CID: Que ellos tratan de trasplantar en el Perú los principios de la guerra popular de Mao y ahí comienzan las dificultades, porque el Perú no es la China de los años treinta. De manera autoritaria, logran ganarse la simpatía de ciertos sectores campesinos ayacuchanos, sobre todo por el lado de una moral férrea. Pero cuando comienzan a organizar la producción, se estrellan con la lógica campesina, incluso con el más pobre...

–MB: *¿Chocan con el mercado?*

–CID: Así es. Mientras que en China no existía ese problema porque era un país desarticulado, acá el campesino más lejano está integrado al mercado, inclusive los de Uchuraccay. Además, la lógica de la guerra prolongada choca con la del campesino. Cuando llegan las Fuerzas Armadas, Sendero se va y deja a los campesinos desprotegidos. Eso genera la base social para que se generen las rondas.

–MB: *¿Qué es lo que ha cambiado en la estrategia senderista desde 1980 hasta hoy?*

–CID: Los fundamentos generales siguen siendo los mismos. Es la guerra popular del campo a la ciudad, pero dándole importancia a la ciudad. No obstante, hay aspectos que se han modificado. En el balance que ellos hacen en 1983-1984, deciden intensificar el trabajo urbano y sus acciones. "Elevan" el grado de los aniquilamientos, atentan contra García Rada, Cafferata, etc., dejando un poco de lado los blancos "menores". Por otra parte, su adaptación al Alto Huallaga ha sido sobre el caballo; ellos no pensaron, al inicio, en ese escenario, de manera que tiene que haberles traído problemas.

Sospecho también que al inicio ellos no pensaron matar a tantos civiles, pero estaban dispuestos a hacerlo. Como el fanático religioso que hace cualquier cosa por su dios. Es el problema de trasladar la estrategia. En China el ejército de Mao no tenía que matar a ingenieros o a obreros que iban a reparar torres, antropólogos, etc. Sendero, para "batir el campo", tiene que incrementar el grado de violencia contra la población civil de manera tremenda. Entre 1980 y 1982 es más guerrilla clásica maoísta, aunque eran sumamente autoritarios. Pero no se puede comparar con lo sangrientos que son ahora.

–MB: *¿Cuál ha sido "el mejor momento" de Sendero para usted?*

–CID: A fines de1982, el 80% del campo ayacuchano estaba con ellos, pese a su autoritarismo. Vienen las Fuerzas Armadas, comienza la guerra sucia y se abre una caja de Pandora. Ellos, en vez de rectificar y darse cuenta de que algo anda mal en su estrategia, persisten y profundizan en ella y por eso se vuelven cada vez más terroristas.

Un segundo momento, siendo ya más fundamentalistas, es 1988 y principios de 1989. Ahí tienen el Alto Huallaga y mucha influencia en la sierra central. Es cuando no pudieron dar el gran salto.

–MB: *Todo parece indicar que Sendero renueva constantemente sus cuadros, por lo menos los de la periferia. ¿Su discurso aún es atractivo?*

–CID: Pareciera increíble que un discurso, que está en retirada en todo el mundo, tenga esa vitalidad acá; pero yo creo que sí la tiene. Hay una capa social dentro de la cual Sendero capta a su gente. Son jóvenes mestizos provincianos, con instrucción superior el promedio. Los cuadros senderistas medios no se reclutan entre los más pobres.

Esa capa social se expande por todo el país, a diferencia delo que sucede con ETA, por ejemplo, cuyos cuadros están en el país vasco fundamentalmente. Por otro lado, a Guzmán no le interesa tener un partido muy grande.

–MB: *Aparentemente Sendero avanza más fácilmente en las ciudades que en el campo. ¿Esa es una ventaja o una desventaja para ellos?*

–CID: Si lo toma desde lo que dice su ideología, sería una desventaja, porque ellos deberían haber crecido más entre el campesinado y no lo han hecho. Pero desde otro punto de vista, los salva de desaparecer. Incluso mandan gente de la ciudad al campo.

–MB: *¿Este grupo subversivo puede ganar la guerra?*

–CID: No creo. Considero que será muy difícil ganarles a ellos. Será largo y se necesita una profunda transformación democrática de este país. Ellos se han preparado para resistir en las peores condiciones. Recuerdo que en los años setenta ellos estudiaban la experiencia de la guerra civil española y decían que una de las fallas de los republicanos fue abandonar la lucha armada después de que ganó Franco en 1939. Además, creo yo que ya se han vuelto prácticamente una religión. Basta leer el último *El Diario*. Las religiones resisten más. Pueden durar mucho tiempo y podrían, incluso, provocar un golpe militar, pero no triunfar.

–MB: *Henri Favre afirma que la situación no tiene por qué definirse y que puede continuar un deterioro progresivo de mucho tiempo. ¿Concuerda con él?*

–CID: Es mi mayor pesadilla, mi temor más grande. Eso sería volverse un país bloqueado. ¿Imagina una década más con Sendero?

–MB: *El que 200 maestros hayan renunciado hace poco en el departamento de Huánuco forma parte de esa lógica.*

–CID: Así es. Es la lógica del deterioro.

–MB: *¿Sendero tendría en esas zonas bases de apoyo?*

–CID: Bueno, ellos dicen que en las bases de apoyo pueden coexistir la "reacción y la revolución". No es, necesariamente, una zona liberada. Que no haya maestros, alcaldes, autoridades. Es una forma de coexistir con el viejo poder. Subyacente a ella están los "mil ojos y mil oídos" del partido y el llamado comité revolucionario, que influencia, amedrenta y decide cosas.

–MB: *¿Han logrado tener un ejército profesional?*

–CID: Para la teoría clásica no es todavía un ejército guerrillero. Pero han acumulado experiencia militar muy importante. Tienen una capacidad de operación militar superior a sus armas. Su potencial organizativo es muy grande...

–MB: *Pero en este último año no han tenido enfrentamientos significativos con el Ejército.*

–CID: Así es. Necesitan armas y tener a la población de su lado, la organización no basta.

–MB: *La realización de las elecciones sin mayor tropiezo, ¿ha sido una derrota fuerte para Sendero?*

–CID: Yo creo que sí. No hay que decir que es un triunfo de la democracia, ni ser triunfalistas. Pero el que se instale un nuevo Parlamento y que se produzcan elecciones regionales es un golpe para ellos. Su táctica de batir el campo y de crear un vacío en esas zonas rurales se ve afectada porque, mal que bien, las elecciones las vuelven a repoblar. Por eso pienso que más importante es la elección municipal o regional.

–MB: *Sin embargo, en la provincia de Concepción hay un alcalde de los 13 que son y en Huancayo 19 de 36.*

–CID: Es verdad, pero aun así. Peor hubiera sido un golpe militar...

–MB: *Bueno...*

–CID: A pesar de eso. Las elecciones son para Sendero como el agua para el gato.

–MB: *Para Sendero Luminoso, Vargas Llosa y Fujimori, ¿son la misma cosa?*

–CID: Pienso que sí. *El Diario* lo dice además.

–MB: *¿Qué sería lo primero que debería hacer quien gane la Presidencia para enfrentar a Sendero?*

–CID: Lo primero, y lo más difícil, es algún tipo de acuerdo nacional frente al terrorismo, con la mayor cantidad de fuerzas posible. Lo segundo es definir que el problema es básicamente político y que la estrategia es más democracia y no restricción de ella, y que se necesita una estrategia civil.

–MB: *¿La extensión de las rondas sería una respuesta efectiva de Sendero Luminoso para usted?*

–CID: Depende. Existen las rondas independientes, surgidas de la propia organización campesina, tipo Piura o Cajamarca, y las que surgen al calor de la guerra sucia. En estas últimas, a su vez, hay diferencias, entre rondas que son prácticamente paramilitares, tipo Huayhuaco, y las que están apoyadas por los militares y son pedidas por los campesinos. Estas pueden servir en el combate político y social contra Sendero. Las "tipo Huayhuaco" no son convenientes porque aparecen después de la destrucción de las organizaciones populares de la zona, que hubieran podido permitir otro tipo de rondas, más legítimas.

–MB: *¿Tiene la impresión de que en estos diez años de guerra las fuerzas del orden han estado dando palos de ciego a Sendero, o se ha logrado una estrategia definida?*

–CID: No hay una estrategia de pacificación democrática que vaya más allá de los viejos manuales obsoletos. Y esto se lo he escuchado a Mercado Jarrín. Las Fuerzas Armadas arrancan con esa base y se lanzan a una estrategia de guerra sucia que no es la solución. Existe un divorcio civil militar fuerte, una falta de estrategia de ambos y por consiguiente una suerte de feudalización de la guerra. En Huamanga, el jefe militar hace una cosa, y en Huanta, el de la Marina otra. Dos provincias vecinas tienen comportamientos diferentes con respecto a cosas tan básicas como qué hacer con el campesinado o con la prensa. En el Huallaga, se va Arciniegas y no se sabe si quien lo reemplaza continuará con la misma política. Siempre se comienza de nuevo.

–MB: *¿No está siendo un poco severo...?*

–CID: Claro, por otro lado hay experiencia acumulada en la institución. De alguna manera, en las Fuerzas Armadas y en las policiales se ha ido conociendo el fenómeno. Ahora tasan mejor a Sendero. Se han tecnificado con equipos este último año. También ha habido golpes fuertes a la subversión. Pero aún no ha desaparecido la idea de que Sendero es agente de una potencia extranjera y que hay que exterminarlos a todos.

–MB: *Corren rumores de que Abimael Guzmán habría muerto, ¿le parecen verosímiles?*

–CID: No sé, por primera vez en diez años los he escuchado con más fuerza y con más base. Habría muerto de enfermedad, por eso el supuesto retorno de su esposa, Augusta la Torre.

–MB: *¿Cambiarían las cosas si Guzmán muriera?*

–CID: No sustancial ni inmediatamente. Pero de hecho habría disputa por la herencia. Es una figura demasiado poderosa en Sendero.

–MB: *Usted conoció a Guzmán, ¿cómo era?*

–CID: Gordito (ríe). Era un intelectual producto del medio tradicional señorial de provincia. Siempre con terno de colores más bien grises. Siempre con un libro bajo el brazo. Además, en reuniones siempre leyendo o haciéndose el que leía. Era evidente muchas veces que escuchaba, pero no despegaba los ojos del libro...

–MB: *¿Quería pasar como indiferente?*

–CID: No sé, era un estilo, pero siempre lo hacía. Era muy didáctico y muy buen expositor. Estaba dispuesto a todo por el partido.

–MB: *Usted ha visto foros norteamericanos, ¿comprenden el fenómeno senderista a cabalidad?*

–CID: Lo que ha dejado de haber es simpatía hacia Sendero de los sectores progresistas o radicales norteamericanos. La impresión que me llevo de la escena oficial es que tienen una distancia enorme. O sea, la oficina Perú del Departamento de Estado es la última rueda del coche. Somos la quinta prioridad. Y si hemos pasado a ser cuarta es por el narcotráfico. Más les interesa ese aspecto que Sendero.

–MB: *¿La presencia militar norteamericana en el Alto Huallaga vía instructores militares sería contraproducente para el Perú?*

–CID: Sería peligrosísima. Cambia los términos de la guerra. Sendero querrá hacer la guerra de liberación nacional. Pero tengo la impresión de que esto le interesa a Estados Unidos, más que por Sendero, por el narcotráfico y por hacerle la competencia a la URSS en cuanto a las relaciones con lasFuerzas Armadas.

–MB: *Dígame, ¿somos un país violento en su opinión?*

–CID: No creo. Aun hoy el Perú no es más o menos violento que otros países puestos en determinadas circunstancias históricas. Me parece que en los años ochenta surgió una especie de pesimismo histórico que nos hizo ver a nuestro país como muy violento. Pero, si usted revisa bien, en 1977-1978 los movimientos sociales de protesta, las huelgas, eran fuertes, pero no violentas. En el momento de los paros nacionales a nadie se le ocurrió decir que éramos un país esencialmente violento. No somos excepcionales en este aspecto.

LECTURAS PELIGROSAS[1]

Entrevista de Rafael León

En la década del setenta, proliferaron en las calles y librerías una diversidad de manuales sobre marxismo. Su característica principal, además de su bajo costo, consistía en alimentar las lecturas de las universidades nacionales, especialmente las provincianas. La influencia de esos textos fue grande y explica, en buena medida, el surgimiento de Sendero Luminoso. Carlos Iván Degregori, antropólogo graduado en la Universidad Nacional de San Cristóbal de Huamanga, está culminando una investigación llamada La revolución de los manuales. *La siguiente entrevista desarrolla el tema y ofrece un nuevo ángulo de acercamiento al fenómeno de la subversión que golpea al país desde hace once años.*

–Rafael León: *Por los años setenta yo tenía una amiga, militante de Bandera Roja, que cuando "los de la Católica" nos poníamos a hablar en difícil, nos cantaba una tonadita que decía algo así como: El pueblo no necesita / que le hables teorías. / Lo que tú hoy le dijiste / el pueblo ya lo sabía... ¿Gráfica eso en algo su investigación sobre lo que llama la "revolución de los manuales"?*

–Carlos Iván Degregori: Tanto que lo quisiera citar como epígrafe, porque alude a ese trasfondo educativo deficiente, mezclado con una suerte de respuesta a la discriminación sociocultural y racial, frecuente entre estudiantes mayoritarios de esos años, que se expresa en aquello de que "yo no soy menos que tú porque haya estudiado mal o porque sea cholo: ya he encontrado las respuestas: el pueblo es el portador de esas respuestas, lo único que hacemos nosotros es revelarlas y canalizarlas partidariamente...".

1. Publicado en: *El Suplemento*, *Expreso*, 26 de mayo de 1991, pp. 8-9.

–RL: *¿Por los canales de los manuales? En sí, ¿qué es la "revolución de los manuales"?*

–CID: Es la expansión que en la década del setenta se produce fundamentalmente en las universidades nacionales, y especialmente provincianas, de un conjunto de textos de materialismo histórico, materialismo dialéctico y economía política, producidos por la Academia de Ciencias de la URSS en la peor época de Stalin. Son textos hechos para la "divulgación de la verdad", de una "verdad" inconmovible. Konstantinov, el *Diccionario filosófico* de Rosental, en fin… es la ilusión de acceso a lo más abstracto, elevado y teórico. Son verdades eternas que han logrado descifrar al universo, a la sociedad, al hombre.

–RL: *¿Qué enseñaban esos manuales?*

–CID: Explicaban la filosofía casi caricaturescamente, para que vayas ubicando como en casilleros a los autores: idealistas (por ejemplo, Platón) frente a los materialistas, con una connotación valorativa; donde los materialistas son los buenos y los idealistas los que engañan o están engañados. Un alumno sumergido en el empobrecimiento de la enseñanza, sin proyectos, necesita ponerlo todo en casilleros. Por otro lado, la masificación de la universidad se produce en un momento en el cual el Estado baja su inversión en la educación, el gobierno de Velasco da una ley autoritaria y la izquierda aparece como algo joven, que no tiene la filiación generacional continua. Estos manuales llegan como una salvación para llenar los vacíos teóricos porque, además, están aureolados con la imagen de revoluciones triunfantes: la soviética de los primeros tiempos y la china.

–RL: *Pero no son solo teóricos los vacíos que llenan…*

–CID: En los años sesenta el estudiante de clase media o de pequeña burguesía provinciana trata de reivindicar sus raíces y se acerca a la antropología, muy vinculada a lo rural, a los Andes, a la comunidad, y allí se encuentra de una forma menos traumática. En el decenio siguiente la cosa cambia, son otras las capas más oprimidas por el sistema de discriminaciones étnicas y regionales, y ya la antropología no basta, se necesitan verdades mucho más contundentes que recrearse en la exaltación del hombre andino.

–RL: *Recordaba la descripción que hace Lumbreras de la Huamanga de los años sesenta como un espacio verdaderamente medieval…*

–CID: Al lado de esa Huamanga señorial se produce un gran empuje por la educación, que se expresa en la exigencia para que se reabra la universidad; una especie de consenso por integrarse al mundo moderno a través de la educación, pero que mantiene sus patrones de estratificación señorial. La universidad se inserta de forma muy moderna, pero cuando es capturada por esta ideología dura, se petrifica. Es, en cierta medida, el triunfo de lo viejo, del viejo Ayacucho señorial, estratificado, donde cada uno ocupa su lugar; donde antes la religión católica pontificaba, ahora lo hace este marxismo congelado. En este contexto autoritario, señorial, se establece la misma relación entre maestro y alumno; el partido es el maestro que debe enseñar a las masas, pero la letra entra con sangre.

–RL: *Usted sostiene que Sendero Luminoso es la versión más depurada de esa concepción que subsiste aún con fuerza hoy en ciertos grupos políticos...*

–CID: Esa idea del terruco iluminado que trae la verdad a la masa, y un alumno "menor de edad" que debe ser guiado, subyace en todo el espectro político peruano. Es la base del caudillismo que explica, por ejemplo, a García, a Barrantes (ahora en eclipse, no sabemos si total o parcial) y a Guzmán. Pero ese creerse iluminado, dueño de la verdad, se vio también en el caso del paradigma de la modernidad en las últimas elecciones: Varga Llosa. Ossio, el antropólogo de Libertad, analiza los resultados de las elecciones como el fruto de la decisión de un adolescente. Antes el indio era como un niño, ahora ya es un adolescente.

–RL: *Usted señala como rasgos de esa "cultura de los manuales" el autoritarismo, la concepción didáctica, la verdad única y el supuesto sustento científico...*

–CID: Todavía hay en San Marcos un gran mural de un partido, un bloque de acero o mármol con letras en bajorrelieve donde dice "Ideología proletaria marxismo leninismo", y cuchillos que se estrellan y se rompen. En cada cuchillo dice "revisionismo", "idealismo", etc. Eso eterno e indestructible produce una didáctica para revelar las complejidades del universo, de la sociedad y de la existencia humana bajo la forma de cuadros sinópticos con respuestas al final de los capítulos. Creo que eso era muy importante para sectores juveniles que sufrían un proceso de reestructuración brutal, que en dos o tres generaciones debían hacer lo que en Europa tomó dos o tres siglos: del abuelo campesino monolingüe, al padre campesino inmigrante con primaria y al nieto en la universidad. Son procesos que en otras partes hacen que la gente que se siente entre dos orillas lance un salvavidas. En este caso, es más bien como un barco que te va a llevar a buen puerto, porque toda esta explicación va a culminar ineluctablemente en el triunfo de los materialistas contra los reaccionarios, del proletario en el socialismo y en el comunismo.

–RL: *Esa concepción, ¿no daba continuidad también a la formación que se había venido obteniendo en la escuela?*

–CID: De hecho, es la continuación de la enseñanza del profesor tradicional de escuela que te hace recitar, que te hace copiar. Esto habría que relacionarlo con lo que parece ser el declive del mito de la educación a partir de la hipercrisis. Me ha sorprendido mucho ver en la revista *Ideología*, que aún sale en Ayacucho, testimonios de 1986 y 1987, donde para los campesinos la escuela aparecía como vía de superación, y, luego, cómo eso mismo se empieza a desdibujar conforme declina la figura del maestro. Durante los años sesenta el maestro era un héroe cultural, la comunidad se movilizaba solidariamente con él. Después viene el descalabro, cuando el Estado abandona todos los aspectos sociales, la salud, la educación, mientras el SUTEP es ganado por la reivindicación economicista. De eso son conscientes sobre todo los alumnos, los adolescentes.

–RL: *Usted sostiene que los manuales se aclimatan a los diferentes países de América Latina (Chile produjo su propio manual: la Harnecker), y también dentro de las universidades peruanas.*

–CID: Estos manuales llegan a toda América Latina, pero solo en algunos países tienen éxito, y prendieron en el Perú. La Harnecker tiene aires más afrancesados, porque es de la escuela de Althusser... pero en el Perú se ve dentro de las universidades nacionales importantes diferencias.

En Trujillo, por ejemplo, los manuales se encuentran con una sociedad regional sólida y con otro partido que da identidad a amplias mayorías. Allí la fuerza del marxismo manual da para conquistar la universidad, pero se queda como encapsulada. En cambio, en el Cusco se encuentra con una tradición indigenista que viene de los años veinte, donde los sectores de clase media intelectual habían tratado de reivindicar para sí la tradición prehispánica, y sale una suerte de indigenismo radicalizado con ideas marxistas. Quizás Daniel Estrada sea un resultado de eso. En Huamanga caen dentro de un cierto vacío ideológico, y el marxismo que se difunde lo hace sobre una ideología religiosa casi medieval, y de pronto, eso explica por qué Sendero logra tener allí su bastión inicial.

–RL: *¿Y San Marcos?*

–CID: En San Marcos no llegan a asfixiarlo ni a coparlo todo. En los años setenta buena parte de las principales contribuciones a las ciencias sociales vienen de allí, a pesar del avance de los manuales. Allí siguen enseñando Macera, Montoya, qué se yo...

–RL: *¿Cómo era una clase de materialismo histórico en la Universidad de Huamanga durante los años setenta?*

–CID: Los capítulos venían dados y las clases seguían el método magistral. Las fuerzas productivas estaban compuestas por los medios de producción y por la fuerza de trabajo; entonces, la combinación de esa fuerza de trabajo con los medios de producción y los factores de producción, daba como resultado las fuerzas productivas. Uno iba descifrando esa especie de modelo para armar, con abundantes metáforas. Pero, a pesar de todo, creo que la universidad en los años setenta fue algo muy rico y dinámico.

Recordaba a un viejo senador decir que mejor no se hubiera reabierto la Universidad de Huamanga, y eso es un disparate; es como decir "mejor no se hubiera inventado el fuego porque ahora hay bombas atómicas". Un sector minoritario de estudiantes fue ganado por el marxismo de manual y desembocó en Sendero. Pero esa no es la mayoría.

Hoy en Ayacucho existe un auge de la cultura: compositores, retablistas, tejedores, que innovan la tradición. Todos han pasado por la Universidad de Huamanga y no son senderistas. De otro modo no se entendería que Sendero Luminoso se la agarre tanto contra la universidad.

"ESTAMOS EN GUERRA Y TENEMOS QUE PAGAR EL PRECIO DE LA PAZ"[1]

Entrevista de Luis Nieto Degregori y Jorge Polo y La Borda

En una reciente visita a la ciudad del Cusco, el antropólogo Carlos Iván Degregori, director del Instituto de Estudios Peruanos y autor de Ayacucho 1969-1979. El surgimiento de Sendero Luminoso, *ofreció una entrevista exclusiva a* Sur. *En ella repasa los problemas de la violencia que sacude al país y las perspectivas para lograr la pacificación. Desde su aguda y autorizada percepción del senderismo, afirma que el gobierno viola sistemáticamente los derechos humanos y que Sendero Luminoso viene provocando reacciones genocidas por parte del gobierno, frente a lo cual es imprescindible una respuesta concertada de todas las fuerzas sociales; reconoce que existe una experiencia acumulada de enfrentamiento a Sendero Luminoso que permitiría armar un plan nacional de pacificación.*

–Sur: A *raíz de las presiones del gobierno de los Estados Unidos para que mejore el tratamiento de los derechos humanos en Perú, se han dado una serie de evaluaciones contrapuestas sobre este tema. ¿Cuál es su parecer al respecto?*

–Carlos Iván Degregori: Yo creo que la discusión es si el gobierno peruano es un violador sistemático de los derechos humanos. Hay personas que dicen que no y otras que sí. A mí me parece que sí es un violador sistemático en el sentido de que no necesitas ponerte en el pecho un letrero que afirme tal cosa, pero

1. Publicado en: *Sur*, Semanario Regional Surandino, año XIV, n.° 200, semana del 4 al 10 de octubre de 1991, pp. 2-3.

implícitamente es política del Estado, de las Fuerzas Armadas y las fuerzas policiales, el abuso y la prepotencia, la tortura, el asesinato y la desaparición de personas, sobre todo si se trata de gente de estratos populares y más aún en el campo. Por algo hemos estado durante tres años primeros en el *ranking* entre los países que desaparecen personas.

Sin embargo, también es cierto que este Estado y estas Fuerzas Armadas no son ni la Argentina de los años setenta ni la Guatemala de los ochenta. No existe una ideología ni una estrategia explícita de genocidio, que sí existía en esos casos. Aquí es más por lo que ya desde los años ochenta está planteado, eso de la abdicación de la autoridad democrática. Es más por ausencia de una estrategia que los sucesivos gobiernos les dejan a los militares y policías que hagan el trabajo de antisubversión, y entonces lo que sale es un accionar abusivo y violador de los derechos humanos.

–Sur: *¿Considera que los partidos políticos siguen inhibiéndose de asumir un rol protagónico en la lucha contra la subversión?*

–CID: Lo que decía antes, de abdicación de la autoridad civil, incumbe no solo al gobierno de turno sino además al conjunto de partidos. Que haya una estrategia de pacificación democrática y respetuosa de los derechos humanos, pasa, a mi entender, porque los partidos tomen conciencia de esa necesidad y hasta el momento eso no se advierte. Y es ya bizantina, en el sentido literal de la palabra (recuérdese que este dicho viene de los sabios bizantinos discutiendo sobre el sexo de los ángeles mientras los turcos ya rodeaban la capital), la actuación del Parlamento. Todo julio se la pasaron negociando la presidencia de las cámaras, lo cual muestra que los partidos están en otra cosa.

En cambio, ha habido iniciativas para crear no solo el consejo de la paz sino además organismos ejecutivos de una estrategia antisubversiva, un comando nacional de pacificación, con mando operativo. Sin embargo, estas iniciativas hasta ahora no se concretan. En este sentido, una pregunta muy simple es cuántas veces se habrá reunido el Consejo de Ministros —no hablemos ya del Parlamento, que está en sus líos, ahora moralizadores, que pueden ser muy legítimos pero que me parece que están en segunda prioridad después de la guerra— para tratar temas relacionados con violencia y pacificación. En otras palabras, no hay un gabinete de guerra y su conformación pasa porque los partidos se comprometan con eso, porque haya un acuerdo nacional por lo menos a ese nivel. Mientras no lo haya, seguirán habiendo violaciones sistemáticas de derechos humanos.

–Sur: *¿Entonces el acuerdo firmado en julio entre los partidos y el primer ministro y el compromiso que salió para crear el consejo de la paz se ha quedado en el papel y no hay avances significativos en esto?*

–CID: Fue un primer paso bueno. Yo creo que fue un error que se retirara Izquierda Unida, que estaba representada por el MAS, pero hay una suerte de visión de que es posible todavía una estrategia en tres bandas, de que uno puede jugar desde la sociedad civil en medio del Estado, por un lado, y las fuerzas terroristas, por el otro. Ha sido ese temor a mancharse, ese temor a contaminarse, ese deseo de pureza el que inhibió a IU a firmar ese acuerdo, que me parece era positivo. Además, el firmarlo hubiera permitido presionar para que no quede en el papel.

Sin embargo, la clave es constituir el comando unificado de pacificación encada ámbito, nacional, regional, local, donde las fuerzas del Estado y la sociedad civil se articulan poniendo la política en el eje y diseñan políticas de pacificación en los ámbitos nacional, regional y local, las diseñan y desarrollan. Allí es donde no se ha avanzado nada.

–Sur: *Si no existe esa articulación entre Estado y sociedad civil, ¿será imposible avanzar en la pacificación del país?*

–CID: Pequeños avances se pueden dar. De hecho, desde 1989 se advierte una estrategia más fina de las Fuerzas Armadas y de los servicios de inteligencia, más que de las fuerzas policiales. Los golpes a Sendero son más selectivos, ya no se ven fosas comunes, por ejemplo, pero sí desaparecidos, lo cual muestra nuevamente que la represión es más selectiva y ese trabajo, digamos más sofisticado, se ve por desgracia incentivado más por presión externa que por presión interna.

No ha sido la presión de los partidos y de la sociedad civil la que ha hecho que el gobierno avance en cuestión de derechos humanos. Es la presión de los Estados Unidos, de los congresistas demócratas, de las ONG de derechos humanos de Washington y de la prensa americana la que lleva al gobierno, para poder contar con el aval de los Estados Unidos, a mejorar su imagen en cuanto a derechos humanos y a dar algunos pasos en esta dirección.

–Sur: *Cambiando de tema, quisiéramos conocer su opinión sobre el estado actual de la guerra. ¿Qué significado tienen los asesinatos de sacerdotes, de dirigentes de comedores populares? ¿Estamos entrando a otro punto crucial del desarrollo de la guerra?*

–CID: De hecho, es lo que Sendero Luminoso llama el tránsito al equilibrio estratégico. A mí me da la impresión de que se está repitiendo en el ámbito nacional la situación de Ayacucho de fines de 1982, cuando Sendero Luminoso comienza a incrementar sus acciones, a ajusticiar, a matar aquí y allá y a expulsar a la policía de manera mucho más agresiva de las zonas rurales, provocando la intervención de las Fuerzas Armadas y el gran genocidio de 1983 y 1984, que hizo crecer a Sendero Luminoso.

Ahora es igual, pero en el ámbito nacional. Entonces Sendero Luminoso comienza también a matar, a entre comillas, ajusticiar, y a querer provocar reacciones genocidas de parte del gobierno. En cuanto a esto último, cabe recordar una cita de Abimael Guzmán, quien, en un congreso de Sendero Luminoso de 1989, dice que hay que trabajar mucho esto del genocidio pues puede ayudar a la consecución del equilibrio estratégico.

Volviendo a la pregunta, lo importante es que Sendero Luminoso se encuentra en la etapa de "batir el campo" en muchas partes, ya no solo rurales sino urbanas, y batir el campo implica arrasar y no dejar nada; es decir, la estrategia senderista es una estrategia totalitaria en el sentido de que solo se admiten ellos y las masas. No pueden admitir competencia alguna.

Ahora bien, con los partidos en crisis, ¿qué es lo que queda enfrentando a Sendero Luminoso, en primera línea de combate? Quedan las organizaciones sociales, la Iglesia, las ONG. Lo que Sendero Luminoso quiere es que seamos barro que puede moldear a su imagen y semejanza. Por lo mismo, necesita que haya masa de barro, indiferenciada. Entonces tiene que acabar —lo cual es la esencia del totalitarismo— con todas las organizaciones sociales o políticas para tener a los individuos hechos "masa" con la cual ellos construir su nueva opción.

Allí es que chocan con las organizaciones sociales y con la Iglesia y entonces comienzan a matar. No tienen ningún escrúpulo en hacerlo y tratan de justificar con ropajes ideológicos y terminología izquierdista lo que es una ofensiva totalitaria.

–Sur: *¿Cómo prevé que se vaya a desarrollar esta nueva etapa de conflicto?*

–CID: Mi primera reacción es de pesimismo, porque mientras no haya una respuesta política concertada y amplia, Sendero Luminoso puede seguir matando impunemente o se van a desencadenar genocidios. Sendero provoca para que arrases.

Por otro lado, sin embargo, si vemos la historia de estos últimos once años, lo que pasó en Ayacucho cuando Sendero Luminoso comienza a matar así, tan salvajemente, comprobamos que la gente comienza a reaccionar en contra y esa reacción en contra va desde la oposición sorda hasta la oposición abierta. Entonces tenemos las rondas de defensa civil en el campo, en parte producto de esa táctica salvaje de Sendero Luminoso. Después de que pase el estupor, también es posible que haya una reacción de organizarse para sobrevivir. Vamos a tener que organizarnos para sobrevivir. Ahora el problema es que con eso se militariza el conflicto y cada vez va a ser más un ambiente en el que tendremos que vivir en rondas de defensa civil, rurales y urbanas, etc. Ese puede ser el panorama más probable del futuro, porque tampoco la gente se va a quedar tranquila. Es demasiado complejo el Perú y es demasiado salvaje Sendero Luminoso para que simplemente corte como mantequilla, como es la primera impresión que hay.

Mientras los partidos y las organizaciones sociales no pongan la guerra como primera prioridad, no se va a revertir esta situación y, desgraciadamente, van a seguir este tipo de asesinatos. Debemos darnos cuenta de que estamos en guerra y de que tenemos que pagar el precio de la paz, de lo contrario seguiremos desangrándonos.

–Sur: *¿Cuál debe ser la reacción de la sociedad civil, de los partidos, de las organizaciones sociales? ¿Es solo cuestión de toma de conciencia ante la situación o es también cuestión de saber qué hacer, de seguir experiencias de otros países?*

–CID: Se debe tomar conciencia de que son necesarios planes de acción, de que es necesario desde un gabinete de guerra hasta una comisión de pacificación en el más alejado distrito.

En eso, haciendo un paréntesis, es muy contradictoria la política de Estados Unidos. Por un lado, nos presionan para que mejore nuestra *performance* en derechos humanos, pero por otro lado te obligan a una política económica que es inhumana y con la cual no puedes diseñar planes de pacificación adecuados, porque aplicas una política neoliberal tan dogmática que acabas haciéndole el juego a Sendero Luminoso.

Tiene que haber una planificación global de política económica, acciones políticas propiamente dichas, la presencia de los partidos; tiene que haber, en resumen, una lucha en los ámbitos de masas y de bases contra Sendero Luminoso, por cierto que con la intervención también de las Fuerzas Armadas, porque si no, viene Sendero Luminoso y arrasa con todos los que están peleando contra él. Tiene que haber planes de ese tipo, diferenciados a escala local y regional, planificados en el ámbito nacional y coordinados entre política económica, acciones políticas y acciones militares, en los que se trate de minimizar las violaciones de derechos humanos.

Hay la experiencia acumulada, desde militares —Arciniegas en el Huallaga— hasta organizaciones sociales —Villa El Salvador—, pasando por acciones políticas: toda la experiencia del PUM e IU en Puno, las rondas campesinas en Cajamarca, etc., etc. En fin, hay experiencias, no solo de otros países sino del nuestro, a partir de las cuales se puede armar un plan nacional de pacificación de mediano plazo.

¿HACIA UN PAÍS INGOBERNABLE?[1]

Carlos Iván Degregori: antropólogo, director del Instituto de Estudios Peruanos, es uno de los principales analistas de la realidad del Perú y de su historia. El surgimiento de Sendero Luminoso y la evolución de la violencia política constituye uno de los aspectos que desde hace varios años viene siendo objeto de su preocupación. En esta entrevista da cuenta del nuevo patrón de desarrollo de Sendero, producto de la crisis económica y, sobre todo, de la pérdida de la esperanza política. Asimismo desarrolla la idea de que Sendero podría estar planteando su "equilibrio estratégico" sobre la base del colapso del Estado y de un terror desbordado; que de lograrlo, haría del Perú un país "ingobernable". La tendencia puede revertirse, opina él, si los partidos políticos se renuevan y reaccionan finalmente y logran dar, en el poco tiempo que les queda para ello, una respuesta adecuada, para lo cual es fundamental la reconstitución del tejido social.

–Ideele: *Tu hipótesis del surgimiento de Sendero Luminoso en Ayacucho, como el encuentro de una élite intelectual, provinciana, mestiza y ortodoxamente marxista-leninista, con una franja de juventud instruida, también provinciana y mestiza, ¿ayudaría también a explicar su avance en estos once años?*

–Carlos Iván Degregori: Es muy importante el asunto de las élites regionales y la expansión en las universidades de lo que se puede denominar el "marxismo de manual". Las élites regionales florecen en los años veinte con la bandera del indigenismo y en los cincuenta y sesenta toman la del marxismo, como fueron los casos de Ledesma, Barrantes, Laura Caller y del propio Abimael Guzmán. Con la expansión de las universidades nacionales, las élites regionales se masifican y en los años setenta se expande en ellas el "marxismo de manual"; pero en cada lugar se produce como un mestizaje. En Lima es más difuso, pero en Trujillo, por ejemplo, como hay una cultura regional política

1. Sin detalle de entrevistador. Publicado en: *Ideele*, n.° 30, año 3, octubre de 1991, pp. 13-17.

aprista muy fuerte, ese marxismo se queda encapsulado en la universidad y la llega a dominar, pero no va más allá. En Cusco se mezcla con el indigenismo previo y sale una suerte de marxismo-indigenismo, con ingredientes que se combinan en mayor o menor medida. En Ayacucho, el debilitamiento de la élite regional desde antes, permite que ese "marxismo de manual" pueda hacerse identidad entre la juventud intelectual "en estado puro", lo que explica el grado de dureza de la alternativa marxista que allí surge.

Hasta 1989, ese sigue siendo el patrón de desarrollo de Sendero: el encuentro entre una élite provinciana-mestiza con una juventud también provinciana-mestiza con educación superior al promedio. Eso se da primero en la universidad de Ayacucho, después, vía estudiantes de educación que se vuelven maestros, se reproduce y el encuentro entre maestros y estudiantes secundarios se repite en toda la región (Ayacucho, Huancavelica y Apurímac). Luego, cuando en 1983 y 1984 Sendero Luminoso logra romper el cerco y sale de Ayacucho, se junta con grupos escindidos de organizaciones de izquierda como Puka Llacta, un sector del MIR IV, VR-PC, etc.

El "marxismo de manual" abona, con su lógica de choque frontal, a que el mensaje senderista pegue en una minoría de esa franja de jóvenes provincianos con educación superior; los hace sensibles a ser captados. Es importante recalcar que se trata solo de una minoría, para que no se piense que todo joven provinciano es senderista.

Este patrón de encuentro entre profesores y alumnos, se va extendiendo por todo el país, y ya no solo en universidades sino en institutos superiores pedagógicos y tecnológicos. Es recién a partir del año 1989,con la hiperinflación y con el *fujishock* en 1990, que se abre la posibilidad de que Sendero trascienda esa franja. El *shock* neoliberal bota a la juventud de manera masiva a la marginalidad. Antes, los no universitarios tenían otra vía o manera de acomodarse, que era "el otro sendero" (en un sentido más amplio que el de Hernando de Soto).

Esa otra vía no era ideológica o excluyente, como la de Sendero, sino pragmática e incluyente, servía para integrarse en el Estado y en la sociedad, y sus formas de organización y lucha abarcaban desde la educación, los ambulantes, los microempresarios hasta la toma de tierras, la migración, los sindicatos. Esas "esperanzas" comienzan a cerrarse y la juventud queda masivamente marginada. Ya no hay sitio en la vereda para vender chocolates que nadie, además, va a comprar, por la recesión. Ya está lleno el "otro sendero".

El movimiento sindical es llevado a la desesperación, ejemplo el SUTEP; porciones enormes del agro andino son dejadas al olvido, la pauperización de la gente más allá de cualquier límite puede llevar a que se acepten resignadamente propuestas como la de Sendero, como puede haber sido el caso de Raucana. Se abre entonces la posibilidad de que Sendero trascienda su franja social inicial.

–Ideele: *¿Quiere decir, entonces, que tú ves que a partir de 1989, y sobre todo desde el "fujishock", se amplía el sector social de "no integrados" que pueden ser captados por Sendero?*

–CID: Sí, esa es más o menos mi hipótesis. La crisis arranca en 1975, y quizá los primeros que la huelen son los estudiantes universitarios, porque la crisis del sistema universitario había empezado antes, entre 1969 y 1972, cuando luego de la masificación de la educación universitaria, no hubo proyecto para esa nueva universidad democrática y de masas, y se produce lo que Lynch llama "la masificación sin proyecto".

Fueron, entonces, los universitarios los primeros en sentir que las puertas de la inclusión, de la integración, del mito del progreso se cerraban. Y quizá lo fueron los de Ayacucho porque la Universidad de Huamanga era la más absurda en el sentido de ser la más desubicada, pues se desarrolla en la región con menos capacidad de poder absorber esa población universitaria.

La vía pragmática, muy democrática y muy poco violenta (en contraste con Sendero), tiene todavía muchas puertas abiertas y recién se le cierran, como he dicho, en 1989-1990.

Entre1989 y 1990 se pierde también la esperanza política que subsistía en parte durante las épocas de Belaunde y García y con relación a la izquierda. Entonces el colapso no es solo económico sino de esperanza política.

Son los hijos de la crisis y de la pauperización, hasta físicamente diferentes (desnutridos y famélicos), los que ahora podrían estar más dispuestos a aceptar una opción tan violenta y excluyente como la de Sendero.

Sin embargo, a partir de1989 también surgen las rondas de defensa civil. Hay, pues, sectores que, a diferencia de otros, pueden irse con las Fuerzas Armadas; tendencia que prima en el campo.

–Ideele: *Tú fuiste uno de los que sostuvo que en 1989 Sendero había entrado en una crisis estratégica, en un entrampamiento de su guerra, incluso utilizabas la figura del "mate ahogado", y ahora Sendero anuncia estar en el equilibrio estratégico. ¿Crees tú que se ha producido esa evolución?*

–CID: Cuando yo decía eso entre 1989 y 1990, Sendero ya hablaba de equilibrio estratégico, pero yo consideraba que para pasar a esa etapa, necesitaba más cuadros y más armas, lo cual podía conseguirlo, sobre todo vía Alto Huallaga. Pero también necesitaba más apoyo de masas, y eso es lo que por lo menos hasta el año 1990 no lograba. Entonces el pez crecía y se volvía más fuerte, pero no encontraba más agua para poder nadar con fluidez, sin poder cumplir la tesis de Mao de que "el ejército popular debe moverse entre las masas como pez en el agua". Ahí estaba su entrampamiento.

Además, pensando en experiencias de otros países, Nicaragua, por ejemplo, pensaba que ese apoyo de masas era indispensable para el tránsito a una situación de equilibrio estratégico, sin considerar que en el caso de Sendero, esta organización podía compensar la falta de apoyo de masas con el colapso del Estado y con un grado de violencia y de terror exacerbado. Abimael Guzmán señala que los bolcheviques en el año 1917 eran ochenta mil en un país de millones de habitantes, para justificar que no necesitan masas.

Por eso Sendero necesite, quizá, provocar un terror desbordado, que, a su vez, provoque un genocidio. En un documento, Abimael Guzmán dice que el genocidio puede ser importante para el pase al equilibrio estratégico. Pueden, entonces, compensar esa menor masa, si se está jugando en un escenario donde el Estado y los partidos han colapsado y donde se impone un grado tal de terror, que puede paralizar o desarticular todo.

–Ideele: *Sendero, en la etapa de equilibrio estratégico en la que dice encontrarse, habla de "guerra de movimientos" y "comités populares abiertos" como gérmenes del "nuevo poder". ¿Cuál es tu evaluación al respecto?*

–CID: Lo más cercano a una guerra de movimientos ha sido la acción en Aucayacu en julio, en la que lograron movilizar a centenares de combatientes. Pero hay que entender el pase al equilibrio estratégico como algo dinámico y largo que están intentando, aunque parece ser que con más dificultades que las que pensaron por la contraofensiva militar con la que se encontraron.

Las Fuerzas Armadas han aprendido más que los políticos,lo cual es realmente lamentable porque expresa el grado de crisis del sistema político.

Si Sendero no ha avanzado más ha sido porque, aparte de la resistencia de las organizaciones sociales y de la negativa de la mayoría de la población a adherirse, las Fuerzas Armadas han aprendido a combatirlo de manera más inteligente, lo cual no quiere decir que no sigan violando los derechos humanos.

En cuanto a los "comités populares abiertos", se vinculan a un problema que tiene que ver con la tesis de la guerra del campo a la ciudad que, aplicada al caso peruano, no funciona mucho. Hasta por razones demográficas los porcentajes de población rural son menores; el valor estratégico del agro, sobre todo del andino, es cada vez menor; el campo se despuebla cada vez que llega Sendero y luego las Fuerzas Armadas. Entonces,puede haber comités populares abiertos en el campo andino o en zonas de la selva, pero no impactan mucho en el ámbito estratégico, más impactantes han sido, por ejemplo, las últimas acciones en la Carretera Central.

–Ideele: *¿Sendero avanza más por los aciertos de su estrategia o por los errores de la respuesta del Estado y de la sociedad?*

–CID: Es indudable que si Sendero avanza es porque acierta, pero es evidente que lo hace, en buena medida, por errores del Estado y de la sociedad.

En primer lugar, los errores de la izquierda. Su responsabilidad por su división y la crisis en la que se encuentra es tan grande que es incalificable.

En segundo lugar, los errores de los partidos políticos en general, por su incapacidad para representar los intereses de este nuevo Perú que, finalmente, vota por Fujimori, prácticamente un hijo de vecino, porque no encuentra quién lo pueda representar en los partidos.

Y la situación sigue igual, teniendo ya visos de asemejarse a Bizancio, cuando los turcos la cercaban y los teólogos discutían sobre el sexo de los ángeles. Por ejemplo, la actuación del Parlamento en los últimos meses y de los medios de comunicación masiva: todo julio se ocuparon de las negociaciones para elegir a los presidentes de las Cámaras, y todo agosto vieron el informe del diputado Olivera que acusa al expresidente García. Ciertamente está bien que se moralice, pero en un país en guerra y con la grave crisis económica que padecemos, eso debía tener una prioridad de tercer orden. La indolencia de los partidos es, pues, terrible y grotesca.

Estoy convencido de que en el avance de Sendero pesa más la crisis política que la crisis económica; porque se puede aguantar la crisis económica si se tiene una alternativa política.

De otro lado, tal como lo señalan otros analistas, como Obando, el Estado no ha podido organizar una estrategia para los llamados dominios no militares, que son básicos en este tipo de guerra, ni articular una respuesta coherente a través del sistema de defensa nacional; lo cual, al cabo de once años, no deja de ser también grotesco.

La estrategia que considero adecuada es aquella propuesta que ha ido madurando: una política antisubversiva dirigida por civiles, previo acuerdo interpartidario, con un comando unificado de pacificación que conduzca la guerra con seguimiento y dirección permanentes.

No se trata de que el presidente se ponga a la cabeza de la lucha antisubversiva; eso es una metáfora, tiene que haber toda una estructura que planifique y ejecute la estrategia.

–Ideele: *¿Ha cambiado en algo la situación con este gobierno?*

–CID: La situación es ambigua por cuanto, por un lado, los Estados Unidos presionan por el respeto a los derechos humanos, con lo cual todos estamos de acuerdo; pero, por otro lado, exigen una política económica neoliberal que, finalmente, alimenta al terrorismo y, a su vez, plantean una política antidrogas, que incluye su presencia en el Huallaga, que puede también ser explosiva.

La política económica aplicada resulta, pues, incoherente con la necesidad de pacificación del país porque está diseñada y aplicada como si en el país no hubiera guerra. Tiene que haber una estrategia de pacificación flexible que articule lo que se haga en educación, agricultura, salud y en los otros sectores. Mientras no haya eso, los avances del Estado van a ser parciales y absorbibles por Sendero.

–Ideele: *¿Cuál sería el escenario futuro de mantenerse la tendencia actual de avance de Sendero, habría algún elemento prioritario para revertir la tendencia?*

–CID: Es difícil dar opinión sobre lo que va a pasar, pero de todos modos hay que arriesgarse a darla.

Es prácticamente imposible que Sendero pueda montar un Estado del tipo que pretende, similar a Albania o Kampuchea. Los tiempos han cambiado y no tiene correlación internacional para lograr eso. Pero sí tiene la posibilidad de volver ingobernable al país. Tengo entendido que en uno de los documentos capturados a Sendero, precisamente se dice que el pase al "equilibrio estratégico" es hacer al país ingobernable y eso sí lo puede lograr.

Es decir, si llegan a bloquear carreteras, a hacer insurrecciones parciales, si bloquean inversiones en determinadas zonas estratégicas del país, la legitimidad y capacidad del Estado para gobernar se encontrarían bastante disminuidas, al ejercer su autoridad solo en partes del territorio nacional cuyo pleno control sería, además, variable.

El Perú sería un foco de inestabilidad y, según Cotler, se abriría una tendencia hacia la regionalización del conflicto. No solo por lo que pueda hacer Ecuador, sino por las implicancias que tendría para los países vecinos el hecho, por ejemplo, de que parte de la selva se pierda a favor del narcotráfico y Sendero, o que la epidemia del cólera se vuelva incontrolable en la Amazonía o que, simplemente, grandes sectores de población huyan hacia esos países. Esta regionalización podría conllevar, a su vez, a una intervención extranjera que, en el mejor de los casos, podría ser similar a la de El Salvador; es decir una suerte de protectorado estadounidense, pero muy probablemente sería una intervención multinacional de Estados Unidos, Chile, Brasil, e incluso, Bolivia, como en la *Historia de Mayta*.

Lo descrito podría ser uno de los escenarios futuros si es que no surge una respuesta coherente desde los partidos.

Es difícil que ello ocurra, pero no imposible, porque yo confío que en algún momento se tendrán que dar cuenta, pero para ello la clase política tiene que renovarse no soloen el ámbito del pensamiento sino, incluso, de personas. Sería terrible que en el 2000 continúen los mismos protagonistas de la política peruana actual. Desgraciadamente, la renovación por el camino de los independientes tipo Fujimori o Belmont ha mostrado ser equivocada. La renovación tiene que ser vía partidos.

Como la aguda crisis que padecemos ha debilitado a las organizaciones sociales, si se lograra superarla, por lo menos en parte, se sentarían bases para la reconstrucción del tejido social que podría a su vez favorecer la renovación de los partidos.

Sin embargo, esta batalla tendría que ganarse antes de las elecciones de 1995. Tengo la impresión de que Sendero va a querer pasar al "equilibrio estratégico" antes de ese año y para ello va a intentar que no se realicen las elecciones buscando el golpe o, en su defecto, que estas se realicen con una legitimidad cualitativamente inferior a las anteriores.

La batalla decisiva debe ser, entonces, entre hoy y 1995. Es decir, hay poco tiempo.

"... la sociedad civil en la primera línea de fuego"

–Ideele: *En este contexto, ¿los ataques senderistas contra la Iglesia y las organizaciones populares serían expresión de esta su nueva etapa?*

–CID: La estrategia de Sendero no es simultánea ni homogénea en todo el país. Hay zonas donde están en una determinada etapa y otras donde pueden estar en otra más avanzada, de allí que los tipos de acción que se configuran responden al grado de desarrollo que han alcanzado en cada zona.

En el caso de Chimbote, da la impresión de que se encuentran en la fase a la que denominan "batir el campo", cuyo significado es arrasar, no dejar nada, borrar todo rastro de autoridad de lo que llaman "viejo Estado" y cualquier tipo de oposición o competencia.

Entre los años 1989 y 1990, la violencia senderista cambia de carácter y se expresa, por un lado, en los múltiples asesinatos de candidatos y autoridades locales y, por otro, en las continuas masacres contra los campesinos que, asociados con el Ejército, se organizan en Defensa Civil.

En 1991 el patrón continúa por el lado de las masacres de campesinos, pero por otro lado hay un descenso en los asesinatos de autoridades locales, quizá por no estar en etapa electoral, y hay un mayor ataque contra las organizaciones sociales. La razón de esto está en el hecho de que ante el colapso del Estado y los partidos políticos, quedan en primera línea de fuego las organizaciones sociales, la Iglesia, las ONG, entre otros, al aparecer como competidoras de Sendero en muchas zonas, sobre todo en las marginales.

Las organizaciones sociales quedan desguarnecidas porque no tienen interlocutor, ni en el Estado ni en los partidos, y no tienen a quien recurrir, salvo a sus propias fuerzas. Ahí el problema es sumamente grave, porque, a estas alturas, pensar que solo con sus propias fuerzas la organización social va a enfrentar el problema y generar alternativas, es claramente insuficiente. Es evidente que si no hay un "juego de pared", un ping-pong, entre las organizaciones sociales y los partidos, entre sociedad y Estado, no hay salida posible.

No hay que prescindir del hecho de que Sendero es un proyecto político nacional, mientras que las organizaciones sociales son, por naturaleza, parciales en sus intereses, reivindicaciones y objetivos. No hay comparación posible entre los objetivos de las madres del Vaso de Leche y los de un partido político que propone un proyecto nacional. En consecuencia, se requiere de un proyecto nacional alternativo a Sendero, y al no existir actualmente nada de eso, lo que puede cundir en las organizaciones sociales es el desconcierto, el temor y la falta de horizontes hacia el futuro.

En conclusión, la sociedad civil es la que ha quedado en primera línea de fuego y el ser atacada dentro de la estrategia de Sendero podría considerarse como "normal", pues la de Sendero Luminoso es una estrategia totalitaria; el gran problema es que las organizaciones se hallan completamente desguarnecidas.

"EL PUNTO DE PARTIDA ES EL ACUERDO NACIONAL..."[1]

Entrevista de María del Pilar Tello

–María del Pilar Tello: *¿Cómo ves el tema de la paz?*

–Carlos Iván Degregori: Mira, tú lo has dicho, como tema está poco trabajado. Se ha reflexionado más en el ámbito moral que en el ámbito político, y por lo tanto menos aún hemos concretizado propuestas. Esto es sorprendente porque son diez años de conflicto armado y estamos en una época en la que en diferentes partes del mundo el diálogo se impone. La paz se impone, de alguna forma todos conversan. Lo hacen en Sudáfrica, en Estados Unidos y en la Unión Soviética. Sin embargo, aquí parece que no fuéramos capaces de ir más allá de decir que queremos la paz.

–MPT: *Es la expresión simple del deseo...*

–CID: Así es. No sé en qué medida esto tenga que ver con características culturales del país. Yo creo que hay una cultura política que privilegia la confrontación. Si bien en las últimas décadas fue avanzando otro tipo de cultura política, mucho más dialogante, en la década del ochenta renacen con fuerza las tendencias a la confrontación y no solo de parte de Sendero Luminoso. En el otro extremo, del lado del FREDEMO hay un énfasis constante en que su propuesta no puede contaminarse. Tenían, por ejemplo, que ganar en primera vuelta y le dijeron no a cualquier posibilidad de acuerdo nacional.

---

1. Publicado en: María del Pilar Tello (ed.), *Perú, el precio de la paz*. Lima: Ediciones Petroperú, 1991, pp. 183-213.

Tenían que tener mayoría parlamentaria para poder implementar su paquete completo, sin concesiones, sin negociaciones. Esa actitud, ya de por sí, lleva un germen de violencia.

–MPT: *Se toma como punto de partida que hay que imponerse a los otros que no comparten su verdad.*

–CID: Veo en los años ochenta un énfasis en la ideología muy fuerte y curiosamente coincide con el momento en el que la mayoría de la izquierda baja el tono ideológico, se vuelve más pragmática, entra al juego político y acepta condiciones. Alguna vez Pásara se preguntó en *Caretas*: ¿Qué tienen en común Vargas Llosa y Diez Canseco?, y se respondía que eran intelectuales que entraban en política y por consiguiente daban un papel muy importante a la ideología. En efecto, la ideología trata de ser lo más pura y lo más redonda posible. Pásara se olvidó por cierto de Sendero Luminoso y Abimael Guzmán, que también es un intelectual que entra a la política...

Esta ideologización tal vez tenga que ver con que después de Velasco no surge un Estado más moderno, sea capitalista o socialista pero con instituciones sólidas, con partidos fuertes y por consiguiente con alianzas y negociaciones continuas. Una especie de negociación, es la alianza, el diálogo, y los que toman fuerza son los ideólogos.

–MPT: *Hablas de un Estado que no ha llegado a ser moderno, pero el problema no es solo del Estado, es de la sociedad en su conjunto que ha respondido al fenómeno de Sendero con un afán de evadir realidades. Hay un afán de evadirnos frente a la violencia, de tratar de mirarla de reojo o simplemente de no reconocerla. No hay una voluntad de la sociedad como tal para enfrentarla.*

–CID: Es cierto lo que dices, aunque yo lo matizaría. Un primer éxito es que hay una suerte de adhesión en la práctica a la paz. No es tanto una reflexión de la propia sociedad, pero sí por lo menos una conducta de facto. A pesar de que es la voluntad más fuerte surgida en la historia del Perú, y a pesar de la falta de alternativas políticas que despierten la esperanza de las mayorías, Sendero Luminoso no ha llegado a despertar simpatías masivas. Y ya van diez años. De facto las mayorías le están diciendo no a Sendero y a su violencia. Es un primer punto a favor de la paz. Es cierto, por otro lado, que venimos de un país autoritario, estamental, precapitalista, premoderno hasta hace algunas décadas, y por consiguiente con poca conciencia de lo que son derechos humanos, de lo que es el derecho a la vida. Las acciones de Sendero Luminoso en las cuales la violencia y el "castigo ejemplarizador" están presentes, el azotar a los maridos infieles, el cortarle el pelo a las adúlteras, al que toma tragos, no nacen del aire, son parte de esa sociedad señorial serrana, que hasta algunas décadas tenía vigencia. Todavía estamos impregnados de esas tradiciones. Sin embargo, creo que en las últimas décadas eso cambió, se avanzó bastante, y la organización popular se democratizó, adquirió conciencia, y en algunos sectores y en algunos aspectos, a veces incluso más capacidad de diálogo que las clases altas que supuestamente tienen una mayor educación y una mayor propensión a una conducta dialogante. El ejemplo más nítido es la huelga minera de 1988, en la que eran los trabajadores los que pedían diálogo. Por cierto que eran muy radicales, pero los mineros son radicales en todo el mundo. A Margaret Thatcher su peor huelga se la hicieron los mineros, a Gorbachov también. Acá también son radicales, pero de ninguna manera senderistas. Sin embargo, toda la propaganda de la Sociedad de Minería era para presentarlos como senderistas y negarse a dialogar. Sí, hay mucho de autoritario y de violento en el país y en la sociedad, pero también han habido avances democráticos que desgraciadamente con la crisis se van diluyendo, distorsionando, perdiendo. La crisis lleva más bien a la indolencia, al temor, a la desesperanza y en ese sentido es terrible, ¿no?

–MPT: *Evidente. Y en todo esto tiene mucho que ver un Estado poco representativo, que no cumple con su rol.*

–CID: La sociedad no se siente representada cabalmente en el Estado. No ha habido un partido político que recoja toda la experiencia de las últimas décadas y la convierta en proyecto nacional, en alternativa nacional, y llegue a ser gobierno habiendo recogido toda esta experiencia democrática acumulada en décadas de lucha por derechos básicos: tierra, vivienda, educación, etc.

–MPT: *Tenemos una incapacidad de ponernos de acuerdo mínimamente, ni siquiera en lo que entendemos por paz.*

–CID: Eso es cierto. La paz se ha planteado en el plano moral. La frase que se ha acuñado, y que comparto, es la de "Paz con justicia social". La paz es hija de la justicia, no puede haber paz mientras haya injusticia.

–MPT: *Habría que precisar un poco más...*

–CID: Habría que precisar niveles. Por cierto que no tendremos paz plena mientras haya injusticia. Pero la existencia de injusticia no justifica una situación de violencia exacerbada como la que vivimos. Creo que si nos quedamos en aquello de que no hay paz mientras no haya justicia, de alguna forma avalamos esta violencia específica de Sendero y del Estado. Y de hecho no es así. Las víctimas de la injusticia estaban transitando mayoritariamente por determinados caminos para resolver esa injusticia. Y esos caminos son muy diferentes a los de la violencia que se desarrolla en los años ochenta. Era el camino de las tomas de tierras, la organización sindical, las huelgas, las negociaciones, las invasiones, la participación política, etc. Todo esto tenía un contenido de confrontación que a veces llegaba a la violencia, pero no extrema. Yo diría que, por el contrario, había una economía de la violencia.

–MPT: *En el sentido de que se trataba de ahorrar el costo en sangre de las reivindicaciones planteadas.*

–CID: En los años cincuenta y sesenta se da en el Perú el movimiento campesino más importante de América del Sur, que además hiere de muerte al sistema terrateniente. Cuando llega Velasco, ya los terratenientes serranos eran una clase en franca decadencia por la acción de los movimientos campesinos, que al conquistar la tierra conquistan igualmente los derechos ciudadanos básicos. Preguntémonos cuántos muertos hubo... No pasaron de decenas.

–MPT: *Para la envergadura del movimiento y los logros alcanzados fue un costo mínimo.*

–CID: Y en el plano del movimiento sindical fue lo mismo. Millones de peruanos participaron en los grandes paros nacionales de 1977 y 1978, y hubo muy pocos muertos en estas jornadas, eran otras formas de luchar contra la injusticia.

–MPT: *Efraín Morote, considerado inspirador de los ideólogos senderistas, o en todo caso muy cercano a ellos, dijo alguna vez que para Sendero se trataba no de paz con justicia sino de justicia con paz, para ellos es primero la justicia. Esta observación planteada en el ámbito académico y como opinión respetable no mereció nunca respuesta...*

–CID: No mereció respuesta. Es cierto, nunca ha habido una polémica o diálogo, aunque no fuera cara a cara, contestando las posiciones de Sendero Luminoso o las posiciones pro senderistas. Ha habido oportunidad de hacerlo, pues los documentos de Sendero se han hecho públicos, pero no ha habido nadie que los responda sistemáticamente y eso es parte del problema. Una de las razones de la rebelión senderista es justamente, ese sentirse marginados y ninguneados porque ellos son provincianos, son mestizos y no son reconocidos de igual a igual por la clase política, por los intelectuales limeños. Ellos quieren ser respetados y considerados, y llegan a la violencia extrema para lograrlo.

–MPT: *Tenemos la especialidad de los senderólogos, pero en realidad hay pocos que han estudiado seriamente el fenómeno y sus implicancias.*

–CID: Tienes razón. Me sorprende que hayan pasado diez años de esta guerra y somos solo cuatro o cinco los que hemos tratado con cierta profundidad el tema. Hay más extranjeros que peruanos. Es increíble, porque este es uno de los fenómenos fundamentales de los últimos diez años.

–MPT: *¿Y en cuanto a los políticos?*

–CID: Tampoco los partidos lo han hecho. Las comisiones de pacificación de los partidos son débiles, tanto en la derecha como en la izquierda y, curiosamente, más en la derecha. La derecha tiene su fuerte en temas económicos, pero en lo que se refiere a violencia política y antisubversión encuentro enormes vacíos y deficiencias, lo cual dice mucho. Si no entienden bien el tema, cuando lleguen al gobierno la única respuesta podría ser la violencia...

–MPT: *Una respuesta militar como la que se ha venido dando.*

–CID: Así es, eminentemente militar.

–MPT: *Es interesante constatar cómo no se ha tratado nunca de una respuesta pacificadora desagregada a distintos niveles. Se ha hablado de la necesidad de una respuesta política, pero esta respuesta política tampoco tiene contenido.*

–CID: Buena parte del espectro político coincide en que la respuesta no puede seguir siendo fundamentalmente militar y que debe ser política. Hasta el general Cisneros lo dice, lo cual ya es un avance.

–MPT: *Pero ¿qué significa una respuesta política a Sendero Luminoso?*

–CID: Una respuesta global al problema de la violencia. Ahí hay un punto que pocos destacan, que es la necesidad de un acuerdo nacional, que tiene que tener como eje a los partidos. Muchos hablan de la participación de la Iglesia, pero es como pedir a la madre Iglesia que nos salve cuando no lo podemos hacer nosotros. Por supuesto que la Iglesia tiene que estar, las organizaciones sociales y las Fuerzas Armadas también, pero el eje deben ser los partidos políticos; justamente estamos diciendo que hay que dar respuesta política.

–MPT: *Pero hay grandes vacíos en lo que respecta al acuerdo nacional...*

–CID: Eso también es cierto. Quienes han levantado las banderas del acuerdo han sido fundamentalmente la izquierda socialista y el APRA. El APRA a estas alturas no tiene legitimidad, no tiene credibilidad, porque estuvo cinco años en el gobierno y no hizo nada al respecto.

–MPT: *Por el contrario, formó parte de la respuesta que ahora se percibe como ineficaz...*

–CID: Así es. Y en cuanto a Izquierda Socialista,no le sacó el filo político a este tema. A pesar de que en las encuestas el acuerdo nacional aparecía con un alto grado de aceptación.

–MPT: *No ha sabido vender la idea con la suficiente fuerza, ¿no?*

–CID: En efecto. Lo que sucede es que no se ha desagregado la idea. No se ha llegado a tres o cuatro puntos sobre los que versaría este acuerdo. ¿Cuáles serían las patas de esta mesa llamada acuerdo nacional?

–MPT: *Desde un principio hubo cierto condicionamiento, que formaba parte de la estrategia militar frente a la subversión armada, para que no diéramos importancia al tema, ya que ello significaba una victoria psicológica, ¿cómo responder políticamente sin darles la importancia debida?*

–CID: Eso es cierto. También pesa sobre nosotros la conducta de los militares cuando han entrado en acción. Hay un dicho de Sendero: "el partido tiene mil ojos y mil oídos". Creo que ese es el lado más terrorista de Sendero Luminoso, porque es la imagen del "poder emboscado" u oculto. Pero Sendero sabe a quién mata y por qué. Pero cuando las Fuerzas Armadas llegan a un lugar, matan indiscriminadamente, porque no saben quién es amigo y quién es enemigo; matan a ciegas. Por eso en muchos lugares se le tiene más miedo a las Fuerzas Armadas que a Sendero Luminoso, o al menos se le tenía hasta hace algunos años. Hay una falta de discernimiento, que tiene mucho que ver con las características de este país racista en donde "la piel de un indio no cuesta cara", como decía Ribeyro. Todos son sospechosos y se les mata.

–MPT: *¿Parecería que en los últimos tiempos ha habido una evolución?*

–CID: Ha habido una cierta evolución, hay menos matanzas indiscriminadas. Pero se necesita mucho más que atenuar los rasgos más violentos del accionar del Estado. Se necesita un plan de largo plazo y una continuidad en su aplicación. La estrategia antisubversiva parece cambiar muchas veces de región en región y de año en año, porque es el jefe del comando político-militar quien determina mucho el tipo de accionar que va a haber en la zona a su cargo durante su mandato. Pareciera que la acción no se inscribe dentro de planes específicos sino dentro de lineamientos muy generales.

–MPT: *Tampoco dentro de una convicción que sea compartida por todo el cuerpo militar. Si pretenden que el problema tiene raíces políticas, deberían hacer su propio desarrollo político-social del problema.*

–CID: Así es. Nada ha reemplazado a los viejos manuales ya obsoletos. Esto se lo escuché al general Mercado Jarrín. Él reconoce que los viejos textos de guerra antisubversiva hechos para un contexto de Guerra Fría, de confrontación este-oeste, ya no sirven. Estamos en otro capítulo de la historia universal frente a otros tipos de desafío violentista a los cuales hay que dar otro tipo de respuestas.

–MPT: *Las primeras reacciones del belaundismo estuvieron orientadas al rechazo de las causas internas de la subversión. La situación cambia con el Informe Bernales, que ya da una sustentación clara de las causas de la violencia en el Perú. Sin embargo, este trabajo ha pasado casi desapercibido y nadie lo rescata como elemento fundamental.*

–CID: Eso es cierto. Lo triste es que más se le toma en cuenta en el extranjero que en el país. Bernales está de presidente de la Comisión de Derechos Humanos de las Naciones Unidas. Aquí no ha tenido la resonancia debida, se advierte una suerte de dejadez suicida.

–MPT: *Lo decía porque el reconocimiento de la existencia de causas internas te lleva a darle legitimidad al espíritu de rebelión social. La subversión no armada sino subversión a secas, aparece como legítima cuando se ve la situación que ese informe presenta.*

–CID: Sí. Yo creo que el eslogan senderista está bien escogido: la rebelión se justifica. Es cierto que la rebelión se justifica en un país como este, en general en un mundo como este. El problema es qué tipo de rebelión y quién decide cómo va a ser esa rebelión. O son las grandes masas las que deciden, o son pequeños núcleos al margen de las masas. Ahí está el abismo que separa a Sendero de una verdadera propuesta de transformación de esta situación de injusticia. El hecho de que es un grupo que, al margen de las mayorías, se define como el poseedor de la verdad y decide el tipo de rebelión que va a haber...

–MPT: *Además es el único que habla en términos de rebelión, el único que le habla al oído al campesino distante en el Ande o habitante marginal que siente ese espíritu de rebelión, pero que nadie se lo reconoce además de ellos.*

–CID: No sé si es tan cierto porque hasta el FREDEMO dijo que iba a hacer la revolución, hablaba del gran cambio.

–MPT: *Pero el gran cambio hecho para los del FREDEMO y a la medida de ellos, es un cambio que no creo los marginados lo sientan ligado a sus necesidades más íntimas de justicia.*

–CID: Pero me pregunto en qué medida la gente tiene ese espíritu de rebelión y en qué medida Sendero es el único que les habla. Y lo que encuentro es que es un espíritu de rebelión insatisfecho, pero que va por otras "anchas avenidas", no por el sendero de la destrucción total del sistema y de la construcción de una sociedad absolutamente diferente pero autoritaria, como sería la idea senderista. Creo que la prédica de Sendero coincide más con las ansias de rebelión de determinados sectores juveniles e intelectuales y no tanto con las de las clases populares: campesinos, pobladores, empleados pobres, etc. Creo que estos sectores son más pragmáticos y quieren otra cosa, su sentimiento de insatisfacción no va por el camino de la revolución total. Ahí está una de las razones por las cuales Sendero no llega a tener apoyo masivo.

–MPT: *Ese espíritu de rebelión podría ser entonces canalizado constructivamente, para oponerse a la canalización destructiva que hacen Sendero y el MRTA. Para la construcción necesitaríamos un discurso que lo capture y que lo estimule, ¿por qué los partidos no lo formulan, no lo asumen como imperativo?*

–CID: Bueno, es la crisis actual del Perú, que se caracteriza por la falta de representación política y de alternativas. Evidentemente hay también una falta de proyectos que capturen la imaginación de las mayorías y que partan de la convicción de que a la rebelión autoritaria de Sendero Luminoso, solo puede respondérsele y triunfar con una revolución democrática, revolución en el sentido de transformación profunda. Eso no lo han sabido captar los grupos políticos. Ha habido desde las masas populares un proceso de construcción nacional y democrático gigantesco. No encuentro un periodo tan importante desde la época de Túpac Amaru. Estas mayorías han construido nación y democracia. Lo que el Estado y clases dominantes no pudieron hacer, se hizo desde abajo, se avanzó, pero llegó un momento en que este proceso tenía que tener representación política y ahí es donde falló. En 1980, Acción Popular ya no es la de 1956 o 1963, está al margen de ese movimiento, no le importa, quiere más bien desarticularlo. El APRA también se salió de ese cauce desde 1956 y no se alimentó de esa experiencia. La izquierda, que fue la única que acompañó esos grandes movimientos de los años sesenta y setenta, fue premiada con un crecimiento del 2% al 30% de los votos entre 1963 y 1980. La izquierda estaba en mejores condiciones de recoger ese sentimiento de rebelión democrática por un camino constructivo, pero falló, a mi entender, por aquello de que la caridad comienza por casa. Si queríamos recoger esa experiencia democrática para transformar democráticamente el país, teníamos que comenzar por democratizarnos nosotros mismos. Izquierda Unida se demoró ocho años en comenzar a darse una estructura democrática...

–MPT: *¿No había conciencia de esta necesidad?*

–CID: Durante ocho años, los partidos y Alfonso Barrantes lo decidieron casi todo a puertas cerradas. Cuando finalmente lanzan la campaña de organización para el Congreso, ya el entusiasmo de las bases se había en parte desvanecido... Hay fallas, hay defección de los actores políticos que no llegan a canalizar constructivamente este espíritu, esta tradición de organización y lucha que viene de décadas atrás.

–MPT: *Hay una deficiencia de la izquierda para sintonizar con esa onda que venía de atrás. No solo su acción electoral y su falta de democratización interna, sino también su aceptación para ser parte del frente antiterrorista. El terrorismo era el problema y todos: derecha, centro, izquierda, tenían que estar contra el terror. La subversión era negativa y la izquierda no supo rescatar que también era subversiva, pero por otros métodos. En este momento el subversivo, el rebelde en acción, es un hombre que está fuera del panorama político aceptable, y seguimos en eso. Ames lo dice muy claramente en el libro* Sobre el volcán *cuando se refiere a la subversión democrática.*

–CID: Sí, recuerdo lo de Ames. Se lo volví a escuchar en una reunión que hubo en Washington y coincido con él. La izquierda no ha sabido encontrar caminos para seguir apareciendo cuestionadora, para seguir apareciendo diferente y muchas veces su propuesta se ha diluido, ha perdido filo político. Yo creo que un acuerdo nacional es diferente de un frente antiterrorista. Muchas veces se ha confundido acuerdo nacional con buenos modales, con tono moderado, cuando es al revés: para lograr un acuerdo nacional tú tienes que fajarte, tienes que luchar con gran pasión, empeño y voluntad política, hay que ganar base social a fuerza de creatividad, imaginación.

–MPT: *Es un distanciamiento que hace concesiones. Henry Pease, cuando formuló su propuesta sobre la paz, asumió que él es un subversivo que defiende la democracia y lo hacía en respuesta a un militar como Sinesio Jarama, que había intervenido minutos antes señalando que la respuesta al terror no es solo bélica. Barrantes, por ejemplo, está lejos de asumir la aseveración de Pease. No llega a hacer la distinción entre subversión y terrorismo.*

–CID: En todo caso, si la distinción se ha hecho no ha formado opinión.

–MPT: *No ha formado parte del discurso popular, no son nociones que la gente puede diferenciar.*

–CID: No es una distinción que ha llegado a hacerse de masas, a tener gran audiencia.

–MPT: *La subversión a secas debería ser el patrimonio de la izquierda, la subversión armada la de los grupos alzados en armas.*

–CID: Sería lógico si la distinción se hubiera formulado sistemáticamente, pero no es el caso.

–MPT: *¿Lamentablemente?*

–CID: Lamentablemente.

–MPT: *¿Cuáles serían los elementos que consideras para una acción pacificadora?*

–CID: Creo que hay diferentes niveles en los cuales atacar el problema. Hay puntos previos y puntos específicos. Entre los primeros, el punto de partida es el acuerdo nacional, el reconocimiento de que una sola fuerza no puede solucionar el problema. Este llamado al acuerdo nacional tiene que incluir a todas las fuerzas políticas y sociales y plantearse además como política permanente el diálogo con los alzados en armas, aun cuando pase mucho tiempo antes de que esto pueda llegar a suceder. Y como un punto previo para ello, deberíamos poder enfrentar de común acuerdo el contexto internacional. Hay una corresponsabilidad de otros países en la situación que vive el Perú.

–MPT: *¿En qué sentido lo dices?*

–CID: Creo que la situación que vive el Perú no se agota en sus fronteras. Hay por lo menos dos temas centrales, que tienen que ver con nuestra situación terrible, y que no son solucionables dentro de nuestras fronteras: la deuda externa y el narcotráfico. Cualquier solución al problema de la violencia pasa por enfrentar esos dos problemas, porque los países implicados, fundamentalmente Estados Unidos, reconozcan su corresponsabilidad. Hace 15 años que somos exportadores de capital, de sur a norte, lo que es realmente monstruoso.

–MPT: *Lo que dices implica una política a largo plazo.*

–CID: Evidente. En el narcotráfico sucede lo mismo. No se puede enfrentar el problema si se piensa solo en la represión y no en planes de mediano y largo plazo, como sustitución de cultivos. Sobre todo porque la zona de narcotráfico es una de las de más actividad de Sendero Luminoso y de los grupos alzados en armas en general.

–MPT: *¿Qué otros aspectos consideras?*

–CID: En segundo lugar, creo que hay aspectos económicos, estrictamente políticos y culturales. Puntos clave en el ámbito económico...

–MPT: *¿Cómo qué...?*

–CID: Por ejemplo, los que participan son los que se la van a jugar acá. El trabajador se la juega en el Perú porque su fuerza de trabajo, que es lo único que tiene, está en el Perú. Igual sucede con el pequeño empresario, el microbusero, el informal, etc. Que los grandes empresarios, cuya presencia se necesita, jueguen lo suyo en el país. Hay miles de millones de dólares que han salido del Perú, no solo en Estados Unidos sino en Venezuela, Paraguay, Panamá, en Chile y en Ecuador. Si alguien va a pedir ayuda a Estados Unidos, le dirán: primero ayúdense ustedes mismos, regresen sus capitales, ¿no es cierto? No se puede tener autoridad moral para plantear una solución de largo plazo al problema, si se tiene no solo un pie sino toda la familia en Miami. Debe ser un esfuerzo de todos los peruanos y hay que comenzar por ahí.

–MPT: *¿Por dónde comienza ese esfuerzo?*

–CID: Qué medidas económicas especificas se tomarán depende de lo que diga el elector, por qué programa se inclina más. Pero tienen que haber puntos básicos previos, como decía: internacionales, nacionales y como aspecto fundamental algo que no está suficientemente profundizado, fue lo menos trabajado de la propuesta del FREDEMO y de los otros grupos. Es el desarrollo económico de las zonas afectadas por la violencia, básicamente de lo que este gobierno llamó Trapecio Andino.

–MPT: *La propuesta económica del FREDEMO fue bastante general.*

–CID: Propuesta que significaba un desarrollo muy desigual. Si se les deja a las fuerzas del mercado la palabra, el capital va a donde obtiene más ganancias. Evidentemente, no va a ir a Uchuraccay, donde no va a ganar nada, y en cambio sí irá a la costa norte, donde con riego por goteo puede sembrar, como lo están haciendo en Chile, para la exportación. Así, si el modelo fredemista tiene éxito, tendremos bolsones muy desarrollados en la costa, en la selva, en algunas minas, pero la sierra —que es, como dice Mercado Jarrín, el corazón geopolítico del país y la zona más afectada por la subversión y más injustamente tratada durante siglos— va a quedar a su suerte y será por cierto caldo de cultivo para posiciones violentistas, y la respuesta será más violencia. En el mejor de los casos habrá prosperidad en la costa, y posible genocidio en la sierra, es un escenario terrible.

–MPT: *¿Cualquier plan de pacificación pasa entonces por el énfasis en la solución económica de los problemas de estas regiones?*

–CID: Sin ninguna duda. El APRA no hizo nada y es uno de sus mayores déficits.

–MPT: *Lo intentó al principio, pero después abandonó.*

–CID: No continuó, no fue coherente.

–MPT: *¿Crees que el capital está dispuesto a comprar paz?, ¿la consideras como un elemento fundamental para su desarrollo?*

–CID: Yo diría que sí es un elemento para su desarrollo. La inversión extranjera no puede venir a un país con este grado de violencia. Ellos mismos comienzan a ser afectados, como hemos visto ayer, que han volado una planta conservera de un grupo industrial. Yo creo que sí les interesa la paz, lo que no creo es que estén, por ahora y todavía, dispuestos a pagar el precio de la paz.

–MPT: *¿No están suficientemente conscientes?*

–CID: No están suficientemente conscientes y sobre todo no son una burguesía suficientemente nacional. Cuando ponen de ejemplo a Japón, a Corea, a Taiwán, no ven la gran diferencia. Esas burguesías podrán haber sido explotadoras, pero han sido nacionales y se la han jugado ahí. Además, cuando sus países estaban destrozados, como en el caso del Japón. Si nuestra burguesía estuviera dispuesta a eso, si no tuviera su retaguardia afuera, yo le daría el beneficio de la duda; pero tiene la facilidad de poder seguir llevando su vida más o menos normal afuera.

–MPT: *Para muchos en el Perú está su residencia secundaria.*

–CID: Así es, si les va mal acá, pueden replegarse. Pero no quiero generalizar, da la impresión que entre ciertos empresarios jóvenes sí existe la voluntad de enfrentar los problemas. Veremos el futuro. Por ahora no me pueden convencer, pero sí percibo que hay algo diferente, que ojalá sea bueno y ojalá prospere.

–MPT: *¿Crees que consideran suficiente la paz armada, es decir con el cese del terrorismo ahí termina la voluntad de paz?*

–CID: Podría ser una de las soluciones, entre comillas, de una burguesía parcialmente desnacionalizada.

–MPT: *Es la solución que algunos sectores de las Fuerzas Armadas están visualizando..., la solución exterminadora.*

–CID: En Guatemala, sobre la base del genocidio, con un millón de víctimas entre muertos, desaparecidos y desplazados, lograron derrotar —temporalmente, creo yo— al movimiento guerrillero y sobre todo, más que al movimiento guerrillero, también al movimiento social con un componente indígena muy grande. Ahora tienes un país monstruoso, lleno de cicatrices y que funciona. Se ven las camionetas y avionetas por todos lados. Hay mucha modernización, pero también una fuerte represión y una carencia muy grande de derechos humanos. Hay grupos paramilitares y mucho temor. Una situación terriblemente esquizofrénica.

–MPT: *Es la modernización sobre el desgarramiento del país.*

–CID: Así es, y así veo tristemente uno de nuestros futuros posibles.

–MPT: *Hablar de un acuerdo nacional supondría hablar también del financiamiento de la paz. Estas clases, a las que nos estamos refiriendo, si bien no están dispuestas a pagar el precio total de la paz que incluye aspectos políticos, culturales y económicos, porque ni siquiera están conscientes de ello, ¿crees que están dispuestas a conceder, a conciliar, a ceder parte de sus intereses para financiar la paz?*

–CID: Depende de que se creen las condiciones. Yo diría que ahora no. Hay que crear las condiciones para llevarlos a ese convencimiento de que solo les queda hacer eso. El caso de los empresarios mineros es clamoroso. Si yo fuera empresario minero moderno, con una situación tan explosiva en las zonas mineras como la que hay actualmente, estaría dispuesto a perder durante cinco años dándoles a los trabajadores incluso algo más de lo que me piden, con tal de tenerlos de mi lado. Sabemos que el componente salarial no es decisivo. Dentro de todos los costos del empresario, el salario no es el decisivo. Se justificaría incluso algo de pérdida mientras se soluciona este problema, ¿no es cierto? Pero ellos se aferran a calificar a los trabajadores como terroristas y no acceden a sus demandas.

–MPT: *¿Con esa actitud no hay salida?*

–CID: Yo no vería la situación como estática. Creo que la clave está en generar una dinámica que lleve a cada vez más grupos a darse cuenta de que tienen que enfrentar este problema, y que para hacerlo tienen que pagar un costo.

–MPT: *Parece que por ahora nadie quiere pagarlo.*

–CID: Es triste pero es así. Por ahora nadie quiere pagar ese costo. Ni el microbusero, que no sale a trabajar el día del paro armado, y en parte tiene razón, porque si sale puede perder su herramienta de trabajo; ni el trabajador, ni el empresario. Hay que ir convenciendo a cada vez mayores sectores de hay que pagar ese costo, que tienen que hacerlo y que puede ser pequeño, mediano o grande.

–MPT: *¿Tú, cómo lo ves?*

–CID: Creo que va a ser grande. Tú hablabas de financiamiento y hay que ser realistas y darnos cuenta que buena parte del financiamiento va a salir del Perú, de aquí dentro...

–MPT: *Somos los que hemos generado la situación, unos con más responsabilidad que otros, pero todos estamos en esto... Ya lo decía Chirinos Soto, hay una cierta culpabilidad que todos compartimos.*

–CID: Hay algo de eso. Además, no creo que vaya a venir ayuda masiva del exterior. Las condiciones internacionales no son muy favorables para eso. La ayuda externa se irá más a los países del Este que al Sur. Después de todo, Europa del Este aparece más desarrollada y más tranquila que países como el Perú. Vamos a tener que luchar básicamente con nuestras propias fuerzas.

–MPT: *Deberíamos tomar conciencia de esto, tal vez empezando por los intelectuales. Alberto Flores Galindo señaló en su testamento el imperativo de vincular la moral y la política. Si hay necesidad de un nuevo discurso, es fundamental la colaboración de los intelectuales para trabajar estas convicciones, ¿no crees?*

–CID: Es cierto que hay una evolución de los intelectuales hacia una mayor profesionalización y por lo tanto menor politización. Es cierto, también, y lo dice en su carta Tito Flores [Galindo], que hay condiciones objetivas para ello, porque mal que bien los intelectuales no hemos sido tan afectados por la crisis, mientras que los sectores populares han sufrido mucho más. Pero de todas formas veo intentos de los intelectuales, a diferentes niveles, de encarar este problema. Lo que sucede es que están dispersos y desarticulados de los partidos y en parte también de los actores sociales, pero sí hay esfuerzos.

–MPT: *¿Como cuáles?*

–CID: Los grupos de defensa de los derechos humanos, las ONG que trabajan estos temas, conferencias, etc. Sobre todo en provincias, incluso en las zonas de emergencia, hay gente que se arriesga al punto que hay ya una cuota de muertos y torturados, entre los investigadores sociales y los intelectuales, tanto por Sendero Luminoso como por el Ejército.

–MPT: *La contraparte es que en otros sectores intelectuales ha habido asepsia para aparecer irreprochables o incluso silencio cómplice.*

–CID: No me atrevería a ser tan globalizador. Tú mismo has mencionado a Alberto Flores [Galindo]. Las comisiones de derechos humanos han sido intermitentemente acusadas de pro senderistas, de por qué defienden a unos y no a otros. Eso dice mucho del tipo de actividad que han tenido, que no es aséptica para nada. Si estamos de acuerdo en que la democracia en este país es subversiva, estas comisiones de derechos humanos son parte de esta subversión democrática. Por ejemplo, en la Comisión Ames participaron muchos intelectuales y se enfrentaron al gobierno en la coyuntura difícil y dramática. El trabajo de Bernales, si bien no tiene el mismo grado de enfrentamiento, también es importante. Han habido pronunciamientos nada asépticos. Lo que falta es una mayor articulación entre intelectuales y políticos. Están fallando no solo los intelectuales. También están fallando en esto los políticos.

–MPT: *¿De todas las tiendas?*

–CID: De todas. Si por el lado de las izquierdas los intelectuales se repliegan de la militancia, en la derecha entran a militar, pero le dan un sello muy ideologizado. Por un lado, le dan vitalidad a la derecha, pero por otro es peligroso este sello excesivamente ideologizado.

–MPT: *Podemos hablar de los elementos políticos de la respuesta.*

–CID: No solo los elementos políticos sino también sociales. Veo como elemento fundamental la preeminencia del poder civil sobre el militar y luego el respeto cabal a la organización independiente del pueblo. En cuanto a lo primero, tiene que haber una redefinición de roles y funciones. Hay un informe de Americas Watch, de título muy preciso: *Abdicando la autoridad democrática*. Y eso es lo que ha habido, por falta de una concepción global del problema. Me hace recordar un poco a esa época de la historia francesa, de los reyes mayordomos. Los reyes flojos, que dejaban a sus mayordomos el gobierno o los asuntos del Estado y se dedicaban a otras cosas. Algo de eso hay. La falta de una alternativa política de los civiles ha hecho que recurran a los militares. Por lo tanto, no son los militares los únicos culpables, ¿no es cierto? Son los partidos los mayores culpables, porque después de todo, mal que bien, en este país los militares han estado dispuestos, sino a someterse, por lo menos a trabajar con el poder civil y es este poder civil el que ha carecido de una alternativa global.

–MPT: *Dentro de la cual los militares tendrían un rol específico, pero no toda la responsabilidad.*

–CID: Claro, su responsabilidad es el dominio militar. Lo que se necesita es que este dominio de la guerra se enmarque dentro de un ataque global al problema. Se trata de una respuesta social y política al problema. Si la tienes, es factible establecer otro tipo de relaciones con los militares.

–MPT: *¿Va ser muy difícil?... Se trata de la ruptura de una tradición histórica y subterránea.*

–CID: Sí. De hecho. Es muy difícil esta redefinición, pero es factible si se dan determinadas condiciones.

–MPT: *¿Cuáles?*

–CID: Una alianza de partidos lo suficientemente sólida, alrededor de una alternativa lo suficientemente concreta y viable, como para que los militares se den cuenta que deben apoyar y jugarse. Probar. Eso es lo que no ha habido. En tercer lugar, veo a una organización social que participe en la pacificación del país, pero esto pasa por el respeto irrestricto a la organización independiente del pueblo. A mí me pareció grotesca la contradicción cuando el diario *Expreso* levantaba la organización del comandante Huayhuaco y pedía armas para él. Es un dirigente en la zona del río Apurímac, que surge durante la guerra. Pero antes de la guerra en esa zona existía una organización que agrupaba a más de cien sindicatos, que incluso estaba introduciéndose en la comercialización del cube, del cacao, compitiendo con los grandes comerciantes. Era el tiempo de Belaunde y ese régimen nunca le dio importancia. Incluso en la hacienda Luisiana, del diputado AP Parodi, fue asesinado el principal dirigente de esa federación, Julio Orozco. Esa federación murió entre dos fuegos, atacada por el Ejército y por Sendero Luminoso entre los años 1983 y 1984. Muere esa federación, pero la gente del valle sigue buscando cómo organizarse para defenderse. En algún momento la CNA logra influir en algo, hasta que de repente aparece este Huayhuaco que sí tiene una base social, pero que es una base social militarizada. Después que el campesinado ha perdido su organización primigenia, su organización legítima, después de que los han masacrado y golpeado. Surge entonces una organización paramilitar, abusiva en muchos casos. *Expreso*, que en tiempos de Belaunde despreciaba la organización popular, ahora sí se acuerda de ella.

–MPT: *Tendríamos que esperar, dentro de esta perspectiva, que se destroce la organización popular espontánea y surja otra* ad hoc *para el enfrentamiento armado, dispuesta al sacrificio para la defensa de intereses que no son los propios...*

–CID: No podríamos esperar esto, que me parece monstruoso. Se tiene que reconocer la organización realmente existente, con todas sus contradicciones. ¿Que muchas son radicales?, así tienen que ser en este país. Otras no lo serán tanto, pero si están en un camino de pacificación hay que reconocerlas, hay que contar con ellas, hay que hacer concesiones de todos los lados. Por ejemplo, desde el lado del FREDEMO están pidiendo votación universal y secreta para decidir huelgas. Quizás se tenga que acceder. He escuchado la oposición de Jorge del Prado, que teme que la patronal pueda comprar a un sector de los obreros. Es tener poca confianza en los trabajadores. Además, para eso está el trabajo político, para contrarrestar esa posibilidad.

–MPT: *Hay muchas contradicciones que parecen difíciles de conciliar.*

–CID: Son parte del enfrentamiento político del problema y creo que solo hay una forma de resolverlas, con más democracia. Combatir a la subversión o al terrorismo en un país europeo puede significar restringir derechos democráticos. Francia, España, Alemania son países donde los derechos democráticos son practicados y reconocidos. Si funcionan a un 90% se pueden restringir al 70%, pero en este país donde funcionan al 20% o 30% no puedes restringirlos, pues al hacerlo estás haciendo el juego a las opciones violentistas. La forma de enfrentar el desafío autoritario de Sendero es con una respuesta profundamente democrática.

–MPT: *Está demostrado que la respuesta represiva alimenta la espiral.*

–CID: Desdibuja la imagen de las Fuerzas Armadas y del Estado y corrompe moralmente. El Estado se vuelve terrorista con todo lo que ello conlleva. Se pierde legitimidad y autoridad moral. Por eso hay que decir no a la pena de muerte. Sé que es muy difícil, pero hay que asumirlo como objetivo.

–MPT: *Pero no va a ser una lucha puramente política.*

–CID: Si bien lo fundamental es político, también habrá enfrentamiento militar, sobre todo con Sendero Luminoso, porque por su ideología no creo que estén dispuestos al diálogo, por lo menos no en el corto plazo. Quizás el MRTA esté más dispuesto a pasar a otro tipo de lucha, como ha sucedido en Colombia o en El Salvador. En el caso de Sendero, creo que hay un enfrentamiento militar que es inevitable, han decidido morir en el otro bando.

–MPT: *¿Entiendes la pacificación como un proceso?*

–CID: ¡Claro! Como un largo proceso de construcción de las bases de la paz.

–MPT: *¿Cuáles serían estas?*

–CID: Construcción de democracia, extensión de ciudadanía. Como causa de insatisfacción, de rebelión, de violencia, más que la pobreza veo la marginación de los derechos ciudadanos básicos, el que haya sectores que saben que siguen siendo ciudadanos de segunda categoría. Cuando se vive en Villa El Salvador, hay que estar seguros que en cualquier hora del día, o de la noche, vienen a hacer una redada y te maltratan. Si vives en Miraflores no la hacen, y si la hacen, te tratan con guante de seda.

–MPT: *Es cierto. Marcial Rubio decía que este tipo de marginación y de opresión puede alcanzar características de humillación intolerable y estar en la base de la acción armada de la gente que no encuentra otra posibilidad para expresar su descontento o indignación.*

–CID: Es uno de los factores, evidentemente. Por eso digo que es algo más que la pobreza. No hay una ecuación pobreza=violencia.

–MPT: *¿Qué papel juega en este conflicto la ideologización?*

–CID: Es también la ideologización y la voluntad política que asume una ideología superdogmática. Por supuesto que no los podemos exculpar por el hecho de que este sea un país racista con tantos abusos. Hay un grupo para el cual la educación juega un papel muy importante.

–MPT: *Nadie se ha planteado la posibilidad de utilizar el poder de los medios de comunicación para la erradicación de los patrones autoritarios y racistas con los que convivimos día a día.*

–CID: Por lo menos que las grandes mayorías se vean reflejadas en los medios de comunicación. Ya en la radio, mal que bien, han logrado poner una pica en Flandes. Pero la televisión, que es tan importante, sigue siendo altamente discriminatoria. Vemos Miss Estados Unidos, Miss Venezuela, Miss Mundo y en el colmo del absurdo he visto el otro día ¡Miss Perrita USA!... ¡Qué barbaridad!... No estamos hablando de una revolución socialista, bastaría simplemente más democracia.

–MPT: *Y un poco más de sensibilidad social y de nacionalismo.*

–CID: ¡Claro! En países como la India, las mayorías se ven reflejadas en el cine y en los medios. Eso no existe acá.

–MPT: *Los medios de comunicación son más bien de disgregación, porque nos permiten separar el mundo moderno y darle la espalda al que no se le considera al nivel.*

–CID: Sí, es una realidad que aún no hemos afrontado como colectividad.

–MPT: *Hay también una incapacidad de conocer realmente cómo es el mundo de abajo. Cuáles son los límites a que se ven enfrentados día a día en cuanto a alimentación, salud, vivienda. Creo que carecemos de capacidad para imaginar cómo es posible vivir en una choza, cómo se acepta que los hijos se están muriendo de hambre o de enfermedad, hasta dónde es posible exigir resignación.*

–CID: Tenemos mundos compartimentalizados, guetoizados. Cada vez se van más lejos los sectores pudientes. Primero fue San Isidro, Miraflores, más tarde Monterrico, Casuarinas, etc.

–MPT: *Pero se coexiste con esa gente que constituye la infraestructura de servicios, que hace una migración silenciosa y diaria.*

–CID: Creo que en este sentido el trabajo del Movimiento Libertad puede servir de alguna forma para poner en contacto a sectores sociales muy trasnacionalizados con la realidad nacional. Cuando entran a hacer política, tienen que abrir locales, ir a las barriadas, etc. Por supuesto que irán a hacer prevalecer sus posiciones, pero entran en contacto. La señora de Las Casuarinas, que jamás vio a nadie más allá de la señora que le iba a lavar la ropa, de repente tiene que ir al pueblo joven Sarita Colonia. De alguna forma es un aprendizaje de lo que es el Perú. Una suerte de repetir el viaje de Riva-Agüero cuando decide irse al Cusco en lugar de irse a París, como se iban sus pares. Un oligarca que se le ocurre irse a caballo por la sierra. Ojalá sea algo semejante, mínimamente. Por supuesto que no garantiza nada, Riva-Agüero acabó ultraconservador, pero eso no es inevitable.

–MPT: *Pero no se trata solo de las clases adineradas.*

–CID: Es cierto. Hay que esperar que no se profundicen las brechas entre políticos e intelectuales en la izquierda; y que sigamos en contacto cercano con estas mayorías y su vida cotidiana tan terrible.

–MPT: *Hablábamos de un nuevo discurso político pacificador y de los elementos que hay que tener en cuenta.*

–CID: Ya había mencionado dos: extensión de la democracia y profundización de la ciudadanía. Los que tengan derechos, que sepan que los tienen y que funcionen efectivamente. Otro elemento tendría que ser la moral. Este es uno de los puntos fuertes de Sendero Luminoso cuando mata a los ladronzuelos, a los violadores. Por supuesto que su respuesta es altamente autoritaria, cuasi fascista, tipo escuadrón de la muerte. Matar a los drogadictos, travestis, prostitutas, es una especie de "solución final". Pero están sintonizando de mala forma con un reclamo fundamental de moralización, no solo en esa esfera microsocial, sino moralización pública.

–MPT: *Hacen justicia que no hacen las autoridades.*

–CID: La corrupción, desgraciadamente, ha avanzado mucho y, por otro lado, es más visible porque hay más democracia. Antes se podía cometer un crimen y lo enterraban, no se sabía, no habían organizaciones populares, no habían sindicatos, no había un Parlamento más o menos democrático, no habían medios de comunicación...

–MPT: *No había un cuestionamiento sistemático y público...*

–CID: Han aumentado la corrupción y la inmoralidad y, por otro lado, son más visibles porque el país se moderniza, exige más moral. Y ahí hay una falla gravísima, la corrupción general llega hasta abajo con la crisis, el de abajo también está dispuesto a corromperse con tal de sobrevivir.

–MPT: *La moralización deviene en elemento muy importante de pacificación...*

–CID: Yo creo que sí. Se requiere una moralización profunda, volver a unir la ética con la política y demostrarlo en la práctica. No se puede recuperar de otra manera la legitimidad perdida.

–MPT: *Esa vinculación de la ética con la política pasa por el reconocimiento de la legitimidad del espíritu de rebelión. Me decía Rodrigo Montoya, que para los políticos no les son importantes los afectos, los deseos, esa vida interior del pueblo, y ahí estaría este distanciamiento entre el mundo oficial y el mundo real. Habla de los migrantes y dice que dentro de la violencia que sufren está inserta además la violencia de los políticos que no los entienden, aparte de toda la sociedad que los margina. Los políticos no tienen la capacidad de representarlos.*

–CID: Claro, salvo excepciones, en gran parte es cierto y ya hemos visto que eso hizo crisis en la campaña, con aquel circo del voto preferencial.

–MPT: *Mario Vargas Llosa calificó muy propiamente la campaña como una fanfarria.*

–CID: En todo caso, fueron demonios que él mismo desató, como diría él mismo. Él dijo que se oponía a cualquier acuerdo nacional porque le parecía un "monopolio político". Optó por la libre competencia también en la política. Entonces, no pueden echarle la culpa a la ley del voto preferencial, que es ideal para esa competencia. El FREDEMO es el único que incurrió en ese desborde, esa gula televisiva...

–MPT: *Y tratándonos como gente de segunda clase, haciendo caso omiso de lo que es la capacidad del televidente para optar.*

–CID: Yo creo que se requiere además un sistema político más sólido, partidos más sólidos, un sistema político más simplificado, más austero. En ese sentido, el Instituto Libertad y Democracia, el ILD, tiene iniciativas interesantes.

–MPT: *Y, además, es muy directo. Hernando de Soto defendió su anteproyecto de democratización en la Universidad Católica, dijo que la salida de Vargas Llosa es autoritaria, que el Perú quiere un gobierno radical pero no un gobierno impuesto ni vertical, un gobierno en el cual la población pueda decir su palabra.*

–CID: Eso es algo que estuvo casi completamente ausente del mensaje del FREDEMO.

–MPT: *En el ámbito de concreción, estuvo también ausente de la propuesta de la izquierda. Si democratizar el Estado es darle a las organizaciones populares un rol, habría que formular propuestas de democracia directa. Mejor lo han visto los apristas con la regionalización.*

–CID: Es cierto. La profundización del proceso de regionalización es otro de los pilares básicos de una propuesta de pacificación, es uno de los pocos logros del APRA. No soy experto en el tema, me dicen que tiene fuertes deficiencias, pero hay que reconocerle aportes en tratar de cerrar la brecha entre Estado y sociedad. Con el proceso de regionalización, el Estado centralista y limeño se acerca a las sociedades regionales y lo hace de una forma bastante democrática. En el gobierno regional están los alcaldes, que ya son representantes del pueblo, están los elegidos directamente y los representantes de organizaciones sociales. Es posible que pueda haber manipulación, pero de todas formas es un paso adelante en el ámbito de la vida cotidiana regional. El problema está en que estos gobiernos regionales no tienen una base económica sólida.

–MPT: *¿Pero son parte de la solución?*

–CID: Sí, porque tienden a llenar esos vacíos creados por el repliegue estatal y por la violencia de Sendero. Ya sabemos que la táctica de Sendero es crear vacíos de poder en determinadas zonas rurales: expulsar a los jueces, alcaldes, etc., y ser ellos los únicos en su "nuevo Estado". Por eso Sendero se opone tanto a las elecciones, cada oleada de elecciones vuelve a llenar esos puestos con representantes de lo que llaman el viejo Estado. Mientras sean elecciones nacionales no les toca tanto, es algo lejano, porque los diputados pocas veces llegan, el senador nunca llega o llega de vez en cuando. Pero si se trata de gobierno regional, ya está más cerca. Está repoblando esas zonas donde Sendero trataba de crear vacíos de poder, y si además hay organizaciones sociales con representación popular, el problema es todavía mayor para una propuesta como la senderista. Creo que un proceso de regionalización bien llevado, con bases económicas mínimas, es parte del proceso de paz.

–MPT: *Hay otro elemento que se ha tratado muy poco: el terror es un recurso que deteriora rápidamente a una sociedad, que la afecta en lo psicológico. Y nuestra sociedad está afectada psicológicamente no solo por el terror sino por la violencia común, a lo cual se agregan los problemas económicos, y hay una depresión casi colectiva ante un futuro que se ve negro. La recuperación psicológica de esta sociedad debería plantearse de una manera seria, en el ámbito de medios, sin embargo no se ha hecho.*

–CID: Es en el ámbito global un problema terrible que lo vives, que lo vivimos minuto a minuto. Y cuanto más pobre peor, salir a la calle y mirar a la gente que a las diez u once de la noche está en determinadas esquinas del centro de la ciudad, masas de gente, en la semipenumbra de una ciudad que ya ni está bien iluminada, a la espera de un microbús. Y cuando este se detiene, lo hace doscientos metros lejos y la gente, siguiendo la ley de la selva, corre y se atropella para poder tener un sitio en el microbús y volver a su casa. Los niveles de deterioro emocional a los cuales lleva una vida cotidiana como esa deben ser muy profundos...

–MPT: *¿No es esta una manifestación más de que somos un país violento, una sociedad violenta?*

–CID: De ninguna manera. Rechazo la hipótesis del Perú como un país esencialmente violento, elaborada sobre todo por algunos historiadores. Ahora comienza a salir esta visión del Perú como un país milenariamente violento: desde los sacrificios humanos de la época prehispánica hasta Sendero. Entonces Sendero aparece como una consecuencia lógica, y la vía autoritaria aparece como la única posible para resolver los problemas del país. ¿Perú es un país violento? Sí, pero como cualquier otro, cualquier país en determinadas circunstancias puede desarrollar comportamientos extremadamente violentos. Alemania en la época de los nazis. Hay diez mil ejemplos como ese, y si vas a retroceder al sacrificio humano de la época prehispánica, también hubo sacrificios humanos en los aztecas, y en México no hay un fenómeno como Sendero Luminoso. Hablar de países esencialmente violentos o sociedades especialmente violentas no es correcto.

–MPT: *En los años ochenta crece la violencia no solo terrorista en la vida cotidiana...*

–CID: Y eso lleva al deterioro, y lleva a algo que yo creo que ni los senderistas previeron, y es que según la teoría marxista-leninista clásica, la crisis lleva a la polarización. Dice la teoría que una vez que los de arriba no puedan seguir dominando como antes y los de abajo ya no admitan seguir siendo dominados, viene la crisis revolucionaria y la polarización. En vez de esa polarización, no hemos tenido explosión revolucionaria, sino una implosión. Sectores importantes de la población se repliegan sobre sí mismos y pasan del espíritu de rebelión a una suerte de espíritu de "indefensión", sentirse indefensos, lo cual es terrible. La visión vallejiana, eso de que hay golpes en la vida tan fuertes, yo no sé. De dónde vienen, yo no sé. Por qué me va a tocar a mí que quemen la fábrica donde trabajo y me dejen en la calle, ¿qué hice yo? Es una suerte de castigo metafísico que te da esta sensación de desamparo psicológico.

–MPT: *También en el ámbito político...*

–CID: En el ámbito político es un retroceso de tu condición de ciudadano o de obrero organizado en tu sindicato. Si perdiste tu sindicato, se cerró tu fábrica, ya no eres nada, vuelves a ser una masa amorfa y por consiguiente aterrorizada, yo creo esa es la base para el surgimiento de tendencias fascistas. Y en Sendero hay rasgos fascistas cuando trata de que la masa sea amorfa para manipularla.

–MPT: *Y pueden generar también respuestas fascistas...*

–CID: Por supuesto. La suerte es que hasta ahora no se desarrollan como podrían hacerlo. Las tendencias fascistas te llevan a la aceptación fatalista del poder. Vivimos con una sensación terrible de animal que va al matadero.

–MPT: *Existe, además, la idea de que la fuerza es lo único que cuenta...*

–CID: Se generan conductas prepotentes en la vida cotidiana, el hacerse entender por la fuerza.

–MPT: *Que te hace perder el espíritu de comunidad y desarticula la capacidad de enfrentar el objetivo de la paz.*

–CID: Puede determinar un bloqueo. Todavía tenemos recursos y fuerza, pero si esto sigue, los perderemos.

–MPT: *El bloqueo es uno de los supuestos que una sociedad no acepta, significaría tocar fondo para empezar de nuevo.*

–CID: Es cierto. Las sociedades no mueren o no desaparecen. El bloqueo o la impotencia lleva a alternativas fascistas o a intervenciones extranjeras. La regeneración viene, pero después de eso.

–MPT: *¿Es posible una regeneración preventiva?*

–CID: Tiene que ser una regeneración global, partiendo de lo económico y del terror cotidiano sobre si tendremos luz, agua, movilidad para ir al trabajo, y en los sectores populares, si se van a encontrar alimentos para sobrevivir. Eso es terrorífico, ¿no es cierto?, y termina alimentando mitos o creencias como la de los pishtacos. Cuando recién aparecieron en Ayacucho, los expliqué pensando que aparecían después de siete años de guerra. Pero al año siguiente aparecieron en Lima. ¿Recuerdas los famosos sacaojos? Estas oleadas de pánico, de la gente que en varios distritos iba a buscar a sus hijos en los colegios porque tenía temor que los dejaran ciegos. Son oleadas de pánico que se explican en una situación como esta, en la cual la eficacia del terror aumenta. Por eso Sendero puede hacer paros armados con tan pocos militantes.

Hay un trabajo que hacer en los medios de comunicación y un gran trabajo de educación. Hay que enseñar a las nuevas generaciones a vivir en comunidad y respetándose mutuamente. Dentro de unos años vamos a tener jóvenes y adolescentes que solo han conocido la guerra.

–MPT: *Y, sin embargo, no hemos detectado como fruto de una reflexión nacional elementos pacificadores que formarían parte de una agenda mínima.*

–CID: Es cierto que no se ha trabajado el tema. No encuentro materiales donde de manera detallada haya propuestas que te digan punto por punto lo que hemos conversado acá, que se desagregue uno a, uno b, uno c, uno d y que se señale plazos y responsables, quiénes tendrían que cumplir esas tareas.... No se ha hecho, a pesar de la gravedad de la situación.

–MPT: *Tampoco se ha hecho común la diferencia entre subversión y terrorismo, y si estamos de acuerdo en esta diferencia, deberíamos estarlo también en la de estrategia antisubversiva y estrategia antiterrorista.*

–CID: Me parece una distinción bastante interesante la que haces. Una estrategia antisubversiva tendría, por consiguiente, que formar parte de un proyecto nacional alternativo que, en el mediano y largo plazo, si no elimine por lo menos reduzca sustancialmente las fallas estructurales básicas que posibilitan y justifican la existencia de un espíritu subversivo. La estrategia antiterrorista sería algo más específico, más táctico, más concreto, que tiene que ver con el problema de violencia que vivimos hoy, entonces ya referido estrictamente al problema de Sendero Luminoso y en alguna medida el MRTA...

En este sentido, la estrategia antisubversiva sería la estrategia de pacificación. Lo antiterrorista sería de naturaleza táctica, lo antisubversivo de naturaleza estratégica. Puesto en positivo, sería una estrategia de construcción nacional.

ILUMINISTAS ANDINOS[1]

Entrevista de Alfredo Zea

Con respecto a Sendero Luminoso se formularon, inicialmente, hipótesis que llegaron a vincularlo con el mesianismo andino. Con el tiempo los propios subversivos se encargaron de refutar a través de brutales acciones tal vinculación. Ha pasado a consideración, más bien, la compleja y contradictoria relación que el fenómeno senderista guarda con el desarrollo de la modernidad en el país. No solo en el sentido de ser producto, en cierta forma, de las frustraciones de este proyecto, sino también por el racionalismo que los sediciosos exhiben, aunque de manera exacerbada o "fundamentalista". Para dilucidar estos aspectos conversamos con el antropólogo Carlos Iván Degregori, actual director del Instituto de Estudios Peruanos y autor de varios libros sobre el fenómeno senderista.

–Alfredo Zea: *El Perú padece en la actualidad una sedición de explosiva violencia, pero revisando nuestro pasado, encontramos que han sido más los años de dictadura que de democracia, antes aun tenemos unos cuantos siglos de supeditación y, en este recuento, podríamos incluso remontarnos a la Conquista para configurar un panorama que parece convulso y estremecido. En vista de ello, ¿crees tú que el Perú es un país particularmente violento?*

–Carlos Iván Degregori: Mi idea es que no hay países esencialmente violentos, sino países y culturas donde en determinadas circunstancias históricas y

1. Publicado en: *El Peruano*, 9 de marzo de 1992, pp. 4-5.

políticas muy concretas se desarrolla mayor violencia. Podríamos decir, por ejemplo, recordando a los nazis, que Alemania es un país mucho más violento que el Perú y, sin embargo, en la actualidad no lo es.

Serbios y croatas, asimismo, luchan entre sí de manera masiva, todos contra todos, lo cual al menos no sucede aquí. Siempre hay en una sociedad contradicciones y tensiones que en determinadas coyunturas se exacerban, como por ejemplo ocurrió en los años ochenta en el Perú.

Pero esta no es una constante. Así, entre los años 1958 y 1964, se desarrolla aquí el movimiento campesino más fuerte de América del Sur. Es el tiempo de Hugo blanco, de la consigna tierra o muerte, del movimiento de La Convención o de Cerro de Pasco, de las novelas de Manuel Scorza. Sin embargo, en ese periodo fallecieron 166 personas, menos que en los primeros diez días de agosto de 1991. Y en los movimientos campesinos de los años setenta, que son de menor magnitud pero todavía significativos (Andahuaylas, Piura, Cusco, etc.), mueren siete personas.

–AZ: *¿Cuál es, entonces, la diferencia entre esa etapa de menor violencia y la que vivimos actualmente?*

–CID: La etapa anterior se da en un contexto económico de expansión, en el cual las mayorías encuentran canales de ascenso social para satisfacer sus demandas más inmediatas tanto económicas como ciudadanas, llegando a generar un proceso masivo de modernización o de modernidad popular o alternativa (Franco). En los años ochenta, en cambio, el contexto es de crisis y se bloquean los canales de movilidad social, se erosionan las organizaciones, más bien es la hora de las fuerzas que han sufrido o se han resistido o que carecían de ventajas comparativas para salir bien paradas de este proceso de modernización. La vieja guardia senderista pertenece, precisamente, a uno de los estratos menos aptos para salir airosos en este proceso; se trata de las capas intelectuales provincianas mestizas o mistis, que carecen de la capacidad de los campesinos que han recorrido lo que se ha denominado el "otro sendero".

Hay un capítulo del libro *Los caballos de Troya de los invasores*, de Golte y Adams (IEP, 1987), donde se analiza la emigración de mistis e indios de Asillo, un pueblito de Puno, y se ve cómo en la capital los mistis se estancan con sus sueldos de empleados, en tanto que los indios se convierten en microempresarios, instalan sus negocios, progresan y, entonces sus hijos toman por esposas a las hijas de los mistis, ante el escándalo de estos.

Este estrato rechaza la modernización, y entre los intelectuales lo hace de manera ideológica. Y les llega su momento cuando ese proyecto entra en crisis hacia los años ochenta, y comienzan a ganar base entre los que yo llamo "los hijos de la crisis", o sea aquellos sectores de migrantes que llegaron a Lima cuando ya las puertas estaban cerradas y los canales de movilidad saturados.

Elementos regresivos

–AZ: *Hacia el final de* Conquistadores de un nuevo mundo, *libro del año 1986 del que eres uno de los autores, se señala que el movimiento popular se enfrenta a la disyuntiva "entre la disgregación regresiva o la recomposición democrática". ¿Qué opción consideras que se va imponiendo?*

–CID: De aquel momento al actual han crecido notoriamente los elementos regresivos, mientras que se achican y recortan cada vez más las posibilidades de una recomposición democrática. De un lado porque no hay base económica y la crisis erosiona incluso las organizaciones populares. Pero sobre todo debido a la ausencia de alternativas políticas, relacionada a su vez con la deslegitimación de los partidos políticos, que se encuentra en el meollo de la crisis actual del país. Y este es un circuito vicioso porque, dado el nivel de erosión de la sociedad, tampoco los partidos tienen mucho juego para recomponerse.

Para ello sería necesario que los partidos dialogaran con una base activa, vital, cuyos intereses comiencen a representar. Quizá la última gran oleada en tal sentido fueron los microempresarios y las organizaciones femeninas, pero aquellos no pudieron ser bien representados ni por Vargas Llosa, que lo intentó al principio de su campaña pero que luego los abandonó; ni por Fujimori, que fue elegido con sus votos pero que finalmente ha hecho un gobierno no orgánico con ningún sector. Se cortan, por tanto, los márgenes para una recomposición democrática, pero creo que es necesario seguir apostando por ella.

Fallas de la modernidad

–AZ: *Si consideramos que la modernidad consiste en el proyecto de la razón y tomamos en cuenta el racionalismo exacerbado de Sendero Luminoso, se entiende que ambos procesos no son ajenos entre sí. Más aún, al parecer la modernidad debería hacerse cargo de sus derivados anómalos e interrogarse acerca de las fallas que la condujeron a esta desfiguración. ¿Cuáles habrían sido las limitaciones en tal sentido?*

–CID: Mira, yo creo que importa mucho la brecha étnica, esta escisión no resuelta desde la Conquista entre criollos, mestizos e indios. Los criollos tienen un tipo de modernización que Trazegnies llama "tradicionalista" porque conserva demasiados rasgos aristocráticos. Se trata de una modernización sin modernidad, ya que acepta los aspectos materiales de la modernidad, pero no los cambios culturales que implica.

La derecha ha mostrado serias limitaciones en su discurso sobre la modernidad. Cuando Vargas Llosa imagina al Perú como país moderno, nos dice que va a ser como Suiza, y nos dice que los campesinos quechuas y aymaras son arcaicos y necesitan protección, o sea que retrocede a un viejo discurso oligárquico.

Pero cuando irrumpe desde abajo una modernidad mucho más pragmática, con los pies en el suelo, sucede que carece de una élite intelectual capaz de formular un proyecto orgánico, porque las élites andinas habían sido derrotadas entre los siglos XVI y XIX. De manera que cuando surgen visiones modernas, o son como el "fundamentalismo religioso"—que es como Rénique y Poole denominan a Sendero, y me parece acertado—, o se produce el desfase entre proyectos modernos que no son nacionales y una modernidad alternativa, popular, y que carece de proyecto orgánico. Y es en este vacío que surge Sendero.

Embestida cultural

–AZ: *Atendiendo en particular a la tendencia racionalista de Sendero, es posible interpretar a este fenómeno como una de las mayores arremetidas de Occidente en terreno de la cultura andina. ¿Hasta qué punto esa mentalidad obsesivamente calculadora que se observa en los cuadernos senderistas, esa lógica instrumental y verticalista de su organización, han perturbado a la configuración de la cultura andina?*

–CID: Profundamente. Es realmente un grave error considerar a Sendero como indígena o indigenista, porque no es ninguna de las dos cosas. En algún artículo los he llamado más bien "los últimos hijos del Siglo de las Luces perdidos en los Andes".

Sucede que el pensamiento de Marx ha ido sufriendo un cúmulo de recreaciones y añadidos, distorsiones y reinterpretaciones, conforme se desplaza hacia el Oriente y hacia el Sur. En esa travesía la bandera roja de Marx acaba sobre los arrozales de Kampuchea, por tomar esa imagen de *Los gritos del silencio*, enarbolando ideales muy diferentes de los que nacieron con ella. De todos modos hay un hilo conductor y ese afán de racionalizarlo todo y darle una gravitación tan grande a la razón.

Sendero constituye en tal sentido una arremetida brutal contra las culturas quechua, aymara, amazónica —allí tenemos el caso de los ashaninka. La economía de mercado, por ejemplo, ofrece más posibilidades de reinterpretar y de revitalizar aspectos de una. Así, en las últimas décadas se ha dado en el campo y en la ciudad un proceso no solo de supervivencia sino también de renovación de un conjunto de elementos culturales andinos, tales como la fiesta y la danza, e incluso de tradiciones de reciprocidad entre paisanos y familiares. Pero el totalitarismo senderista solo admite un arte que haga uso de los motivos señalados por el pensamiento Gonzalo.

–AZ: *¿Cómo se da en el caso de Sendero el paso o el engarce entre un discurso con una carga ideológica muy grande, y una práctica cuyo énfasis en la violencia es asimismo tan extremo? ¿Cómo se conjugan y qué proporción guardan entre sí ambas tendencias?*

–CID: Lo que ocurre es que la relación entre idea y realidad se invierte. Porque desde el punto de vista de un marxismo clásico, las condiciones materiales determinan en última instancia a las ideas, y si uno formula un proyecto político, este debe reflejar la realidad. Pero en el caso de Sendero Luminoso es al revés: el proyecto ideológico domina todo, es todo. El pensamiento Gonzalo es la guía, y si la realidad no coincide con ese proyecto ideológico, peor para la realidad. Por eso yo decía en alguna ocasión que es como si uno se comprara un zapato muy chico y, en vez de cambiarlo, se cortara los dedos para que le quede bien. Del mismo modo, a fin de que la realidad encaje en el pensamiento Gonzalo, es necesario matar, ejercer violencia o, como él mismo dice, "batir el campo" para poder sembrar la idea.

"SENDERO QUIERE ENFRENTAR A LOS MISERABLES CONTRA LOS POBRES..."[1]

Entrevista de Carlo Trivelli

–Carlo Trivelli: *Para comenzar, ¿cuál es la situación actual del avance de Sendero? ¿Hacia dónde va a avanzar?*

–Carlos Iván Degregori: Bueno, brevemente, están en el tránsito al "equilibrio estratégico", como ellos mismos lo dicen en sus documentos, y ese tránsito al equilibrio estratégico implica, en el ámbito militar, acciones armadas de mayor envergadura, para lo cual necesitan más hombres, más armas y más apoyo popular. Más hombres están en condiciones de conseguirlos, de reclutar cuadros por la propia situación de miseria y de frustración de la juventud; somos el tercer país con titulados universitarios desempleados en el mundo; entonces, pueden seguir reclutando cuadros; más armas también pueden conseguir, sobre todo a partir de su incursión en la zona del Huallaga y toda la no alianza pero sí relación tensa con el narcotráfico. Donde creo que han tenido más dificultades es en conseguir apoyo de masas, que es clave porque Mao decía que el ejército guerrillero debe moverse entre las masas como pez en el agua. Entonces, si el pez va a ser más grande, si el pez va a ser más fuerte, necesita más agua para moverse, y ahí es donde han tenido más problemas, sobre todo en el campo. Y la masificación de las rondas campesinas, de los comités de defensa civil (para diferenciarlos quizá de los de Cajamarca y Piura) en las zonas de Ayacucho, Huancavelica y Junín, creo que es la mayor derrota de Sendero en estos 12 años de guerra; es simbólico que la derrota no parta tanto de las Fuerzas Armadas y del Estado sino de la propia población. Han

1. Publicado en: *El Peruano*, 29 de marzo de 1992, pp. 6-7.

tenido dificultades en el campo, en la ciudad han tenido más éxito. Algunos dicen que derrotados en el campo se han venido a la ciudad, cuidado, creo que eso es subestimarlos, porque si el objetivo militar del "equilibrio estratégico" son acciones militares de mayor envergadura, el objetivo político del paso al equilibrio estratégico es volver al país ingobernable, y volver al país ingobernable significa concentrar fuerzas en Lima, por la importancia económica, política y hasta psicológica que tiene crear problemas en Lima. No es lo mismo que crearlos en cinco capitales provinciales. Entonces, ellos ya están desde antes trabajando en Lima, desde el año 1984, pacientemente; a partir del año 1989 esto se ve también con mayor notoriedad. En Lima han tenido éxito y es interesante constatar lo siguiente: un colega decía que ellos habían hecho un ejercicio de superponer dos mapas de Lima, uno con los nuevos asentamientos humanos de los años ochenta y otro con las zonas donde Sendero tiene más influencia, y coinciden los dos. Sendero ha logrado ciertas cabeceras de playa, sobre todo en los nuevos asentamientos de los años ochenta. Para esto hay varias razones: estos migrantes de los años ochenta ya no son los de los años cincuenta, sesenta o setenta, los pioneros que llegaban (para usar frases de cliché) y que transformaron el desierto en ciudad, tipo Villa el Salvador, o los que emprendieron "el otro sendero", para usar la frase de Hernando de Soto; los de los años ochenta son los hijos de la crisis, llegan y encuentran las puertas cerradas, desempleo, hambre creciente, y los jóvenes la frustración, es el colapso del sistema educativo. Muchos de los que llegan son ya refugiados de guerra, y este migrante tiene otro perfil psicológico que el que sale porque quiere triunfar afuera. En esas zonas Sendero logra presencia, pero cuando quiere avanzar más allá también tiene problemas por su propia propuesta, creo yo. Alguien decía que Sendero como que quisiera enfrentar a los miserables contra los pobres, a los paupérrimos contra los pobres. Pero cuando llega a los pobres tiene problemas, entonces ¿qué es lo que hace? Al igual que en el campo, incrementa la violencia contra todo aquel que se opone; entonces, ¿qué barreras encuentra cuando quiere avanzar más allá de estos bastiones? Ya no encuentra casi al Estado, porque el Estado se ha replegado, los puestos policiales se han replegado no solo de las punas de Ayacucho sino de los barrios periféricos, el Enatruya no llega, porque cada vez que incendian un Enatru retrocede el paradero final. A los que encuentra es a las organizaciones sociales y contra ellas dirige la violencia.

–CT: *Sobre el "equilibrio estratégico" hay una polémica, ¿se ha logrado, no se ha logrado?*

–CID: Mira, el "equilibrio estratégico" no es algo que se logra, o no como cuando tú compras un libro, ahí ya lo tienes y sabes si lo tienes o no; es un proceso que ellos llaman dialéctico, dinámico, llamémosle; tú vas conquistando el "equilibrio estratégico". En ese sentido, creo que, con altibajos, han avanzado, y de todas maneras, si bien no es un objeto que tú sepas si lo tienes o no, sí se siente. En ese sentido Sendero ha avanzado hacia el "equilibrio estratégico", pero podríamos con bastante certeza decir que no está en una situación de "equilibrio estratégico", eso se sentiría. Y sospecho que ellos van a querer dar algún tipo de demostración de fuerza este año, para reafirmar a su propia militancia y al país que han llegado a ese equilibrio. Yo creo que esa podría ser una acción muy fuerte y violenta en Lima.

–CT: *En cuanto a sus bases de apoyo, ¿qué han conseguido en Lima, tomando en cuenta un caso como el de Raucana?*

–CID: Han conseguido avanzar sobre todo en las zonas más pobres de asentamientos humanos nuevos, entre jóvenes. Raucana es quizá uno de los ejemplos máximos, hasta visualmente, era un mundo cerrado, con un muro alrededor; era en ese sentido una zona liberada casi literalmente, nadie entraba. Pero no es el único, hay un grupo de asentamientos en donde Sendero tiene, si no esa misma presencia, pues una bastante fuerte.

–CT: *Y ahora, yendo al otro lado, ¿la política antisubversiva del gobierno?*

–CID: Bueno, hay dos artículos de un señor Obando en la revista *Quehacer* que realmente pintan muy bien la incapacidad del Estado para diseñar y aplicar una política contrainsurgente, cualquiera que ella fuera. Lo que ha marcado estos 12 años es la ausencia de una política contrainsurgente, ha sido un barco a la deriva. Si no han reprimido no ha sido por buenos sino porque no sabían cómo hacerlo, y cuando han reprimido tampoco ha sido parte de una estrategia global y coherente. Ha sido todo increíblemente desordenado, no ha habido continuidad ni en el tiempo ni en el espacio en la estrategia. Hay un título de un informe de Americas Watch, ya en el año 1984, que es muy claro, critica al gobierno de Belaunde y se llama *Abdicando la autoridad democrática*. Eso es lo que han hecho los gobiernos, abdicar la autoridad democrática, dejarle la represión a los militares que han entrado a reprimir sin ningún plan ni nada. Ni siquiera ahí había continuidad, porque tú podías tener un jefe militar en una provincia que fuese muy inteligente, muy sensible a las necesidades de la población, de la zona, pero en la provincia vecina tenías un militar genocida. Pero al año siguiente podía cambiar, y en esta zona podía venir uno que deshacía todo lo que el anterior había hecho, y a la otra podía llegar uno que tenía que llegar a reconstruir todo lo que el otro había destruido. Es impresionante, yo creo que muestra por qué el Estado y los partidos están tan desgastados. Recién el último diciembre se logra un mínimo, un embrión de política antisubversiva coherente, y es cuando Fujimori manda este paquete de decretos, hay veintitantos sobre pacificación. Estos tenían un sesgo bien militarizante, entonces el Parlamento, sorprendentemente, logra ponerse de acuerdo, desde Libertad hasta el PUM, para modificarle la plana a estos decretos de Fujimori, lo hacen bastante bien (aunque no es una maravilla), por lo menos borran las aristas más militarizadas y dan mayor presencia a la población civil, a los gobiernos legítimamente electos. Hay un comando unificado de pacificación que por primera vez en 12 años va a estar pensando en los problemas 24 horas al día, así como Sendero tiene una dirección que está pensando 24 horas al día en esto. Yo estoy seguro que no ha habido más de cuatro o cinco consejos de ministros donde el tema de Sendero y de la guerra se ha discutido toda la noche, así como han discutido hace poco sobre la tasas de interés.

EN TORNO A LOS 500 AÑOS[1]

Entrevista de Claudia Guarisco

Luego de 500 años —según el punto de vista que se adopte: descubrimiento y conquista o invasión—, no tiene demasiada importancia para las mayorías peruanas, inmersas en problemáticas mucho más urgentes y actuales, participar en los diversos actos celebratorios que con este motivo se han montado. El antropólogo Carlos Iván Degregori comenta en las siguientes líneas este hecho, ubicándolo en su debida dimensión y proyectando hacia el presente sus repercusiones, tanto positivas como negativas.

–Claudia Guarisco: *Se habla mucho sobre si fue descubrimiento, encuentro o invasión eso que se trata de conmemorar ahora y que ocurrió hace 500 años. ¿Cómo lo conceptualizarías? Y, por otro lado, ¿tiene sentido una celebración de este tipo?*

–Carlos Iván Degregori: A mí me gustó la palabra que utilizó Gustavo Gutiérrez. Él dijo: "No fue un encuentro sino un encontronazo". Creo que, conceptualmente y desde el punto de vista de los habitantes de la América de aquel entonces, fue una invasión, mientras que, evidentemente, desde el punto de vista de España fue descubrimiento y conquista. Lo de encuentro es 500 años después y para nosotros no tiene mucho sentido celebrar esos fastos. Más bien nosotros podríamos conmemorar un mito de origen como el de Manco Cápac y Mama Ocllo, o el heroísmo de Grau en el combate de Angamos, o la Independencia. En todo caso, más sentido tiene celebrar la resistencia de Manco Inca.

1. Sin detalle de fuente, 16 de octubre de 1992.

Por supuesto que el 12 de octubre dirás que hace 500 años llegó Colón a América y se harán reseñas sobre quién fue. Ciertamente el hecho del descubrimiento fue importante y decisivo para la historia mundial, pero no tiene caso alegrarte por ello, primero porque ya pasaron 500 años, y segundo porque desde el punto de vista de las poblaciones que existían acá, se trató de una invasión y luego de una conquista, salvo que te sientas descendiente de españoles, y ni siquiera eso, porque ya somos algo diferente. Tampoco creo que sea posible sentirse descendiente de incas o aztecas para la mayoría de latinoamericanos. Han pasado tantas cosas... Creo que la potencialidad de un continente como este que da lugar a nuevas identidades; que ha abierto la posibilidad de nuevas identidades. Quizás eso sería lo positivo de esta invasión y conquista.

Celebración del poder

–CG: *¿España estaría tratando de dar una nueva lectura del pasado para liberarse de un sentimiento de culpa?*

–CID: Una minoría pequeña y crítica se da cuenta de que estas celebraciones oficiales no tienen mucho sentido porque aquello fue una conquista imperial y no puedes estar celebrándola alegremente; restregando además tu victoria a quien venciste hace 500 años. Por otro lado, existe una minoría oficial que sí lo celebra pues el Estado necesita consolidarse como poder. Es la celebración del poder y ahora que España ya no ocupa los primero puestos del "ranking" europeo, recurre a las viejas glorias para reverdecer sus laureles. Sin embargo, la mayoría también es más o menos indiferente a esto; la mayoría está pensando más en Europa y nos consideran un recuerdo molesto que ahora se les presenta en la forma de inmigrantes ilegales. Eso no les gusta mucho, al igual que a los franceses no les gustan los árabes. Somos las excolonias que estamos yendo allá; los entenados que de pronto van a reclamar un poco de la herencia que nadie está dispuesto a darles. Yo creo que en el fondo al Estado español tampoco le interesa mucho América Latina por más que este año lo diga. Pero en verdad, sí hay un cierto acercamiento; si España va a ser un puente entre Europa y nosotros, como dicen, y de estas cumbres iberoamericanas que ahora se han vuelto anuales va a salir algo más que retórica y encuentros de presidentes, pues enhorabuena. No siento nada en contra de España, pero tampoco a favor.

–CG: *Para el grueso de personas que está en la calle, tratando de subsistir, ¿se trata de un evento sin importancia?*

–CID: No sé si porque estamos tomados por problemas muy actuales, como la crisis económica, el Congreso Constituyente y sobre todo la violencia de Sendero, pero la verdad es que nadie le ha dado mucha importancia a los 500 años. O mejor dicho, la inmensa mayoría no le ha dado mucha importancia, lo cual creo que es correcto.

Puede ser que a esta mayoría no le interese el descubrimiento, pero puedes decir: "Bueno, pero están en contra de la opresión, del racismo, de la discriminación étnico-cultural, etc.". Sí, sienten todo esto, pero en todo caso se expresan ya no contra España sino contra el Primer Mundo en general, o contra Estados Unidos más que contra la misma España. Es decir, ya no existe ese sentimiento antiespañol. En todo caso, existe una actitud antiextranjera, en general, o "antipituca", cuando existe. Es interesante ver que en el libro de Portocarrero y Oliart *El Perú desde la escuela*, se le pide a un conjunto de estudiantes que evalúen los diferentes periodos de la historia del Perú. La mayoría coincide en afirmar que el incanato fue la época más feliz de nuestra historia, aunque la colonia tampoco aparece como el personaje malo de la película, sino que resulta algo mucho menos atractivo que lo inca o incluso que lo republicano. Pienso que las respuestas hubieran sido diferentes hace 40 años, lo cual es un cambio muy significativo en el Perú.

–CG: *¿Cómo hubieran sido?*

–CID: Sobre todo en Lima, tal vez se hubieran sacado más puntos a favor del virreinato porque entonces éramos la Ciudad de los Reyes; las tres veces coronada villa; la capital de América del Sur. Por lo menos hasta los años cincuenta aprendías todo esto. Más aún, si hacías la encuesta en los años treinta o cuarenta, por lo menos en Lima, los muchachos hubieran contestado mayoritariamente a favor del virreinato, mientras que ahora no.

Humanizar el planeta

–CG: *¿Qué significaron descubrimiento y conquista para la población indígena?*

–CID: Genocidio y etnocidio, aunque matizado. Desgraciadamente, la historia de la humanidad o, si quieres, la prehistoria de la humanidad está llena de genocidios. Es mucho más "comprensible" ese genocidio del siglo XVI—que, además, muchas veces se debió a enfermedades y no a matanzas directas—que el genocidio nazi del siglo XX; en pleno capitalismo y en medio de Europa. España no queda muy mal en el *ranking* de aquella época con respecto, por ejemplo, a Inglaterra. Los ingleses parecen haber sido más explícitamente exterminadores, mientras que los españoles eran más bien subordinadores. No sé si leíste el librito ese de Richard Morse, *El espejo de Próspero*... En cuanto a su concepción de gobierno, los españoles eran mucho más tomistas y, por consiguiente, jerárquicos pero incluyentes. Entonces sí: los indios estaban abajo pero tenían un lugar, mientras que para los anglosajones no tenían lugar y los empujaban o los mataban. La historia está llena de genocidios y 500 años después no vamos a seguir en esto. El desafío consiste en humanizar, a estas alturas, el planeta.

CULTURA, VIOLENCIA Y EDUCACIÓN[1]

Entrevista de Carmen Checa L.

¿Cuáles son nuestras tradiciones democráticas y cuáles las autoritarias? ¿Cuáles son nuestras potencialidades para superar nuestra situación signada por la violencia y la crisis? ¿Cuál es la función de la regionalización y de la educación en el proceso de democratización del Perú? Estas y otras respuestas nos ofrece el antropólogo Carlos Iván Degregori tras largos años de paciente investigación y profunda reflexión de nuestra realidad. Su respuesta refleja su preocupación, así como su compromiso con la viabilidad democrática de nosotros como colectividad peruana.

–Carmen Checa: *Desde el ámbito cultural, ¿cómo entender en nuestro país la cultura autoritaria y la violencia?*

–Carlos Iván Degregori: Es evidente que la violencia política que vive actualmente el país tiene que ver no solo con la pobreza, no solo con la miseria, porque si así fuera, también habría Sendero Luminoso en Haití o en el África, que son tanto o más pobres que nosotros. Sin duda que tiene que ver también con factores políticos, étnicos, culturales e históricos, que son muy importantes para entender sobre todo un fenómeno como Sendero Luminoso. En este sentido, Sendero Luminoso se alimenta de una cultura política autoritaria.

Sendero es algo así como uno de los últimos coletazos del viejo Perú. Esa es la paradoja, que hablando de construir un nuevo Estado, un nuevo país, un

1. Publicado en: *La Industria*, Chiclayo, 24 de noviembre de 1992.

nuevo Perú, ellos en realidad son uno de los últimos y sangrientos coletazos del viejo Perú. Justamente del Perú autoritario, del Perú colonial, del Perú señorial de antes de la gran transformación democrática que se da en este país en las últimas tres décadas. Es el último coletazo del viejo Perú, donde los señores mandaban a los indios y les decían qué tenían que hacer, porque los indios eran ignorantes. Es el viejo Perú donde los maestros mandaban a los alumnos y donde la voz del maestro era incuestionable y por consiguiente tenían que obedecer.

–CC: *¿Podrías ampliar esto?*

–CID: En la concepción que tiene Sendero Luminoso del país, el viejo patrón, el viejo maestro, son reemplazados por el partido. Es el partido el que lo sabe todo y dentro del partido, Guzmán. Figura caudillesca y endiosada a lo máximo, que es el que lo sabe todo porque ha leído el libro, porque ha escrito y su palabra escrita es incuestionable, y entonces todo el país somos sus indios que tenemos que obedecerlo, y si no le obedecemos, nos mata, nos castiga, nos vuela con dinamita. Todo el Perú somos esos alumnos tontos que no aprendemos la lección, y si no aprendemos la lección, como decía el viejo refrán, "la letra entra con sangre", entonces, sangre pues con nosotros.

Sendero no escapa a esas concepciones del viejo Perú de una cultura predominantemente autoritaria. Si queremos entender a Sendero Luminoso, tenemos que remitirnos a esa cultura señorial, premoderna, autoritaria del Perú antiguo, hasta los años cincuenta.

–CC: *Si hablamos de una tradición autoritaria, entonces ¿podemos hablar de una tradición democrática? ¿Dónde está esa tradición democrática como reserva cultural?*

–CID: En el Perú la tradición autoritaria ha sido la hegemónica. Claro que tradición democrática también la hay desde mucho tiempo atrás y se encuentra en diferentes "lugares". En lo que se llamaría Perú oficial, siempre hubo una minoría liberal, muchas veces radical, tipo Francisco González de Paula Vigil (siglo XIX), incluso anticlerical. Estaban las precursoras del feminismo, como Flora Tristán, Zoila Aurora Cáceres. Otros como González Prada, etc.

Hay toda una tradición democrática y en este siglo toda una gama de personajes que culmina con Mariátegui. Para ir de intelectuales a organizaciones sociales, hay una tradición democrática que tiene un momento muy importante en el joven movimiento obrero, influido por el anarquismo y luego por el socialismo que rompe con el Perú oligárquico, estamental. Por ejemplo, tienen sus bibliotecas obreras, tienen una tradición muy meritoria que todavía no ha sido suficientemente estudiada.

Esta cultura obrera temprana también se alimenta de raíces andinas.

–CC: *¿Solo de raíces andinas...?*

–CID: No son solo andinas, sino una mezcla de andinas e hispánicas.

Siempre se ha dicho que la comunidad campesina tiene aspectos democráticos, pero también tiene autoritarios porque se acopla con los hacendados y los señores y gamonales. Sus aspectos democráticos son en el sentido de su funcionamiento participativo. En un país excluyente donde a principios de siglo votaba solo el 2% o 3% de la población, las comunidades son un ejemplo de participación, donde los comuneros participan en la toma de decisiones en el pleno, en la asamblea. Estas son las raíces andinas. Las raíces hispánicas las encontramos en los viejos cabildos, que en el siglo XVI son aplastados. La tradición democrática española también es aplastada.

Tenemos antiguas raíces democráticas que se mezclan con estas nuevas raíces democráticas urbanas que se intensifican y se masifican. Hasta mediados de siglo, estas eran tendencias minoritarias en un país que era fundamentalmente autoritario. Todos estos riachuelos democráticos, para usar una metáfora, se masifican y convergen en un gran río democrático a partir de mediados del siglo. Es desde ese momento que la mayoría del pueblo peruano se organiza y se moviliza alrededor de la lucha por derechos democráticos básicos como, por ejemplo, la tierra.

–CC: *Pero hay también otros factores importantes*

–CID: Sí, como la migración. La migración no es solo un cambio de lugar, es también el derecho al libre tránsito por el territorio nacional. Hasta ese momento el país era, para la mayoría de peruanos, como en el título de la novela de Ciro Alegría, *Un mundo ancho y ajeno*. Entonces, el derecho a vivir en tu país, a tener tu tierra, a tener un lugar para ti en tu país, a tener tus derechos básicos ciudadanos, el derecho al voto, derechos sindicales, etc., es una lucha masiva, inédita en nuestra historia. Tanto o más grande que las luchas de la Independencia y posiblemente mayor incluso que la época de Túpac Amaru, porque en esa época todo el norte del país no se ve convulsionado por estos movimientos, mientras que ahora es realmente a lo largo y ancho de todo el territorio nacional.

Hay un gran proceso de democratización, sobre todo social, más que política.

Sendero va contra la corriente. A pesar de su alto grado de organización, y a pesar de la situación de la crisis económica actual tan espantosa, ¿por qué Sendero no se gana a un 30% o 40% de la población? Porque ha ido a contracorriente de esta nueva tendencia democrática de la población.

La desgracia es que todo este empuje democrático no es bien recogido por los partidos políticos y los gobiernos en la década del ochenta. En medio de la crisis, y ante la incapacidad de los partidos y los gobiernos para recoger esta nueva tradición democrática, es que comienza un proceso regresivo que tiene un hito en el autogolpe del 5 de abril. Ojalá no se pierda toda esta tradición y que finalmente los partidos y los gobiernos encuentren la manera de sintonizar con este nuevo ánimo democrático de la población que todavía, a pesar de la crisis, a pesar de Sendero, subsiste, aun cuando debilitado.

–CC: *¿Qué dirías sobre educación y violencia desde las regiones?*

–CID: Uno de estos escenarios de transformación democrática ha sido el de las regiones. En la lucha de la mayoría de peruanos por conquistar sus derechos básicos, también está la lucha de los pueblos de las regiones contra un país centralista. El viejo Perú señorial, aristocrático, era también un país centralista, donde todo se concentraba en Lima. Los grandes movimientos regionales, de los años setenta sobre todo, cuando por todas partes surgen frentes de defensa, son una de estas manifestaciones de lucha democrática.

Tampoco ha sido adecuadamente recogida, ni por los partidos ni por el proceso de regionalización que se desarrolló a fines de los años ochenta, aunque fue un paso adelante, yo creo, indudable. En ese sentido, un Perú democrático no puede ser un país centralista.

Un Perú democrático, sobre todo teniendo en cuenta no solo las diferencias regionales puramente geográficas o incluso económicas, sino étnicas y culturales, tiene que ser un Perú descentralista. En ese sentido yo creo que sí tiene que ver una cuestión con otra.

En cuanto a educación, yo creo que en este país se dan dos procesos que justamente favorecen el desarrollo hacia Sendero Luminoso. Una es la masificación de la educación. Nicolás Lynch la llama "masificación sin proyecto". Es correcto, positivo y democrático el proceso de masificación de la educación: todos quieren saber leer, escribir, todos quieren tener acceso a ese recurso, no solo a la tierra, al salario y al voto, sino también a la educación. En ese sentido, el Perú es un país excepcional.

Varias veces he señalado cifras, por poner solo una, que en 20 años, de 1960 a 1980, antes de la gran crisis actual, el Perú pasa del puesto 14 al puesto 4 en América Latina en cobertura educativa.

Más que porque el Estado haya gastado mucha plata en educación, ha sido por el esfuerzo de la propia sociedad. Pero nuevamente no hay una respuesta del Estado a esta nueva situación, no hay planes, no hay proyectos para dar educación a todos los peruanos. El último intento es el proyecto de reforma educativa de Velasco de 1972, o sea han pasado 20 años. Este tenía la grave falla que era autoritario y vertical, aunque tenía muchos aspectos democratizadores.

Y dos, lo que ha debido convertirse en uno de los recursos más grandes del Perú, que era esta ansia educativa de la población, esta fe de la población en la educación, se convierte en terreno favorable para Sendero Luminoso. ¿Por qué? Porque en esta ausencia de proyecto, en esta masificación sin proyecto no hay un Estado, o no hay partidos, o no hay gremios magisteriales, el mismo SUTEP, que den alternativa de educación democrática. Sendero mete su propuesta autoritaria y esta engancha con los viejos estilos educativos, como decía antes, del maestro que dice que la letra entra con sangre y que al alumno a palos hay que enseñarle. Sendero presenta una visión del mundo muy simplista, que se aprende de memoria, al viejo estilo. Sendero no es solo el viejo Perú en el ámbito político, es también la vieja pedagogía donde el mundo es en blanco o negro y uno aprende las cosas de paporreta. Cuando tú ves a los senderistas presos que salen ante la televisión, recitan.

–CC: *¿Qué propondrías frente a esto?*

–CID: Lo que faltó es que junto con este proceso de masificación educativa venga una propuesta de pedagogía democrática, que esta democratización demográfica corresponda a una democratización pedagógica en el sentido de que el mensaje sea democrático: que las metodologías sean democráticas, que la relación maestro/alumno sea democrática. Hubo un vacío y Sendero se aprovechó, por ejemplo, de las universidades ante el abandono del Estado que no les dio recursos y de las élites que crearon sus propias universidades privadas y sus propios colegios privados. En este contexto, Sendero se ha aprovechado de la falta de un proyecto educativo democrático.

UNA TIERRA DE NADIE[1]

Entrevista de Roland Forgues

–Roland Forgues: *Hablando de la violencia, se ha dicho del movimiento terrorista Sendero Luminoso que era el cáncer de la sociedad peruana. ¿Suscribes tú esta afirmación?*

–Carlos Iván Degregori: No; son metáforas médicas que no caben para explicar la realidad de los fenómenos sociales porque entonces, si es cáncer, hay que amputarlo. Sendero Luminoso es un fenómeno endógeno propio, nuestro; parte de nuestra historia, de nuestra cultura y también por cierto de Occidente por hablar del Quinto Centenario, porque también tiene que ver con el marxismo-leninismo-estalinismo.Entonces, hay que entenderlo como tal. Creo que uno de los grandes errores de los gobiernos, sobre todo del de Belaunde, fue considerarlo algo exógeno, algo que venía de fuera, algo que tenía que ver con la lucha Este-Oeste. Para Belaunde eran agentes de Moscú, Pekín o La Habana. Ahora, con el derrumbe de los socialismos reales, ya no es posible tener esa excusa y hay que reconocerlo como un fenómeno que surge desde nuestras entrañas.

–RF: *¿Cómo lo caracterizarías tú? ¿Cuáles son los fenómenos que han contribuido a hacerlo surgir primero y luego cómo se va desarrollando el movimiento?*

–CID: Hay lo que podríamos llamar un telón de fondo, que es la pobreza y la injusta distribución de riqueza en este país; o sea los extremos entre riqueza y

---

1. Publicado en: Roland Forgues, *Perú: entre el desafío de la violencia y el sueño de lo posible.* Lima: Minerva, 1993, pp. 69-85.

pobreza que son muy grandes. Aparece otro tipo de contradicciones que juegan un papel más importante allí: por ejemplo, la separación que hay entre Lima y provincias, entre costa y sierra, entre criollos, mestizos e indios. Sendero Luminoso es de alguna forma la reacción de intelectuales y jóvenes provincianos, mestizos, serranos, que sufren no tanto la explotación económica y la pobreza —en todo caso hay otros que sufren más— sino la discriminación, la humillación de un país centralista, racista.

–RF: *Justamente, se ha insistido mucho en el aspecto socioeconómico de Sendero; pero no me parece a mí personalmente que se haya valorado en su justa medida el aspecto cultural que puede explicarnos también en parte el surgimiento del fenómeno. ¿Qué te parece?*

–CID: Sí, yo creo que ha sido subestimado. Pero allí también han habido a mi entender apreciaciones erróneas, sobre todo al principio, ahora ya se despeja el panorama. Al principio se consideró a Sendero un movimiento campesino, indígena, un movimiento que expresaba la rabia andina, pero luego se ve —sí, por cierto tiene algo de andino pero no exactamente de indígena— que es un sector de intelectuales mestizos provincianos los que son la columna vertebral —y lo siguen siendo— de Sendero Luminoso: por cierto, interviene un factor cultural muy importante que tiene que ver con la tradición autoritaria del país en general y de los poderes locales serranos, andinos, en particular. Te quiero decir que de alguna manera Sendero son hijos, o son primos o son parientes, o como quieras decirlo, de los poderes locales. De allí surgen, de la clase media, de la pequeña burguesía de estos pueblos, medianos y pequeños de la sierra, donde persiste una cultura muy autoritaria, con estamentos bastante rígidos: el misti, el indio. De alguna manera, el marxismo-leninismo-estalinismo, esta vertiente más dura del marxismo, les ofrece a estos intelectuales la posibilidad de convertirse en revolucionarios sin necesidad de cambiar su esquema mental y cultural autoritario. Porque también esta es una concepción autoritaria en la cual el partido lo dirige todo. Está refrendado en la constitución que el partido único es el que dirige la nación, así como también el misti por su naturaleza, aunque sea flojo y torpe, es superior al indio. La relación misti e indio de alguna manera —y estoy forzando un poco la metáfora— se asemeja a la relación partido y masa que se establece dentro de esta vertiente del marxismo; o sea, el partido tiene la verdad y lo dice todo. Sin dejar de ser autoritario, pues no tienes que luchar contra tus propias estructuras mentales y herencia cultural, te conviertes en revolucionario y entonces puedes encabezar esa antigua aspiración de lucha contra las élites limeñas, criollas.

–RF: *La práctica social, el terrorismo de Sendero Luminoso, afecta absolutamente a todos los estratos de la sociedad indiscriminadamente, según parece. ¿Cómo explicas que ese movimiento haya podido sobrevivir y, según dicen, en algunos casos fortalecerse en ciertos lugares hasta hoy en día?*

–CID: En primer lugar, yo recalcaría el factor político. La dirigencia de Sendero Luminoso ha tenido la virtud, el éxito de forjar la voluntad política más fuerte de la historia del Perú. Es una voluntad política impresionante, fanatizada ideológicamente; en todo caso, hiperideologizada, para no usar el término fanatizada que tiene otras connotaciones. Los cuadros de Sendero Luminoso están hiperideologizados, muy cohesionados y muy organizados. En un artículo yo comparaba a Sendero con las estrellas enanas, esas donde ya no hay espacios interatómicos, que son muy pequeñas pero tremendamente pesadas porque toda la masa esta constreñida; entonces se vuelven como el hueco negro que atrae la luz. Algo así es Sendero. En segundo lugar, creo que hay una base social, una franja de la población en la cual ellos pueden reclutar cuadros; no les interesa tanto masas, sino cuadros.

–RF: *Hablas de base social, ¿cuál es exactamente? ¿Sigue siendo la misma que en los inicios de sus acciones cuando parecía seleccionar sus blancos a partir de criterios clasistas menos arbitrarios?*

–CID: El principal semillero de Sendero es una juventud provinciana mestiza con educación superior en promedio. A diferencia de otros movimientos —qué sé yo—, los vascos en España, los sikhs en la India, que tienen una base de reclutamiento muy localizada, esta franja de jóvenes provincianos mestizos, educados, se extiende por todo el país; y aquí hay un fenómeno del Perú que hay que resaltar: la tremenda explosión de expectativas alrededor de la educación. Te doy un solo dato: el Perú pasa del puesto 14 al puesto 4 entre los países de América Latina en cobertura educativa, entre 1960 y 1980, o sea antes de la gran crisis, a pesar de que la presencia del Estado en la educación disminuyó. El desarrollo se da por impulso de la sociedad. Este es un fenómeno general, pero en el Perú se da con caracteres más agudos. En el Tercer Mundo, el Perú destaca en educación. Si en otros rubros hubiéramos destacado igual, ahora seríamos uno de los tigres del Asia, desgraciadamente no fue así. Luego viene la frustración porque todos estos jóvenes, entre los años cincuenta y ochenta, avanzan, llegan a la universidad, salen de la universidad y se encuentran con la crisis. Somos el tercer país con profesionales desempleados en el mundo, después de Siria y no sé cuál otro. Tercer país de gente que tiene título universitario pero que no tiene trabajo. Es un estrato explosivo. Sobre todo por la discriminación étnica, cultural, racial, que hay en este país, sobre todo con la juventud mestizo provinciana educada; allí Sendero Luminoso cosecha. Es el segundo factor que le permite a Sendero reclutar sus cuadros. Un tercer factor es que Sendero Luminoso se encuentra con la crisis no solo económica sino política y moral más grande de la historia. Hasta el azar interviene en la historia porque solo hay dos países en donde se siembra coca, que son Bolivia y Perú, con todo lo que trae lo de la coca, desde corrupción moral hasta la posibilidad de que Sendero tenga una base social. En fin, yo creo que el factor tanto o más importante para explicar la base de Sendero Luminoso es la incapacidad del Estado y de los partidos para no solo dar una respuesta a Sendero, sino para dar una respuesta al nuevo Perú que ha surgido de los añoscincuenta para acá.

–RF: *Justamente, ¿cuál es tu apreciación sobre el acercamiento de los partidos políticos al fenómeno de Sendero?; y en especial el acercamiento de la izquierda —pues el de la derecha se ha cifrado simple y llanamente en considerar a los senderistas como delincuentes comunes—, cuya postura en varios aspectos ha sido bastante ambigua.*

–CID: Entre los años cincuenta y ochenta,el Perú cambia de manera drástica, dramática. Entonces, es como lo de Pirandello, personajes en busca de un autor; aquí sería un pueblo en busca de una representación política, porque todo cambia aquí abajo y los partidos no cambiaron lo suficiente, porque no habían participado de todo ese proceso de participación, de organización, de las últimas décadas. Vuelve Belaunde —muchas veces se dijo que era como los borbones que no había aprendido nada y no había olvidado nada; el Belaunde de los años ochenta ya no es el Belaunde de los años sesenta, que era una fuerza reformista, progresista. Viene Alan García y en el discurso parecía que había comprendido los cambios del país y sin embargo era solo en el lenguaje, porque en la práctica seguía siendo en gran medida el líder de un partido caudillista. No tenía el equipo de cuadros suficientes para comprender este nuevo país porque tampoco había estado en esas luchas, se había alejado desde los años sesenta de esas luchas y no las comprendía.

–RF: *Pero, ¿no crees que la izquierda tuvo también su parte de responsabilidad si no en el surgimiento por lo menos en el crecimiento inicial de Sendero Luminoso, por su ausencia de trabajo político en el terreno y tal vez también por su* langue de bois, *como decimos nosotros?*

–CID: La izquierda fue el único sector que estuvo presente en todos esos grandes procesos de transformación y por eso creció del 12% o 13% por el año 1962-1963 al 30% del año 1980. Algo así como que el pueblo la premió por haber estado acompañando su proceso. La izquierda era la que tenía la mayor posibilidad de convertirse en representación de esto; pero pesaron dos factores —autocríticamente lo digo porque soy parte de esa experiencia. Por un lado, la excesiva ideologización, a pesar de que la izquierda peruana hizo su perestroika temprano. Desde el inicio de los años ochenta nosotros hablábamos, retomando a Mariátegui, de un socialismo que no fuera ni calco ni copia, que fuera creación heroica, abandonamos esto de partido único, de prensa única, aceptamos el pluralismo. Llegamos hasta la frontera de la ortodoxia, pero nos dio miedo dar el paso, y entonces hubo un conjunto de fundamentos del leninismo que no nos atrevimos a romper. Entonces Sendero comenzó a jalarnos, a confrontarnos con nuestro antiguo discurso. Hasta había un cierto complejo de culpa de sectores de izquierda que decían que Sendero estaba haciendo lo que nosotros decíamos antes que había que hacer: la guerra, la revolución violenta. Allí yo creo que hubo una insuficiente renovación de la izquierda y en segundo lugar creo que también influye —y quizás es por deformación profesional que pongo tanto énfasis en estos factores étnicoculturales— el hecho de que las dirigencias de la izquierda fueron demasiado criollas o demasiado mistis provincianas; no fueron lo suficientemente cholas, peruanas. Todos estos nuevos sectores que habían surgido no llegaron en el grado suficiente a las direcciones de los partidos; de alguna manera, la brecha entre las dirigencias y las bases permaneció. Es otro factor que explica por qué la izquierda no fue capaz de representar esos sectores. Entonces Sendero está prácticamente jugando solo en la cancha; no hay quien le salga al frente, y avanza, porque no hay una respuesta adecuada que surja de la propia experiencia de estos millones de peruanos.

–RF: *Y ahora, ¿hay algunas respuestas en el estado actual de la reflexión sobre el fenómeno por parte de la izquierda, o no?*

–CID: Hay un cierto consenso en que ya no se considera a Sendero una simple desviación dentro del campo popular. Ya se acepta que Sendero no es simplemente un actor erróneo de estos sectores que tratan de representar al movimiento popular, sino que está fuera. Históricamente, estratégicamente, el accionar de Sendero va en contra de estos sectores. Pero en donde no hay consenso es en el siguiente paso, en qué hacer. Allí sigue habiendo confusión, sigue habiendo en todo caso posiciones diferentes que bloquean la posibilidad de una acción concertada, desde quienes dicen que hay que sacar otro tipo de alternativa también violenta, armada, o quienes dicen que hay que tener una tercera posición no beligerante entre los dos actores, hasta quienes dicen que se tiene que hacer alianzas amplias que incluyan relaciones con el Estado para enfrentar a Sendero Luminoso que se convierte por su carácter totalitario —que de hecho lo tiene— en enemigo principal, y que se está funcionando entre ciertos parámetros políticos básicos y se tiene que actuar en consecuencia. Eso no significa que se justifique el estado actual, pero sí tener alianzas y relaciones con él. Todos esos matices hacen que no sea posible una acción conjunta de la izquierda.

–RF: *Actualmente se habla mucho de "pacificación", incluso se ha creado una Comisión de Pacificación en el Senado. ¿Crees realmente que puede dar algún resultado esa Comisión? y ¿cómo enfocarías personalmente el problema?*

–CID: La Comisión de Pacificación del Senado es de antes y tiene funciones muy limitadas. Quizás lo nuevo son dos instancias: un Consejo por la Paz, pero que surgió muy debilitado; un Consejo por la Paz que tenía que ser una instancia moral, de legitimidad moral, que agrupe a todas las fuerzas democráticas que quieren la paz; pero eso requería un amplio consenso y requería figuras muy legitimadas a la cabeza. Desgraciadamente, la clase política está muy deslegitimada; se pensó que lo encabezara la Iglesia; no era la mejor salida, no soy partidario de la participación de la Iglesia en política de manera tan abierta, pero dadas las condiciones específicas peruanas, quizás era el mal menor y sin embargo la Iglesia, también tensionada entre posiciones conservadoras y progresistas, se abstuvo, no quiso encabezar. Entonces viene una alianza muy confusa y sale un personaje a la cabeza de este Consejo por la Paz que no tiene consenso, ni tiene peso, ni tiene nombre siquiera: un Francisco Diez Canseco que ni siquiera había logrado ser elegido diputado en las últimas elecciones. Entonces, ese Consejo por la Paz surge muy debilitado; no es como si estuvieran personas de reconocido prestigio, qué sé yo, un Pérez de Cuéllar, por poner algún nombre, porque era una instancia más moral que ejecutiva. Y en el ámbito de la ejecución se ha dado un paquete de decretos leyes sobre pacificación que por primera vez en once años muestra una política antisubversiva coherente. Lo que en mucho tiempo se ha reclamado es que el Estado tenga una política para enfrentar el problema de la violencia, una política constitucional, democrática, etc. De repente, el gobierno Fujimori saca un conjunto de medidas que configuran una política; pero el problema es que era una política muy sesgada hacia lo militar y hacia lo autoritario. Desgraciadamente, cuando finalmente tenemos una política de pacificación, es autoritaria, militarista, presidencialista. Ante esta avalancha de decretos leyes del Ejecutivo, los partidos dicen no y derogan los decretos más militaristas, modifican otros y lo que ha salido es un conjunto de leyes que dan el mínimo, algo así como el embrión o el esqueleto de lo que podría ser una estrategia de pacificación que ponga la política por delante, que no sea un enfrentamiento predominantemente militar con Sendero.

–RF: *El enfrentamiento directo es precisamente lo que busca Sendero dentro de su estrategia del llamado equilibrio estratégico y, desde este punto de vista, todos los gobiernos y la derecha en general le han hecho el juego...*

–CID: Hay, además, documentos de Sendero en donde Abimael Guzmán dice que hay que ver lo conveniente que puede ser para ellos un genocidio en la perspectiva de pasar al equilibrio estratégico; ellos están buscando la reacción militar desenfrenada porque ese es el terreno donde saben moverse mejor. La respuesta efectiva contra Sendero, política y moralmente efectiva, tiene que ser una respuesta donde lo político está por delante y donde participa la sociedad civil. Eso es lo que no ha habido y en eso, finalmente, los partidos, desde Libertad hasta el PUM, se han puesto de acuerdo. Ahora que eso se lleve a la práctica es muy difícil. Pero por lo menos es algo que antes no había.

–RF: *Has apuntado que gracias al trabajo del Parlamento se había dado el embrión de una verdadera política antisubversiva. ¿Puedes señalar algunos rasgos de las medidas contenidas en los decretos-leyes?*

–CID: Una de las cosas más polémicas era lo relativo a los comandos político-militares. De repente, la violencia aumentaba en una zona y el gobierno declaraba la zona en estado de emergencia y la ponía bajo el mando de un comando político-militar donde el jefe militar tenía, si no en la ley, por lo menos en la práctica, el poder absoluto. Se iban militarizando partes del país. En el año 1984, un organismo de derechos humanos, Americas Watch, lo llamó abdicación de la autoridad democrática y es muy preciso. La autoridad democrática se entregaba a los militares y los militares hacían la guerra. Y segundo, no había coherencia ni continuidad, ni espacial ni temporal, en lo que hacían esos comandos político-militares. Tú podías tener en un departamento, en Ayacucho, por ejemplo, a un general genocida, brutal, que no entendía a la población y en un departamento vecino a un general mucho más sensible que trataba de ganarse a la población. Estos puestos solo duraban un año. Después de un año, tú podías tener a un general muy comprensivo que tenía que venir a cicatrizar todas las heridas que el otro había dejado, o a un general que era una bestia y malograba todo lo que el otro había hecho antes. Entonces era una cuestión totalmente incoherente. Ahora se dice no a los comandos político-militares. Hay comandos unificados de pacificación donde participa el jefe del gobierno regional, que es un civil electo por la población, el prefecto regional, que es un civil nombrado por el Poder Ejecutivo, y el jefe militar, que es uno más dentro de una troika, donde por lo menos el jefe del gobierno regional es electo. Lo mismo sucede con los comandos locales de pacificación: en una provincia será el alcalde, más el subprefecto, más el jefe militar. Eso te da más presencia tanto del gobierno como de la sociedad civil para contrapesar el peso de los militares, y se supone que además se organiza a la población civil y que el comando de pacificación lleva adelante una estrategia de mediano plazo.

–RF: *Precisamente referente a la participación de la población civil en el proceso de pacificación, me gustaría tener tu opinión sobre la política que se va desarrollando cada vez más y que consiste en armar las rondas campesinas. Semejante política tal vez pueda ser positiva a corto plazo, pero también puede representar un peligro a mediano y largo plazo. ¿Qué te parece?*

–CID: Es bien complejo el problema. Nosotros, en el IEP, tuvimos un evento donde participaron los líderes de las rondas y fue muy interesante porque tú te das cuenta de que algo sucedió en el campo peruano, sobre todo en la sierra central y del sur, donde a partir de 1989 la población por primera vez empieza a ver al Ejército, y no a Sendero, como mal menor. Yo creo que eso tiene que ver con que Sendero quiere pasar al equilibrio estratégico. Anteriormente Sendero Luminoso había aparecido como algo externo al campesinado, pero dispuesto a coexistir con él. Hay un texto de un antropólogo americano que habla de "adaptación en resistencia". Incluso las comunidades campesinas veían a Sendero como mal menor porque era el Ejército que venía de fuera y ciegamente reprimía. Si Sendero pasaba por los cerros de por ahí, la comunidad se hacía la de la vista gorda; y si los senderistas venían a la comunidad y les pedían comida, le daban rápido comida y mejor que se vayan rápido. Pero cuando Sendero quiere pasar al equilibrio estratégico, ya no le basta con este consenso de la población; necesita consenso más activo: que le den más alimentos, que participe la población en acciones militares, etc., y el campesino no quiere. Comienzan a aumentar las tensiones con Sendero y Sendero reacciona de manera autoritaria. Comienza a golpear, a matar más campesinos, ya no solo al abigeo, ya no solo al ladrón, ya no solo a la autoridad corrupta, sino a los dirigentes mismos. Entonces las comunidades comienzan a organizarse y a buscar al Ejército. Imagínate un Ejército violador de derechos humanos y sin estrategia. Esto te muestra lo brutal de Sendero Luminoso para que la gente prefiera irse con el Ejército. Comienza a organizarse con el Ejército. Quiere decir que las rondas, aquí, en el Perú, no son como esas patrullas civiles de

Guatemala que eran totalmente forzadas. Aquí por supuesto que hay una presión del Ejército para que se formen rondas, pero también en bastantes casos hay una voluntad campesina para participar en las rondas. Y entonces viene el problema: Sendero tiene armas y ellas no; ellas comienzan a reclamar armas y el Ejército tiene miedo de dárselas; porque desconfía, porque muchos de los miembros han sido antes simpatizantes de Sendero. Hay una desconfianza que yo creo que también tiene que ver con estas brechas étnicas que hay en el país, porque las gentes de clases medias o altas tienen pistolas, tienen huachimanes, tienen guardaespaldas con metralletas. O sea, ellos sí pueden tener y los campesinos no. ¿Por qué?, si todos son iguales, si todos son ciudadanos. ¿Por qué el señor de La Molina —hay calles que han cerrado en La Molina y a las que tú no puedes entrar si no tienes pase— puede tener huachimanes armados y tú no? ¿Por qué el señor de la clase alta sí puede tener armas para defenderse y el campesino no?

–RF: *¿Quieres decir con esto que habría una reivindicación democrática de parte de los campesinos en esa exigencia de tener armas?*

–CID: Exactamente. Por otro lado, también es cierto que al darles armas, en el mediano plazo, tú no estás seguro de si esas armas no van a ser utilizadas contra otros campesinos vecinos o si la violencia va a decrecer en ese lugar. Me dicen que en Colombia, por ejemplo, los campesinos que ya tienen experiencia militar son reclutados por bandas de narcotraficantes. Es algo de doble filo muy ambiguo, muy peligroso, pero yo diría que predomina el aspecto de reivindicación democrática. Porque además, ahora, en este momento, Sendero los mata. Ya no viola simplemente derechos humanos, ahora hay cada vez más desaparecidos; tres o cuatro años hemos sido los primeros en desaparecidos en el mundo. Las masacres, las fosas comunes, son más por acción de Sendero que por las Fuerzas Armadas. Si hubiera una estrategia integral y democrática de pacificación, si realmente funcionaran los comandos unificados, si realmente funcionara la autoridad civil y los partidos se revitalizaran siquiera mínimamente, yo creo que no habría problemas para que les den armas a los campesinos. Lo malo es que no hay eso. Estamos en la tensión entre el corto y el mediano plazo.

–RF: *Esa es la pacificación en el campo, en ciertas zonas, o regiones grandes, pero muy poco he oído hablar de pacificación en las ciudades. A mí lo que me impresiona es que, sin duda, hay más atentados en esta ciudad de Lima que en todo el campo. Puede que siga habiendo matanzas en el campo, pero lo más espectacular ocurre aquí, en la capital. Hace dos días he asistido a varios atentados y el más importante fue en la propia Embajada de los Estados Unidos, donde un coche-bomba voló parte del edificio, a pesar de lo bien resguardado que está ese lugar. Entonces me pregunto: ¿qué pasa con la estrategia de pacificación en la ciudad?*

–CID: Sendero ha sufrido reveses importantes en el campo, no definitivos; puede recuperarse y ya debe estar pensando en la forma de hacerlo; pero ha sufrido reveses. En Ayacucho, por ejemplo, se han cerrado las calles a Sendero. Antes Sendero cruzaba como por su casa y ahora ha quedado empantanado, como en la guerra de trincheras de la Primera Guerra Mundial. Pero curiosamente es en la ciudad de Lima donde ha comenzado un crecimiento explosivo, justamente por la misma época; yo creo que tiene que ver con un antiguo trabajo de Sendero desde 1984 en la ciudad; tiene que ver con su crecimiento impresionante. La violencia, la crisis económica y dos y hasta tres sequías en la última década han despoblado el campo. Los que estaban preparando el censo de este año —y creo que incluso lo van a postergar un año más— encontraron que las proyecciones del aumento de la población para el campo eran totalmente falsas. Por ejemplo, se pensaba que un pequeño poblado de 1000 habitantes iba a subir a 2000. Mentira; subió a 1050, porque los otros 950 se habían ido a la ciudad. Y se pensaba que Lima apenas iba a aproximarse a los 7 millones y tiene 8. Hay una migración masiva a las ciudades. Ya no son los migrantes clásicos que llegan a conquistar el nuevo mundo; ahora son casi desplazados de guerra, o por la sequía o por la economía; son casi refugiados. Hay una especie de cinturón de miseria que rodea al cinturón que logró, entre los años cincuenta, setenta u ochenta, consolidarse como nuevos sectores populares urbanos, pero más o menos integrados. Ahora, los excluidos los han rodeado a estos. Allí hay una juventud que es explosiva.

–RF: *Ello explicaría el cambio estratégico de Sendero, la presión que está ejerciendo ahora sobre la ciudad y sobre Lima en particular; pero lo difícil de entender es cómo Sendero puede encontrar adeptos, si es que los tiene de verdad, en lugares donde viven esos campesinos refugiados que han huido de su violencia.*

–CID: Sendero comienza a formar lo que llama núcleos de resistencia y repotencia su trabajo entre estudiantes universitarios y maestros. Tienes una columna de cuadros senderistas que actúa en una ciudad que se ha desdibujado, donde las clases básicas están destrozadas por la crisis. La clase obrera ha bajado del veintitantos por ciento a poco más del 10% de la población económicamente activa; es una ciudad masificada, empobrecida, donde el mito del progreso ya no despierta las esperanzas de antes. Allí Sendero recluta y allí comienza a establecer núcleos de resistencia en algunos de esos barrios paupérrimos, que son fácilmente aislables porque ni siquiera los servicios básicos llegan hasta allá. El principal problema ahora es Lima y la principal batalla se va a dar en Lima. Además, Sendero, para pasar al equilibrio estratégico, necesita acciones militares importantes, y esas, para que tengan repercusión, solo pueden ser en Lima. Creo que este año antes de las elecciones municipales Sendero va a hacer una prueba de fuerza en Lima. Es una ciudad muy vulnerable, tanto en el ámbito militar estratégico —por el hecho de que está en medio del desierto con el agua y la electricidad que le vienen por una quebrada del Rímac—, como socialmente. Los partidos y las organizaciones sindicales quedan en primera línea de fuego. La aplicación inflexible del programa neoliberal— no dan plata para rubros sociales: salud, educación— provoca un colapso. Por algo hay el cólera y más de un millón de escolares han dejado las escuelas de un total de siete. Se calcula que entre uno y dos millones de escolares han dejado las escuelas el año 1991. La deserción escolar y el cólera están entre los principales resultados de esta política económica. En un contexto como ese, se le regala campo a Sendero. El Estado se repliega, los partidos están en crisis. ¿Quiénes quedan en primera línea? Las llamadas organizaciones de supervivencia, de mujeres, clubes de madres, Vaso de Leche, las iglesias, los curas —católicos o evangélicos—, las ONG, o sea los centros que hacen trabajo de promoción y por eso Sendero comienza a matar a dirigentes, a señoras de los comedores. Porque son los que han permanecido ante la deserción de los que deberían haberse quedado peleando en primera fila. Entonces comienzan a ser blanco de Sendero.

–RF: *Si solo quedan estos últimos voluntarios de la lucha, ¿cómo ves la posibilidad de que se responda políticamente a Sendero? Porque una de las primeras respuestas políticas sería la transformación de los lugares donde está y crece Sendero; pero si nadie quiere ir para transformar esos lugares, ¿qué porvenir tiene la llamada pacificación del país?*

–CID: La respuesta política a Sendero pasa por la reconstrucción económica del país. Allí yo no opino porque no soy economista, pero me doy cuenta de que, sea el programa que fuere, neoliberal o como se llame, tiene que tener un componente de políticas sociales. No puedes aplicar el mismo programa en una situación de paz que en una situación de guerra. Quizás en Bolivia funcionó, pero no había una guerra interna; en Chile funcionó, pero aquí la situación es diferente. Tú tienes que tener en cuenta la guerra dentro de la economía, y cuando lees los periódicos cuando hablan del Fondo Monetario y de la prioridad económica, en ningún momento mencionan la guerra. Yo creo que una guerra tiene que destinar recursos al combate político y social.

La respuesta a Sendero pasa por un programa económico; sea cual fuere, que tome en cuenta la dimensión social y el hecho de la guerra. En segundo lugar, la reconstrucción de los partidos. Si eso no se da, de aquí a los próximos años no hay que pensar en un mínimo de vida democrática en el país. El mismo hecho de que logren ponerse de acuerdo todos para ponerle freno al intento militarizante del Ejecutivo, es un buen indicio de que hay una nueva generación en varios partidos. La pregunta es hasta qué medida los viejos líderes lo aceptaran, la vieja generación —digo viejos de Alan García para arriba, de mí para arriba incluso—, porque ya nosotros cometimos demasiados errores.No es que tenemos que retirarnos, pero si no hay un influjo de sangre nueva, no va a haber renovación. ¿En qué medida los partidos van a estar dispuestos a aceptar a las nuevas generaciones? De eso depende la reconstrucción del tejido social, la recuperación de todas las organizaciones de base golpeadas por la crisis económica y por la incapacidad de los partidos para representarlas.

–RF: *Precisamente porque lo necesario es recuperar el vínculo perdido entre los partidos políticos y las masas, me gustaría que me dieras tu opinión sobre las consecuencias culturales que tienen las modificaciones sociales que se han dado en estos últimos años en el Perú, y en Lima en especial. Esa gran concentración de gente en Lima, en donde se ven todas las sangres, como decía Arguedas, tiene obviamente consecuencias culturales importantes. ¿Cómo las valoras, personalmente?*

–CID: Hay dos momentos. Un momento entre los años cincuenta y ochenta, mediados de la década del ochenta, en que Lima se peruaniza y se democratiza; es un momento muy feliz en la historia de Lima, porque antes Lima era la horrible, colonial, hispánica, estaba de espaldas al país y mirando más al extranjero. Entre los años cincuenta y ochenta se vuelve una Lima más peruana, más popular, más de "todas las sangres". Yo creo que esta frase muy feliz de Arguedas se realiza en buena medida en Lima. Estos migrantes campesinos que conquistan la ciudadanía; basta ver cómo cambiaron los barrios, eran esteras y luego se convirtieron en ciudades, todo un esfuerzo pionero, una vitalidad impresionante. Lima se convierte en una de las ciudades, no más bonitas, pero sí más vitales de América en esas tres décadas. Pero al no culminar esto en el ámbito político y en medio de esta crisis general, este proceso se bloquea; y además Sendero con su violencia agudiza ese bloqueo y comienza a surgir el lado caótico —que siempre lo hubo, porque todo proceso de democratización es caótico—, el lado más negativo del desorden, más tanático, más autoritario, azuzado por la crisis, la incapacidad de los gobiernos y por Sendero Luminoso. Este país era un país desintegrado, una nación en formación. En las últimas décadas se había ido formando un tejido nacional.

El mismo hecho de que Fujimori saliese presidente es muy positivo, yo estaba orgulloso de que en este país se pudiera votar por alguien así; porque te da ese sentido de todas las sangres. Ese tejido que se había anudado comienza nuevamente a desgarrarse. Me da pena Lima estos años, veo que por la pobreza las distancias comienzan a agrandarse, todos comienzan a encerrarse; se vuelve una tierra de nadie y de atrincherados. Tú vas por barrios de clase media y alta, a los supermercados, y encuentras todos los productos importados. Tú vas a los nuevos sectores migrantes de la crisis de los años ochenta, es una miseria, no hay servicios. Esto que se estaba uniendo se vuelve a distanciar. Crecen los miedos, los temores. Es un país que había estado avanzando en su articulación y que nuevamente vuelve a desarticularse. Ahí las posibilidades de violencia se acrecientan.

–RF: *De modo que tú no eres muy optimista en lo relativo al acabamiento de la violencia...*

–CID: Desgraciadamente, no. Yo quiero, yo espero, yo creo que hay posibilidades de revertir la situación. Sendero se ha convertido en un fundamentalismo religioso. Es impresionante el contenido religioso de los artículos, más que político. Yo no creo que Sendero avanza porque su línea sea correcta, sino porque se ha vuelto un fundamentalismo religioso y expresa de alguna manera contradicciones étnicas. Y como sabemos, los problemas étnicos y religiosos son los más explosivos de esta actualidad. En este sentido, el Perú no es una excepción sino más bien una confirmación. Los problemas religiosos y étnicos se ponen en primer plano. Hay posibilidad de revertir porque la gran vitalidad de los años cincuenta, sesenta, ochenta, todavía impide que Sendero se haga movimiento de masas y se vuelva como el Frente Islámico de Salvación de Argelia, un fundamentalismo religioso que conquista a la mayoría y gana elecciones. En el Perú no se da eso porque todos esos componentes democráticos, nacionales, de organización, todavía son fuertes, a pesar de lo golpeados que están. Todavía es reversible la situación, pero conforme pasa el tiempo las posibilidades de revertirla disminuyen. Yo no creo que vayamos a un triunfo de Sendero —el contexto internacional es muy desfavorable, incluso el contexto nacional—, pero sí a un bloqueo de largo plazo en el país, haciéndolo ingobernable.

–RF: *Te has referido al triunfo de Fujimori como buen ejemplo del avance de la fusión de las culturas y de las razas; pero me interesaría saber también si como antropólogo tú no puedes ir más allá de la explicación, demasiado sencilla en mi opinión, del triunfo adjudicado a los errores de la derecha y los errores de la izquierda, al derroche de dinero del candidato Vargas Llosa y a la pugna entre*

Barrantes y Pease. ¿No piensas que tras la victoria de Fujimori puede haber factores culturales y probablemente psicológicos tan o más importantes?

–CID: De hecho yo creo que sí. Si tú haces la curva de votos de Fujimori y de Vargas Llosa, las encuestadoras te dividen la votación en estratos. Si haces otro reparto y pones los departamentos con mayor población indígena —o sea de Huancavelica hacia Puno—,la curva crece todavía más y baja todavía más para Vargas Llosa. Igual si lo haces en los distritos de Lima con más migración provinciana; incluso entre distritos pobres. Tú pones los distritos pobres más criollos y los más andinos, y en los más andinos, los de más migrantes,y la distancia entre Fujimori y Vargas Llosa es mayor. Mi hipótesis es que Vargas Llosa acaba representando a los sectores criollos que aquí se denominan "pitucos" y que a estas alturas de la historia del Perú aparecen como extranjeros. Lo paradójico para gente como Belaunde, que varias veces ha dicho que tiene sus ancestros enterrados acá, es que para la mayoría de la población este *chino japonés* parece más peruano que un criollo de larga trayectoria en el país. Creo que Vargas Llosa apareció a los ojos de la mayoría como más extranjero y Fujimori como más de adentro. Por la misma situación de las colonias china y japonesa, que comienzan con una condición económica baja, el carácter extranjero de la burguesía criolla pituca se agudiza mucho en las elecciones, y eso hasta en la lengua se nota, porque ahora ya no te dicen tanto "pituco" sino *míster*, y esto es ponerte afuera del país.

–RF: *De alguna manera es un racismo al revés, hasta ahora siempre se ha hablado del racismo del blanco hacia el indio.*

–CID: Es una respuesta étnico-cultural. Racismo no sé, porque Fujimori era japonés.

–RF: *Me refería a la apreciación que hacías al señalar que cuando te paseas ahora por la calle te llaman* míster, *como una manera de rechazarte, colocándote fuera de la comunidad nacional.*

–CID: Quizás más que rechazo es la constatación de algo real. El Perú es cada vez más cholo, mestizo, moreno y cada vez más los sectores criollos blancos, de clase media para arriba, van quedando fuera. Es una apreciación más o menos realista de la situación.

–RF: *Desde el punto de vista político, ¿qué pudo seducir a esas categorías sociales o étnicas en el discurso de Fujimori?*

–CID: Yo creo que todavía era una apuesta por los valores que tuvieron gran auge entre los años cincuenta y ochenta, este valor de la modernidad, del progreso; yo creo que en los sectores populares, incluyendo los campesinos andinos, la resistencia no es cerrazón a Occidente; hay dos maneras de resistir: cerrándote, que sería la de los fundamentalismos islámicos; y la otra es apropiándote de los instrumentos de dominación del otro, a la manera de Prometeo que les arranca el fuego a los dioses. Tú les arrancas la educación a los mistis, a los blancos; les arrancas el derecho de vivir en la ciudad, cuando antes las ciudades eran mistis, blancas, criollas; los indios tenían que estar en la puna. Este segundo tipo de resistencia es la que predomina en el país en las últimas décadas. Cuando en las elecciones de 1990 Fujimori comienza a avanzar, es cuando Barrantes queda en tercer lugar y los dos primeros son Vargas Llosa y Alva Castro; eso resulta insoportable para la mayoría de la población y comienzan a buscar, en tanto la izquierda no les da respuesta, entre los candidatos chicos, y entre esos candidatos hay una gama que va desde oligarcas —uno se llamaba Nicolás de Piérola— hasta religiosos indígenas, como Ezequiel Ataucusi, de la Iglesia israelí del nuevo pacto universal, que es una especie de pentecostalismo nativo. Si hubieran optado por esa especie de cerrarse a Occidente, quizás hubieran votado por este Ataucusi que se deja barba como en la Biblia. Eligieron a Fujimori que era ingeniero. Su símbolo, el tractor, y su eslogan "Honradez, tecnología y trabajo", es la combinación perfecta de la ética del migrante e incluso del campesino. Mucho se ha enfatizado el papel del trabajo, de la reciprocidad, en las comunidades andinas —la novela de Arguedas *Yawar fiesta* —, y la honradez y la tecnología, o sea apropiarse de lo del otro, encarnadas en un ingeniero y en un japonés, eso jugó mucho.

–RF: *Una pregunta más general ahora: ¿qué rol puede jugar precisamente la antropología en la interpretación de los fenómenos como los de la sociedad peruana actual?*

–CID: Limitado, como el de todas las ciencias sociales. Estamos en un momento en el cual la fe ciega en las ciencias disminuye, felizmente además. Pero sí tiene un papel porque quizás en los años setenta se expandieron demasiado lo que se llaman versiones frías del marxismo, que ponía el peso más en las estructuras y en la base económica. Se decía que la base determina la superestructura, que cambias la base y cambiará la política, la cultura. De repente vemos que no. Se creía que las estructuras eran la base fundamental y que los actores estaban encasillados en las estructuras. Eso estalló en los años ochenta, se ve que eso tiene límites, que por supuesto la economía tiene un papel importantísimo, pero que la cultura tiene su propia dinámica, su propia vida, en el acontecer histórico. Disciplinas como la antropología, que justamente habían tenido una especialización en la cultura, encuentran un nuevo campo. Se encuentran parcialmente reivindicadas.

–RF: *A mí lo que me sorprende es que esos problemas tardaran tanto en estallar. Esto muestra muy bien que los tipos de análisis que se aplicaron a América Latina durante mucho tiempo eran totalmente importados e inapropiados. Arguedas demostró a partir de 1940, esto es mucho antes de escribir* Todas las sangres, *que en la diferenciación de las clases sociales en el Perú era determinante el aspecto cultural. Pero no fue seguido, desgraciadamente, por los científicos sociales, que casi lo tacharon de analfabeto cuando, en mi opinión, él tenía la razón y fue uno de los primeros científicos sociales que vio realmente con ojos muy lúcidos la realidad cambiante de su país.*

–CID: De hecho, antes de Arguedas, Mariátegui pone gran énfasis en los aspectos culturales, en el problema del indio y también es atacado por populista, por indigenista. Tuvimos grandes figuras, pero, desgraciadamente, en los años setenta fueron subsumidas por una ola impresionante que nos arrastró a todos a esta versión fría, pues, del marxismo.

–RF: *¿Cómo explicas la confusión entre ciertas disciplinas como la antropología y la sociología? Y, sobre todo, ¿cómo explicas el auge de la antropología que se da en el Perú a partir de los años sesenta?*

–CID: Es cierto que no se distinguen bien los límites entre antropología y sociología aquí, y es porque también hacia fines de los sesenta y setenta hubo toda una corriente que pugnaba por la integración de las ciencias sociales; se decía: la sociedad es una sola y sus procesos no pueden entenderse de manera parcelada, no pueden haber áreas, estancos, de una realidad que es múltiple y que está totalmente interrelacionada. Incluso en los años setenta se llegó a un exceso, durante los tres primeros años todos estudiaban lo mismo, solo en el cuarto y quinto año se diferenciaban. Pero ha quedado esa interdisciplinaridad, no hay fronteras muy precisas entre antropología y sociología, entre antropología e historia; hay bastante etnohistoria, hay bastante historia oral, que está en las fronteras entre historia y antropología. Curiosamente, no hay ciencia política, pero son sociólogos y antropólogos los que entran a hacer estudios de política; hay sociología política, antropología política. Yo diría que es una cuestión medio babélica, pero donde en el fondo predominan los aspectos positivos; los aspectos negativos serían que no hay una suficiente profesionalización: dentro de los principios políticos del rendimiento, quizás no somos lo suficientemente profesionalizados. Dentro de lo que el país requiere, no está mal que haya esos cruces de fronteras.

–RF: *Precisamente, ¿cómo se sitúan ustedes, las nuevas generaciones de antropólogos, con respecto a los maestros como Lévi-Strauss y los otros?*

–CID: Hay dos problemas. Uno fue esta especie de invasión del marxismo frío en los años setenta que cortó el desarrollo de las teorías antropológicas clásicas; se dejaron de lado los clásicos de la antropología, lo que se estudiaba era marxismo. En los años ochenta se trata de recuperar, sin perder los aportes marxistas, la antropología clásica. Hay esta especie de mestizaje, por decirlo de alguna forma, entre el marxismo y las corrientes antropológicas clásicas. Entonces se rescata no solo a Lévi-Strauss y a los antropólogos británicos y norteamericanos clásicos, sino también a figuras peruanas de los años sesenta, como Arguedas, por ejemplo. Los trabajos de esa época de Quijano, de Cotler, que habían quedado perdidos, se vuelven a recuperar ahora y se tratan de utilizar. Hay una especie de reencuentro, sin perder lo que de bueno hubo en los años setenta.

–RF: *Lo que considero muy interesante en los antropólogos y sociólogos de las nuevas generaciones es que no vacilan en recurrir a la creación literaria como documento antropológico y sociológico, en especial a la narrativa. Esto me parece totalmente justificado cuando se sabe que, en el fondo, los primeros científicos sociales en el Perú y en América Latina fueron los escritores. Por ello me gustaría tener tu opinión sobre las relaciones entre la antropología y la creación literaria, que ha desempeñado un gran rol social en este país.*

–CID: En los años ochenta,al rescatarse la cultura, se rescatan las manifestaciones culturales y artísticas. Lo que más se rescata por estar más cercano a nuestra tradición es el folclore. Pero de folclore ha pasado a ser cultura popular; esto de alguna manera te indica el grado del proceso de integración nacional. Folclore es el estudio del *otro*, del que no es como tú; mientras que cultura popular es el estudio de un estrato tuyo. En Rodrigo Montoya se ve una evolución neta: en los años setenta saca un libro que se llama *Acerca del carácter predominantemente capitalista de la sociedad peruana actual*, y en los ochenta un libro que se llama *La sangre de los cerros*, una compilación de la poesía que se canta en los Andes. Hay una revaloración de la creación artística musical, que es uno de los ejes de la cultura andina. Arguedas decía que la música, el canto, la danza, son como la esencia de la vida en los Andes, quizás como los relatos orales entre los árabes. Y también hay una revaloración del testimonio de la biografía, las historias de vida, el actor vuelve a surgir al primer plano. Y eso de alguna manera te acerca a la literatura. Estás a un paso de revalorar la literatura y a eso ayuda Arguedas, que estuvo siempre en los dos mundos; nos permite hacer el tránsito, el puente entre antropología y literatura. Se usan textos literarios para ilustrar y ejemplificar problemas antropológicos. No solo Arguedas. *Canto de sirena* de Gregorio Martínez te da toda una esencia de los afroperuanos que nunca habían sido estudiados "científicamente" —entre comillas— por la sociología o la antropología, y de repente aparece una novela que es un emporio de conocimientos sobre ese sector de la población.

–RF: *Lo que me interesaría saber ahora es cómo ves tú que se van renovando los antiguos mitos y cómo van surgiendo los nuevos mitos desde esa efervescencia cultural que se da en la ciudad en especial y si, a tu parecer, se va creando o no un nuevo imaginario colectivo.*

–CID: Creo que sí va surgiendo un nuevo imaginario colectivo y en él hay mucho peso de la escuela, de los medios de comunicación, de la vida urbana. Incluso en el campo eso tiene cada vez más peso. Hay redes de parentesco. Las familias ya no se reproducen en una sola comunidad, sino a lo largo de redes que vinculan ciudad y campo. Hay una vinculación ciudad y campo mayor y un nuevo imaginario. No se da una aculturación, no es que todos nos volvamos sucursal de Miami; es una combinación muy compleja que por un tiempo empezó a estudiarse, la entrada más atractiva fue la chicha y la cultura chicha. Pero no se siguió. La migración marca el imaginario de la mayoría de la población; pero tampoco quiere decir eso que cancele lo anterior. No es una aculturación, como decía Vargas Llosa, que quería hacer del Perú un país europeo. No: son urbanos modernos. En realidad, lo que surge aquí es lo que en un tiempo se trata de estudiar como cultura chicha, pero no es otra cosa que lo que decía Arguedas, es decir: el país de todas las sangres. Él dice: "yo soy un individuo quechua moderno", lo cual es una definición genial. La modernidad no implica que tengas que dejar de ser quechua. De alguna forma hacia eso se avanzó y ahora se retrocede por la crisis.

–RF: *Pensando en el problema de la nacionalidad del que se ha hablado mucho en el Perú, ¿piensas que ese problema se plantea hoy en día en los mismos términos que hace diez años o que cuando escribía Arguedas, por ejemplo?*

–CID: En parte sí. Creo que todavía hay la posibilidad de una solución al problema nacional a partir de una articulación pluralista, democrática, de un país de todas las sangres, donde cada uno pueda vivir feliz todas las patrias; yo creo que es un ideal no en el aire, que todavía tiene base en los grandes procesos de transformación de las últimas décadas. Pero al mismo tiempo hay factores nuevos, el peso de la cultura y las tradiciones andinas ha disminuido por la correlación de fuerzas adversas que hubo, y sin embargo eso no significa que la cultura andina esté en extinción o que su derrota sea inevitable. Uriel García hablaba del nuevo indio y decía que el nuevo indio era el indio que miraba para adelante y que ya no estaba mirando para atrás, y en las chicherías de la sierra —decía— está la retorta de la nacionalidad; y allí está surgiendo un nuevo indio que ya no es el inca del pasado, sino el indio que mira hacia el futuro. De alguna manera tú puedes considerar que la cultura que va surgiendo en el país, con todo lo bueno y lo malo que ella tiene, sería algo así como neoandina, porque después de todo, entre el francés como tú y el franco de la época de Astérix ya no hay mucho en común, pero siguen siendo franceses. No es que tienes que seguir siendo igual a ti mismo para seguir siendo francés. Eso no se ha perdido, no estamos en una situación de debacle irreversible. Hay mucha vitalidad, hay mucha presencia, desde las formas de trabajo y cooperación, y de solidaridad y reciprocidad, hasta las fiestas. Y las fiestas no son cualquier cosa, son uno de los pilares de la cultura andina.

–RF: *El Perú tiene tres grandes regiones geográficas: costa, sierra y selva. Mucho se habla de la sierra y de la costa, pero la gran olvidada de todo esto es la selva. Y ¿qué pasa con la selva?*

–CID: En buena parte yo te diría, hablando en términos político-nacionales, que la selva plantea un problema diferente al de la costa y de la sierra, porque allí podemos hablar de minorías étnicas, en el sentido clásico de la palabra. Otra problemática, respecto de su territorio, respecto de su cultura. La selva tiene una tradición mucho menos antigua de vinculación con el mundo urbano, criollo, occidental; tiene en muchos aspectos una voluntad mayor de conservar rasgos fundamentales de la cultura, como la lengua, que en el caso de las poblaciones quechuas y aymaras disminuye, pero no disminuye su carácter andino. Ahora la selva mayoritariamente es una prolongación de la sierra y en menor medida de la costa. La colonización serrana de la selva es uno los fenómenos subestimados de las últimas décadas y es masiva. Incluso son los serranos campesinos quechuas, muchas veces bilingües, los que se enfrentan a los grupos nativos de la selva.

–RF: *Es decir que se está produciendo en la selva en menor escala lo que se produjo entre la sierra y la costa, con actores diferentes.*

–CID: Exactamente.

"EL PERÚ POSFUJIMORISTA ES MUY AMBIGUO"[1]

Entrevista de Víctor Andrés Ponce

En la siguiente entrevista, Carlos Iván Degregori, reconocido antropólogo, analista del fenómeno subversivo y director del Instituto de Estudios Peruanos (IEP), analiza las secuelas de más de una década de violencia senderista y reflexiona sobre las tortuosas relaciones entre civiles y militares. Además, afirma que la herencia que nos deja Fujimori es ambigua, llena de pros y contras. Aquí sus declaraciones.

–Víctor Andrés Ponce: *¿Cuáles son las secuelas más visibles que dejan estos años de violencia en el Perú?*

–Carlos Iván Degregori: Aparte de los miles de muertos, los daños materiales y los 600 mil desplazados, la principal secuela es un incremento del autoritarismo. Creo que Sendero Luminoso ha empedrado nuestro futuro de una cultura política autoritaria. En este contexto, me parece que la tarea de los próximos años no solamente es acabar con Sendero Luminoso, sino también revertir nuestras relaciones autoritarias. Una demostración de esta realidad es el tipo de relaciones cívico-militares que existen...

–VAP: *¿Quiere decir que los militares no se subordinan al poder civil?*

–CID: Si comparamos nuestra transición hacia la democracia en los inicios de los años ochenta con la experiencia chilena, por ejemplo, percibiremos que nuestras Fuerzas Armadas se hallaban subordinadas al poder civil. Luego de

1. Publicado en: *Expreso*, 17 de enero de 1994, p. A6.

los últimos tres años de estrategia contrasubversiva, las Fuerzas Armadas tienen muchas prerrogativas de facto...

–VAP: *¿Cuáles?*

–CID: Su actuación en las zonas de emergencia, el papel de los tribunales militares...

–VAP: *Pero la mayoría de los analistas sostienen que por primera vez hay un presidente civil que conduce directamente la guerra...*

–CID: Cuando se habla de dirección civil de las Fuerzas Armadas, en cualquier sociedad civilizada se piensa en un régimen político donde existen varias instituciones que controlan y chequean las políticas de los institutos armados. En este caso no se trata de un sistema, se trata de la dirección de un civil...

–VAP: *Quien es el presidente del Perú.*

–CID: Vuelvo a precisar que cuando se habla de civilidad, se está pensando en un ministro de Defensa Civil, en un predominio de las cortes civiles sobre los militares.

–VAP: *Pero no cree que todo lo sucedido ha sido un mal necesario. Las cortes militares sirvieron para sentenciar a los cabecillas, la centralización del poder para conducir la guerra. ¿Cree que había otra posibilidad para empezar a ganar la guerra?*

–CID: Había posibilidades infinitas...

–VAP: *Como que Guzmán ganara la guerra.*

–CID: Como que un amplio abanico de fuerzas que se expresó en acuerdos en el Parlamento antes del 5 de abril se pusiera de acuerdo en una estrategia y se consiguiera los mismos resultados, preservando la institucionalidad democrática.

–VAP: *¿No reconoce entonces la eficacia de la estrategia contrasubversiva?*

–CID: No sé cuán eficaz pueda ser una estrategia que derrota a la subversión, pero que deja secuelas que nos va a costar mucho tiempo superar. Por ejemplo, las relaciones cívico-militares siguen siendo un punto conflictivo con la comunidad internacional.

–VAP: *Para usted entonces no importan los resultados...*

–CID: En nombre de la eficacia, no se puede aceptar atropellos, pues también fue eficaz la bomba atómica cuando arrasó Nagasaki e Hiroshima, también fue eficaz Stalin eliminando a los campesinos ricos...

–VAP: *Pero qué tienen que ver esos ejemplos con nuestra realidad. Aquí Guzmán fue capturado sin disparar un solo tiro, y pese a la crueldad del dirigente terrorista, se respeta su vida y sus derechos.*

–CID: Solo menciono esos ejemplos para demostrar que la eficacia no puede ser la única vara con la que se mida la política. La ética ha comenzado a jugar un papel muy importante en la política. Basta analizar los casos de Italia, Japón y otros.

–VAP: *Pero mirando las cosas hacia el futuro, y si tenemos en cuenta que se ha comenzado a flexibilizar algunas leyes antiterroristas, que hay una nueva Corte Suprema que debe hacer valer sus fueros, ¿cómo observa las relaciones entre civiles y militares hacia adelante?*

–CID: Me parece que la evolución de estas relaciones depende de cuánto amainen las acciones terroristas de Sendero Luminoso y depende de cuál sea la conducta de los actores políticos.

–VAP: *¿Por qué no somos capaces de ponernos de acuerdo en cosas mínimas? ¿Por qué entre nosotros predomina la confrontación?*

–CID: Mire, yo no quiero explicar esta situación por razones culturales e históricas, porque si eso fuese así, los alemanes no hubiesen sido capaces de superar la herencia nazi y construir su democracia. Si ellos fueron capaces de superar esa herencia, por qué no podemos ser un país dialogante y tolerante. Creo que en esta realidad quienes tienen la principal responsabilidad son los partidos y los gobiernos de la década del ochenta, pues no asimilaron la experiencia militar anterior, y creyeron que podían seguir gobernando como en la década del sesenta.

–VAP: *¿Cuál es el futuro que le ve al Perú posfujimorista?*

–CID: Creo que lo fundamental es que la ingobernabilidad que provocaba Sendero Luminoso ya no existe. En 1994 somos un país viable y podemos mirar el futuro. Soy optimista con respecto al futuro, pues comenzaremos un largo aprendizaje que nos permitirá construir una sociedad moderna. En ese sentido, la herencia del actual gobierno va a ser mixta, muy a la manera de Leguía y Velasco. En ambos casos, existían pros y contras y eran recordados de manera contradictoria y ambigua.

–VAP: *Acepta entonces que Fujimori es un reformador, ¿o no?*

–CID: Creo que Fujimori contribuyó a acabar con lo viejo, pero al mismo tiempo fue parte de lo viejo. La modernización económica, pese a sus terribles secuelas, es el punto más fuerte de la herencia fujimorista, y así lo demuestran las encuestas. Me parece que hay que mirar el siglo XXI pensando en que Sendero no pegó y que por esa razón, en nuestra sociedad hay poco margen para tantas alternativas fundamentalistas que prenden en muchas partes del mundo.

LA GUERRA FUE ANCHA Y AJENA[1]

Entrevista de Enrique Planas

Carlos Iván Degregori y otros investigadores del IEP reivindican la memoria con el libro Las rondas campesinas y la derrota de Sendero Luminoso. *Agotada la primera edición, el texto reconoce la participación campesina en la guerra y la esperanza de los ayacuchanos luego de su victoria. Un valioso testimonio de la vida en Ayacucho después de la violencia, bajo el umbral de la esperanza.*

–Enrique Planas: *¿Cuál ha sido tu intención al publicar este libro?*

–Carlos Iván Degregori: A mí me impresionó mucho la participación de los campesinos ayacuchanos en este conflicto. Recuerdo que al principio, cuando se formaron las rondas, pensé como muchos que eran como la carne de cañón de las Fuerzas Amadas. Después, poco a poco, y sobre todo conversando con José Coronel y Ponciano Del Pino, los otros autores del libro, me iba dando cuenta de que, a un nivel, las Fuerzas Armadas las utilizaban como fuerza auxiliar, pero a otro, fue una opción de los propios campesinos. Se rescata al campesinado como actor y no solo como sujeto pasivo, manipulable por ambos bandos. Al final han vencido en condiciones tremendamente difíciles, en una guerra que les era ajena. En los primeros años imagino el desconcierto, el dolor, la huida, pero luego ellos han sabido manejarse entre estos dos ejércitos

1. Publicado en: *El Sol*, 4 de agosto de 1996, p. 6C.

brutales y encontrar su camino. Se aliaron pragmáticamente con uno de los bandos y mal que bien han sobrevivido.

–EP: *Terminada una guerra, siempre hay una tendencia al olvido. ¿Crees que este, que en la ciudad es evidente, se da también entre los campesinos que retornan a sus pueblos?*

–CID: Es bien interesante el tema de la memoria y el olvido. En ámbitos desde literarios hasta psicológicos y políticos. Recordaba una frase de Kundera: "La lucha contra el poder es también la lucha de la memoria contra el olvido...". En el caso de los campesinos, en todo caso, la pregunta es en qué momento quieren recordar y en qué momento quieren olvidar. Creo que la tendencia principal es dar la vuelta a la página y olvidar, pero si escrudiñas un poco más, el problema se vuelve más matizado. Quieren olvidar, pero siempre están alertas a los jóvenes que regresan, por ejemplo, si han sido o no de Sendero, con la lógica de "ustedes nos metieron en esto, no lo vayan a volver a hacer". Hay una voluntad de olvido, pero que guarda en ciertos cajones memorias muy prácticas, muy traumáticas o muy queridas. He visto el año pasado campesinos que, al contarte las masacres sufridas, se echaban a llorar. Todavía es un recuerdo muy vivo. Imagino que con el tiempo se irán cubriendo algunos aspectos, pero otros van a quedar. Definitivamente, uno de los recuerdos que permanecerá es el de que ellos pelearon y ganaron, porque es un recuerdo que les hace subir en su autoestima. Después de haber sido carne de cañón, los más vejados y asesinados, sobre todo por Sendero, aparecen como protagonistas victoriosos. Ellos no se olvidarán de este triunfo.

–EP: *¿Entre tanta miseria, ese recuerdo victorioso es la respuesta de su esperanza?*

–CID: Una de las respuestas. La esperanza surge también del mero alivio del cese de la violencia y posibilidad de un futuro. Son el recuerdo del hecho victorioso y la disipación de la amenaza. Aunque no tengas nada, por lo menos estás vivo y puedes soñar.

–EP: *¿Cuáles son los más profundos y brutales cambios que se han dado en el campo ayacuchano?*

–CID: El cambio demográfico es brutal. Ayacucho es el único departamento en el que la población ha descendido en términos absolutos. Si la violencia hubiera tenido en todo el Perú la misma intensidad que en Huanta, los muertos hubieran sido 700 mil. Los muertos, los desaparecidos, los desplazados, son los cambios más brutales desde la guerra de los incas contra los chancas. Como esta brutalidad no recuerdo ninguna. Luego tenemos el empobrecimiento del campo, la desaparición del ganado, la falta de semilla, la destrucción de sus casas. Los campesinos tienen que comenzar de cero. Pero vuelven con experiencia urbana, otro de los cambios importantes. No importa lo mal que les haya ido en la ciudad, vuelven conociendo todas las posibilidades que te ofrece la ciudad, desde la magia de la televisión hasta un trabajo asalariado que brinda dinero en efectivo, el agua potable, la luz eléctrica, la pista, el camión, etc. Cuando regresan, ya no quieren volver a lo mismo. Además, la experiencia no es solo urbana sino experiencia con el mercado.

–EP: *¿La guerra ha terminado por borrar la imagen ingenua del llamado Perú profundo?*

–CID: Yo creo que no existía, o por lo menos como nosotros lo idealizábamos. Anteriormente tenían contacto con las ciudades. No es que antes fueran ingenuos, pero en todo caso, no les queda ahora nada de la ingenuidad que podrían haber tenido. La guerra ha acelerado procesos de modernización, urbanización y mercantilización de estas poblaciones, un resultado no previsto por los contendientes.

–EP: *También han cambiado los patrones de poblamiento y ocupación de sus territorios.*

–CID: En muchas comunidades había antes lo que se llama el patrón disperso. No había propiamente pueblos, fuera de una placita con su iglesia, la alcaldía y el resto compuesto por las chacras separadas entre sí por supervivencia. Los que se quedaron, por propia voluntad o presión de las Fuerzas Armadas, tuvieron que agruparse más cerca de las ciudades o amurallarse en pueblos en lo alto de las colinas. Es el caso de Uchuraccay. Los que ahora han regresado no volvieron al viejo poblado situado en una hondonada, ahora hay un criterio militar para la ubicación en la cumbre de la colina, pueblos cercados, casi como aldeas medioevales, con torreones de vigilancia con huecos para sacar la escopeta y disparar: es impresionante. Terminada la guerra, los hombres quieren un ingeniero que les trace el plano para construir un pequeño pueblo urbano, donde sea más fácil llevar agua, y harán todos los esfuerzos por tener luz eléctrica y vivir diferente.

–EP: *En esta modernización hablas de un proceso de distritalización de los poblados. ¿Ello es fruto de los nuevos contactos entre el campo y la ciudad?*

–CID: Es estar más alertas a un mundo más amplio. Ya no son los campesinos reducidos al mundo comunal y las migraciones temporales, más o menos conformes con el mundo estrecho en que se movían, aunque antes de la guerra eso ya estaba resquebrajándose. Los campesinos se dan cuenta lo necesario que es la relación con el Estado. ¿Qué manera tienen de relacionarse con él?: siendo distritos, la unidad mínima de división territorial, que puede desde recibir presupuestos hasta tramitar demandas. Es decir, "salir en la foto", ser parte de la cadena política, el último eslabón, pero ahí están. En cierto sentido, es una demanda ciudadana de integración al Estado, para tener derechos y deberes.

–EP: *¿Cuál es el impacto cultural, si entendemos que todos los cambios parten del trauma de defenderse?*

–CID: Lo asombroso es que la violencia no les ha llevado a una mentalidad duraderamente militarizada, como en Colombia, por ejemplo. En el caso peruano, o por lo menos ayacuchano, una vez que la violencia bajó, el campesinado se desmilitariza más rápido que las propias Fuerzas Armadas, que siguen manteniendo una presencia muy fuerte en la vida nacional. Los campesinos, que en la guerra se pusieron nombres como "Tigre", "Rambo", "Chacal", de repente quisieron dejar cuanto antes de estar rondando porque estaban hartos, querían volver a su chacra, a reconstruir sus casas y esto les quitaba tiempo. Vuelven a la vida civil y no se da este desborde de violencia.

En cuanto a los cambios culturales, tenemos este espejismo de ser modernos, en el sentido más infraestructural de la palabra. De otro lado, mantienen muchas de sus tradiciones, tanto para la explicación de la violencia como para la reconstrucción de sus pueblos. En la explicación de la violencia, hemos recogido muchas historias en las cuales Sendero Luminoso y los Marines aparecían como seres míticos, pishtacos, condenados, asociados al viento. Por otro lado, en la reconstrucción de los pueblos, lo primero que vuelven son las fiestas. Uno puede decir, ¡qué poca racionalidad económica tiene esta gente! ¡Cómo en tal miseria se ponen a celebrar sus fiestas! Es que la fiesta reafirma y cohesiona socialmente al grupo que va a trabajar en la reconstrucción. La fiesta te cura y cierra heridas.

–EP: *Cuando hablamos de tradición y modernidad, ¿qué sucede con los pueblos que, como señalas, han dejado la plaza y la capilla colonial por el nuevo polo social de la cancha de fútbol, la bandera y la Iglesia evangélica?*

–CID: Uno está continuamente reinventando su propia tradición. Mariátegui decía que la tradición es viva y móvil, la matan los que la quieren fija, pasmada. Más bien la enriquecen los que la transforman. Es normal que haya continuidad y cambio, que siga el huaino, pero que ahora sea tecnohuaino, por ejemplo.

El rol de la Iglesia

–EP: *¿Cuál ha sido el rol de la Iglesia evangélica en estos cambios? ¿Vive una involución la Iglesia católica en Ayacucho?*

–CID: Los evangélicos avanzan de forma muy notoria en la guerra porque te ofrecen identidad y cohesión grupal en un momento en que todo se resquebraja. ¿Quiénes son sus fieles? Los que ahora han quedado atomizados, los individuos aislados que han perdido sus referentes comunales y étnicos y que no han podido reconstruir otros en la ciudad. Los evangélicos los agrupan y les dan un sentido de identidad, protagonismo y de futuro, mucha esperanza y solución a problemas como la delincuencia y el alcoholismo. Muchas veces las mujeres quieren que sus maridos sean evangélicos para que dejen de tomar. Además, cualquiera puede ser pastor evangélico, mientras que para ser cura católico necesitas diez años de teología, aprobación del Papa y no sé qué más. En ese sentido, es mucho más democrática, aunque sus prácticas sean muy tradicionales, autoritarias y machistas.

En el tiempo de guerra, lo que tenemos en Ayacucho es una Iglesia cuya conducta merece que Dios la juzgue. Nunca abrieron la boca mientras su grey era exterminada por los contendientes. No hay en Ayacucho esas pastorales rurales que existen en otras regiones del país, el sur andino, Áncash, Cajamarca, donde la Iglesia participa mucho en las rondas, por ejemplo.

Sin embargo, en los últimos años, al terminar la guerra, hay una cierta recuperación de los católicos. No porque nazca de una contraofensiva de la Iglesia oficial, sino debido a las fiestas patronales. Es tan difícil quedar al margen de esto, de los tiempos sagrados, muy rituales y religiosos, en el sentido más amplio de la palabra.

"EL MRTA NO ES MUY SOFISTICADO POLÍTICAMENTE"[1]

Entrevista de Mariella Balbi

Recuerda el sociólogo Carlos Iván Degregori que en los años setenta uno de los grupos que más tarde formarían el MRTA tenía como consigna: "Cuchillo, cuchara, que viva el Che Guevara". Y la verdad es que hasta hoy esa organización subversiva se ha dedicado más a los asuntos militares que a los políticos. En una negociación como la que se les viene, los emerretistas tendrán por lo tanto problemas para moverse en este terreno.

–Mariella Balbi: *Doctor Degregori, ¿cuántos militantes puede tener el MRTA actualmente?*

–Carlos Iván Degregori: No muchos. Hay más o menos consenso en que esta es la última unidad militar operativa del MRTA en Lima. En la residencia del embajador japonés está Cerpa Cartolini con sus dos lugartenientes. Él es prácticamente el último líder histórico de esta organización...

–MB: *No se sabe de la suerte de Hugo Avellaneda...*

–CID: No creo que esté muerto, hasta donde yo supe estaba en el extranjero; tal vez volvió, pero no ha salido a la luz. El MRTA puede tener otro grupo en

---

1. Publicado en: *Mira! Revista dominical del diario El Sol*, año 1, n.° 40, 29 de diciembre de 1996, pp. 10-14.

la selva central, donde pidieron que los trasladen al inicio del asalto a la residencia del embajador japonés. Y a menos que Avellaneda se haya fogueado enormemente en estos años, no creo que tenga la capacidad militar que tenía este comando.

–MB: *Siguiendo esa lógica, ¿el MRTA tiene como máximo 50 militantes, más la influencia que podría tener?*

–CID: Yo creo que armados no llegan a 50, sinceramente; tal vez otros por ahí tengan una escopeta de caza. De ninguna manera llegan al centenar, incluyendo a la selva. El frente principal que tenían ellos era el nororiental de San Martín, donde tomaron San José de Sisa, Juanjuí. Ese frente se desmantela y capitula en 1993. Ya venían del golpe de Los Molinos. Quedaron pocos cuadros que luego cayeron con Miguel Rincón. Internacionalmente tampoco están organizados, como sí lo está, aunque débilmente, Sendero Luminoso.

–MB: *Desde esa perspectiva, ¿es posible negociar con ellos para que se integren a la legalidad, visto que son tan pocos? La guerrilla guatemalteca, el M-19, tenían respaldo popular...*

–CID: El refrán dice: no hay mal que por bien no venga. Se puede sacar provecho de esto para ampliar la democracia en el país. A los que piensan que si son tan pocos no tiene sentido un acuerdo de paz, se les podría retrucar: aún más fácil para el Estado llegar a una solución política. Que se les dé una salida política de este tipo. Puede no ser la legalización, es cierto. Pero en una situación así se tiene que dialogar. En Guatemala, la guerrilla estaba militarmente derrotada desde 1984, pero seguía perturbando...

–MB: *Y tenía apoyo en determinados sectores...*

–CID: Eso es cierto. Sin embargo ahora, a pesar de haber ganado, el Estado está negociando un acuerdo y más bien aprovecha para hacerle saber a la comunidad internacional que el gobierno de Guatemala está por la paz. Actualmente es más fácil porque el MRTA sabe que no puede aspirar a mucho.

–MB: *¿Hay alguna otra posibilidad que no sea la integración a la vida política?*

–CID: Mire, se puede transar en otras cosas, sin llegar a la legalización ahora. De saque, mejores condiciones para los presos. Si ellos dicen que están dispuestos a dejar las armas para integrarse a la vida política, entonces sus presos dejan de ser prisioneros de guerra, no hay necesidad de vigilarlos cien por ciento, porque sabemos que no van a querer escapar para ir al monte y continuar la guerrilla. Si firman un acuerdo de que no seguirán luchando militarmente, se puede mejorar sus condiciones carcelarias. También han pedido dialogar con su dirección presa. A Abimael Guzmán se lo permitieron. Todo indica que los emerretistas presos están por una salida política también. Y antes de que lo proponga Cerpa Cartolini. Polay, en 1992, había expresado su posición de que esto tenía que tener una salida política. Esta dirección ejercería presión sobre Cerpa...

–MB: *Pero pretenden que Polay, Lucero Cumpa y otros sean liberados...*

–CID: Ellos están conscientes de que no lo van a lograr. En América Latina no hay nadie que, estando condenado a cadena perpetua, haya salido debido a acciones como estas. No digo que se legalicen mañana, pero si deponen las armas, se mejora las condiciones de los presos, se va Cerpa a Cuba u otro país... Y no van a ser Cerpa ni Polay quienes encabecen las listas parlamentarias en el 2000, sino...

–MB: *¿Alguna de sus 50 personas?*

–CID: Cincuenta personas son las que están en armas, tiene que haber una periferia. Hay un tipo que habla de Europa, otro de Montevideo. No serán muchos, pero se les puede permitir una acción política.

–MB: *¿No pierde el Estado? Estaría formalizando a un grupo que en el ámbito de la opinión pública no es reconocido; más gana el MRTA.*

–CID: Entonces, ¿qué se pierde, si son tan pequeños? Mejor es que se les escuche. Suponga que no es así, y que luego de esto queden diez. Siempre se van a recomponer luego de dos años y comenzarán de nuevo, algo van a hacer. De hecho, el último capítulo no puede ser militar, sino político. Tal vez eso no lo entiende el gobierno, quien no quiso pugnar por un acuerdo de paz a la de verdad con Sendero. Pareciera que todo se hizo por el contexto electoral. Más allá de ciertas concesiones por lo bajo, no supimos de qué se trataba. Hubo cartas de Guzmán, del gobierno, el comité central de Sendero se reunió y se tomó una foto histórica.

–MB: *Hubo militantes de Sendero que aceptaron el acuerdo de paz.*

–CID: Solo una facción que, además, sigue esperando el acuerdo en serio, que nunca se dio. Más allá de ciertas concesiones por lo bajo, que tampoco son saludables para la democracia, al país no se le explicaron las cosas. Ahora tampoco sabemos en qué medida el gobierno está en esta negociación o no. Michael Mining trae y lleva correspondencia, todo lo que permite su condición de Cruz Roja. Monseñor Cipriani podría ser una suerte de mediador...

–MB: *Autorizado con seguridad por el presidente Fujimori...*

–CID: Debe ser así. Él ha estado seis horas con los rehenes y no creo que su visita haya sido estrictamente pastoral, dada además la relación entre ambos y visto el perfil de Cipriani. El perfil de Cipriani es político. De los obispos es quien más entra en este terreno.

–MB: *En suma, el MRTA debe deponer las armas, liberar a los rehenes...*

–CID: Y comprometerse a terminar con su miniguerra ya perdida. El gobierno mejoraría sus condiciones carcelarias, los dejaría comunicarse con su dirección, que nada pierde, y permitir que gente que no está involucrada en crímenes pueda participar en la vida política. No sé si a nombre del MRTA o de algún frente que construyan.

–MB: *¿Le da un tiempo largo a todo esto?*

–CID: Es difícil decirlo porque todo es tan secreto. Para el observador promedio, las cosas pueden durar cierto tiempo. Si las cosas se resuelven ya, es que monseñor Cipriani llegó a un acuerdo con ellos. La situación es contradictoria, porque ellos no tienen mucho que perder. Ellos vienen de esta trayectoria con su veta "del guerrillero heroico", y este es el último chispazo. Históricamente están el Che Guevara o De la Puente. Es el síndrome de: pierdes, pero heroicamente. Ellos quieren diferenciarse de Guzmán; no van a caer como él, sin disparar un tiro. Ellos saben lo que tienen. Sería un gesto de debilidad extrema irse mañana del país, solo con la propaganda que ya han tenido. Confirmaría que no solo tienen debilidad política "demográfica"sino también ideológica. Al mismo tiempo, no creo que sean suicidas y son lo suficientemente realistas como para saber que no conseguirán su programa máximo, que Polay y los otros no van a salir. Es más, pienso que pueden ser influenciados por todo lo que se ha dicho en los medios. No sé tampoco hasta qué punto Cerpa entra con una agenda muy militar y con cierta perspectiva política muy vaga de que hay que terminar con esto y pasar a la legalidad.

–MB: *¿No tiene planteamientos muy concretos?*

–CID: Así es, eso se nota, creo yo. Exigir que cambie la política económica es, de un programa máximo, imposible de pedir en estos tiempos. El mensaje presidencial no obstante abrió una ventanita. Más bien me decepcionó el MRTA porque ante la propuesta del gobierno, y actuando con un razonamiento más político, debió decir: nombren a la comisión de garantes antes de que se depongan las armas. Y se comienza a negociar.

–MB: *¿Por qué cree que no lo han hecho?*

–CID: Tal vez porque no tienen un entrenamiento tan político como el nuestro. La dirección del MRTA nunca fue muy sofisticada en el ámbito político, fueron mucho más pragmáticos. Recuerdo que antes de que formaran el MRTA, eran el lado más pragmático de la izquierda, los menos ideologizados, los que menos programa tenían, los más "fierreros". Me acuerdo también que el eslogan de uno de los grupos que después converge en ellos era: "Cuchillo, cuchara, que viva el Che Guevara". Mientras que los otros partidos tenían lemas mucho más ideológicos. No han tenido una sofisticación política. Cerpa, después de la toma de Cromotex, tiene una experiencia mucho más militar. No sé hasta qué punto él y sus dos lugartenientes puedan hacer un trabajo político muy fino, aprovechar de todos los resquicios, cosa que la situación requiere.

–MB: *¿Quién tiene la iniciativa ahora?*

–CID: El MRTA la tuvo hasta que liberó a los 225. Aparecía como "racional", en medio de todo. Luego viene esta especie de *stand by* que dura hasta hoy.

–MB: *Salvo la liberación del embajador de Uruguay, ¿ha existido canje para usted?*

–CID: Pareciera, ¿no? Demasiada coincidencia. Si es verdad que ha sido coincidencia, en el ámbito diplomático es una falla gravísima. Cómo le haces eso a un gobierno amigo. Tranquilamente se ha podido retardar eso...

–MB: *¿Cómo intervenir en la administración de Justicia si en el Uruguay es realmente autónoma?*

–CID: Me calló usted la boca (ríe). Es cierto que no podría darse dentro de la autonomía, pero no necesariamente es interferir en la Justicia decir que se postergue un fallo. Y al parecer se pidió que se acelerara antes de la feria judicial.

–MB: *Algunos piensan que el mensaje del presidente y el del canciller Tudela significan dos ópticas de ver el problema. ¿Qué piensa usted?*

–CID: Me parece que, en el tono, tal vez. El mensaje presidencial tenía que ser muy duro, no solo por el hecho sino por estilo de Fujimori. La clave es el "sin embargo", que es una concesión que a nadie se la ha hecho el gobierno. Primera vez en seis años que el gobierno concede de esta manera. Tudela está de rehén y él es diplomático finalmente. No los veo antagónicos. Es cierto también que si uno de los puntos más débiles del MRTA es no ser muy sofisticado políticamente, uno de los más débiles para el gobierno es negociar, hacer compromisos. No ha sido el estilo durante estos seis años. También el gobierno tiene que hacer un aprendizaje.

–MB: *¿Se liberarán más rehenes?*

–CID: Pienso que sí. No le queda otra al MRTA para poder seguir en la noticia y en la iniciativa. Además,tiene tal cantidad de gente que dentro de sus objetivos se puede dar "el lujo de hacerlo", sin que por eso se debilite.

–MB: *¿Cree usted que los liberados y otros han caído en el síndrome de Estocolmo o el de Lima, como se ha denominado?*

–CID: Con 400, difícilmente puede haber síndrome de Estocolmo. Este implica una persona o un grupo pequeño en dependencia total con el captor. Acá les cantan villancicos desde fuera, les dan pavo. Las posibilidades de los captores de poder seducir y subordinar a sus víctimas no son tantas. Por cierto que no se puede "glamourizar" al MRTA, es un grupo que ha asesinado. Pero la gente que ha estado adentro dice que primero sintieron terror y cuando por el megáfono anunciaron que eran del MRTA, experimentaron un gran alivio. Evidentemente los privaron de su libertad y muchos han pasado Navidad y pasarán Año Nuevo presos, pero parece que, dentro de lo que cabe, el tratamiento no es agresivo ni hostil. Tampoco he visto a gente que parezca enamorada del MRTA. Javier Diez Canseco fue criticado. Se pasó un poco, pero hay que tener en cuenta su contexto. Luego, viendo varias de sus declaraciones, lo he notado bastante ecuánime, reconociendo cualidades en gente con la que él discrepa, como Tudela.

–MB: *Para usted, ¿qué papel juega Cuba en todo esto?*

–CID: Ellos están en una crisis tan grave que no van a estar comprándose este problema. Sus relaciones con estos grupos han bajado mucho, deben ser de empatía, pero no de vínculos directos. Claro, saben que pueden jugar un papel y ganar puntos no solo humanitarios sino también políticos. Lo hicieron en Colombia con el hermano de Gaviria, con perfil muy bajo. Tal vez estén en eso.

–MB: *Usted viene de Washington, ¿cómo se reciben las noticias allá?*

–CID: Desplazamos a todas las otras noticias. Hemos estado en los grandes programas de las cadenas norteamericanas. También existe algo de ignorancia. Un comentarista importante de una cadena dijo que los del MRTA eran neobudistas, que querían destruir toda la tecnología occidental. El gobierno debe tener en cuenta esto para revertirlo de manera positiva; es la idea de que esto pasa porque hay gran pobreza y esto de la residencia del embajador japonés es la etapa superior del descontento contra Fujimori. La otra cosa es que se cuestiona la situación de las cárceles y de los juicios del fuero militar y se presenta que tienen que hacer eso para no podrirse en las cárceles. Revisando el tema carcelario, el gobierno se gana puntos sin ningún tipo de concesión sustancial. Además, ahora viene la negociación más difícil, los pasos se van haciendo más concretos. Deberían de comenzar ya.

"FUJIMORI YA PAGÓ EL COSTO POLÍTICO"[1]

Entrevista de Andrea Rodríguez

El Movimiento Revolucionario Túpac Amaru es débil, Japón se "jugó" por una salida pacífica en la crisis de los rehenes, Cuba actúa inteligentemente y a Fujimori no le queda más que negociar... esas son algunas de las opiniones que el antropólogo peruano Carlos Iván Degregori vierte en entrevista exclusiva.

EL MARTES 17 DE DICIEMBRE DE 1996 se presentaba a los limeños como un martes normal, de esos en los que la disciplina se relaja, y los brindis y salutaciones se multiplican por las fiestas decembrinas. Sin embargo, para el presidente Alberto Fujimori pasó a la historia como la jornada en que debió aprender a negociar con quienes no comparten sus posiciones políticas.

Ese día, a las 20:38 horas locales, la recepción que ofrecía el embajador de Japón en Lima, Morihisa Aoki, para celebrar el cumpleaños del emperador de su país, se convirtió en la peor crisis que el mandatario afrontó en lo que va de sus gobiernos, cuando un comando armado tomó como rehenes a unas 500 personas, entre las que figuraban las personalidades más importantes de la vida política de varios países.

Por la noche, las agencias, los medios de comunicación y las cadenas televisivas tenían los ojos puestos en la residencia, y el grupo que se identificó

1. Esta entrevista, publicada en *Reforma*, fue proporcionada por el propio C. I. Degregori con el fin de incluirla en este volumen. No obstante, se trata de una transcripción en la que se obvió la fecha de publicación. Del contenido se desprende que data de marzo de 1997.

inmediatamente como perteneciente al Movimiento Revolucionario Túpac Amaru solicitaba la liberación de sus 422 compañeros presos en las cárceles peruanas.

Hoy, 97 días después (cuando todavía quedan 72 personas detenidas), se impone un balance de lo que significa para el país y para América Latina la crisis de los rehenes, y a esa tarea se aboca, consultado en exclusiva por *Reforma*, el antropólogo peruano y también investigador de Diálogo Interamericano, Carlos Iván Degregori.

–Andrea Rodríguez: *¿Qué roles están jugando Japón y Cuba en las negociaciones para una salida pacífica a la crisis de los rehenes?*

–Carlos Iván Degregori: Lo primero que salta a la vista es la enorme presión que está ejerciendo el gobierno de Japón después del incidente para que haya una salida negociada.

Para Japón es la mayor operación diplomática de posguerra y es también el mayor incidente que ellos han tenido que afrontar desde la Segunda Guerra Mundial.

–AR: *¿No es extraño que Cuba exija tantas garantías para aceptar a los miembros del MRTA, cuando en los años ochenta recibió sin condiciones a un comando del colombiano M-19, que también había tomado una embajada?*

–CID: Básicamente estamos en un nuevo capítulo de la historia. En los años ochenta estos conflictos se enmarcaban dentro de la disputa Este-Oeste, Cuba todavía apoyaba más o menos activamente a los grupos armados. En El Salvador, en Colombia... y también al MRTA.

Cuba contaba además con el paraguas soviético y su actitud era otra.

Hoy la Administración de La Habana tiene otros problemas. El bloque estadounidense la tiene asfixiada y ha dejado de apoyar a los movimientos armados en América Latina, y busca estrechar relaciones con los países del continente.

En ese sentido su reacción es prudente, sabe que ganará puntos cumpliendo un papel, pero tampoco puede mantener un perfil muy alto.

Lo que han hecho es inteligente: mantener un perfil bajo, decir que aceptan al MRTA por razones humanitarias y pedir garantías, que es como advertir "miren que yo no me meto en este pleito y son ustedes los que me meten en esto".

En este sentido es positivo para todo el mundo, porque gana puntos con Perú y el continente, y también con Japón, que es uno de sus socios comerciales.

–AR: *La prensa se quedó con la impresión de que la visita de Fujimori a República Dominicana, que terminó en una "sorpresiva" reunión con Fidel Castro, fue una especie de cortina de humo...*

–CID: Tuve la misma impresión. Además, esa manera de llegar a La Habana... los periodistas se enteraron en el avión que después de Santo Domingo el rumbo se cambió hacia Cuba.

Pero en todo caso, República Dominicana aceptó jugar este papel, tampoco puede haberlo hecho Fujimori sin haberle avisado antes al presidente (dominicano, Leonel) Fernández.

En esta red o multitud de contactos internacionales que se produjeron con la crisis, República Dominicana aceptó jugar este papel complementario de puente, de ser tránsito a La Habana, sabiendo que La Habana era el objetivo central. Fujimori hizo una triangulación para no parecer comprometido con Cuba y trató de diversificar sus contactos fuera.

–AR: *¿Qué escenarios se trazan para el final de la crisis?*

–CID: Creo que desde el principio hay dos tendencias en pugna en el gobierno. No quiero decir que haya necesariamente halcones y palomas. Incluso para el propio Fujimori la tentación de acabar con esto de una vez por todas es grande, porque es un gobierno que no se caracteriza por la negociación sino por ser expeditivo y no hacer concesiones.

El mismo 5 de abril de 1992, el famoso autogolpe, es precisamente muestra de ello: "No me siento a conversar con este Congreso y esta oposición", se debe haber dicho a sí mismo el presidente.

Les cuesta mucho al gobierno y a las Fuerzas Armadas desarrollar conversaciones de paz y les cuesta mucho hacer concesiones a un grupo que de verdad es débil, como el MRTA.

Pero también creo que (el operativo rebelde) haya sido en territorio japonés, que haya más de 20 empresarios y funcionarios japoneses, que la prensa extranjera esté al pendiente, ha contribuido a que la crisis se encamine a una salida pacífica.

Por otra parte, después del descubrimiento del túnel que supuestamente se construía para rescatar a los rehenes y capturar a los rebeldes, el gobierno se quedó sin su carta violenta.

Cuando queda al descubierto, no le queda más que sentarse a negociar en serio. El costo político ya lo pagó, entonces no queda otra que sentarse a negociar.

Todo señala que vamos a una salida negociada con concesiones al MRTA.

–AR: *Antes del 17 de diciembre, Perú tenía una serie de problemas (reelección, escándalos de corrupción, descontento social) que parecen haber desaparecido...*

–CID: ¡Y están emergiendo nuevamente!

Durante el año 1996 la popularidad de Fujimori había ido bajando lentamente, y por primera vez en seis años, los que desaprobaban las medidas del Presidente eran más que los que las aprobaban. Es que los temas del ajuste económico y de la violencia estaban quedando atrás, y el tema que venía por delante era el de la crisis económica.

El PBI en Perú creció un 12% en 1994, un 6% en 1995, y solo un 2% en 1996. Entonces, son estas dificultades del modelo económico las que hacen que la popularidad del jefe de Estado empiece a bajar. Paradójicamente, el MRTA ayudó a que su prestigio no siga cayendo, porque luego de la toma, la aceptación de Fujimori vuelve a subir de 42% a 50%. Y es que de nuevo el orden aparece como una necesidad de primer plano. Conforme la crisis se prolongue, la coyuntura política de noviembre reaparecerá.

Además, se agregarán otros. Por ejemplo, una de las razones de que haya tenido éxito la toma de la residencia es que los servicios de inteligencia, en vez de estar preocupados por el MRTA y Sendero Luminoso, se dedicaron a otras "actividades", como perseguir a opositores del régimen, atentar contra generales o abalear a diputados.

Las responsabilidades de la Inteligencia y el papel de las fuerzas de seguridad en la vida política peruana son asuntos para el debate.

La mayoría había aceptado sin más el papel prominente de las Fuerzas Armadas, sobre todo por el terror que despertaba Sendero Luminoso. Pero después de este episodio, este tema va a incorporarse.

Nuevamente, entonces, la situación peruana vuelve a la complejidad de noviembre, todo el país no puede seguir girando por siempre en torno a la residencia del embajador japonés.

–AR: *Después de la toma de la residencia, un grupo de dirigentes del Frente Manuel Rodríguez se escapó de la cárcel de Santiago de Chile, mientras las FARC intensificaban su ofensiva... ¿Hay un resurgimiento de los movimientos guerrilleros en América Latina?*

–CID: El MRTA es un grupo muy débil y no creo que tenga muchas posibilidades futuras. Ellos jugaron una de sus últimas cartas y les salió bien, es como si en el último minuto del partido metieran un gol de honor. Pero el partido ya está definido. En todo caso, subsistirán como fuerza, pero no es una amenaza para Perú en el futuro. Eso no quiere decir que los nuevos tiempos se presenten pacíficos ni en Perú ni en América Latina, porque las causas que dieron origen a esa violencia no han cambiado.

Es cierto que se avanzó en la democratización, pero la inequidad y la pobreza siguen haciendo estragos. En ese sentido, los ajustes económicos tienen todavía que probar que son capaces de incluir a las mayorías en los beneficios del modelo. Mientras eso no suceda, va a seguir habiendo descontento. También es probable que haya violencia no política, por ejemplo, el crimen urbano está en aumento.

Ahora que se acabó la Guerra Fría, ese es un problema terrible, el narco... y si de violencia política se trata, hay que ver qué nuevos actores políticos van a aparecer. Aunque las FARC de Colombia me desmientan, pero Colombia es una nación bien especial. Creo que puede haber otros actores de violencia y habría que estar bien alertas para detectarlos.

–AR: *¿Cómo cuáles?*

–CID: Estoy pensando en respuestas políticas más fundamentalistas, en ese sentido, a lo mejor Sendero Luminoso no fue uno de los últimos del capítulo anterior sino uno de los primeros del nuevo.

Es un tipo de violencia mucho más desesperanzada, después de todo, la violencia del MRTA o la de los logros centroamericanos tienen objetivos políticos claros.

No hemos visto en años anteriores, salvo tal vez en Guatemala, estas explosiones terribles como en Bosnia o África.

Tengo miedo de que eso pueda ocurrir. Hasta ahora, incluso, los problemas étnicos se están procesando de manera bastante pacífica. Sorprendente y felizmente, no tenemos mayores problemas religiosos y Sendero Luminoso puede ser una primera llamada de alerta.

El modelo actual no está probando, ni siquiera en Chile, que es capaz de beneficiar a la gente y destruir las inequidades en el continente.

“POR PRIMERA VEZ SE ESTÁ ROMPIENDO EL CÍRCULO VICIOSO EN EL QUE SOLO CAÍAN LOS PECES CHICOS”[1]

Carlos Iván Degregori es uno de los más agudos observadores de la realidad política, social y cultural del país. Ideele *conversó con él a propósito de su más reciente libro:* La década de la antipolítica. Auge y huida de Alberto Fujimori y Vladimiro Montesinos.

–Ideele: *¿Cuál es la idea central de* La década de la antipolítica?

–Carlos Iván Degregori: La tesis central es que entre los escombros de un país devastado emerge, en 1990, un *outsider*;un personaje por fuera del sistema político que se derrumbaba y que entroniza en el centro de la escena pública la antipolítica; es decir, la denigración de la actividad política, la exaltación de los técnicos, de la eficacia y del pragmatismo. Y tiene éxito. En buena parte por los graves errores de la clase política y también por lo que yo llamaría una insuficiencia en el desarrollo de la ciudadanía en el país.

–Ideele: *¿Qué factores hicieron que el proyecto fujimorista termine en lo que terminó?*

–CID: Las explicaciones están a diferentes niveles; como si fueran diferentes capas, unas más profundas y otras más coyunturales. Entre las más profundas estaría nuestra tradición autoritaria, caudillista y paternalista; el caudillo no solo lo es por él mismo: también es la gente la que lo construye...

---

1. Sin detalle de entrevistador. Publicado en: *Ideele*, n.° 135, febrero de 2001, pp. 21-25.

–Ideele: *Pero esa no sería una ruptura con una tradición política peruana, sino una exacerbación de una tradición que hemos tenido a lo largo de nuestra historia.*

–CID: Sí, pero lo curioso es que Fujimori es percibido como una ruptura. Si bien en ciertos aspectos, como el económico, lo fue —a partir del *fujishock* hasta más o menos 1996—, en otros aspectos lo que hace es exacerbar lo viejo, lo tradicional. Nos coloca más atrás de los partidos que entre los años setenta y noventa habían tenido una preponderancia en la vida política del país y nos retrotrae a las épocas del caudillismo más puro, como el de Leguía. Paralelamente, desmantela la institucionalidad de las Fuerzas Armadas y las hace regresar hasta las épocas previas al CAEM, previas incluso a la llegada de la Misión Francesa.

–Ideele: *¿A qué otras capas hacía referencia?*

–CID: La otra es el fracaso de la transición democrática 1978-1980. Cuando se recupera la democracia representativa en 1980, los partidos que tienen la responsabilidad en esos años, que son básicamente AP, PPC, APRA e Izquierda Unida, no están a la altura del nuevo Perú. El Perú ha cambiado demasiado rápido, demasiado profundamente, y los partidos no percibieron de manera suficiente esa transformación. A eso se une la crisis internacional, la crisis de la deuda en América Latina, el derrumbe del populismo, del muro de Berlín, etc. Todo lo cual configura un escenario de desfase entre Estado y sociedad y entre partidos y ciudadanía. Los ciudadanos no se sienten ya representados por estos partidos, y eso en un contexto en el cual el neoliberalismo y el pragmatismo ofrecen el futuro al alcance de la mano.

Y aquí entra el tercer nivel, el azar en la historia; o sea, este señor con un origen étnico peculiar —los japoneses con fama de honrados y trabajadores— que de repente cubre un vacío para un sector importante de ciudadanos. Así, este candidato que solo espera ganar una curul en el Parlamento llega al gobierno y no tiene la más mínima idea, el más mínimo equipo. Se encuentra en ese contexto no solo con las Fuerzas Armadas, sino con Vladimiro Montesinos...

–Ideele: *Diera la impresión de que cuando habla del azar en la historia mucho más importante termina siendo Vladimiro Montesinos que Alberto Fujimori como factor explicativo.*

–CID: Es que Vladimiro Montesinos no hubiera podido montar la red solo. Ocurre algo similar con Guzmán una década antes, cuando lanza su guerra popular y tiene éxito por los errores y límites de otros. En el caso de Montesinos, sin el colapso de la institucionalidad, sin la hiperinflación, sin el terrorismo y sin Fujimori, no hubiera podido hacer lo que hizo. Estuvo en el lugar preciso en el momento preciso: jugó sus cartas de manera extraordinaria y mostró que tenía una gran habilidad.

–Ideele: *¿Y qué pasó con los otros sectores políticos, por ejemplo la izquierda, que en los años ochenta era para muchos una esperanza de cambio? Allí no hubo gobierno fracasado y sin embargo hoy la izquierda no existe más.*

–CID: Era la izquierda más importante de América del Sur. Fue el segundo bloque electoral entre 1980 y 1989. Los historiadores tienen mucho por explorar. No ha habido un balance ni una autocrítica lo suficientemente sistemático y serio, pero lanzaría tres hipótesis.

La primera, que a pesar de su vocación de ir hacia los sectores populares —obreros, campesinos, migrantes en las ciudades—, la dirigencia siguió siendo muy de clase media urbana e inclusive limeña o de ciudades grandes como Arequipa. Por eso comparte el desfase con este nuevo Perú que había emergido en esos años. La segunda, que la izquierda peruana hace una perestroika temprana pero incompleta. Tiene miedo de abandonar definitivamente las tesis marxistas-leninistas radicales, que ya estaban en decadencia en todo el mundo porque a su izquierda tiene al MRTA y Sendero Luminoso que bloqueaban la renovación democrática, pues llevaban adelante lo que había sido la prédica de la izquierda en la década anterior. La tercera, que al haberse convertido en el ala izquierda de esta clase política más tradicional, criolla, se volvió también muy pragmática, por no decir electorera. Limitada a los marcos del Congreso, fue de cierta manera una "leal oposición".

–Ideele: *Hemos hablado del auge de Fujimori; pasemos ahora a su huida. ¿Cuáles son los factores clave para explicarla?*

–CID: Este régimen sin institucionalidad política fue avanzando un poco como Sendero Luminoso, con fugas y saltos hacia delante: en 1992 con el autogolpe y en 1996 con la ley de interpretación auténtica con la cual se lanza a la segunda reelección. Algo así como cuando Hitler iba avanzando en medio del territorio ruso y extendiendo demasiado sus líneas logísticas, razón por la cual empieza a descuidar su retaguardia. Así, por concentrarse en la reelección, desde 1996 en adelante no manejan bien la economía, incluso dentro de su propio modelo —del cual podemos discrepar—, pero no lo aplican bien. No fue un neoliberalismo a la franca, sino que estuvo mediado por el propósito de la reelección, y conforme se acercaba el 2000 era cada vez peor.

–Ideele: *¿Y los otros factores?*

–CID: La recesión ofrece el terreno fértil para que la gente diga "esto no camina" y se preocupe más por el autoritarismo. De este problema yo destacaría el indignante control de los medios de comunicación. Creo que al común de la gente, más que la concentración de poderes que apenas comienza a ser tema central en el 2000 con la elección y los tránsfugas, lo que le choca es ese indignante control de la televisión a partir de enero de 1999, que contrastaba con la globalización de la información que llegaba por el cable y otros medios.

–Ideele: *Esa globalización de la información quizás era algo cierto para los sectores A, B y parcialmente el C, pero coincidentemente entre la población que más apoyaba a Fujimori había todo un sector que no tenía acceso a esa información globalizada.*

–CID: Es cierto que la indignación es sobre todo de los sectores medios, pero, ojo, sectores medios no solamente del tipo de Jesús María o Miraflores; también los sectores medios de Arequipa, Trujillo, Ayacucho, Iquitos, etc.; sectores medios en un sentido más amplio que incluyen lo que se llama C en las encuestas e incluso ciertos sectores del D. Es interesante que donde hay universidad o donde hay radios que tienen programas que mantienen independencia, la oposición a Fujimori entre jóvenes y gente que escucha esas radios fue mayor.

Y ahí entra un tercer factor, sin el cual creo que hubiera sido imposible lo que se ha conseguido, y este es la movilización popular que se desata alrededor del fraude electoral. Es la mitad del país y es la mitad más informada, más decidida, más movilizada. La otra mitad es una mitad a la defensiva, vergonzosa; los encuestadores dijeron que los votantes por Fujimori tenían vergüenza de decir su voto.

–Ideele: *¿Comparte la tesis de algunos de que mientras más abajo en el nivel económico, la población fue menos sensible a la corrupción y al abuso del poder?*

–CID: Creo que sí había una indignación diferenciada, aunque yo diría que los menos indignados eran los más pobres, pero también los más ricos. Fue impresionante la conciliación de sectores importantes del empresariado y de las élites políticas con este gobierno mafioso. Un solo ejemplo: yo he escuchado a Boloña responder a las acusaciones que se le hacen cuando dice que él iba a encabezar un golpe de Estado. Su respuesta es que rechaza la oferta porque no había condiciones, porque Estados Unidos nos habría cerrado las puertas, porque la comunidad internacional y los inversionistas no habrían aceptado. En ningún momento te dice: no, porque eso no se hace; no, porque yo soy un demócrata y no me presto a un golpe de Estado. Por lo menos la señora de alguna comunidad rural que aceptaba el clientelismo lo hacía porque pensaba que al día siguiente se le quitaba el alimento y se le morían de hambre los hijos.

–Ideele: *Pero hasta qué punto no puede haber ahora en determinados sectores de la población una actitud de "si todos roban y todos son lo mismo, escojamos al que, pese a robar, haga obras".*

–CID: Creo que eso tiene que ver con nuestras antiguas tradiciones. Por eso, si alguna herencia nos va a dejar este gobierno breve de transición es que por primera vez hay generales, empresarios, políticos que la pagan; o sea, hasta antes de noviembre del 2000, en este país la tradición era que solo caían los peces chicos. Creo que este gobierno transitorio está colaborando en romper este círculo vicioso. Ojalá el siguiente gobierno que elijamos logre convertirlo en un círculo virtuoso.

–Ideele: *Pero ¿qué pasa hoy con ese 40% de peruanos que realmente creía en Fujimori?*

–CID: Alan García deja destruida la infraestructura del país de una manera indignante; este gobierno, en cambio, con todos sus fraudes y coimas, hacía obras y las hacía en zonas rurales, y el presidente viajaba incansablemente por todo el país. No es que Fujimori reconocía a estos sectores provincianos, campesinos, rurales, como ciudadanos iguales con deberes y derechos, porque si no hubiera hecho un gobierno descentralista y les hubiera dado poder; pero por lo menos —como dice Romeo Grompone— los tomaba en cuenta. Aprovechando el helicóptero y los medios de comunicación, era como Dios que está en todas partes, y eso en un país donde los sectores rurales y provincianos han sido siempre olvidados, pesó.

–Ideele: *¿Qué pensarán ahora que Fujimori simplemente se fugó?*

–CID: Hay una mezcla de estupor, desconcierto y desconsuelo de gente que realmente se siente traicionada, abandonada. En algunos sectores funciona un esquema paternalista, y este padre me deja; eso es muy fuerte. Por ahora están callados, no han procesado muy bien todavía lo que esto significa. Va a ser difícil reconquistar o conquistar a estos sectores para una política democrática. Ahora bien: a favor de la esperanza está que si se va a un proceso de descentralización más o menos bien pensado y serio, se puede acercar la política a esos sectores. Estos, si bien no tenían una tradición ciudadana liberal y por eso era fácil que se engancharan en esta relación paternalista, sí tienen un interés muy grande por participar en elecciones locales.

–Ideele: *A partir de la constatación de que una parte significativa de la élite dirigente del país vendió su dignidad, su nombre y su alma por dinero, hay quienes sostienen que esa es una especie de característica inherente a nosotros como pueblo, como país, como peruanos. ¿Qué piensa?*

–CID: De ninguna manera; yo no creo que haya características inherentes a los pueblos; sino, los alemanes seguirían siendo nazis toda la vida, y ahora son otra cosa muy distinta. Son circunstancias históricas que pueden sacar lo mejor o lo peor de un pueblo; lo mejor o lo peor que ha sido sedimentado a través de la historia pero que en determinadas coyunturas de repente sale; y como a los alemanes les salió lo nazi, a nosotros nos salió Sendero Luminoso y después esto. En los últimos 20 años creo que han salido los peores aspectos de los peruanos, pero no son los únicos ni son invariables; también salió lo del lavado de la bandera y las multitudes en las calles contra el fraude.

–Ideele: *¿Podemos cambiar este círculo vicioso de gobiernos que comienzan bien y acaban mal?*

–CID: Puede ser, porque, a diferencia de la transición de 1978-1980, en la que hubo gigantescas movilizaciones, pero básicamente por reivindicaciones socioeconómicas, en esta ocasión las banderas democráticas están por primera vez en un lugar central. Me acuerdo de un letrero, "Kouri, devuélveme mi voto", antes del video, cuando él se pasó a Perú 2000: era una reacción novedosa, porque se comenzaba a valorar el voto. En general, valores como la independencia del Poder Judicial y la libertad de prensa han estado en el centro de las movilizaciones en el año 2000. Ahí está el embrión de lo nuevo. De ahí la gran responsabilidad del gobierno que salga elegido para cultivarlo.

–Ideele: *¿Qué tenemos que hacer para no repetir los errores y horrores de estos 20 años?*

–CID: La prioridad es clara: no puede haber tanta pobreza. Mientras siga habiendo la mitad del país pobre y 20% en extrema pobreza, siempre va a existir la posibilidad de que alguien juegue con esa pobreza, porque la gente necesita sobrevivir. Además del tema de la pobreza está la vigilancia de la ciudadanía. Mientras un sector importante en Lima y en las ciudades de todo el país esté alerta a defender sus derechos ciudadanos, la impunidad, la corrupción, el abuso y el caudillismo y paternalismo no pasarán. Esta es una lección que nos deja la exitosa reacción ciudadana frente a la calumnia contra Paniagua.

"Aquí tuvimos una dictadura mediática"

Este es el primer gobierno mediático que hemos tenido. Un solo ejemplo: en 1995, cuando Fujimori estaba en la cúspide de su popularidad y fue reelegido con más del 60% de los votos, no hay una manifestación, no hay un local partidario donde él pueda ir a celebrar. No: él va de canal en canal dando entrevistas.

Por ser un gobierno tan dependiente de los medios, cuando Baruch Ivcher se aleja del régimen y comienza a propalar estos obuses en contra del gobierno, le quitan su canal. A partir de allí se dan cuenta de que no basta con tener presionados a los medios, de que hay que controlarlos totalmente. Desde diciembre de 1998 logran el control total y comienzan además con la prensa basura, con los llamados "diarios chicha". Entramos a una dictadura mediática.

Por eso es importantísimo lo que sucedió con el programa de Lúcar. Lúcar se equivocó de coyuntura y pensó que todavía estábamos en la etapa anterior, en la que la regla era difamar; y cuando el difamado trataba de enjuiciar o hacer valer sus derechos para limpiar su honra, el Poder Judicial le caía encima y, peor aún, quedaba como enemigo de la "libertad de prensa". Eso fue lo que demolió a Andrade y Castañeda, al margen, por supuesto, de sus propios errores o defectos. Lo de Lúcar fue el Waterloo de una estrategia mediática que tenía en *Expreso* y Canal 4 sus últimos baluartes.

EL SENTIDO DEL VOTO[1]

Entrevista de Pedro Tenorio

–Pedro Tenorio: *¿Qué lección deja la crisis del fujimorismo a quienes, en su momento, apoyaron el autogolpe?*

–Carlos Iván Degregori: Los años posteriores al autogolpe demostraron que lo que reemplazó a la política no fue el pragmatismo o la eficacia sino más bien la guerra. Fujimori desarrolla una especie de guerra entendida como ausencia de diálogo, de construcción de consensos y mayorías respetuosas de las instituciones y de la independencia de poderes. Y la eficacia del técnico se convierte en una eficacia para monopolizar el poder. Ahí se demuestra que el más eficaz de los eficaces no es Boloña ni Hurtado Miller, sino Vladimiro Montesinos.

–PT: *¿Más que instituciones, el fujimorismo tenía brazos políticos?*

–CID: Todo se decidía desde arriba. Fujimori no hacía alianzas, cooptaba. Y el que estaba a cargo era Montesinos, quien muchas veces no cooptaba, sino que corrompía.

–PT: *Los partidos políticos como el APRA o el PPC llegaban mal a estos comicios, sin embargo han tenido una* performance *más que aceptable. ¿Qué cree que pasó?*

1. Publicado en: *Caretas*, n.° 1672, 31 de mayo de 2001.

–CID: En la caída del fujimorismo participa una oposición democrática que se organiza de manera espontánea, muy de sociedad civil. Los partidos participan pero los grandes protagonistas son los colectivos sociales, algunos medios de comunicación, los frentes regionales. En fin, todo eso que conocemos y que culmina en la Marcha de los Cuatro Suyos y que se ve representado, de alguna manera, en este gobierno de transición. Esto nutre también, por cierto, a los partidos democráticos.

–PT: *Sin embargo, hoy mismo la campaña discurre con bastante virulencia.*

–CID: Sí, estamos ante un escenario escindido: por un lado el de la transición y por otro el de la campaña electoral, que parece todavía empantanado en el capítulo anterior. De los que pasan a la segunda vuelta, pienso que uno es el candidato de un partido impenitente, pues ni él ni su partido han hecho una autocrítica seria sobre el descalabro de los años ochenta. El otro, Toledo, expresa en parte los rezagos de esa "antipolítica". Es decir, no ha cuajado una institución sólida como partido. Quienes lo rodean siguen siendo en buena parte familiares, amigos y hemos visto que eso no funciona.

–PT: *¿Si la cosa es así, este 3 de junio qué elegimos los peruanos?*

–CID: Los peruanos no somos un todo homogéneo, cada quien tiene en mente algo concreto. Pero creo que deberíamos votar por consolidar esta transición y eso significa continuar en el proceso de devolver su autonomía al Congreso, al Poder Judicial, y subordinar las Fuerzas Armadas al poder civil. Es decir, que cada institución cumpla su función. Los sectores más pobres votan marcados no solo por los ofrecimientos económicos sino también por la percepción que tienen de si el candidato cumplirá con promesas que tienen mucho que ver con su supervivencia: Vaso de Leche, clubes de madres, medicinas baratas, etc.

–PT: *¿Se podría gestar un escenario de demandas insatisfechas?*

–CID: Se podría acentuar un clima de efervescencia social, en el que cada uno reclame por lo suyo, pero sin una perspectiva política. Si esto no se traduce en propuestas, en alternativas de representación a través de organizaciones, se pierde de perspectiva el país y puede llevarnos a una situación ecuatoriana, de movilizaciones aquí y allá sin salida.

–PT: *¿Deberíamos temer un rebrote senderista?*

–CID: Veo difícil que Sendero pueda reagruparse y ganar adeptos. La gente está vacunada y quiere paz, lo cual no significa que en el futuro no pueda haber violencia, porque el país está tan desgarrado y empobrecido que podrían haber manifestaciones de violencia no política: saqueos, violencia delincuencial, secuestros.

–PT: *Volviendo a la campaña, hay un festival de ofertas electorales que coincide con demandas sociales insatisfechas.*

–CID: Sin embargo, hay una suerte de bizantinismo. En Bizancio, mientras los turcos rodeaban la capital, los filósofos, políticos y reyes discutían sobre el sexo de los ángeles. Aquí, con un país en la cuerda floja, haciendo equilibrio para no caerse ante la crisis económica, los candidatos se la pasan discutiendo sobre sexo, mentiras y videos. Y haciendo promesas que van a ser enfriadas rápidamente por la realidad apenas llegue cualquiera de ellos al gobierno. Lo importante será al día siguiente. Ahí radica la necesidad de lograr consensos.

–PT: *El Congreso ya fue elegido y ninguno tiene mayoría, ¿cuál sería la clave para una concertación política?*

–CID: Hay diferentes posibilidades. Se pueden buscar alianzas más o menos estables en el Congreso, a la boliviana, como ha funcionado ahí durante la última década. Otra es que el gobierno mantenga una mayoría precaria y que construya consensos a partir de ciertas propuestas. Pero lo ideal es buscar una alianza estable, y quien gane tendrá ante sí la posibilidad de hacerlo. También va a depender de la presión social: como en el debate para el distrito electoral múltiple, estos meses nos han enseñado que la gente no está dispuesta a aceptar más caballazos.

–PT: *Usted dice que el APRA no ha hecho su autocrítica, ¿en qué consistiría esta?*

–CID: Primero, hubiera sido saludable una desalanización del APRA. Antes de la llegada de García, qué era, ¿5%? Hoy es un partido que gira alrededor de la figura de Alan García, ese es el miedo. Ante sus veintitantos congresistas y los noséquantos que llevaría al poder, Alan puede decir a, b o c y ellos van a decir amén. Tampoco vemos liderazgos nuevos. No hemos visto una renovación del discurso programático del APRA, lo que hasta ahora hay es un acomodamiento pragmático.

–PT: *¿Cómo así García se proyecta hasta ser poco menos que la estrella de estos comicios? ¿Por qué Toledo cae, por qué dilapida su capital?*

–CID: Yo diría a propósito de García que la mediocridad de la clase política, que nos lleva a los años de Fujimori y a su no renovación, hace que quien estuvo fuera regrese con su carisma y facilidad de palabra. Con Toledo es impresionante su porcentaje, a pesar de sus debilidades, que son también inacabables. No me explico cómo no se ha derrumbado, como sí se derrumbaron personajes más consistentes, como Andrade o Castañeda.

–PT: *Y luego de una campaña larguísima, recibiendo muchas críticas, la mayoría justificadas, por cierto.*

–CID: Bueno, creo que sí tengo una hipótesis: al haberse derrumbado los canales normales de representación (partidos en los que uno milita, confía y vota), uno termina apoyando al que se parece a uno. Y en Toledo cuenta el factor étnico, regional. No encuentro otra explicación, sino una especie de solidaridad de ese nivel: "es cholo como yo, provinciano como yo, salió de abajo y hay que votar por él, no importa lo que digan los otros".

–PT: *Con relación al voto en blanco, ¿cree que la "guerra sucia" en los medios lo haya abonado?*

–CID: Así como no han cambiado los actores políticos, tampoco han cambiado los medios de comunicación. A los canales de TV los veo iguales, con las mismas figuras que simplemente han hecho un *mea culpa* olvidando que, según la Iglesia católica, para que este sea efectivo hay que tener dolor de corazón, propósito de enmienda y satisfacción de obra. Demostrarlo en la práctica.

–PT: *¿A pesar de ello, considera que la transición se está abriendo paso?*

–CID: Sin duda. No olvidemos que Valentín Paniagua no es un marciano extraterrestre, es un viejo político peruano intentando reivindicar la vieja política. El fujimorismo hablaba de "políticos tradicionales" llenos de taras, pero ahora vemos que también hay figuras como las de Paniagua, empeñadas en hacer pedagogía junto a otras muchas personas que participan del gobierno.

–PT: *¿Qué sería lo más saludable, como primer paso, para quien gane la Presidencia?*

–CID: Sinceramente, creo que debería engarzarse de manera fluida, explícita, con todas aquellas cabeceras de playa que ha logrado establecer el gobierno de transición en una serie de ámbitos en los cuales una abrumadora mayoría de peruanos están de acuerdo, como son la trasparencia de información, la Comisión de la Verdad, la Comisión Anticorrupción, la institucionalización de las Fuerzas Armadas, la división de poderes y otras cruzadas que garantizan gobernabilidad y atención a las demandas sociales. Gane quien gane, si no consolida la institucionalidad, es posible que acabe en un nuevo fracaso y que ni siquiera llegue a los cinco años.

"ESTAMOS EXACERBANDO EL VOTO FRÍVOLO"[1]

–¿Cómo definirías el comportamiento de la sociedad peruana frente al poder en los últimos cincuenta años?

–Carlos Iván Degregori: Estamos en una crisis de larga duración, que responde a nuestra incapacidad para construir un orden democrático y moderno, luego del resquebrajamiento del viejo orden oligárquico en los años cincuenta. Ese orden que se derrumbó por anacrónico con los movimientos campesinos y las grandes migraciones a la ciudad, terminó formalmente con la política de la hacienda, de los tribunos de verbo florido, de los partidos de salón y los caudillos militares. Pero el cambio fue solo formal, porque si pensamos que Velasco cerró esa etapa, vemos cómo todo fracasó por la contradicción de querer hacer una reforma social por la vía imposible del autoritarismo político; eso mismo, en otros términos, se repitió en los años noventa. Sin embargo, yo no creo que tengamos una esencia autoritaria o que estemos condenados por naturaleza. Me parece que por diversas razones —la diversidad étnica, las grandes desigualdades socioeconómicas—, nuestro proceso de construcción de instituciones democráticas es frágil y lento. La responsabilidad es de las élites militares y civiles que no han hecho un compromiso democrático y humanista con el país.

---

1. Esta entrevista fue proporcionada por el propio C. I. Degregori con el fin de incluirla en este volumen. No obstante, se trata de una transcripción en la que se obvió la fecha y el medio de publicación. Del contenido se desprende que data de entre abril y junio del 2001, fecha que corresponde a la segunda vuelta electoral de las elecciones presidenciales de ese año, en la que Alejandro Toledo resultó electo, superando en votos a Alan García.

–¿Estamos en una larga transición con periodos de retorno al pasado, al autoritarismo y al caudillismo?

–CID: Desde hace tiempo estamos en una especie de transición inacabada. El país es otro, la sociedad está en el siglo XXI, pero no ha podido generar un sistema político acorde con los tiempos. Más bien hemos petardeado la construcción de un orden institucional, desde la violencia terrorista y desde la incapacidad de las élites políticas e intelectuales para conformar un sistema de partidos modernos. Por ejemplo, en 1985, cuando parecía que surgía un líder con capacidad para renovar un partido viejo, superando el sectarismo tradicional aprista, apareció más bien un caudillo que gobernó con una camarilla, manipuló militares y provocó el autoritarismo de los años noventa. Porque esa gran crisis generada por Alan García y la violencia de Sendero Luminoso abrió una tierra de nadie, donde se instaló un proyecto autoritario que fue visto como salvador por un sector de la población.

–¿Crees que todo esto ha provocado una gran desconfianza en el país, reflejada en un 30% que no sabe o no quiere votar por nadie?

–CID: Eso es impresionante. Después de la caída de Fujimori vino un corto verano democrático, pero nada garantiza su consolidación. Esto se nota claramente entre lo que piensa la gente sobre el gobierno de transición y los candidatos que pretenden gobernar a partir de julio. Es paradójico que el gobierno más legítimo y aceptado no haya sido elegido por votación popular. Y hoy mucha gente quiere que se quede el presidente Paniagua. Un gobierno atípico en el Perú: tiene un estilo sin estridencias, mesurado, no caudillista. Pero esa misma voluntad democrática no alcanzó para consolidar una campaña electoral acorde con las circunstancias, porque el deterioro de las últimas dos décadas es grande y no se recupera de la noche a la mañana. Quiero compensar este pesimismo con la esperanza de que el Parlamento elegido sea mejor que el anterior.

–¿En este contexto cómo analizas esta segunda vuelta electoral?

–CID: Lo confuso son las definiciones de los candidatos. Se ha dicho con razón que Toledo se ubicaría a la derecha en materia económica, al centro en materia política y a la izquierda en materia cultural, y que Alan García se ubica a la izquierda en materia económica, pero a la derecha en materia política, porque sigue reviviendo el viejo caudillismo y, además, porque no ha hecho ninguna autocrítica seria. Lo que hizo en su anterior gobierno no fueron errores de juventud, fueron errores gravísimos que requerían una refundación de su partido, pero hasta el momento García no tiene ninguna intención de hacerla. Tal vez como estructura el APRA es más fuerte que Perú Posible, pero como estilo de hacer política es más vieja, más premoderna. Si Toledo llega a Palacio, ¿crees que va a poder mangonear a Ferrero, a Pease, a Townsend, a Solari? No. En cambio, en el APRA García es el rey, ahí todos acatan su decisión, con un pragmatismo oportunista que puede devolver el poder a figuras que no pensaron volver a tenerlo.

–En tu libro calificabas al noventa como la década de la antipolítica. ¿Crees que en esta campaña se ha vivido la resaca de esos ataques, de esa guerra sucia...?

–CID: La refundación de la política en el Perú es una tarea pendiente. Lourdes Flores apostó por eso, pero le fue mal porque hizo malas alianzas. Todavía estamos dentro de los paradigmas de la antipolítica. Antes se hablaba de la senderización de la política. La farandulización no tendría mayor importancia, si solo fuera una parte anecdótica, mediática, expresiva de la política —que tampoco puede ser solemne y aburrida—, pero si la coreografía se come a la institución, si el show se come a la política, eso es peligroso, estamos exacerbando el voto frívolo.

"SE ABRIRÍAN LAS PUERTAS A LA VACANCIA PRESIDENCIAL"[1]

Entrevista de Adán Ríos

La posible censura al ministro Fernando Rospigliosi podría traer consecuencias muy perjudiciales para el gobierno. Eso lo advierte el analista Carlos Iván Degregori, quien aboga por la permanencia del titular de Interior y la búsqueda de una salida creativa a este problema. A él le preocupa que no haya una pieza de recambio en ese portafolio y sospecha que la intención de la oposición sea una posible vacancia presidencial.

–Adán Ríos: *¿Qué impresión le deja lo ocurrido en Ilave?*

–Carlos Iván Degregori: El informe de la Comisión de la Verdad indica que alrededor del 11,5% de las víctimas mortales del conflicto fueron autoridades, y la abrumadora mayoría autoridades locales. Estas fueron asesinadas en los denominados juicios populares que organizaba Sendero Luminoso. Juicios populares que tenían mucho de la escenografía en Ilave: una autoridad supuestamente abusiva y una masa en contra. Es decir, hay una energía de confrontación, tanática. Viejos conflictos entre comunidades o dentro de las comunidades o entre familias. Las causas que permitieron a Sendero tener acogida, son ahora las mismas que han llevado a que ocurra esto en Ilave.

–AR: *¿De qué causas estamos hablando?*

1. Publicado en: *Perú.21*, 2 de mayo de 2004, pp. 8-9.

–CID: Un país centralista, un sistema de autoridades que no funciona, y si funciona, lo hace mal; un Estado ausente o, si está, abusivo o ineficiente. No crea instancias para procesar conflictos locales. Ante esta barrera social y política, lo único que les queda a los pobladores es actuar.

–AR: *¿Hay un hartazgo?*

–CID: Somos herederos de una tradición confrontacional, de destruir al enemigo. La oligarquía lo hizo con el APRA en la revolución de Trujillo, Sendero lo quiso hacer con el Estado, Alberto Fujimori lo hizo con sus opositores, con una política sistemática de desprestigio. Entonces, esto no es solo patrimonio de los campesinos de Uchuraccay o los aymaras de Ilave. El Perú no ha superado ese estilo. No hemos sido capaces de crear un sistema que permita una vida democrática más allá de la democracia electoral.

–AR: *¿Hay un problema cultural?*

–CID: Yo estoy muy fastidiado por la forma como se maneja esta dimensión cultural. Por supuesto que hay un factor cultural, un conjunto de tradiciones en el que se incluye la asamblea popular y el castigo físico. La pena de muerte en el pensamiento andino era excepcional. Sin embargo, algunos analistas hablan de una nación aymara y la legitiman caracterizándola como pueblo aguerrido, violento, cuando no es así.

–AR: *Pero hay un antecedente en Bolivia...*

–CID: Pero ahí no se puede entender el conflicto solo en términos étnicos. Hubo una serie de circunstancias que se fueron acumulando desde el 2001 y terminaron por sacar al gobierno de Gonzalo Sánchez de Lozada.

–AR: *¿Cómo entender la muerte del alcalde de Ilave?*

–CID: En esta muerte han jugado muchos factores estructurales y factores políticos actuales. Una fragmentación muy fuerte de la sociedad regional y provincial que no se recupera de la reforma agraria y de la violencia. Son sociedades despolitizadas, en el sentido de que no hay partidos que ordenen los bloques de opinión nacional. Tampoco hay partidos regionales fuertes, como el partido nacionalista vasco. Hay una fragmentación económica muy grande en la sociedad rural y no hay élites provincianas fuertes.

–AR: *¿La reacción es producto de una frustración?*

–CID: Por supuesto. Hay una profunda frustración y desconfianza ante el sistema de arriba y abajo. Cualquier acusación de los enemigos del alcalde prende porque no hay un liderazgo, no hay un Estado que funcione. Esto viene desde el presidente que se pone un sueldo exorbitante hasta el regidor que se aumentó la dieta. Hay una concepción del Estado como botín. El pez se pudre desde la cabeza y los que están pagando los platos rotos son los últimos eslabones. Tal vez el asesinato sea un ataque simbólico a toda la cadena de autoridades.

–AR: *¿Es una respuesta directa a Toledo, como dice la oposición?*

–CID: No lo creo. Pero si un virus te ataca cuando tienes bajas las defensas, entonces te puede matar. La economía está bien, hay avances en algunos campos. Pero sin un poder legitimado, sin un gobierno que estructure un orden democrático, la gente va a comenzar a pedir orden a como dé lugar. Eso también explica la popularidad de Alberto Fujimori. Eso te da un 8% de popularidad.

–AR: *¿Se manejó bien la solución en Ilave?*

–CID: Esta solución evidencia que no hay una idea de cómo gobernar, no hay una hoja de ruta de verdad. Entonces se trata de sacar soluciones improvisadas sobre el caballo. Estas asambleas populares deben estar muy bien reguladas. Se dice que en la plaza había cinco mil personas, cuando en la ciudad hay muchas más. Entonces, de qué democracia estamos hablando.

–AR: *¿El ministro Fernando Rospigliosi tiene una responsabilidad política? ¿Debe irse, como pide la oposición?*

–CID: Es bien difícil responder esa pregunta. Es cierto que hay una responsabilidad política. Es cierto que el alcalde estuvo horas en una suerte de suplicio. Entonces falló la estrategia del Ministerio del Interior. Pero la pregunta es hasta qué punto falló y si solo eso falló. ¿Debería renunciar también el presidente delConsejo de Ministros? El otro problema son los congresistas que lo van a censurar. ¿Con qué legitimidad? Este es el peor Parlamento que hemos tenido. Hay un buen porcentaje de parlamentarios tremendamente cuestionados, es un Parlamento que se consume en escándalos menores. Para mí es un dilema muy fuerte. Yo trataría de encontrar la manera institucional de que no se le censure. Hay que encontrar esa salida.

–AR: *¿Por qué?*

–CID: Porque no hay equipo de recambio. ¿Quién va a venir? Un Alberto Sanabria II no va a saber cómo manejar los problemas que se vienen la próxima semana, y es muy posible que ante esa inoperancia tengamos que recurrir a estados de emergencia, llamar a las Fuerzas Armadas, y nuevamente entremos en un círculo vicioso. Yo sospecho que eso (la salida de Rospigliosi) puede abrir las puertas de una vacancia presidencial. Tal vez sea demasiado suspicaz, y no sé si eso está en la mente de los que lo quieren censurar. No es que yo esté defendiendo a Toledo, pero estoy planteando el problema: un efecto dominó. En el horizonte puede haber una vacancia presidencial. Ahora, si no hay un mecanismo institucional que permita evitar esta censura, tendría que renunciar porque tampoco se puede tirar por la borda los mecanismos institucionales del sistema democrático.

–AR: *¿Pero si Rospigliosi se queda, qué respaldo o legitimidad puede tener para enfrentar otros conflictos sociales? La confianza no es la misma.*

–CID: Tiene razón, por eso digo que la respuesta es muy compleja. Yo no avizoro un equipo de recambio que lo haga bien, que pueda enfrentar de manera prudente los reclamos. Es cierto, el ministro quedaría herido.

–AR: *Si no se llega a concretar la censura, los votos en el Congreso podrían generar que tengamos un Francisco González II (exministro de Agricultura).*

–CID: No quiero patear el tablero, solo analizar. Si no hay manera de conservar al ministro, preguntémonos, entonces, si el gobierno no quedará gravemente herido con su salida y si dura hasta el 2006. Si cae Rospigliosi, va a ser con votos del FIM y PP. La propia alianza de gobierno quedaría resquebrajada. Nunca fue una unidad monolítica, pero hasta el momento ha logrado obtener los votos suficientes. Entonces, el propio gabinete queda herido, tal vez por eso es la reacción unánime del Consejo de Ministros en defensa de Rospigliosi, apoyo que antes no se había dado cuando este se enfrentó al congresista Jorge Mufarech. Ahora hay una reacción corporativa porque sienten, creo, que van a quedar mal heridos.

–AR: *¿Cómo debería actuar la oposición?*

–CID: Si la oposición consigue sacar a Rospigliosi, tiene que pensar en medidas para que el gobierno dure hasta el 2006. Hasta ahora ha durado en parte porque la oposición ha actuado con medida. En algunos casos ha dado tregua, ahora va tener que cooperar mucho más para que llegue al 2006, salvo que esté pensando que mejor, de una vez, el gobierno se vaya y se entre a una campaña electoral. En los próximos meses los principales partidos de oposición tendrán elecciones internas, entonces estarán preparados para un pronto proceso electoral.

"PANIAGUA TIENE QUE DECIDIR SI POSTULA O NO"[1]

Entrevista de Patricia Quispe

En un análisis de la actual coyuntura política, el estudioso Carlos Iván Degregori desmenuza, en esta entrevista, los errores en que han incurrido los llamados políticos tradicionales y que le podrían restar opción en la contienda del 2006. Habla también sobre la formación de nuevas alianzas, la debacle de otras como UN y el ocaso de Perú Posible y el FIM.

–Patricia Quispe: *¿Cuáles son las perspectivas del presidente Toledo de aquí al 2006?*

–Carlos Iván Degregori: En esta coyuntura de la llegada del gas de Camisea y de la elección del nuevo presidente del Congreso, el tema de la posible vacancia presidencial queda en segundo plano, incluso a pesar de que siguen los problemas con su familia. Las posibilidades de que termine su mandato son muchísimo mayores que antes del 28 de julio, pero no creo que recupere un nivel de aceptación popular importante.

–PQ: *Las encuestas le dan entre 14% y 16%. ¿Puede recuperarse más?*

–CID: Posiblemente, pero creo que su techo es 20%. Primero porque ya se ha hecho toda una imagen previa en los tres años; segundo, porque su partido no lo ayuda para nada. Ahora mismo se están sacando los ojos, justamente

1. Publicado en: *Perú.21*, 5 de setiembre de 2004, pp. 8-9.

cuando otros partidos tratan de consolidarse con miras a las elecciones del 2006. Con esa falta de un aparato partidario que lo apoye, creo que su tope es 20% y que el 2006 marca, sino la desaparición, por lo menos el ocaso de Perú Posible. Y ojalá del FIM, porque creo que ha tenido un papel negativo.

–PQ: *¿Electoralmente existe Perú Posible?*

–CID: Podríamos decir que como partido, tal como lo manda la ley, nunca existió. Más que una institución, es una colección de gente diversa que se aglutinó alrededor de Toledo, que nunca cohesionó un programa, una identidad, una mística, y que más bien estuvo para el beneficio personal o familiar.

–PQ: *¿Y el 2006 marcará también la sepultura del FIM?*

–CID: Hay altísimas posibilidades. Espero que llegue el fin de ese ciclo, porque es el ciclo de estos independientes que alrededor de una figura y de una obsesión construían un capital. Olivera es el FIM, y lo construyó para tener vigencia personal en la política peruana, nada más.

–PQ: *Lo que hace probable que no se resigne a su desaparición y busque un reacomodo.*

–CID: Va a depender de los electores, que espero que orienten su voto de la mejor manera y, por otro lado, de los otros partidos. ¿Quién va a querer recibir a Olivera a estas alturas? Él resta mucho más de lo que suma.

–PQ: *¿Se ha convertido en un lastre para cualquier agrupación?*

–CID: Creo que sí. Pero ahí se da eso de que siempre hay un roto para un descosido. Tal vez PP y FIM se alíen en el 2006, pero ya están aliados, así que la situación no va a cambiar.

–PQ: *¿Existe el riego de que el presidente se confíe en las encuestas e incurra otra vez en los errores de siempre?*

–CID: En lo que debería confiar es en las instituciones. Si confía en las encuestas, va a abandonar la prudencia, va a creer de nuevo que todo lo puede, y vamos a volver a este ciclo en el que el propio presidente, el Ejecutivo, terminan boicoteándose a sí mismos. El caso más flagrante y recordado es el de Beatriz Merino.

–PQ: *Pero estos tres años nos han enseñado que el presidente Toledo no cree en las instituciones.*

–CID: Bueno, entonces va a estar mal. Si no aprovecha este poco tiempo que le queda para fortalecer la institucionalidad democrática, sobrevivirá y nada más. Además, cualquier viento en contra, cualquier otro escándalo y vuelve a caer. La recuperación es muy frágil.

–PQ: *¿Cómo debe enfrentar el tema de la corrupción?*

–CID: Hay un test decisivo a fines de setiembre y es la Procuraduría Anticorrupción. Cada vez hay más indicios de que el Ejecutivo y el propio presidente no quieren que esta procuraduría continúe, sobre todo desde que empezó a fijarse también en los actos de corrupción de este gobierno.

–PQ: *¿La renovación o no de los contratos de los procuradores será su prueba de fuego?*

–CID: Creo que sí. En el ámbito del fortalecimiento de instituciones, de las luchas contra la corrupción, se está jugando buena parte de su recuperación. Si a fin de mes, con cualquier pretexto, cambia a los procuradores, que, con cualquier error que uno pudiera encontrarles, han cumplido un papel muy positivo, daría un mensaje terrible, ya no solo para su imagen sino para el país en general.

–PQ: *Hablando del 2006, ¿qué posibilidades electorales tienen los partidos tradicionales en esa contienda?*

–CID: Hay muchos indicios de que en el 2006 habrá cierta recuperación de los llamados partidos políticos tradicionales, se está agotando el tiempo de los independientes que salían de la nada. Sin embargo, lo que se viene para el 2006 es como una curva de la que hemos ido bajando. Ojalá ese año se marque un punto de inflexión y comiencen los partidos a recuperarse. Creo que van a hacer esfuerzos para ello, pero parten de una situación muy difícil, han caído muy abajo.

–PQ: *Por eso buscan alianzas y hablan de frentes republicanos o sociales.*

–CID: Así es, y se han replegado mucho a la plaza Bolívar. Casi confunden la vida partidaria con la vida de los congresistas, y conforme se repliegan, se meten a discusiones que nadie entiende, y si se entienden, causan repudio porque es por la repartija de comisiones, por no renunciar a salarios. Viven en una burbuja, y mientras eso ocurre el país va por otro lado.

–PQ: *¿Qué deben corregir?*

–CID: Los partidos deben reengancharse con la sociedad, conquistar bases en sitios más alejados. ¿Quién se va a Ilave? Siguen concentrándose en Lima o en las principales ciudades, pero dejan enormes territorios electorales vacíos donde no hay partidos, o si los hay, son logos o franquicias. Tendría, además, que haber una renovación generacional. Veremos si el PPC lo hace. Si sigue aliado con Barba y Rey va a ser más de lo mismo: el calentado de la noche anterior que te lo sirven otra vez como plato nuevo. El APRA perdió en su congreso la posibilidad de democratizar mucho más su partido. También deben poner un discurso donde la ética tenga un lugar muy importante, tienen que dar señales de que son austeros.

–PQ: *Caso contrario les dan cabida a los* outsiders, *como Humala u otros.*

–CID: Cuando hablo de outsiders, pienso en gente como Antauro Humala, Marco Arrunátegui o el propio Jaime Salinas, que no tienen experiencia de gobierno, y otros que todavía no sabemos y de repente surgen faltando seis o siete meses. Si la Ley de Partidos se cumple, será más difícil para ellos irrumpir como lo hizo Fujimori. El peor error sería volver a elegir a alguien que no tiene experiencia política, que va a buscar, él o la gente que lo rodea, sus intereses personales. Puede ser buena gente, pero como no están unidos por una doctrina, quién va a controlar.

–PQ: *Una figura que se presenta en Unidad Nacional, donde solo el* PPC *tiene una ideología definida. ¿Lourdes Flores debería renunciar al proyecto de consolidar esa alianza?*

–CID: Sería un grave error del PPC mantener la alianza tal como la tiene. La misma Lourdes ha reconocido que le dio demasiada importancia. Creo que ya cumplió su ciclo, en todo caso que el PPC busque sus propias alianzas.

–PQ: *Según los sondeos, en una segunda ronda electoral, Valentín Paniagua tendría las de ganar.*

–CID: Él tendría que definir si va a postular o no, porque hasta el momento dice que no ha decidido nada, pero ahí también hay una fecha límite. En octubre o noviembre tiene que haber decidido si postula o no, y una vez que lo haga, tendrá que decir si el eje de su postulación será Acción Popular o si va a formar un frente republicano más amplio, porque como partido, AP está tremendamente disminuido. Es como si tú requirieras un portaaviones pero tu nave insignia es una lanchita misilera.

"EL FINAL DEL GOBIERNO SE VA VOLVIENDO SINIESTRO"[1]

Entrevista de Michael A. Zárate

El antropólogo Carlos Iván Degregori y lo que espera del mensaje presidencial. Ahora que lo devaluado no es la moneda, sino la palabra del jefe de Estado.

SUS OPINIONES TIENEN MÚSICA DE FONDO. Por momentos, Carlos Iván Degregori recurre al bolero, al vals y al rock para explicar el Perú de hoy. Sin embargo, ¿qué sinfonía nos espera en el mensaje presidencial? El 28 de julio del año pasado, en una ceremonia en la antigua sede del Banco de la Nación, el presidente Alejandro Toledo anunció que se construiría ahí el Museo de la Democracia. Claro está, no ha pasado nada. Pero si la democracia requiere un museo, ¿será porque luchar por ella se ha vuelto cosa del pasado?

–Michael Zárate: *Si habláramos de los fracasos de este gobierno, ¿por dónde comenzaría?*

–Carlos Iván Degregori: Por el hecho de que traicionó las esperanzas de una mayoría de peruanos que, entre el 2000 y 2001, ya tenía pocas esperanzas. Eso es lo peor. Muchos sentían que se jugaba la última carta y creo que el presidente Toledo no va a pasar a la historia porque firmó el TLC. Pasará a la historia porque defraudó las esperanzas depositadas en él.

1. Publicado en: *Perú.21*, 24 de julio de 2005, pp. 8-9.

–MZ: *¿Este gobierno ha sido otra oportunidad perdida?*

–CID: Creo que sí. Es cierto que hay un crecimiento de los indicadores macroeconómicos, pero no es suficiente. Lo fundamental es construir un país más allá de las cifras económicas, con coexistencia ciudadana entre sus habitantes. Veo en las élites económicas y políticas lo que antes se denominaba "economicismo", muy típico del marxismo ortodoxo. Es decir, creer que por cambiar la base económica, lo demás se dará por añadidura. Y hay factores que se van a acumular: tensiones, conflictos, rencores que, en algún momento, nos estrellarán en la cara.

–MZ: *En una entrevista pasada, al hablar sobre los movimientos sociales, usted dijo que antes había el lema "si no hay solución, la huelga continúa", pero que ahora se escuchaba "si no hay solución, hacemos la cagada". Hoy, si alguien quiere pedirle algo al gobierno, pues bloquea una carretera.*

–CID: Lo normal en un país pobre es que haya movilizaciones. Pero lo que no es comprensible es que estos sectores, con muchas demandas legítimas, no encuentren canales para procesarlas. Los partidos han colapsado. La ineficacia del Estado y la debilidad de los partidos contribuyen a que los movimientos sociales se vuelvan violentos y muy fragmentados. Tienes a Ilave por un lado, a Tambogrande por el otro, el cerro Quilish por allí y Tintaya por allá.

–MZ: *El 56% cree que lo malo de este gobierno es la corrupción. ¿Impunidad y corrupción han sido el único proceso de desarrollo sostenido en el Perú de los últimos 20 años, como plantea Abelardo Sánchez León?*

–CID: Hay otros, pero que no tienen relación con el Estado ni con la élite empresarial. Son los procesos de los que hablaban José Matos Mar, Hernando de Soto, el Instituto de Estudios Peruanos y que fueron resaltados en los años ochenta: el hecho de que, en medio de la crisis, surgiera un ímpetu de los peruanos de extracción provinciana o popular.

–MZ: *Un ímpetu que ha originado fenómenos como el del Cono Norte.*

–CID: Efectivamente, y hay mucha vitalidad en muchas partes todavía. El problema es que esa vitalidad se está yendo del país. Pero es muy cierto que corrupción e impunidad se han sostenido. Yo pensé que el final del gobierno iba a ser ridículo, patético, pero no pensé que podría ser siniestro y se va volviendo siniestro. Lo que hemos vivido en los últimos días —la "ley Wolfenson" y la salida de personajes vinculados al antiguo gobierno— es el punto de quiebre.

–MZ: *¿Plantones como el promovido por monseñor Bambarén son suficientes?*

–CID: No, pero algo había que hacer. Su idea fue un gran mérito. Me parecen ridículos los que dicen que ha sido una payasada. Me parece un cinismo muy peligroso porque son gente de las élites económicas y políticas. Si consideran que un plantón contra la corrupción es una payasada, ¿qué podemos esperar de ellos en el futuro? Me asombró cuando Lourdes flores dijo que este plantón no estaba en la agenda de la gente. La debacle de 1990 fue económica, pero la debacle del 2000 fue moral. Si una política inteligente y honesta como ella no se da cuenta de eso, ¿qué podemos esperar del 2006?

–MZ: *¿Por qué hay quienes, como Julio Favre y el congresista José Barba, creen que la movilización fue una payasada marxista? ¿Qué nos revela eso?*

–CID: Más que Barba, me preocupa Lourdes Flores. Hace cinco años que carga con esas bolas de hierro en el tobillo que son Barba y Rafael Rey, expresiones de sectores que no tienen idea del futuro del país. Me preocupa que Lourdes Flores no zanje con ellos y les deje decir estas payasadas. Y en el caso de Favre, pues espero que se trate solo de un sector del empresariado, porque él siempre ha sido la línea más cavernaria de los empresarios. Con la Comisión de la Verdad fue igual. Para él, nosotros éramos senderistas.

–MZ: *¿La gente está diciendo "basta ya" o sigue dormida?*

–CID: Es una mezcla. Puedes tener un sector importante que fluctúe entre la bronca y el cinismo. Los dos son negativos. O te sale lo destructivo y acabas linchando al alcalde, o te sale el cinismo y entonces piensas que todo es lo mismo, que nada importa, que —como el bolero— apagas la tele y prefieres no enterarte de nada. Pero también hay un sector que está diciendo "basta ya". Ojalá que sea mayoritario.

–MZ: *Toledo ha anunciado que su mensaje traerá "sorpresas". ¿Qué le podría sorprender a usted del presidente?*

–CID: A estas alturas, nada. Y si dice que va a traer sorpresas, no le creo. Y si hay alguna sorpresa, me temo que sea para peor. A eso hemos llegado. Ojalá me equivoque y haya alguna buena noticia, lo que es muy fácil, ya que en el ámbito económico nos va a regular. Pero a estas alturas, yo no le creo nada.

–MZ: *La palabra del jefe de Estado se ha devaluado. Si usted fuera su asesor, ¿por dónde debería ir su discurso?*

–CID: Si fuera su asesor, ya hubiera renunciado hace un montón de tiempo, por no usar otra palabra más fuerte. Así que no me ponga en esa posibilidad. Dígame qué espero de su discurso como ciudadano y le contesto (ríe).

–MZ: *Correcto. ¿Qué espera como ciudadano del mensaje presidencial?*

–CID: Primero, que relance la lucha anticorrupción de verdad. Tiene 365 días para hacerlo. Se están por cumplir 36 meses de cárcel para muchos, y si el sistema anticorrupción no funciona, van a salir. Segundo, que asuma las recomendaciones de la Comisión de la Verdad. Tercero, que haga todos los esfuerzos para que sea un año de diálogo. Uno ve un país escindido, donde a un sector le va bien y el otro tiene bronca. Cada vez hay menos puentes. Esa es la paradoja. Cuanto más carreteras construyes, más desconfianza hay entre los excluidos y los que van progresando.

–MZ: *El 28 de julio del año pasado, Toledo anunció la construcción del Museo de la Democracia. Si la democracia requiere un museo, ¿será porque luchar por ella se ha vuelto cosa del pasado?*

–CID: Es una buena manera de verlo. Ojalá se construyera ahí un lugar de memoria para que recordemos lo que fue la violencia y la corrupción. Si el presidente Toledo dijo "Museo de la Democracia", no fue una frase feliz porque la democracia es, más bien, algo por conquistar. ¿Cómo puedes tener un museo de algo que todavía debemos construir? La memoria sí requiere lugares, pero la democracia requiere acciones, ejemplos y prácticas.

–MZ: *¿Qué ejemplos van a dar si la propia primera dama se burla del Poder Judicial y no acude tres veces a rendir su declaración?*

–CID: El pez se pudre por la cabeza. Eso lo vivimos en la época de Fujimori y Montesinos y, desgraciadamente, lo volvemos a ver ahora. Antes había tiburones, ahora hay pirañas, pero son peces al fin y al cabo. Es cierto. Si la pareja presidencial no da el ejemplo, ¿qué le podemos pedir al resto de la ciudadanía?

–MZ: *¿Qué ministros ya deberían salir?*

–CID: El ministro del Interior. Los cuestionamientos contra él son gravísimos y ha debido renunciar hace tiempo. Tal vez, el segundo ministro sea el de

Justicia, por todo lo que ha pasado con la lucha anticorrupción. Justicia fue un ministerio que, desgraciadamente, estuvo bajo el mando del FIM por buen tiempo. Nos concentramos mucho en Toledo y Éliane Karp, pero el otro gran culpable es Fernando Olivera, quien está traicionando su propio nombre de Frente Independiente Moralizador. Mire en lo que ha terminado. Ha sido una influencia nefasta para Toledo.

–MZ: *La Comisión de la Verdad definió la reconciliación nacional en términos de identidad y no de perdón. ¿Cuándo el Perú se reconciliará consigo mismo?*

–CID: Nosotros planteamos que la reconciliación debía ser un horizonte a mediano plazo, en cuyo final estaba la construcción de un país de ciudadanos libres e iguales ante la ley, pero respetuosos de sus diferencias étnicas, culturales, raciales y de género. Es ahí cuando seremos un país reconciliado.

–MZ: *En junio del 2001, usted dijo que el peruano votaba mirándose al espejo, es decir, votaba por quien creía más parecido a él. ¿La mediocridad de nuestra clase política es, entonces, el reflejo de lo que somos como sociedad?*

–CID: Espero que no. En el Perú hay mucha gente que no es mediocre. Hay buenos trabajadores, empresarios, futbolistas. Tenemos tres campeones en Europa, pero la selección no funciona. Lo que está faltando es solidaridad entre personas que se reconocen de un mismo equipo: el Triciclo Perú, como decía una canción de Los Mojarras. No nos sentimos parte de un mismo equipo. No hay solidaridad y eso se traduce en que no hay ciudadanía. Entonces, no todos somos de igual valor, como decía el vals. Esa es nuestra desgracia y por eso los mediocres están ganando la batalla.

–MZ: *Me llama la atención que en sus reflexiones recurra a canciones. ¿Cuál es la canción que mejor define al Perú?*

–CID: Uy, me ha puesto en aprietos. Es una bonita pregunta y quiero responderla. Creo que son dos. La canción de Los Mojarras y el tema "Las torres" de Los Nosequién captaron muy bien el Perú de los años noventa. Por tu pregunta me he dado cuenta de que mis historias siempre tienen música de fondo, pero hoy no encuentro una canción que capte el espíritu del Perú del nuevo milenio. Espero que no sea la marcha fúnebre o "El réquiem" de Mozart.

NO UNO SINO MUCHOS PAÍSES[1]

Entrevista de Abelardo Sánchez León y Martín Paredes Oporto

–Quehacer: *Manuel Prado gobernaba en el Perú de la década de 1950. Hoy no hay Manuel Prado y el Perú no es el de esos años.*

–Carlos Iván Degregori: Si viniera Prado, estaría totalmente fuera de foco. Podría estar en el Parlamento. Sería la otra cara de Waisman. Saldría con su sombrero y causaría furor y primeras planas. Tendría alguna propuesta en defensa de la industria nacional, para proteger, curiosamente, sus tejidos Santa Catalina.

–Quehacer: *A Prado se le ve como un presidente para una época oligárquica, pero la visión de payaso, de hazmerreír, de disfrazado, también estaba presente. En cierto modo,* Caretas *lo ridiculiza, lo desenfoca, lo descentra. ¿Prado siempre estuvo descentrado?*

–CID: Pero lo más impresionante es que ganó con el eslogan "Tú lo conoces, vota por él". Y la gente votó por él. Casi 50 años después, Fujimori podría volver con un eslogan así y la gente, un 20%, optimistamente, votaría por él.

–Quehacer: *A Prado lo conocían porque ya había sido presidente. Pero a la oligarquía se le veía más antes que a la clase alta de hoy, que está como escondida.*

1. Publicado en: *Quehacer*, n.° 156, noviembre de 2005, pp. 8-18.

–CID: Es cierto, es que la sociedad urbana era más pequeña, estaban en La Colmena y en el campo, estaban en las haciendas. A nosotros, los antropólogos, nos llaman cuando hay problemas con los ese-eja, los aguarunas, porque se supone que somos los expertos en pueblos en aislamiento voluntario. Pero en el kilómetro 98 de la Panamericana Sur también hay pueblos en aislamiento voluntario, y lo logran mejor que los pobres amazónicos.

–Quehacer: *Es más, en toda la carretera están los nombres de las playas, pero a partir del kilómetro 90 te pierdes. Quieren que sigas de largo. ¿Qué significa ese aislamiento voluntario? ¿El Perú está unido?*

–CID: Regresé al Perú hace un par de meses y, desde el aeropuerto, tuve la sensación de un país escindido y "al borde de". Como que estamos por alcanzar algo, no sé si un camino a la chilena, que vienen de diez años de crecimiento a más del 5% y, finalmente, el país comienza a asentarse. Hay varios indicios de que esto podría ser posible. Pero, paralelamente, desde que sales del aeropuerto también tienes la sensación de que estás al borde de —y quizá la comparación no sea muy exacta— volverte Bolivia en nuestro imaginario: caos, país inviable, que pierde oportunidades, que tiene el gas y no lo puede explotar, a punto de dividirse. Sé que somos más fuertes económicamente, pero estamos al borde de una situación difícil porque ya la gente no soporta. Esa es mi sensación. Mucho va a depender de lo que pase en los próximos 12 meses. Porque otro error político tipo Toledo, cinco años más, no sé si podríamos seguir en un crecimiento del 5%, porque este es un determinado tipo de crecimiento en el que el chorreo es una especie de empleo. Una de nuestras válvulas de escape es la emigración.

–Quehacer: *¿Por qué Toledo es un error político?*

–CID: Cuando digo error político estoy pensando en realidad que, desde 1990, estamos votando en contra. Cuando elegimos a Fujimori, y digo elegimos porque yo voté por él en segunda vuelta, votábamos por el supuestamente "bueno por conocer", que resulta siendo una desgracia.

–Quehacer: *El voto de 1990 por Fujimori fue un voto contra el neoliberalismo, contra Vargas Llosa, contra la derecha.*

–CID: En primera vuelta fue un voto de cansancio por los partidos. Fue mucho voto aprista, izquierdista, el que eligió a Fujimori. Lo mismo en el 2000. Por más que haya candidateado en 1995, Toledo era un *outsider*, no tenía partido.

En el 2000 candidatea con Perú Posible y saca 12 congresistas, pero Vladimiro Montesinos compra a seis de ellos. En menos de un año, que son las siguientes elecciones, él no tuvo tiempo de cambiar esa realidad: que Perú Posible no era un partido sino lo que hemos visto, una amalgama de intereses individuales, grupales, familiares, locales.

–Quehacer: *Pero cuánto cuesta un partido, mantener las sedes, elaborar una ideología, cuando solo hay eslóganes, cuando gobiernan el Banco Mundial, el Fondo Monetario y Estados Unidos da las grandes pautas. Tener un partido es como tener una ONG con costosos programas de promoción. Fujimori no quiere un partido. ¿No sería eso más "eficiente",funcional para la época, para hacer política hoy?*

–CID: Pero fíjate cómo acabó Fujimori: un desastre. Toledo acepta todo lo económico, Banco Mundial, etc., hasta para ciertos organismos internacionales sería un ejemplo, pero, políticamente, terminamos en una situación que se va volviendo insostenible. Y si siguiera así puede dejar de producir estallidos cada vez más graves.

–Quehacer: *Tú crees que si no hay partidos no hay estabilidad.*

–CID: Mira a Chile. Lo imitamos en todo menos en las cosas buenas. Decimos por qué no podemos ser como Chile, pero no queremos tener una Comisión de la Verdad y al día siguiente hacerle caso. Chile lo ha hecho con la segunda Comisión de la Verdad: al día siguiente, Lagos salió a pedir disculpas y ofrecer reparaciones, pero sin aspavientos. Por qué no lo imitamos también en el sistema de partidos. Claro que los partidos ya no van a ser como antes; los militantes ya no van, o no vamos, a ser como antes. Están los medios, la televisión, los blogs, el internet. Pero de todas maneras necesitas instituciones. En Nueva Orleáns colapsaron las instituciones y hubo saqueos impresionantes, declararon la ley marcial. La gente le disparaba a los helicópteros, como en Mogadiscio. Es el país más desigual del mundo desarrollado. Y con Bush se ha vuelto mucho más desigual. Si los viejos partidos no sirven, tienes que inventar nuevos.

–Quehacer: *Eso pasa por la juventud, por personas entre los 20 y los 40 años. ¿Dónde está esa gente?*

–CID: Yo estuve en el mitin por los dos años de la Comisión de la Verdad y ahí estaban. Y eso es positivo y negativo. En su mejor momento habrá habido ocho o diez mil personas, la gran mayoría jóvenes. Ya hubiera querido cualquier partido, incluyendo al APRA, tener esa cantidad de gente; no había transporte, no llegaban con la plata de nadie. Había mucha presencia de la Iglesia, más que de organismos de derechos humanos. Eran organizaciones sociales, muchas de ellas, sospecho, antipartido. Ese es el lado negativo del que hablábamos. Es gente reticente o que no encuentra en estos partidos algo que la movilice. Antes se le llamaba "masa disponible", y los partidos no están ahí.

–Quehacer: *¿Por qué el APRA sigue siendo considerado el único partido organizado del Perú? ¿Lo es hoy? ¿De qué manera?*

–CID: A su manera, como diría Frank Sinatra. Son los únicos que tienen una célula parlamentaria que vota, por lo general, en bloque. Incluso, cuando no votan en bloque es porque el partido deja en libertad a sus miembros. Tienen comités y vida orgánica, no como antes, pero se reúnen, hacen sus polladas, eligen jefe de comité distrital, hacen sus escuelas de oratoria con niños que hablan como Alan, tienen sus escuelas de cuadros de jóvenes, realizan elecciones internas; no es un modelo de democracia interna, pero existe. Eso es lo que Alan quiere romper con esto del Frente Social y llevar independientes a su plancha; quiere romper lo que el APRA ha sido y no puede, porque es difícil encontrar una nueva forma de hacer partido.

–Quehacer: *Pero también porque tiene a un personaje como García que arrastra cierto caudal de votos y moviliza a mucha gente.*

–CID: Se vuelve a ir Alan y el APRA cae a menos del 10%.

–Quehacer: *Abel Salinas obtuvo 1% cuando fue candidato presidencial en el año 2000, al igual que Ezequiel Ataucusi.*

–CID: Esa es una tragedia aprista: la distancia entre Haya y su grupo central era grande, pero ese grupo, ese comité central era bueno, eran unos políticos de polendas. Ahora la diferencia entre Alan y su comité central sigue siendo igual de grande, pero Alan no es Haya y el comité central está lejísimos de ser lo que fue.

–Quehacer: *El Perú en general está así.*

–CID: El Perú en general no está así, esto es lo que pasa en los partidos.

–Quehacer: *¿Qué representa Kuczynski en el Perú de hoy, en el Perú pos-Sendero, luego de la Comisión de la Verdad, un país informal, chichero, cholo? ¿Qué significa este gringo que últimamente tiene un cierto atractivo?*

–CID: Tiene atractivo dentro de la burbuja. Desgraciadamente, el escenario político es como el del Teatro Municipal: las actuaciones se hacen entre ruinas. Pero salen de esa burbuja y es otra cosa. Kuczynski es una persona calificada, puede tener sus intereses particulares y no sé en qué medida se mezclan con los del gobierno, habrá que ver; y es peruano, es una forma de ser peruano.

–Quehacer: *¿Estamos en un país en el que se puede hacer una política de buenos administradores, no muy protagonistas, no al estilo Chávez sino al estilo Lagos? ¿O el Perú todavía no tiene las condiciones para una administración así?*

–CID: Sí se podría. Paniagua es un ejemplo, él tuvo éxito. Fueron solo diez meses, pero es un ejemplo de que se puede gobernar de otra manera. Lo principal es tender puentes en un país sumamente fragmentado entre los pueblos en aislamiento voluntario por todas partes. Y es la primera tarea, antes que el TLC, antes que nada. Primera en orden jerárquico. A lo que más peso le pondría es a este tipo de perfil bajo, a reconstruir la confianza, porque es toda una cadena: gobierno local, gobierno regional, funcionarios, ONG, organizaciones sociales. Lo que ahora "une" a los peruanos es una mezcla, desde arriba, de indiferencia, miedo y agresividad; y, desde abajo, mucha bronca, mucha desconfianza, engaño. El engaño es un concepto clave. Y viene desde 1532.

–Quehacer: *Estos pueblos en aislamiento voluntario explican un Estado débil, frágil, indiferente, pero también un divorcio con la política. ¿La gente puede vivir prescindiendo de la política? Una conclusión de este régimen es que la economía marcha bien y la política mal, ¡pero qué importa!*

–CID: La economía marcha bien, pero los que se benefician son una minoría. El país puede prescindir de la política, sí, pero tienes estas cifras pavorosas de accidentes en la carretera, rejas que dividen a los distritos, el deterioro de la calidad de vida para muchos sectores. ¿Hasta qué punto puedes soportar eso?

–Quehacer: *Ese discurso viene desde Fujimori, quien le decía a la gente que no se preocupe de la política. Tú dices que los peruanos ya no aguantan más porque ya han pasado por una década de fujimorismo y no podrán soportar otra década más. El próximo candidato también puede hacer suyo ese discurso. ¿No estamos cerca de que cambie un discurso antipolítico?*

–CID: Una de las posibilidades que está asomando es Ollanta Humala. Está cuarto en las encuestas porque Fujimori no postula, si no, sería quinto. Fujimori podría volver a encarnar eso. El eje puede cambiar de una lucha por la democracia, como lo fue en el 2000, a nacionalista, y nos fregamos. No me sorprende que Patria Roja lleve a Ollanta Humala de candidato, pues en todo el mundo los antiguos partidos comunistas ortodoxos se han convertido en nacionalistas. Yugoslavia y Milosevic son el mejor ejemplo, para no hablar de China que ahora es nacionalista. Y actitudes como la de Ronnie Jurado azuzan eso. De repente puede surgir, no algo étnico tipo Bolivia con Evo Morales y Felipe Quispe, sino algo etnonacionalista tipo Ollanta Humala.

–Quehacer: *Eso es un* revival *de Velasco.*

–CID: Pero 25 años después, de ínfima categoría y mucho más peligroso. Imagínate un gobierno de Ollanta Humala.

–Quehacer: *¿Esa posibilidad a qué tipo de peruano representa o qué tipo de peruano estaría reclamando eso? Tú dices nos fregamos, pero tú no te quisieras fregar, ¿quién quiere que nos freguemos?*

–CID: Nuevamente, puede haber un voto de protesta de gente que no encuentra una representación. Porque Ollanta Humala no es Antauro y aparece como que no quiere fusilar a nadie. Ha hecho un posgrado en la Católica, ¿no? Algo estará aprendiendo. En las entrevistas está mucho más sensato. Como dijo Caín de Abel: "no me pregunten por mi hermano".

–Quehacer: *¿Por qué Fujimori se gana como el que derrotó a Sendero? Históricamente eso va a ser un caudal político para él. Aunque no fue solo él, para el sentido común Fujimori es quien volvió a colocar al genio en la botella. Y segundo, tiene que haber una diferenciación entre Toledo y Fujimori. La prensa ahora los quiere poner en el mismo saco, los dos falsifican firmas, tienen hermanos desgraciados.*

–CID: Comenzando por lo segundo, eso sí me parece muy peligroso. Hay unanimidad sobre que Toledo ha sido un desastre como político, pero nunca cruzó el Rubicón y se volvió un gobierno autoritario que controla los poderes, y me refiero no solo al Legislativo y al Judicial sino también a la prensa. Esa es una diferencia cualitativa entre Toledo y Fujimori. La otra es que Fujimori y Montesinos sistematizaron la corrupción, la volvieron institucional. Ahora es una cosa desordenada, caótica, una familia presidencial que mete a cada rato la pata. Esas dos diferencias son las que nos salvan y nos permiten no tener un fin de régimen —ojalá, todavía falta, pero pareciera que no va a ser así— desastroso, como en las otras dos décadas. Y en lo que respecta a la primera parte de la pregunta, no sé si el caudal político de Fujimori se deba principalmente a que se considere que derrotó a Sendero. Ello se ha visto parcialmente enturbiado por los sucesos de Barrios Altos y La Cantuta. Habría que hacer una encuesta sobre el tema. Yo creo que a Fujimori le ha servido muchísimo el asistencialismo y la eficacia en las obras. Su presencia fue en los sectores D y E. Se le añora como el gobernante que hacía cosas y ponía orden en los espacios micro. Era una suerte de populismo de bajo costo porque como la población era muy pobre, con obras baratas te ganabas su voto. Es más una sensación de orden en general que específicamente de derrota de Sendero. Aunque no le quito que también es parte de su caudal político. Yo diría que es uno entre varios activos que tiene, y también es el que más ha bajado en la medida en que Sendero está fuera de la escena. Eso se va olvidando, mientras que la añoranza por obras, orden, eficacia y populismo sigue.

–Quehacer: *Se creía que luego de Sendero Luminoso la sociedad peruana iba a ser más sensible, que las clases alta y media iban a ser menos intolerantes, menos racistas, menos aisladas, y ha ocurrido todo lo contrario.*

–CID: Es impresionante cómo después de esta tragedia la vida sigue igual, como dice la canción. Tenemos un corazón bien estrecho, un pellejo muy duro. Principalmente las élites, pero en general todos. Somos un país con una coraza muy difícil de atravesar: 70 mil muertos no lo han podido hacer. Ciertos sectores son ahora más sensibles. Creo que las élites ya no pueden decir lo que decían antes, o en todo caso no lo dicen con la impunidad de antes. Cuando salieron las cifras de la Comisión de la Verdad, los de Acción Popular preguntaron dónde estaban las libretas electorales de los muertos, sin darse cuenta de que en esa época dos millones de peruanos no las tenían. Ahora ya tienen insultos *ad hominem*: dónde estuvo Salomón Lerner en esos años. Ya no pueden cuestionar lo que pasó, cuestionan al individuo. Hay un retroceso fuerte. El hecho de que el presidente de la Corte de Justicia Militar haya sondeado con el INPE la posibilidad de una cárcel especial para los militares que han violado derechos humanos, demuestra que está aceptando algo que jamás habrían aceptado: que en algún momento algunos de ellos van a tener que ir a la cárcel. Y estarán viendo lo que pasó con Pinochet.

–Quehacer: *Mucha gente dice que no es justo que vayan a la cárcel los militares que ejecutaron las órdenes y no los políticos que les dieron cancha libre para actuar. En cierto modo, Belaunde, García y Fujimori dijeron "ustedes resuelvan el problema". ¿O es que los civiles no estarían siendo juzgados con la misma vara que los militares?*

–CID: Es cierto, en parte, porque esa era la chamba de las Fuerzas Armadas. Ellos deberían haber respondido profesionalmente y en muchos casos no lo hicieron. También son culpables por eso, pero también los gobiernos civiles. La Comisión de la Verdad intentó encontrar pruebas suficientes para responsabilizar penalmente a Alan García pero no pudo, lo que no quiere decir que no tuviera responsabilidad. Tanto es así que el fraseo de la CVR es: el señor Alan García tiene responsabilidad política, sin desmedro de que más adelante pueda tener responsabilidad de otro tipo. Él es quien más cercano está por lo del Frontón, los penales y por el encubrimiento de Cayara; en esos casos, las balas le han pasado cerquísima.

–Quehacer: *¿Sendero fue un producto peruano?*

–CID: Creo que sí.

–Quehacer: *¿O cuán chino es?*

–CID: Los peruanos nunca fuimos cerrados sobre nosotros mismos. Más bien, la señora Éliane Karp es hipernacionalista y solo quiere la pachamama. Ser peruano no significa estar cerrado a influencias extranjeras. Y hay peruanos americanizados que piensan como los Chicago Boys y que quieren que el Perú sea exactamente igual a los Estados Unidos. Sendero fue peruano, pero los perdió el hecho de no querer ser más peruanos sino más chinos. Los perdió no darle tanta importancia a la peruanidad, no enraizarse en la historia, en la cultura peruana. Abimael Guzmán es un caudillo igual a otros de nuestra historia. Pero en vez de ser un caudillo de grandes espacios, como era Haya de la Torre, Guzmán era caudillo de cámara, era rey en la célula, en la escuela de cuadros, en el comité central, en el buró político, en la universidad, en el aula; era áulico. Y seducía mujeres con su verbo, intelectualmente. Quién sabe también a otros niveles. Fue muy peruano, pero de un estrato de ciudades medianas y pequeñas de provincias. La dirección venía de ese estrato. Con mucho todavía de misti, prerreforma agraria, con una relación vertical con los indios, pero cambiada: en vez de misti-indios eran partido-masas. La masa tenía que hacer lo que el partido decía. Eso les impide ahora tener un futuro. Sendero, como lo conocemos, ya fue derrotado. Lo de Artemio ha sido sospechosamente inflado. Si a cada rato la prensa lo entrevista, ¿por qué no va la policía y lo toma preso?

–Quehacer: *Siempre es bueno tener su senderista...*

–CID: Claro, para azuzar el miedo al rebrote. Esto no significa que no habrá violencia en el futuro, incluso violencia política, pero el proyecto Sendero ya pasó, y el propio Abimael Guzmán lo reconoce así. Él dice que pasarán 30 o 40 años para que vuelva a haber otra coyuntura favorable para la guerra popular. ¿Te imaginas de acá a 30 o 40 años cómo será el mundo? Será la guerra de los clones.

–Quehacer: *Pero lo que Sendero nos ha dejado son las actitudes...*

–CID: Somos una sociedad de posguerra. La vida cotidiana durante la guerra te queda, te impregna a veces sin que lo sepas. Esos son los traumas psicológicos que se transmiten de generación en generación. La violencia familiar siempre ha existido, pero en las zonas más afectadas por la violencia política aparece más inexplicable. Las mujeres no saben qué les pasa a los maridos. Antes había un cierto patrón, hasta ellas sabían cómo defenderse de ese patriarca que venía borracho y les quería pegar. Ahora no hay ese patrón. La violencia los ha afectado muchísimo en el ámbito de la vida cotidiana.

–Quehacer: *¿Cómo se han reinsertado los senderistas? Porque no todos están muertos y la vida continúa.*

–CID: Por supuesto que la vida continúa y eso es algo de lo que las élites muchas veces no quieren darse cuenta. El primer nombre que se me viene a la mente, aunque no es importante, es Francisco Diez Canseco, que dice: "Con los senderistas nada. La Comisión de la Verdad es pro Sendero": son huachaferías. Nosotros podemos decir eso, pero en la comunidad de Mazamari o en Quispicanchis no puedes darte el lujo de declarar algo parecido porque los senderistas están ahí. ¿Cómo se reinsertan los que antes fueron senderistas y ahora no lo son? En algunos casos ha habido procesos de microrreconciliación. En la sierra y con los ashaninkas, en aquellos sitios donde tienen fuerza, los evangélicos han encontrado la manera de reincorporarlos a la comunidad. A veces a través de periodos de vigilancia. Los ashaninkas los eligen de dirigentes o los ponen hasta de alcaldes, porque los ashaninkas son sociedades contra el Estado. No querían que surja Estado en las sociedades amazónicas y cuando alguien estaba acaparando demasiado poder, encontraban la manera de que muera y lo convertían en héroe. Pero nunca la reconciliación es total. Los varones son más propensos a la reinserción de los senderistas. Las mujeres no aceptan. Están atrás y uno escucha el murmullo de su desacuerdo. Esto sale en las fiestas con un poco de trago. ¿Y por qué no aceptan las mujeres? Porque se han quedado viudas o las violaron o se llevaron a sus hijos de reclutas. Hay todo un sector en el que ha habido microrreconciliaciones que mal que bien funcionan. En otras partes, los propios senderistas se han reinsertado mejor en lo que ellos llamaban masa, en el sentido de que se lavaron las manos y regresan como toledistas, independientes, se meten a cualquier partido y se reincorporan no solo a la vida cotidiana sino a la vida política nacional. Muchas veces son *brokers* políticos o simplemente se reintegran a la comunidad, mientras la masa que fue ganada por Sendero y después golpeada por los militares, y que no tiene una historia heroica como la tienen los ronderos que derrotaron a Sendero, está moralmente abatida. Hay zonas de Ayacucho donde el alcoholismo se ha desbordado. Se sale de los rituales y de la esfera de los hombres; ahora son también las mujeres, los jóvenes. Hay una descomposición social muy triste. En algunas partes, sobre eso comienza a actuar el narcotráfico. En Ayacucho se ha descompuesto la institucionalidad local, rural, surgen pandillas juveniles, se ha roto la jerarquía etaria. Todo ello crea un escenario favorable para el narcotráfico.

–Quehacer: *Hubo hace poco una discusión entre criollos y andinos en el campo de la literatura. Pero lo andino está como caricaturizado, estático, no recoge, si es que la hay, la complejidad de la sociedad andina en el Perú. ¿Qué cambios ha habido en lo andino?*

–CID: Lo que les faltó a andinos y criollos es algo así como una trenza, aunque con más elementos; como un quipu, como un ovillo, andinos y criollos pero también limeños y provincianos, y costeños, serranos y amazónicos. Es esa triple diferenciación, jerarquización, distribución desigual del poder, donde en un extremo estaría el limeño criollo que, además, tiene plata, y en el otro extremo estaría el andino o el amazónico o el serrano pobre. Hay una trenza de ese tipo. La polémica que mencionas se ha quedado corta porque no ha visto esta triple o cuádruple trenza, si le aumentamos ricos y pobres. Entonces, tienes que Miguel Gutiérrez estaba entre los andinos y él es piurano. En realidad, él es provinciano. Creo que también entre los andinos estaba Gregorio Martínez, que en todo caso es un afroperuano. Es cierto que todo es mucho más complejo y mucho más móvil. Te diría que más que el Megaplaza, si hablamos de arte, están todos estos cineastas que tienen gran éxito en provincias, como Palito Ortega en Ayacucho.

–Quehacer: *Hay como una industria hindú para un mercado provinciano.*

–CID: Embrionario. Chollywood para un público provinciano. Pero en esta discusión no creo que unos estén arriba y otros abajo. Gente como Gregorio Martínez o Miguel Gutiérrez están de hecho en las grandes ligas, para usar esa frase que se desprestigió tanto. No sé por qué no se reconocía que en los principales medios hay una mayor aparición de ciertos personajes que están en redes más cercanas a esos medios.

–Quehacer: *Esta actitud posenderista de la que hablábamos antes está reflejada en películas como* Días de Santiago, *de Josué Méndez. Es un retrato de la sociedad pos-Sendero.*

–CID: Sí. Lo que Sendero produce es la militarización de viejos conflictos, que al final acaban explotando en diez mil pequeños conflictos: de comunidades contra comunidades, de familias contra familias, de vecinos contra vecinos. Realmente, Sendero fue la apertura de la caja de Pandora, el aprendiz de brujo; todas esas metáforas están ahí. ¿Ahora quién vuelve a meter al genio en la botella? Y hoy se recurre con más facilidad que antes a la violencia para resolver conflictos. Eso es herencia de la guerra desatada por Sendero, en la que el Estado y la sociedad también participaron.

"ESTAMOS PRESOS EN ESTA POLARIDAD DE AGRAVIO E INDIFERENCIA"[1]

–*A mediados de los años ochenta se definía al Perú por una tensión entre la cultura de la violencia y la cultura de la paz. ¿Qué ayuda a definirlo ahora?*

–Carlos Iván Degregori: En esos años me fastidiaba cuando se ponía a la violencia como rasgo de nuestro carácter nacional, varios cayeron en ello. Macera decía que el Perú era esencialmente violento y trazaba una genealogía desde las vaginas dentadas de Chavín hasta las mujeres de Sendero. Cualquier pueblo puede tener épocas más violentas que otras, quizá lo mismo se podría decir de los alemanes en 1941 o 1942, y 60 años después no se puede decir que es un pueblo violento. La sociedad peruana tiene fuertes niveles de violencia de mucho tiempo, vinculadas con lo que los autores llaman las inequidades persistentes —económicas, sociales, políticas y también culturales. Estas crean "una estructura de sentimientos" donde hay mucha percepción de agravio y engaño en los excluidos o en desventaja, que los vuelve propensos al estallido violento.

–*¿Y en el otro lado?*

–CID: Hay indiferencia hacia resto entre los incluidos, los que participamos de este mundo más urbano, occidentalizado, por encima de la supervivencia. Es una díada de indiferencia por un lado y rencor por el otro. Cuando este

1. Esta entrevista fue proporcionada por el propio C. I. Degregori con el fin de incluirla en este volumen. No obstante, se trata de una transcripción en la que se obvió la fecha y el medio de publicación. Del contenido se desprende que data de entre los años 2004 y 2006, periodo que corresponde al gobierno de Alejandro Toledo (2001-2006).

rencor se convierte en un estallido hay incomprensión y se dice "¿qué les pasa a estos?". Por ejemplo, no nos dimos cuenta de que habían muerto 70 mil y no 25 mil personas. Cuando el otro estalla preguntan "¿qué pasó?". "Son indios", responden.

–¿Cómo define lo peruano?

–CID: A pesar de ser un país donde uno de los principales problemas es el trabajo, es erróneo el cliché del peruano flojo, hay una larga tradición de "chamba". Yo pongo más énfasis en este aspecto de ética del trabajo en la cultura andina que en las manifestaciones folclóricas, que también son valiosas. Desgraciadamente, esta ética no encuentra donde desarrollarse. Y otro elemento es la creatividad de los peruanos, visible desde en la supervivencia hasta en el *boom* de la exportación de productos de bandera, el *boom* gastronómico. Finalmente, las manifestaciones culturales están en un proceso de creatividad y cambio muy fuerte en medio de la crisis, la crisis no ha desembocado en un páramo cultural y además hay una suerte de reconocimiento...

–¿Dónde ve ese reconocimiento?

–CID: Bueno, no es masivo y, desgraciadamente, otra vez la clase política nacional, regional y local está detrás de lo que producimos como país. Ahora, por razones de mercado, comienzan a incorporarse colores, sabores, músicas, costumbres, artes y artesanías que antes no eran valorados, y saltan al primer plano. Incluso en el turismo.

–Por ejemplo, por la Copa América, en el aeropuerto disfrazaron a los encargados de los carritos de equipaje...

–CID: El peligro es quedarse en lo folclórico. Pero no está mal. Si todo es horizontal, todos somos exóticos; por el contrario, si es asimétrico queda como que "¡qué exóticos y bacanes!", pero no se atienden los reclamos básicos para tener un país con una identidad nacional de verdad.

–¿Cuáles?

–CID: Ciudadanía, acceso a la justicia para todos, educación intercultural. Por ejemplo, la CONAPA perdió la gran oportunidad, porque estoy de acuerdo con que se promuevan todas estas manifestaciones que no se articulan solo con el turismo, sino con la autoestima de la gente, pero no con que se deje de lado la defensa del territorio para los pueblos amazónicos, la educación intercultural, el acceso a la justicia en su propia lengua, ciudadanía: hay un millón de personas indocumentadas. Por allí va la base de la identidad que tenemos que construir. La Comisión de la Verdad definió la reconciliación nacional en esos términos, no en términos de perdón. Vamos a ser un país reconciliado con nosotros mismos cuando todos seamos ciudadanos libres, iguales ante la ley y respetuosos de sus diferencias. Ese es un proyecto de país atractivo.

–¿Hace 30 años se usaba categorías como raza, clase y poder para investigar las diferencias en el Perú? ¿En cuánto ha cambiado el respeto al otro?

–CID: Ahora los conceptos fuertes tendrían que ser ciudadanía, diversidad cultural y desarrollo con equidad, esa sería la nueva tríada.

–¿Son categorías por aplicarse u observa eso ahora?

–CID: Hay más conciencia ciudadana, pero no instituciones sólidas y democráticas que la canalicen. El Estado está débil, la construcción de una opción que reemplace al Estado populista de las décadas pasadas entró en un callejón sin salida con el derrumbe del gobierno autoritario de Fujimori, y Toledo no ha sido capaz de revertirlo: vemos muchas continuidades ahora. La mayor conciencia ciudadana se queda en el reclamo, y, si no hay instituciones dónde canalizarlo ordenadamente, se toman los derechos y la justicia por sus propias manos. Así sale el lado oscuro, la tradición autoritaria y la violencia. El problema, más que de una herencia cultural terrible, es de eficiencia política —incluso de los partidos— para canalizar lo avanzado.

–No poder ejercer derechos genera rencor...

–CID: La frustración de expectativas genera desánimo en franjas de jóvenes que no tienen el recuerdo concreto de los años de la violencia y que pueden volver a ser tentados por proyectos extrasistémicos. Lo vimos en Ayacucho con la huelga de la fracción de Huaynalaya. La mayor cantidad de participantes eran jóvenes, no necesariamente pandilleros, sino frustrados, desempleados, que saben que tienen muy pocas oportunidades aunque estén en la universidad, porque dentro del sistema no se canalizan sus potencialidades.

"EL 4 DE JUNIO PRIMARÁ EL VOTO DEL MIEDO"[1]

Entrevista de Patricia Quispe

HACIENDO UN PARÉNTESIS A SU CÁTEDRA como profesor visitante de la Universidad de Princeton, el antropólogo Carlos Iván Degregori se encuentra en Lima y, en diálogo con *Perú.21*, esboza un sombrío panorama electoral, marcado por la apatía del electorado frente a los candidatos a la Presidencia en segunda vuelta. Pero advierte, además, que los resultados de esta elección son una voz de alerta de que la población reclama cambios sustanciales en el país.

–Patricia Quispe: *Hay un electorado desconcertado ante dos candidatos que no convencen a la mayoría, ¿cuál es su reflexión?*

–Carlos Iván Degregori: No recuerdo ninguna elección en la que hubiera tan poco entusiasmo en amplios sectores de la ciudadanía. En ocasiones anteriores, los votantes cuyos candidatos habían sido descartados se entusiasmaban, había algún tipo de ambiente, no era tan depresivo como ahora; finalmente, votaban por el mal menor, pero sin tener que taparse la nariz. Hoy la gente vota, más que por el mal menor, por el que le da menos miedo, y ahí hay un problema fuerte con Humala, cuya candidatura ha dado miedo. Es el voto del miedo el que prima ahora, no es el voto por el mal menor sino por el miedo menor.

–PQ: *¿En el caso de Humala la apatía es por la imagen autoritaria que proyecta?*

---

1. Publicado en: *Perú.21*, 21 de mayo de 2006, pp. 8-9.

–CID: Definitivamente. Hay una base nacional a partir de su propia personalidad, es un militar, ha estado en zonas de emergencia, y aparece como una figura de mano dura. Hasta ahí un sector de peruanos dice: "No me importa, eso quiero", pero se pasó cuando empezó a recibir apoyo de Hugo Chávez. La última encuesta de la Universidad de Lima revela que el 70% de peruanos desaprueba al presidente venezolano. Lo peor que le puede haber pasado a Humala es el abrazo mortal de Hugo Chávez, que lo va jalando de la pata y no lo deja avanzar.

–PQ: *¿En el caso de García la reticencia es por el recuerdo de su mal gobierno?*

–CID: Por eso, y porque la gente percibe que no ha habido una crítica en serio de su mal gobierno. Las razones que ha dado son: que era joven, pero tenía la edad legal para ser presidente, por lo que es tan responsable como si hubiera tenido 70 años; que fueron las circunstancias internacionales, pero llenar las planillas de los ministerios con militantes apristas no tiene nada que ver con eso.

–PQ: *¿Ha faltado un* mea culpa*?*

–CID: Creo que no ha habido procesamiento de un reconocimiento a la franca y en profundidad. Decir: "esto lo hicimos mal, nos comprometemos a no repetirlo, y renovamos el partido". Recién ahora han incorporado a candidatos más jóvenes, pero realmente el partido sigue siendo Alan, y por debajo de él los que eran 6% antes de su retorno: Cabanillas, Del Castillo, Mulder. Entonces, la gente no va a votar entre democracia y autoritarismo, sino entre el mentiroso y el autoritario, según el sondeo de la Universidad de Lima; es realmente terrible.

–PQ: *¿Si García no se enfrentara a un personaje identificado como autoritario y mal preparado tendría la intención de voto que tiene?*

–CID: No creo que haya sido un regalo para él enfrentarse a Ollanta; es como en el campeonato mundial de fútbol: le tocó una serie facilita, no le tocó una serie fuerte.

–PQ: *¿El resultado entonces ya está cantado?*

–CID: En el Perú nunca podemos decir eso, es un país de sorpresas, por lo menos desde la crisis del sistema de partidos que se formó en los años ochenta. No me atrevería a decir que Alan García ya ganó; es evidente que en las encuestas va adelante y que los votantes de Lourdes Flores no tienen dónde ir, y se irán hacia él.

–PQ: *García lidera las encuestas, ¿en eso no lo ayuda el propio Humala, incluso contra su voluntad?*

–CID: Por supuesto, el propio Ollanta, su pasado y sus amigos externos. En el caso de Humala, tanto como el autoritarismo lo perjudica la imagen de recién llegado a la política. Cuando contesta, se nota que no tiene preparación, que le falta calle política, un partido. A Alan lo ayuda mucho tener un partido que es el único que funciona, Humala tiene un conglomerado de gente que ni siquiera sabemos quiénes son.

–PQ: *¿Humala creyó tal vez que podía ser la versión mejorada de Fujimori?*

–CID: De Fujimori de 1990 o de Toledo del 2000. Ha sido la tentación del poder, él ha dicho: "yo regreso y reedito lo de Fujimori", pero el país ya cambió. Sin embargo, no le salió mal. Es muy posible que no gane, pero si tenemos en cuenta que ha sacado el 30% de votos, es un éxito espectacular, pero también una señal de alerta gravísima para el resto de peruanos de que hay un sector muy radicalizado y embroncado, y ahí espero que García y las élites liberales, económicas —lo que se llama la derecha— se den cuenta de que tienen que cambiar.

–PQ: *La gente dice que el líder aprista ha madurado, pero eso no garantiza que no cometerá los mismos errores.*

–CID: Habrá que ver, porque si vuelve a cometerlos puede ser Gony II (Gonzalo Sánchez de Lozada), que tuvo un primer gobierno en Bolivia, pasaron cuatro años, regresó y no duró ni dos años. Ese es uno de los futuros posibles, pero esperemos que no pase eso y que García y el APRA se hayan dado cuenta de que si no hacen cambios sustanciales, habrá problemas.

–PQ: *¿Es válido darle una segunda oportunidad? Con ese criterio también se le daría una segunda chance a Fujimori.*

–CID: Es por eso que hay este desánimo, una sensación desoladora en más de la mitad del país. Yo voy a votar viciado porque no me ha convencido, y no porque sea vengativo o porque esté atrapado en el pasado, sino porque no hay señales suficientes de que hay una reflexión y un dolor sincero de haber hecho eso. Creo que García sigue siendo igual, por eso la gente dice que es mentiroso y deshonesto. Un eslogan del APRA hablaba del futuro diferente. Pero solo puedes tener un futuro diferente si miras tu pasado, lo estudias, ves los errores que cometiste, te arrepientes sinceramente y rectificas. No he visto en el APRA ese proceso, tiene una deuda histórica con el país. Sacar su historia no es guerra sucia.

–PQ: *¿Es la soberbia la que le impide reconocer que se equivocó?*

–CID: Tuvo todo este quinquenio para hacer un deslinde mucho más profundo con su pasado. García es preparado e inteligente, sabe lo que tiene que hacer, entonces para mí su responsabilidad es mayor que la de otros. ¿Por qué no lo hace? Coincido con Humala, sin estar de acuerdo con él, en que porque es un político tradicional y no hay conciencia de que política y ética tienen que ir muy articuladas. La política sigue siendo quién es el más vivo y, en ese sentido, García es un político tradicional criollo, la quintaesencia del criollismo.

–PQ: *¿Es por viveza criolla que algunos izquierdistas se han subido al coche de UPP para llegar al poder al que no accedieron por mérito propio?*

–CID: La tragedia de la derecha y de la izquierda en el país es que no han podido llegar a ser propuestas hegemónicas. Entonces, toda la derecha tiene que subirse a García y parte de la izquierda a Humala, defendiendo sus intereses.

–PQ: *¿Lo decepciona la presencia del excomisionado Carlos Tapia en el entorno de Humala, cuestionado por presuntas violaciones de los derechos humanos?*

–CID: La Comisión de la Verdad fue una institución transitoria, desapareció cuando presentó su informe y sus miembros pasamos a ser ciudadanos comunes y corrientes. Tapia es personalmente un amigo, y es su legítimo derecho optar por una candidatura en el marco del sistema democrático, pero mi discrepancia con Humala es mi discrepancia con Tapia. No voy a votar por él, y si lo veo, le diré que no estoy de acuerdo con él.

–PQ: *¿El debate de hoy es decisivo para definir el voto?*

–CID: No creo. Pesan más las opiniones que se ha ido formando el electorado de los candidatos. El debate va a influir pero no decisivamente, no va a tener la fuerza que hubiera tenido antes de la primera vuelta. Es como en el fútbol;

Perú se enfrenta a Brasil y si empata, lo damos como triunfo. Aquí Humala se enfrenta al animal político por excelencia, al gran polemizador y orador, al que más representa al líder político tradicional. Que Humala no sea apabullado por García ya es un triunfo para él, y algunos puntos puede subir, siempre y cuando no cometa errores garrafales o no siga asustando a la gente.

"ALAN GARCÍA NO TIENE MARGEN DE MANIOBRA EN EL TEMA ECONÓMICO"[1]

Entrevista de Emilio Camacho

–Emilio Camacho: *¿Cree que Alan García es un presidente que gobierna para el corto plazo y las encuestas?*

–Carlos Iván Degregori: Creo que el presidente no quiere quedarse en el corto plazo, pero no sé si le van a dar las fuerzas a él y a su equipo para dar una visión de largo plazo. En este momento, los que manejan mejor el largo plazo son los técnicos que vienen del régimen toledista, que en parte proceden del fujimorismo. Son economistas ortodoxos que marcan los límites a los ímpetus de corto y mediano plazo de García. Un ejemplo claro es lo que ha pasado con la ley que acaba con el despido arbitrario. Un día después de que se puso en debate, salieron los X-Men, los Jedi y los Guerreros Galácticos de la ortodoxia a cuestionar la norma y el gobierno tuvo que retroceder. Eso no pasa con otros temas, como el de la pena de muerte.

–EC: *¿García usa temas como el de la pena de muerte para tapar su imposibilidad de hacer modificaciones en materia económica?*

---

1. Esta entrevista fue proporcionada por el propio C. I. Degregori con el fin de incluirla en este volumen. No obstante, se trata de una transcripción en la que se obvió la fecha y el medio de publicación. Del contenido se desprende que data de julio del 2006 (comienzos del segundo gobierno de Alan García), siendo primer ministro Jorge del Castillo (2006-2008).

–CID: Es que García no tiene margen de maniobra en el lado económico. No tiene equipo alternativo que le haga la pelea a los ortodoxos. Por eso, tiene que buscar otro tipo de medidas, como la pena de muerte. Lo que también puede pasar es que la visión de mediano plazo de Alan García sea mantenerse como un Toledo II en temas económicos, pero con un cambio radical en el estilo de gestión de la Presidencia.
Su idea, entonces, sería reconquistar votos para noviembre.

–EC: *¿Piensa que su único interés son las elecciones de noviembre? ¿Por eso propone normas que enganchan con la población?*

–CID: Él ha dicho cuáles serán sus objetivos en los próximos meses. Agosto, austeridad; setiembre, descentralización; y octubre, inversiones. Allí se quedó. No dijo que en noviembre espera las elecciones. Pero es legítimo, todo gobierno quiere consolidarse en el ámbito electoral.

–EC: *¿Este presidente, que alienta el debate pero que no va a los problemas de fondo, puede dejar sin piso a sus ministros? ¿Es pernicioso su protagonismo?*

–CID: Él tiene un gabinete muy bueno. Pero creo que hay dos factores que conspiran contra el despliegue de habilidades de este equipo. Uno de ellos es la debilidad del APRA. Tan débiles están los partidos que hasta el APRA, que es el más organizado, no ha sido capaz de cubrir los cargos de confianza en el Estado. Por eso nombran un viceministro y al día siguiente lo retiran. El otro factor es el propio García. El presidente no es de dar un paso al costado, no es de crear un primer ministro sólido, no quiere despresidencializar la Presidencia.

–EC: *Es un nuevo Luis XIV, personifica al Estado.*

–CID: El presidente se ha impuesto a sus ministros. Lo más triste para ellos debe ser lo de la pena de muerte. Los ministros más ilustrados se han pronunciado en contra de esta medida, pero él ha dicho que se guarden sus palabras para su fuero interno.

–EC: *¿Y mientras el presidente pone temas como el de la pena de muerte al debate, dónde quedan los grandes temas de la campaña, como la exclusión y el sur?*

–CID: Comienzan a desaparecer. "Todo vuelve a la normalidad". Es una frase de Martín Adán. La dijo, en son de burla, luego del golpe de Odría contra José

Luis Bustamante y Rivero, que acabó con la pequeña "primavera democrática". Ahora pasa lo mismo. Humala se tropieza consigo mismo, y no hay nadie que recuerde la campaña.

–EC: *Hasta da la impresión de que Lourdes Flores es la verdadera oposición del gobierno aprista.*

–CID: No entiendo para qué lo sería. En una de esas, la presentación de Jorge del Castillo ante el Congreso es la presentación de un premier más de Lourdes que de Alan. Yo no quiero ser rotundo, pero en una de esas Lourdes Flores ganó por interpósita persona y con una base más sólida como la del APRA. Habrá que ver si, como ha dicho el propio Del Castillo, se incluyen temas como el de la Comisión de la Verdad en su exposición.

–EC: *¿Del Castillo es garantía para marcar la diferencia?*

–CID: No. Yo mantengo la incógnita.

"A Alan no le gustan los contrapesos"

–EC: *¿Jorge del Castillo cumple con lo que se esperaba del premier? ¿Su perfil de conciliador no es una desventaja a la hora de negociar mayores aportes con las mineras?*

–CID: El premier se mueve dentro de la cancha que le ha trazado la presidencia de la república. Y la cancha en la que se mueve Del Castillo fue marcada por el presidente, cuando dijo en su discurso esto del óbolo voluntario para las mineras. Por cierto que no era lo que se esperaba, porque lo del óbolo voluntario no fue una promesa de campaña.

–EC: *¿Pero ve a Del Castillo como un verdadero negociador o lo ve más como un hombre que se conforma con lo que ofrecen las mineras?*

–CID: Yo no sería tan duro con él. Hay que darle el beneficio de la duda como parte del juego democrático.

–EC: *¿Mauricio Mulder es el hombre que puede frenar los ímpetus del APRA para copar el aparato estatal?*

–CID: De los tres secretarios generales del APRA, a Mercedes Cabanillas le auguro un mejor papel en el Congreso, y también a Jorge del Castillo, a pesar de su sesgo en su papel conciliador. Mulder, en cambio, fue puesto por Alan García en la dirigencia del APRA para fastidiar a Del Castillo. Ese es un peligro de la personalidad de Alan. Él se siente incómodo cuando hay contrapesos en su propio partido.

–EC: *¿Si esto es así, Mulder podrá frenar los apetitos del APRA?*

–CID: Creo que el propio Alan no quiere que el APRA cope puestos en el Estado. Ya en su primer gobierno no tenía confianza en su partido, ahora menos.

"EL APRA HA PERDIDO CAPACIDAD INTELECTUAL"[1]

Entrevista de Michael A. Zárate

El antropólogo Carlos Iván Degregori advierte que Alan García ha optado por un gobierno limeño y ha olvidado el "síndrome Humala" de la campaña presidencial.

"Mis historias tienen siempre una música de fondo", confesó Degregori alguna vez. Y si alguien le pregunta si hay una canción que refleje al peruano de hoy, él dirá *Atrévete-te-te*, aunque crea que el actual gobierno es muy poco osado. Acaba de regresar de Colombia y considera que el Perú tiene hoy una gran oportunidad para crecer. Actitudes de estos tiempos. El país no podrá ser pronto muy distinto, pero es posible que no sea tan igual.

–Michael Zárate: *Hace tres semanas llegó usted de Colombia. A medida que el avión se acercaba, ¿cuál era su mirada de Lima?*

–Carlos Iván Degregori: Uno ve primero que los Andes norteños —los de Cajamarca— son mucho más amables, más verdes. Mientras que aquí hay una sensación de que todo es más duro. Desde el avión, Huancavelica parece más geología que geografía. Y ya al salir del aeropuerto, no deja de sorprender el cambio de Lima, comenzando por la autopista con peaje de Kouri.

---

1. Publicado en: *Perú.21*, 25 de marzo de 2007, pp. 10-11.

–MZ: *La cual es bastante cuestionada.*

–CID: Por supuesto. Uno llega a Lima y ve la cantidad de casinos y tragamonedas que hay desde la avenida Faucett. Parece un país entregado al juego, y tal vez tenga que ver con estas elecciones en las que siempre apostamos a ver qué nos toca. El Perú parece un país que está entregando su futuro al azar.

–MZ: *¿El Perú de hoy es el que imaginó luego de la victoria de Alan García en las elecciones?*

–CID: No. El gobierno recién inicia, pero comienzo a sentir que somos el país de las oportunidades perdidas. La coyuntura económica parece una constelación de astros que más favorable no puede ser, y me da la impresión de que el Ejecutivo lo está desperdiciando de una manera mucho más grave de la que imaginé.

–MZ: *¿Mucho más grave que lo desperdiciado durante el gobierno de Toledo?*

–CID: Mire usted. Recuerdo que antes de la segunda vuelta, escribí en *Perú.21* que yo iba a votar en blanco. Me resistía al tono de la campaña, que me pareció muy cargado de racismo. No es que simpatizara con Humala, pero noté una campaña masiva contra él que no veía desde la época de Fujimori.

–MZ: *¿Recuerda un incidente que reflejara ese racismo?*

–CID: Claro. Me acuerdo del primer ministro Pedro Pablo Kuczynski hablando ante el Consejo de las Américas y diciendo que quienes se oponían al TLC lo hacían porque vivían a más de tres mil metros y el oxígeno no les llegaba a la cabeza. Eso está publicado. Así se refería a sus ciudadanos. Pero veo hoy que Alan García está desperdiciando oportunidades, aunque no por mala voluntad.

–MZ: *¿Y entonces por qué las desperdicia?*

–CID: El APRA ha perdido muchísimo. No es que haya una oposición que lo arrincone, sino que es el APRA mismo el que está chambón y anda trastabillándose. Desde la década del sesenta viene retrocediendo en sectores intelectuales y tecnocráticos, y Alan García, por ejemplo, no supo impulsar una renovación en el último congreso del APRA.

–MZ: *¿Se refiere al congreso en el que se eligió a Del Castillo y Mulder como secretarios y a Mercedes Cabanillas en la dirección política del APRA?*

–CID: Así es. García perdió esa vez la oportunidad de construir un partido socialdemócrata moderno. En vez de eso, tuvimos a un emperador que impuso a Mulder para joder a Del Castillo, quien era el que ganó la elección. Meche Cabanillas fue la segunda y Carlos Roca el tercero. Pero lo sacaron a este y pusieron a Mulder para fastidiar. Por algo su apodo es... ¿Cuál es su apodo?

–MZ: *Perro de chacra.*

–CID: Perro de chacra, así es. Los apristas perdieron una gran oportunidad para renovarse y ahora lo están pagando. Lo pagaron en las elecciones regionales y lo están pagando hoy en el Ejecutivo.

–MZ: *No hay semana en la que no veamos escándalos en el gobierno. ¿A qué se debe eso? ¿El APRA carece de cuadros calificados o es también una consecuencia de la decisión de reducir sueldos en el aparato estatal?*

–CID: Mucho más importante es la primera hipótesis porque los efectos de la segunda se verán más adelante. En el país hay dos equipos tecnocráticos que curiosamente han fracasado como opción política. Por un lado, está el más ortodoxo o neoliberal, que tiene hoy hegemonía en el gobierno y la tuvo también con Toledo y Fujimori. Por el otro, está una izquierda reciclada, atacada por los fujimoristas como "caviar", que tuvo su momento con Paniagua y con Toledo al inicio. Esos son los equipos. El APRA ha perdido muchísima capacidad intelectual y gerencial.

–MZ: *El ministro José Salazar acaba de lanzar inusitadas aseveraciones sobre la política antidrogas. Pero lo que sorprende no es tanto el mensaje, sino el mensajero. ¿Qué le pareció?*

–CID: Me asombró su franqueza porque yo creo en lo mismo. Y hay mucha gente que cree en lo mismo. La política antidrogas de Estados Unidos —que el Perú la sigue en rasgos generales— fracasó. Eso está recontra probado, no solo acá sino también en Bolivia y Colombia. Estados Unidos tiene una obsesión con atacar solo la oferta y no la demanda. Es insultante lo que nos dan para cultivos alternativos. Saque la cuenta de lo que gastan ellos cada día en Irak, en una guerra que nos está jodiendo a todos.

–MZ: *¿Y qué le pareció la negociación del ministro Salazar en Tocache?*

–CID: Fue una muy amplia negociación. Una cosa es que tú digas que la política antidrogas ha fracasado y otra que entre gallos y medianoche firmes en Tocache una acta de rendición, y no es que quiera poner a los cocaleros como enemigos. Tú no puedes asumir la informalización como política de Estado. La franqueza está bien, pero la negociación estuvo mal. El gobierno debe plantear una política antidrogas seria.

–MZ: *¿Pero qué política antidrogas esperar si aparecen oscuros asesores como Juan Carlos Polar?*

–CID: Es terrible, ¿no? Estoy de acuerdo con que esta política antidrogas tiene que cambiar, pero la negociación ha sido un desastre y la presencia de ese señor ha sido siniestra. Lo he visto por televisión y es impresentable.

–MZ: *¿Luis Alva Castro zafó cuerpo en este asunto?*

–CID: De hecho. Un ciudadano que está informado dirá: ¿qué hace el ministro de Agricultura y no el de Interior en Tocache? ¿Por qué no están los dos? Salazar mismo ha dicho que él es un hombre de campo. No tiene la experiencia política de Alva Castro, quien quitó cuerpo de una manera poco decorosa.

–MZ: *Según la última encuesta de Apoyo, la aprobación a la gestión presidencial es baja en provincias. ¿No cree que la oposición saldrá de esos sectores?*

–CID: Lo de la oposición en las regiones es para mí esperanzador. No quiero entusiasmarme, pero de repente veo que por ahí asoma esta Asamblea Nacional de Presientes Regionales. El surgimiento de líderes regionales es muy positivo porque entonces los reclamos de la gente pueden resolverse creativa y democráticamente. De ahí que me parezca peligrosísimo el camino que ha elegido Alan García. Ha optado por un gobierno limeño y comienza a verse su deterioro en provincias.

–MZ: *Alan García va a comenzar a sesionar en provincias.*

–CID: Vamos a ver cómo le va, porque lo que yo aprecio es un gobierno que se ha olvidado del "síndrome Humala" y de ese sentimiento de frustración de la mitad del país, que se reflejó durante la campaña presidencial. Ojalá García comience a salir, porque este gobierno no debe fracasar.

–MZ: *¿Cómo ve la situación del premier Del Castillo en el gobierno? ¿No está recibiendo zancadillas?*

–CID: Te respondo con una canción (risas). No sé si hay un cargamontón contra él, pero como dice un huayno ayacuchano: hay ciertas malas voluntades. El huayno *Adiós pueblo de Ayacucho* dice: "Ciertas malas voluntades hacen que yo me retire" (risas). Eso es tal vez lo que hay contra Del Castillo: ciertas malas voluntades de muy arriba en su partido. Y sospecho que de Mauricio Mulder y de Luis Alva Castro.

–MZ: *Como exmiembro de la Comisión de la Verdad y Reconciliación, ¿qué le pareció el alegato de Alberto Fujimori en Chile?*

–CID: Finalmente, la realidad se abre paso y es el propio Fujimori quien ahora tiene que decir que hubo grandes violaciones de los derechos humanos, lo cual antes él negaba. Pero la verdad se abre paso en el estilo clásico de Fujimori. Hasta el final, este señor va a estar echándole la culpa a otros de su responsabilidad. Decir que las Fuerzas Armadas eran las malas y que él no sabía nada es totalmente inverosímil.

–MZ: *Usted es hermano de un reconocido cineasta. ¿Qué le pareció el calificativo de "pacotillero" que Mulder le endilgó al cine nacional, a raíz de la polémica por el documental* Epopeya*?*

–CID: ¡Uy, terrible! Es que yo veo lo que hacen mi hermano y casi todos los cineastas en el Perú. Este señor (Mulder) no tiene idea de lo que cuesta hacer una película y, más aún, una película de época. Es una prueba más de cómo el APRA ha perdido hegemonía intelectual. O sea, no tiene gente que piense, no tiene gente culta, no tiene gente que vaya al cine y sepa lo que significa hacer cine en el Perú. Es realmente lamentable la mediocridad intelectual de buena parte de la dirigencia aprista. Y ahí está Mauricio Mulder.

–MZ: *Cuando hace dos años conversamos, usted dijo que no recordaba una canción que captara el espíritu del Perú del nuevo milenio. ¿Ya la halló?*

–CID: (Risas) Tengo una. Lo que pasa es que la letra es atroz y las feministas me clavarían una estaca en el corazón.

–MZ: *¿Cuál es esa?*

–CID: *Atrévete-te-te* (reggaetón de Calle 13). La letra es espantosa, pero el título es muy bueno. El gobierno no se atreve, pero nuestra sociedad es muy atrevida y nada contra la corriente. El gobierno tiene todo un campo para atreverse sin caer en radicalismos, en humalismos o en chavismos. Me fastidia ese afán de Alan García por ser siempre pedagógico. No tiene autoridad moral para hablar en televisión a cada rato. No se atreve en lo esencial. ¡Atrévete!

"ALAN SERÁ LA MEZCLA DE FUJIMORI Y TOLEDO"[1]

Entrevista de Enrique Patriau

La debacle de Unidad Nacional, la derechización del APRA y el fracaso de la oposición humalista son analizados por el antropólogo Carlos Iván Degregori, flamante director del Instituto de Estudios Peruanos (IEP), y uno de los ensayistas políticos más perspicaces del país.

–Enrique Patriau: *¿Cree que las denuncias contra congresistas de Unidad Nacional apuren su disolución?*

–Carlos Iván Degregori: En primer lugar, te diré que UN nunca se consolidó como una alianza, nunca se acercó al grado de consistencia necesario para definirse como tal.

–EP: *Cada quien parecía irse por su lado.*

–CID: Por ejemplo, Ántero Flores-Aráoz nunca estuvo de acuerdo. Diría que casi desde el principio UN estuvo pegada con babas. ¿Qué es Solidaridad Nacional? Un grupo de amigos nucleados alrededor de la aprobación de Luis Castañeda, pero no un partido político. Lo mismo podías decir de Renovación, que se terminó apartando. Ahí tú ves a Rafael Rey y a la gente que consigue en el camino. Todo ha sido muy precario y estas denuncias son como darle la extremaunción a un enfermo. No me sorprendería que deje de existir.

–EP: *Si eso ocurre, ¿el PPC podría recomponerse?*

1. Publicado en: *La República*, 28 de mayo de 2007.

–CID: De UN, es el grupo que más califica como partido político, pero después de escuchar a Lourdes Flores ya no sé...

–EP: *¿Qué es lo que no le gustó?*

–CID: Que aparece en toda la línea de otorongo no come otorongo, echándole la culpa a la prensa, al APRA, que posiblemente tiene parte de responsabilidad, pero es claro que la mayor recae sobre el PPC. Tal vez ya sea demasiado tarde para que ese partido se recomponga. Sobre todo porque Lourdes está con un pie en la política y el otro fuera de ella.

–EP: *En el mejor de los casos. La verdad, pasa desapercibida.*

–CID: Mira, ser rectora de una universidad es chamba, a menos que sea una figura decorativa, lo cual no hablaría bien de ella. Yo lo veo como un pase al retiro camuflado. Le ha dejado a otros el liderazgo y ella, sin decirlo abiertamente, deja el mensaje: hasta aquí llegué.

–EP: *Y solamente aparece en los momentos más urgentes.*

–CID: Pero su posición sobre las denuncias es deleznable. Ha dicho algo así como: no nos pueden acusar porque somos gente decente. Esa es una palabra muy ambigua, que pertenece a un Perú que ya fue. ¿Qué significa ser gente decente? Antes era un término que se usaba mucho en oposición al pueblo, a las clases menos favorecidas. Ahora tú tienes que probar que eres decente, con honestidad y con trabajo.

Sin chicha

–EP: *Hay quienes ven en las denuncias contra los congresistas el deseo del Ejecutivo de desviar la atención.*

–CID: Es una posibilidad bastante alta, pero eso no le quita validez a las denuncias. Además, no estamos en la época de Fujimori y Montesinos, cuando había un equipo muy aceitado y bien financiado dedicado a los sicosociales. Ahora se habla más de un SIN chicha. Supongo que en el gobierno no faltarán quienes deseen manejar la agenda a su antojo, pero los mecanismos, si los hay, son mucho menos elaborados que en la década pasada.

–EP: *Sí es sospechoso que los casos se hayan centrado en UN.*

–CID: Ahora se ha formado como una bola de nieve. Está cayendo alguien de UPP por ahí, otro más por allá. Y más que el gobierno, ¿quién sabe si todo esto no es una movida de Renovación? O acaso el gobierno jugando en pared con Rey.

–EP: *No sería raro.*

–CID: Rey, por más que se presente como alguien muy honesto, creo que es un tipo que no tiene escrúpulos, no tiene barreras morales aunque se empeñe en asegurar lo contrario. Lo digo por la década pasada y por la herencia del viejo "nacional catolicismo" español de donde él viene, que fue una experiencia terrible. No creo que sea un ángel y bien podría estar detrás en combinación con los apristas.

–EP: *Lo lamentable es que de ser real esta campaña, venga de donde venga, tiene enorme éxito. La agenda nacional es devorada por las Canchayas y los Mencholas.*

–CID: Es la degradación de la política, su lado más mediocre. Y de una parte de la prensa también, ¿no? Deberíamos debatir otros temas, pero tal vez este Congreso no da para eso. ¿Cómo se va a discutir en serio la bicameralidad si la señora Canchaya tiene como asesora a su empleada doméstica y el señor Menchola a su amiga? Y no son los únicos. Incluso quienes no han violado la ley, tampoco cuentan con un equipo sólido. Sin querer glorificar a parlamentos de décadas pasadas, que muchos errores cometieron, por lo menos tenían como asesores a profesionales de la política, o jóvenes con proyección política.

–EP: *Es el tiempo de los improvisados.*

–CID: Por supuesto. Todavía estamos pagando el desastre de los años noventa, cuando Fujimori se dedicó durante una década a demoler el sistema, a los partidos, a los políticos. Y mira la paradoja: ahora el partido de Fujimori es el más organizado en el Congreso después de los apristas. Son un pequeño núcleo, pero muy disciplinado.

Gobierno a la derecha

–EP: *Precisamente, los fujimoristas tienen una convivencia feliz con los apristas. ¿Le ha sorprendido este Alan García conservador?*

–CID: No deja de ser sorpresivo el viraje del APRA hacia posiciones que son de UN y también de Fujimori, claro.

–EP: *Que García, en su campaña, denunciaba como la derecha de los ricos.*

–CID: Él se colocaba en la centro-izquierda, pero quizás dejó a la vista un fustán que nos negamos a ver. Me refiero a la presencia en la plancha presidencial de Luis Giampietri, cercano a Álex Kouri, a los fujimoristas. Ya era un guiño a ese sector que ha pasado a convertirse en...

–EP: *¿Un abrazo?*

–CID: Por ser suaves con un gobierno que no cumple todavía un año. Aunque si seguimos así, el abrazo se convertirá en arrodillada. Es un juego muy inteligente de García, pero a la vez muy peligroso. En materia económica ha encontrado la cama tendida, que querámoslo o no es herencia de Fujimori y Toledo. Y ha optado por la prudencia máxima, sin arriesgar un milímetro.

–EP: *Un centavo.*

–CID: Exacto. Sigue por el mismo camino, hace algunas fintas, pero se trata de una continuación. Si García sigue tal cual, al final su periodo será una mezcla de Fujimori y Toledo. Eso es lo que él desea ser.

–EP: *¿Por qué le resulta más sencillo?*

–CID: También juega su personalidad. Siempre ha escogido a contracorriente. En los años ochenta él fue el más audaz y nadie lo siguió porque no se percató de que era el fin de los populismos. Ahora regresa, 20 años después, totalmente escaldado, y se refugia en el otro extremo, justamente cuando toda América Latina, a excepción de Colombia con Álvaro Uribe, apunta distinto.

–EP: *Y Colombia porque está en un contexto de guerra.*

–CID: Claro. García reedita discursos como la pena de muerte, la necesidad de no ser blandos con el terrorismo, la amenaza de retirarnos de la CIDH cuando la guerra ya terminó hace rato. No le pedimos, al menos yo no, que se vaya al extremo autoritario y extravagante de Hugo Chávez, ni que juegue al borde del abismo, como Rafael Correa en Ecuador o Evo Morales en Bolivia. Sería suficiente con cumplir lo que propuso en campaña.

–EP: *Podía hacer un gobierno más de centro.*

–CID: Sí. Con la situación económica controlada y una situación mundial favorable podía darse el lujo de hacer reformas profundas, de luchar por la equidad, y no. Ha decidido, en cambio, confiar en el oro de las mineras. Yo creo que la Sociedad de Minería tiene hoy en día más poder que nunca. Nadie quiere que el gobierno fracase, pero hay un peligro inminente.

–EP: *¿Cuál?*

–CID: Hacia el 2011 puedes tener una situación macroeconómica favorable, de acuerdo, pero al correrte hacia la derecha estás dejando libre todo el centro y la izquierda. Hoy en día no hay una oposición sólida a la izquierda de García. ¿Y quién va a ocupar ese territorio? Se lo están dejando a movimientos sociales localistas radicales y a todos los miles que no son favorecidos por el modelo.

–EP: *Pueden surgir sorpresas desagradables.*

–CID: Tal vez para el 2011 Ollanta Humala sea la Susana Villarán de ese escenario electoral. Se moderó, se civilizó, ¿y si salen otros más duros que él? En todo este sector de no beneficiados hay mucha percepción de agravio, una desconfianza feroz. Si ese problema no se coloca como un punto central en la agenda, pueden irse macerando resentimientos muy fuertes. Humala fue un síntoma y queda por saberse si podrá, después de su derrota, armar una alternativa sensata de izquierda o si será reemplazado por otro aluvión todavía más radical, de posiciones arcaicas, inviables, demagógicas, incluso fundamentalistas.

Poder y prensa

–EP: *Lourdes Flores y Ollanta Humala estaban llamados a liderar la oposición, pero cada día se diluyen más.*

–CID: García juega solito y solamente puede perder si comete autogoles. Y ya van varios: Hernán Garrido-Lecca, Alberto Pandolfi, en fin.

–EP: *Y ese papel de vigilancia ha sido recogido por parte de la prensa. Eso no le gusta al gobierno y ya ha habido escaramuzas.*

–CID: Bueno, si revisamos lo que ocurre en Venezuela los de García son pecadillos, aunque, es verdad, la relación gobierno-prensa no es fluida ni constructiva ni sana, como para ayudar a consolidar la democracia.

–EP: *El caso de Garrido-Lecca fue una señal muy clara.*

–CID: Es deplorable que haya pasado caleta, a pesar de su volumen (risas). No se ha llegado a extremos, pero se percibe la tentación de jugar sucio con la prensa, ¿no? Ahí están el ala Giampietri y el mismo fujimorismo.

"EL FUJIMORISMO ES UNA EMPRESA FAMILIAR"[1]

Entrevista de Michael A. Zárate

El antropólogo Carlos Iván Degregori ofrece su lectura sobre la situación sin precedentes de un exgobernante en el Perú. "Fujimoricemos" esta entrevista.

Es sincero al decir que en 1990 votó por quien hoy está recluido en la DIROES. "Fue un error y no he vuelto a votar por el mal menor", reconoce desde su espaciosa oficina en el Instituto de Estudios Peruanos. Degregori cree que el proceso a Fujimori es la gran oportunidad para que la sociedad destierre la idea del caudillo y de la mano dura. En política, la forma es también el fondo.

–Michael Zárate: *¿Qué sintió al saber que la extradición había sido aprobada?*

–Carlos Iván Degregori: Ufff... una mezcla de sentimientos. Por un lado, satisfacción y alivio; por el otro, incertidumbre por lo que va a venir. Sentí satisfacción, no por un deseo de venganza sino porque, como más del 70% del país, creía que la extradición era lo más justo, lo más correcto, e incluso, lo más conveniente.

–MZ: *Pero también había un 70% que no creía que esta se fuera a dar.*

---

1. Publicado en: *Perú.21*, 30 de septiembre de 2007, pp. 8-9.

–CID: Ah, claro. A uno siempre le quedaba esa sospecha, pero el fallo del juez (Orlando) Álvarez fue tan en contra de la realidad que yo confiaba en que de todas maneras lo iban a extraditar. Aunque no pensé, sinceramente, que iba a ser por siete casos y dos de ellos por violaciones de los derechos humanos.

–MZ: *¿Y usted confía en el Poder Judicial?*

–CID: Es muy desigual. Por un lado hay coimas, cuchipandas, pero la justicia —como otras áreas del país— ha ido consolidándose o trata de consolidarse. Hay gente honesta y uno la ha visto en los juicios a Abimael Guzmán o a Montesinos. Tirios y troyanos reconocen que se han dado de acuerdo con los estándares internacionales de justicia.

–MZ: *Pero hay una diferencia. Para la población, Montesinos y Guzmán son culpables, y por unanimidad. En cambio, hay quienes aún creen que Fujimori es inocente.*

–CID: Así es, y seguramente será un proceso más difícil. Lo más fuerte del fujimorismo es su bancada parlamentaria. Es posiblemente lo único consistente que tiene, porque el apoyo de la opinión pública es más bien difuso y pasivo. Sin embargo, hay un sector de la población frente al que los fujimoristas van a tratar de adoptar el papel de víctimas. Pero se les sale toda la vena autoritaria.

–MZ: *¿En qué ve reflejado eso?*

–CID: Mira el ataque al *Ojo que llora*, hecho muy probablemente por gente vinculada al fujimorismo. Si bien Raffo dice que serían tontos de haber hecho algo así, Martha Chávez sale después para manifestar que le tiraría combazos al monumento. Ellos fueron prepotentes en la década pasada y tratar hoy de presentarse como víctimas les va a costar.

–MZ: *Los fujimoristas no soportan que en el monumento figuren los nombres de senderistas. ¿No podemos comprender esa posición?*

–CID: Puedo comprender esa posición. Lo que no puedo comprender es que vayas con tu comba y lo destroces. Una cosa es que los fujimoristas digan que se cierre el monumento y otra, que lo pinten y lo destrocen. Una cosa es debatir y otra, agarrarlo a combazos.

–MZ: *Entonces, usted sí comprendería un debate en torno al monumento.*

–CID: Sí comprendería un debate. Pero yo no tengo problemas en que ahí estén los nombres de senderistas, porque fueron personas tratadas de manera absolutamente incorrecta por el Estado. La masacre de Castro Castro (1992) fue premeditada. A diferencia de El Frontón, allí no hubo un motín de Sendero. Hubo un exceso de violencia estatal. Finalmente, ellos también son víctimas.

–MZ: *Hoy es fácil criticar al fujimorismo, ¿pero no somos responsables, como sociedad, de que hayamos permitido gobernar a alguien como Fujimori?*

–CID: Claro. Ahí hay un debate sobre si Fujimori es japonés o peruano. En el ámbito legal tiene las dos nacionalidades, pero en el cultural es peruano. Alguna vez, un amigo japonés me dijo que consideraba casi un insulto que señalaran que Fujimori era japonés.

–MZ: *¿Por qué?*

–CID: Porque en Japón nadie hubiera podido actuar como él lo hizo: tan criollamente. En Japón hay corrupción, pero su manera de cometerla es muy diferente y, en ese sentido, Fujimori es producto de nuestra historia. Vino en 1990 como el salvador de una nación donde pesaba mucho la figura del hombre fuerte y de la mano dura. Y no solo entre los pobres, sino también entre los ricos.

–MZ: *¿Cómo explica que entre los ricos haya pesado esa idea de la mano dura?*

–CID: Fujimori tuvo dos picos de apoyo: el sector A y el sector D, ya que en esa época no había E. La gran tragedia de 1992 no fue solo el golpe de Fujimori, sino la debilidad de esa derecha o ese liberalismo democrático. Y la prueba viviente fue que Vargas Llosa se quedó solo. Hubo una élite económica que no estaba preocupada por construir un país moderno en todo el sentido de la palabra.

–MZ: *Hoy la clase empresarial está feliz con el gobierno, pero en el sector E predomina la desconfianza.*

–CID: Los años no han pasado en vano. Hay que agradecer a quienes vinieron desde el gobierno de transición, que mantuvieron el Estado de derecho. Hoy el fujimorismo está reducido a *La Razón* en el ámbito de la prensa, y en el ámbito de la élite pensante prácticamente no existe.

–MZ: *El congresista Rolando Sousa responsabilizó a los medios de comunicación de politizar el proceso. ¿Qué piensa?*

–CID: Los fujimoristas son los primeros que lo politizan. Este juicio tiene que ser justo y estrictamente jurídico, pero es imposible negar que tiene una dimensión política, una dimensión cultural y una dimensión pedagógica para el país. Es inevitable que el juicio tenga dimensiones políticas. El señor ha sido presidente de la república. No estamos juzgando a "La Banda del Choclito".

–MZ: *Lo ideal sería que el juicio también nos deje una lección para evitar que volvamos a legitimar a alguien que rompe el sistema constitucional.*

–CID: Así es. Por eso decía que el juicio tiene una dimensión pedagógica. El Perú ha cambiado desde el año 2000. El espacio para este tipo de alternativas se va reduciendo. Lo que no podemos controlar es el entorno internacional. En el horizonte se avizoran problemas y no solo por cuestiones económicas.

–MZ: *Se refiere a cuestiones geopolíticas.*

–CID: Exacto. A cuestiones geopolíticas y a cuestiones climáticas. ¿Cómo será de acá a 15 años el problema del agua? No estamos en el Perú de Leguía y creo que Alan García sería el último ejemplo de alguien que salió totalmente desprestigiado en 1990 y luego volvió a ganar. Hoy estamos viendo que García ganó estrictamente por ser el "mal menor".

–MZ: *¿Pero acaso nuestros últimos presidentes no han llegado a Palacio de Gobierno así? Alejandro Toledo ganó por el miedo de Alan García.*

–CID: Tal vez vamos más en esa dirección. Alan García ganó con las justas como el "mal menor". Por más que sea un político hábil y tenga carisma, me da la impresión de que no es un presidente querido. La gente lo soporta porque todos queremos que esto acabe bien y que entregue en el 2011 un país mejor que el que recibió. Pero eso es todo.

–MZ: *¿Y no cree que el último presidente querido haya sido Fujimori?*

–CID: Y odiado. Pero sí es cierto que fue querido también.

–MZ: *Qué paradoja tan trágica, ¿no?*

–CID: Creo que dependió mucho del momento. Hay que reconocerle a Fujimori una capacidad de trabajo muy grande en un contexto en el que era bastante barato hacer el tipo de programas sociales que él llevaba a cabo. No imagino un Fujimori igualmente eficaz en un contexto democrático y en un contexto mucho más complejo, como el Perú de hoy.

–MZ: *¿Keiko Fujimori es presidenciable?*

–CID: No lo creo. Se achica el espacio para los *outsiders*, entendiendo como outsider no solo a alguien que recién aparece en política, sino a alguien que tiene una organización muy débil. Yo creo que el fujimorismo ha vuelto a la semilla y ha vuelto a ser lo que fue en 1990: una empresa familiar.

–MZ: *Claro, basta mirar quiénes están ahora con Fujimori.*

–CID: Renzo Reggiardo es el hijo de Andrés Reggiardo. Cecilia Chacón es la hija del general Chacón. Están su exabogado, su publicista, su hermano, su hija y hasta Kenji quiso postular a Lima-provincias. Han vuelto a ser una empresa familiar. Fujimori tuvo la voluntad de ser político, mientras que Keiko pensaba dedicarse a su profesión, a su familia y los acontecimientos la han traído de regreso. Y uno no puede estar largos años en algo que no le gusta.

–MZ: *¿En qué va a acabar el fujimorismo?*

–CID: Acuérdate de la Unión Nacional Odriísta y del Movimiento Democrático Pradista. Todos los que han tenido nombre en su sigla han acabado pequeños. Quizá el fujimorismo vuelva a ser lo que fue en el 2001: las cuatro Marthas.

–MZ: *Dígame, ¿por quién votó en 1990?*

–CID: En segunda vuelta voté por Fujimori. Y lo digo abiertamente. Fue un error y no he vuelto a votar por el "mal menor".

–MZ: *Fue un voto anti-Vargas Llosa.*

–CID: No anti-Vargas Llosa como persona, sino anti lo que representaba. Me chocó mucho la campaña de Libertad. Parecían muy pitucos. Creo que Vargas Llosa se reivindica en 1992 de manera muy notoria. Yo me dije: "Ese señor es un liberal, pero es un liberal consecuente".

"ESTE ES EL GOBIERNO DE LA PATADITA"[1]

Entrevista de Michael A. Zárate

El antropólogo Carlos Iván Degregori ofrece su balance del año y sus perspectivas para el 2008. Desde la situación de Fujimori hasta el éxito de Grupo 5. Un año de culebrones y "culebríticas".

HAY UNA FIESTA DE AÑO NUEVO QUE DEGREGORI recuerda con particular nostalgia. Corría la segunda mitad de los años ochenta y ese primero de enero hubo apagón. Eran, pues, los penumbrosos años del primer gobierno aprista. Hoy dicen que el presidente Alan García ha visto la luz y que la economía marcha bien. Las cifras no mienten, repiten, pero el desafío del 2008 será acortar la distancia entre número y palabra, cifra y persona.

–Michael Zárate: *Si yo le digo año 2007, ¿con qué imagen se queda?*

–Carlos Iván Degregori: Podría ser pesimista y decir que me quedo con la imagen de Alva Castro yendo a ver cómo muere cada policía. Pero también está la imagen de los "jotitas" y su gran actuación. Fíjese que el TLC para mí es una imagen ambigua.

–MZ: *¿No cree que será la gran oportunidad económica del país?*

---

1. Publicado en: *Perú.21*, 30 de diciembre de 2007, pp. 8-9.

–CID: Pienso en México, que después de diez años de TLC, alguien como López Obrador sacó la mitad de votos. Antes de la firma del TLC se enfatizaban todos los beneficios, pero una vez firmado comienzan a resaltarse los "peros" y salen las objeciones. Ha cambiado el tono.

–MZ: *¿Y a qué se debe ese cambio?*

–CID: A que era lo conveniente para un sector de la sociedad. Solo se enfatizaba lo bueno para convencer del TLC a la mayoría de la población. Y se logró. Pero ahora vienen todos los "peros" digo uaaahhh. No creo que el Estado, incluso los empresarios peruanos, estén a la altura de los retos que el TLC implica.

–MZ: *¿Qué imagen positiva rescataría usted del 2007?*

–CID: Me quedo con los procuradores. Con el viento en contra —y a veces ventarrón— lograron algo que muy pocos creían. Son como nuestros "jotitas" del Poder Judicial (ríe). No solo hay triunfos económicos o deportivos. El proceso a Fujimori levanta también la autoestima.

–MZ: *¿La extradición de Fujimori ha sido lo más positivo en este año?*

–CID: Diría que sí, porque durante su gobierno Fujimori hizo aflorar con desfachatez el cinismo de la impunidad. Hizo aflorar esa sensación de que "el que puede, puede". Por eso es que la extradición es una suerte de baño de limpieza.

–MZ: *A Fujimori le cae hoy todo el peso de la ley porque la defensa de los derechos humanos está también más acentuada en la comunidad internacional.*

–CID: ¡Ah, pero claro! La globalización está llena de ambigüedades y de injusticias, pero también de avances como este. La universalización de los derechos humanos es uno de los grandes triunfos de la última década, y que en parte se le debe a Sudáfrica y a América Latina.

–MZ: *¿Es un buen gobierno el de García?*

–CID: Le podría ir mucho mejor. Él parece haber virado hacia Alejandro Toledo. ¿Cuál hubiera podido ser el gran lema de Alan García entre 2006 y 2007? "El TLC sí o sí", el mismo lema de Toledo. La verdad, se esperaba más de quien proviene de un partido socialdemócrata y quien venía del susto de Humala.

–MZ: *En política, aprender de los fracasos es tan importante como explotar los éxitos. ¿Cree que García ha aprendido de los errores de su primer gobierno?*

–CID: Yo creo que sí. Pero tal vez no solo aprendió, sino que se atemorizó o se convirtió a esta nueva política. Ahora todos dicen que a la derecha de Alan no hay nada. No está mal ser un converso, pero Alan García es un converso que solo sigue la ola internacional y nacional que tenía con Toledo. No solo lo veo sin ambiciones, sino que es ahora proempresarial, pero de una manera excesiva. Es, como se diría, la otra cara del marxismo leninismo duro.

–MZ: *Bueno, algunos creen que gracias a García la socialdemocracia se define como los que vienen de Marx a menos.*

–CID: ¡No lo sabía! (ríe). Ahora para García los empresarios son los que tienen casi un privilegio ontológico. Ellos son los buenos de la película, los eficientes, los honestos, los modernos, los que van a desarrollar el país. Este 2007 también se ha caracterizado porque se ha comenzado a probar los límites de esa opción preferencial por los empresarios.

–MZ: *¿Por ejemplo?*

–CID: FORSUR, evidentemente. Esa era una tarea para el Estado, pero fue algo así como que los empresarios iban a solucionarlo todo. Eso se resquebrajó y se vino abajo. Creo que este es el gobierno de la patadita. "El perro del hortelano" es una patada a casi todos los peruanos de clase media para abajo.

–MZ: *¿En qué ve esa agresividad?*

–CID: En la forma como se dirige a ellos: flojos, comechados, perros del hortelano. Hay una docena de adjetivos. A los indígenas amazónicos los trata como si fueran los privilegiados de ese país. Veo mucha agresividad, mucha patadita.

–MZ: *Este año las protestas han tenido como actores a los movimientos regionales. ¿Qué va a pasar el 2008?*

–CID: Depende. De todas maneras habrá conflictos en la calle, pero si no hay articuladores que canalicen esto pacífica y democráticamente, vamos a tener movimientos aislados. Peor aún, de algunos de estos movimientos podría surgir el otro gran peligro que veo en los próximos años, los cárteles mexicanos.

–MZ: *En el 2007 hemos percibido mucho más los peligros del narcotráfico. Antes no era tan fácil pensar que el Perú podría convertirse en un "narcoestado".*

–CID: Así es. Los crímenes "clásicos" del narcotráfico ya han comenzado, y veo en el gobierno y en las élites la misma subestimación que había frente a Sendero Luminoso. ¡Miren a México! En este punto hay que poner muchísima atención, porque la violencia del narcotráfico puede ser aún más brutal que la de Sendero, porque no tiene ideología.

–MZ: *¿Con Alva Castro como ministro?*

–CID: Bueno, eso es parte de las pataditas. En su partido, García es como Gulliver en el país de los enanos. Se ha acostumbrado a hacer lo que quiere. Y ahora, como no ve oposición, dice "jódanse, no lo cambio". Alva Castro se queda quizá para que García nos demuestre que puede tirarnos pataditas.

–MZ: *¿Qué cosas positivas ve en la gestión de García?*

–CID: Hay cosas positivas. A pesar de la agresión verbal con sus ciudadanos, hay logros sobre todo en lo que no ha hecho. Es decir, teniendo en cuenta su anterior gobierno, siguen siendo mejor la prudencia y las recetas de Toledo. Creo también que la política exterior ha tenido un buen manejo.

–MZ: *El 2008 será el año de la recesión en Estados Unidos. ¿Cuánto nos afectará?*

–CID: Eso dependerá de la profundidad de la crisis norteamericana. Nuestras exportaciones felizmente son diversificadas, pero nos hemos enganchado con la mayor economía del mundo, como dice la propaganda. Esperemos el 2008, pero tal vez al final diremos que, por segunda vez, Alan García llegó tarde a la historia. En los años ochenta aplicó el populismo, cuando ese modelo ya había fracasado, y ahora se pone en el extremo Bush, justo cuando ese estilo está a punto de terminar.

–MZ: *¿Cuál será el gran desafío este 2008?*

–CID: Son tres desafíos. Una verdadera reforma educativa, una explotación de los recursos naturales con respeto al medio ambiente y a las poblaciones afectadas, y un TLC hacia adentro.

–MZ: *Al hablar con el sociólogo Julio Cotler, él me decía que nunca se imaginó que alguien como Magaly Medina fuera la persona más influyente del país.*

–CID: Yo creo que ni los más jóvenes imaginaban a personajes como Laura Bozzo. Ni los ochenteros —los que hoy sintonizan radio Oxígeno— imaginaban el auge de Laura Bozzo y Magaly Medina. Alguna vez escribí que Gisela era al populismo lo que Laura era al neoliberalismo (ríe). Pero, por otro lado, hay mucha vitalidad en el país.

–MZ: *¿Dónde percibe esa vitalidad?*

–CID: En el ámbito sociocultural. Desde los ronderos que se sentían triunfadores de la guerra contra Sendero Luminoso hasta la música popular. El huaino con arpa era una música que parecía despedirse y de repente tiene un resurgimiento impresionante.

–MZ: *Y ahí tenemos a la cumbia, que resurgió este año con un acontecimiento luctuoso como lo de Néctar.*

–CID: Creo que la cumbia no había desaparecido. El Grupo 5 está ahora de moda con La culebrítica. En general, se ve mucha vitalidad: internet, los blogs. Hay una ebullición que no sé hacia dónde irá.

–MZ: *Bueno, pues, ¿con qué canción del 2007 se queda?*

–CID: Ahhh… con *El embrujo*. Es una simple canción de amor, pero es pegajosa (ríe).

"EL GRAN ERROR DE GARCÍA FUE CORRERSE A LA DERECHA"[1]

Entrevista de Emilio Camacho

–Emilio Camacho: *En estos dos años de gobierno aprista, ¿el crecimiento económico se convirtió en un* boomerang *para el gobierno, en un elemento que genera más expectativa que esperanza?*

–Carlos Iván Degregori: Sí. Cuanto más se acelera el crecimiento, y cuanto más pasa el tiempo sin que se reparta equitativamente, más crece la frustración. Yo creo que eso no ha sido tomado en cuenta por el gobierno, y ahora el tiempo juega en contra suya.

–EC: *En ese contexto, ¿ha sido un error del gobierno destinar buena parte de sus gastos en publicidad a la difusión de los logros macroeconómicos?*

–CID: Mire, yo creo que el gran error del gobierno en estos dos años es haberse corrido innecesariamente a la derecha. No tenía por qué hacer enorme cambios, no tenía por qué cambiar el modelo, mucho menos tenía que ponerse como (Rafael) Correa o como Humala. Pudo mantenerse ahí nomás en donde estaba, y así no hubiera dejado tanto campo libre en el centro. Ahora es un poco tarde. Un 64% de individuos piensa que este es un gobierno para los ricos y con esta carga las cosas no pueden ir bien. Es más, ya le están pasando la factura en cuanto a popularidad. Lo peor es que al gobierno no le importa.

---

1. Esta entrevista fue proporcionada por el propio C. I. Degregori con el fin de incluirla en este volumen. No obstante, se trata de una transcripción en la que se obvió la fecha y el medio de publicación. Del contenido se desprende que data del 2008, a dos años de comenzado el segundo gobierno de Alan García (2006-2011).

No veo vocación de rectificar, de decir "voy a correrme por lo menos al centro derecha". Eso se nota en la actual alianza en el Congreso. Para lo que se preparan no es para un viraje hacia una posición más moderada, sino para una posición más autoritaria, con más mano dura.

–EC: *Y en estos dos años de gobierno, ¿qué papel ha jugado el estilo presidencial, su facilidad para calificar con adjetivos muy duros a sus adversarios?*

–CID: El presidente es un converso. Es como los grandes inquisidores del siglo XVI. El converso siempre va a ser más apasionado que aquel que pertenece a una religión desde hace tiempo o por generaciones. Eso es lo que tiene el presidente, el celo del converso, y ha elevado al empresariado a la categoría de seres superiores. Él cree que todo se lo debemos a ellos, y hace la gran división. Están los que apuestan por la inversión, sobre todo extranjera, y en el otro lado están los perros del hortelano. Creo que no hay en la historia alguien que haya tratado tan mal a los sectores que están entre los más pobres.

–EC: *Como cuando descalifica a los que protestaron en Moquegua.*

–CID: Es muy confrontacional, muy altanero. Dice que tenemos que pensar en grande, pero él no lo hace. Mira las pequeñas componendas que hace para mantener el poder en el Congreso.

–EC: *El tema de la exclusión ya no figura en el vocabulario del presidente, como sí lo estaba durante la campaña. ¿Esto prueba su teoría del Alan García converso?*

–CID: Bueno, yo diría que los extremos se tocan. Alan y el APRA han comenzado a responsabilizar a los comunistas de las protestas sociales, lo cual es una anacronía porque ya los comunistas no son importantes. Por su parte, los comunistas decían que había que cambiar la economía y que el resto se daría por añadidura. O sea, toda su acción era economicista. Decían que se debían socializar los medios de producción, nacionalizarlos. Ahora García actúa y dice lo mismo. Cree en las inversiones, en que estas van a disminuir la pobreza. El problema es que la economía no lo es todo. Hay otros temas, como inclusión, como respeto a la biodiversidad, todo esto de los transgénicos. Pero eso no le importa. No ve toda la dimensión cultural y social que hay en ello.

"LOS MOVIMIENTOS INDÍGENAS DEL PERÚ TENDRÁN QUE ENCONTRAR SU PROPIO CAMINO"[1]

Entrevista de Christian Reynoso

-Christian Reynoso: *Se han cumplido 40 años de la reforma agraria. ¿Qué reflexión puede hacer en este momento en que se habla acerca del movimiento indígena en el Perú tras el conflicto de Bagua?*

-Carlos Iván Degregori: Lo primero es la sorpresa de que los 40 años de la reforma agraria pasen sin ningún tipo de memoria, de recuerdo, de celebración de parte del Estado y del mismo movimiento, todo esto nos dice cuánto ha cambiado el Perú, para bien o para mal. Segundo que este aniversario coincide con la aparición de un conjunto de movimientos rurales que no se veían hace tiempo. Lo interesante es que tanto en la Amazonía como en los Andes, la vinculación en las demandas es muy grande con relación a la defensa del medio ambiente, ecología, presencia de grandes empresas mineras, aunque en la Amazonía siga habiendo una lucha por el territorio y la tierra. Parecería que estamos en otro país.

-CR: *¿Quizás estemos asistiendo a una nueva reforma?*

-CID: No sé si sean las palabras más exactas, pero sí que es una nueva lucha por el espacio, el territorio, por quién es el que decide y quién es el propietario, quien es el que tiene el dominio sobre un determinado espacio geográfico. Es un momento además donde el territorio, el espacio, el agua y los recursos naturales vuelven a tomar gran importancia. La dimensión "antigua" de la valoración de los recursos naturales ha regresado con una fuerza impresionante debido al cambio climático y a la crisis que vive el planeta en la que

1. Publicado en: *NoticiasSER.pe*, 24 de junio de 2009, pp. 1-3.

se juega el futuro de la humanidad y el mundo. Quienes llaman la atención sobre estos temas pueden ser vistos como arcaicos en la lógica del "perro del hortelano", pero en realidad están haciendo una lucha por el futuro.

–CR: *Parecería que se ha avanzado poco en el reconocimiento a los pueblos indígenas.*

–CID: Ha habido avances y retrocesos. Desgraciadamente, hay en el Perú una suerte de núcleo duro, ya parece casi parte de nuestro ADN, que es el desprecio del Perú urbano, blanco, mestizo hacia el Perú rural e indígena, y creo que esto volvió con mucha fuerza a partir de los años noventa y 2000, siendo su mayor plasmación los artículos del presidente García sobre el "perro del hortelano". Es el regreso del Perú de los caucheros donde se despreciaba a los ciudadanos de los Andes y de la Amazonía. En ese sentido, la lucha de estos no es solo por los recursos sino también por el respeto y el reconocimiento que se expresaría en la exigencia de "tienen que consultarme", "tienen que tratarme de igual a igual", "no me voy a dejar mecer". Entonces podríamos decir que nada ha cambiado, que todo sigue siendo igual que hace un siglo, pero también mucho ha cambiado porque la gente ya no está dispuesta a que la traten como antes.

–CR: *¿Cómo ve el futuro de estos movimientos indígenas que han salido a la escena nacional?*

–CID: Nadie puede aventurar un futuro respecto de estos movimientos, pero no creo que sean algo coyuntural. Son algo que viene de antes, donde todo era mucho más disperso y aislado, pero que poco a poco va cuajando y no solo en el Perú. Por ejemplo, ha sido muy conmovedor el apoyo y la solidaridad que los pueblos amazónicos han recibido no solo de los mestizos y colonos de la Amazonía sino de todo el Perú y del mundo. Esto es una expresión muy moderna que forma parte de la globalización.

–CR: *En Puno se ha llevado a cabo la Cumbre Abya Yala. Se ha dicho que ha sido un espacio de articulación política.*

–CID: Sí, pero la gran pregunta es si va a tener éxito o no. Miguel Palacín y la CONACAMI pueden proponerse formar un partido político, pero para empezar habría que pensar si sería lo mejor o no. Y a estas alturas habrá que replantearse incluso la forma de los partidos políticos. Pero yo creo que tarde o temprano van a encontrar formas de representación y se van a vincular de alguna manera a la vida política del país.

–CR: *¿Cree que AIDESEP pueda liderar un movimiento indígena con fines electorales?*

–CID: Es difícil. Es como haberle pedido hace 40 años a la CCP que encabece algo. Creo que por su misma naturaleza los movimientos como AIDESEP son sectoriales. No creo que sea el MAS de Evo Morales y no sé si este modelo sea el más óptimo. Entonces, los movimientos indígenas del Perú tendrán que encontrar su propio camino.

–CR: *¿Existen diferencias entre los movimientos indígenas amazónicos y andinos? ¿Se podrán articular?*

–CID: Existen grandes dificultades y grandes diferencias, pero al mismo tiempo una falta de objetivos comunes. Ya sabemos que no es que todos los oprimidos se cierran como un puño y hasta la victoria siempre. Hay también contradicción en métodos, en objetivos, cultura, historia entre ambos, entonces va a ser difícil que se articulen como ha ocurrido en Ecuador y Bolivia. Pero al mismo tiempo tienen puntos en común que comparten con otros sectores urbanos que también han sido afectados por el modelo vigente. A esto se suman intelectuales, artistas y otros movimientos que están muy dispuestos a apoyar su causa.

–CR: *¿A quién cree que apoyará el movimiento indígena amazónico y andino en las elecciones del 2011?*

–CID: Es difícil saber. Por lo pronto, Humala sigue siendo la figura más presente en encuestas y medios y está tratando en algo de hacer su tarea, pero lo veo con muchos límites dentro de su partido y a él, muy estigmatizado, ya que sigue existiendo un pánico hacia él de parte del sector más beneficiado del actual modelo. Pero no sé qué pasará en el 2011, si por algo nos caracterizamos desde los años noventa es por las sorpresas de último minuto. Por otro lado, no sé hasta qué punto puedan cuajar las candidaturas de Miguel Palacín o del padre Marco Arana que están nucleando gente, pero que han estado un poco ausentes en esta coyuntura.

–CR: *En la reciente encuesta nacional de Ipsos Apoyo, el 92% opina que los decretos que motivaron el conflicto amazónico debieron ser consultados. Asimismo, el 57% le da la razón a las comunidades y el 18% al gobierno. ¿Qué análisis se puede hacer de estos datos?*

–CID: Las cifras son sorprendentes, pero por algo este modelo está en crisis no solo en el Perú sino en el ámbito mundial. Yo creo que el desarrollo entendido solo como crecimiento económico se terminó hace tiempo y finalmente la gente lo entendió. Por consiguiente hay mucha solidaridad con quienes se han enfrentado directamente con el modelo. Por ello, hay que felicitarse de que en medio de tanta queja que podamos tener con la situación actual, haya una nueva sensibilidad que debe ser traducida en el ámbito político, aunque no sepamos cómo.

–CR: *¿Es un paso adelante en el tema del reconocimiento?*

–CID: Definitivamente sí en lo que se refiere a ciudadanía, respeto y desarrollo sostenible. Eso va jugar mucho en los últimos tiempos, pero es algo que recién comienza.

–CR: *¿Se puede decir en suma que este escenario está marcado por un enfrentamiento entre el capitalismo y un nuevo indigenismo?*

–CID: No diría tanto indigenismo, yo diría más bien, un enfrentamiento entre el capitalismo y la gran mayoría del planeta, que son las mil millones de personas que se mueren de hambre, los pobres, los excluidos por religión, raza, orientación sexual, género, que son los que siguen llevando la peor parte. Ahora, en muchas partes la reivindicación indígena y el sujeto indígena aparecen como algo central, pero sería un error pensar que así como antes era burguesía versus proletariado, ahora sea capitalismo versus indigenismo. Es decir, los indígenas llegaron para quedarse, son "una fuerza importante", pero no son "la fuerza".

–CR: *Finalmente, qué le espera al gobierno de Alan García. Se habla de una escalada de conflictos sociales. ¿La situación será peor?*

–CID: Difícil pronosticarlo porque los conflictos tienden a ser por su propia naturaleza intermitentes con sus altas y bajas, pero como dice la canción, "la magia terminó" con respecto al mal menor, con respecto al presidente que aprendió la lección y que ahora sí está haciendo bien su gestión. Más bien, así como a Alan García le gusta decir "chavistas" a los que se oponen a su política, el muy bien podría ser un "bushista", como alguien ya se lo dijo, porque sigue insistiendo en un modelo que ya terminó, que ya pasó de moda. La era Bush ya acabó.

"LO QUE VIENE PARA EL PAÍS ES UN NUEVO CAPÍTULO EN LA TRANSACCIÓN ENTRE ESTADO, ÉLITES Y SOCIEDAD"[1]

Entrevista de Pablo Sandoval

–Pablo Sandoval: *¿Qué nos sugieren los acontecimientos de la última coyuntura? Me refiero a los sucesos en la Amazonía, la movilización campesina en el sur andino y el recrudecimiento del discurso del "perro del hortelano". ¿Estamos ingresando a una etapa donde un sector de las élites está construyendo un nuevo lenguaje de exclusión sobre los sectores populares o es simplemente una serie de eventos coyunturales, sin mayor trascendencia más allá de este gobierno?*

–Carlos Iván Degregori: Yo diría que es un nuevo-viejo discurso. Es nuevo y viejo a la vez, porque el discurso del *perro del hortelano* es bien arcaico. García no ha pasado de la tercera guerra árabe-israelí y la crisis del petróleo. Está todavía en los años maravillosos de 1945-1973, cuando se pensaba que el desarrollo era progreso económico, aumento del PBI, aumento de las siderúrgicas. Lo que ofrece el presidente, y lo que nos ofrece la visión hegemónica, es un discurso ingenuo en el que el país aparece muy inserto en el siglo XXI, con los TLC por todos lados y economía del conocimiento. Pero es mentira, porque lo que el Perú hace es ofrecer sus materias primas, no se está apostando por una economía del conocimiento, no está apostando a adaptarse al cambio climático, que es impostergable hacerlo.

Entonces, es un nuevo discurso de exclusión, donde se ha pasado del tutelaje al "tú eres igual que yo, por eso te expropio". Antes, "los otros" eran los no ciudadanos, menores de edad, y había una misión civilizadora del Estado, una voluntad de incorporarlos subalternamente, que culmina con Velasco y la Constitución de 1979. Ahora hay una voluntad de incorporarlos *a la mala*

1. Publicado en: Revista *Argumentos*, año 3, n.° 3, julio de 2009, pp. 1-12.

al mercado, y ellos aparecen como reacios al cambio. El Estado transfiere, entonces, su misión civilizadora a las grandes empresas, que supuestamente sí saben cómo poner en valor estos territorios.

Es un discurso que se pretende moderno, pero que es en realidad arcaico en tanto reivindica un tipo de capitalismo que desde 1973 está en entredicho. Hoy en todos lados se habla de desarrollo con apellido: sostenido, sustentable, con identidad, ecodesarrollo, etnodesarrollo. Con el título que se quiera, pero en todo caso, ya estamos en una etapa de posdesarrollo.

–PS: *¿Es por la particular orientación que Alan García le imprime a este capitalismo o hay unas condiciones específicas de nuestras élites económicas que empujan hacia ese carril que denominas arcaico?*

–CID: Va más allá de García. Nuestro Presidente se ha convertido en el peón de brega del ajedrez de estos intereses. Es lo que Trazegnies llamó *modernización tradicionalista* y, yendo más allá del Perú, es el neoliberalismo en toda la periferia. No es particular al gobierno ni a las élites peruanas, aunque en estas es más agudo que en Chile, e incluso en Brasil.

–PS: *Algunos dicen que estamos ante una reoligarquización del país, otros que entramos a un verdadero capitalismo salvaje y depredatorio. ¿Estamos volviendo a un país señorial con lenguaje moderno o los grupos económicamente dominantes se están sincerando?*

–CID: Las dos cosas no se contradicen: la modernización tradicionalista es también una suerte de reoligarquización, pero no se trata de un retorno al mismo punto. Es un regreso sobre nuevas bases, producto de sucesivas transacciones entre Estado y sociedad. Aquí no ha habido una revolución en el sentido literal de la palabra. Lo que pasa en las últimas décadas con la hegemonía neoliberal no es solo un regreso a la época oligárquica, sino un regreso a una situación en que se pierde buena parte de los puentes tendidos para articular este país fragmentado, y los escudos que había construido nuestro pequeño y deficiente Estado de bienestar, que fue el Estado populista.

En parte, sí regresas a una situación de indefensión de los de abajo y de descaro de los de arriba; realidad que no es solo peruana, sino parte del modelo que actualmente se impone. Como en *Full Monty*, donde todo el proletariado inglés tiene que calatearse para sobrevivir, nuestro pequeñito avance en articulación nacional y Estado de bienestar, colapsa. Pasa igual con la ética protestante, que se acaba en el hemisferio norte, pero en nuestro caso, se acabó cierto pudor de los ricos a exhibir su riqueza. Por supuesto que, para eso, se mueren de miedo y llenan todo de muros, rejas y trancas, pero el pudor se acabó.

Entonces, metafóricamente sí es una reoligarquización, pero más estrictamente, es una revolución capitalista a nuestra manera y en nuestro momento. Está probado que las revoluciones capitalistas tardías en la periferia tienden a ser un poco como la de China. García es una mezcla de la actual política económica china, de Bush hijo, de la época más dura y poco inteligente. Mira lo que está pasando en Xinjiang con los uigures musulmanes. ¿Orden e inclusión? Pero ¿qué tipo de orden? Ahí en China no hay límites, no hay prensa libre ni sistema interamericano de derechos humanos y no les importa. Han matado centenares, pero ellos creen que lo hacen por su bien, porque los otros son unos atrasados, porque los otros no saben explotar las riquezas. Xinjiang es la zona de China con más reservas gasíferas y petroleras. Entonces, son unos malagradecidos, unos perros del hortelano. Recuerdo que García volvió fascinado de China. Para un país que no ha tenido una revolución democrática, que no ha tenido un liberalismo cabal, China es un modelo muy tentador.

Nuestro caso está muy mezclado, es un componente muy aprista y muy peruano en el sentido de no comprender al *otro*. Hay algo muy peruano en no tener un liberalismo cabal y, por consiguiente, tenemos una modernización tradicionalista y muy aprista en el sentido de no comprender la pluralidad del país.

–PS: *¿Estamos ante un lenguaje determinista?*

–CID: Sí, desde un principio el mensaje del APRA es homogeneizador, una suerte de hayismo-leninismo. De ahí le viene al APRA una base marxista muy sólida, que apunta a que la base económica determina la superestructura. Los escritos de Haya, en el sentido de que tiene que venir el capitalismo para desarrollarnos, son muestra de un marxismo ortodoxo, y hasta las últimas décadas persiste la insensibilidad frente a una diversidad cultural cada vez más presente en los movimientos sociales, a la que también fue ajena la izquierda clasista, pese a que Velasco oficializó el quechua. El APRA siempre ha puesto todos los huevos en la canasta del crecimiento económico y ahora en la reducción de la pobreza. Entonces, a "orden e inclusión", han agregado lo de reconocer la diversidad, pero no hablan de diversidad cultural, de las especificidades culturales sino de incluir, pero solo a través de la reducción de la pobreza y la construcción de carreteras. Es una inclusión muy economicista.

–PS: *En ese paradigma del APRA y de otros sectores políticos, ¿en qué coyuntura reciente se puede ver con mayor claridad el comportamiento de una sociedad que no reconoce al* otro*? Lo primero que se me ocurre son los hechos de la posviolencia, pero ¿qué otros eventos nos llevan a reflexionar sobre ese no reconocimiento?*

–CID: En el paradigma de homogeneización hubo una etapa de apertura en reconocer al *otro*, aunque para homogeneizarlo mejor: Belaunde viaja por todos los pueblos; los lemas eran que "el pueblo lo hizo" y "la conquista del Perú por los peruanos"; la izquierda, que en la práctica es llevada por la irrupción de los migrantes, las comunidades y los movimientos campesinos. Pero después de Velasco, el reconocimiento desaparece con mucha fuerza, y no es solo de arriba-abajo sino también de abajo a más abajo.

El ejemplo más brutal del no reconocimiento del *otro* en nuestra historia reciente es el conflicto armado interno, con Sendero Luminoso, donde bajo la dirección de Abimael Guzmán, se tenía igual desprecio por el *otro* indígena y campesino.

Hoy, en la época de posviolencia, hay una serie de episodios. Por ejemplo, ¿qué episodio más cruel, a pesar de que no fue masivo como la propia violencia, que la esterilización forzada de mujeres, en su mayoría andinas? Así se hizo, *a la mala*, sin decirles. Fue atroz, aunque no haya una voluntad genocida detrás. Por otro lado, también está la folclorización del *otro*, porque se piensa: "lo puedo reconocer como parte de un paisaje, como adorno de una postal, como marca bandera". Otro episodio de no reconocimiento es el de Toledo como *la gran esperanzachola* que, en un escenario de posviolencia y posdictadura, llega y hace gala de su extracción popular. Casado con una antropóloga indigenista, que para afuera aparece interesada en los pueblos originarios, hace su ceremonia de inauguración en Machu Picchu, antes que Evo Morales. Era la gran oportunidad, además venían del periodo de transición de Paniagua, en que se hizo un buen proyecto de ley de reconocimiento e inclusión, pero termina en el desastre del Royal Tour de Toledo, en INDEPA, en CONAPA. Y en el último gobierno de García, desde el *perro del hortelano* hasta Bagua, hay una secuencia de hechos de diversa índole y gravedad, en que se prueba esta incapacidad para reconocer al *otro*.

–PS: *¿Por qué esa persistencia de no reconocer la heterogeneidad cultural del país? Quizá las múltiples transacciones democratizadoras entre Estado y sociedad han sido fallidas, y siempre un sector ha ganado la partida de la no inclusión.*

–CID: Yo añadiría factores que tienen mucho que ver con estos modismos del Estado poscolonial, la colonialidad del poder y el eurocentrismo. Pero también está el miedo, que muta e inmuta. Ya no es el miedo a Manco Inca que va a cercar el Cusco o a que Túpac Katari vaya a cercar La Paz, pero sigue habiendo un miedo al *otro*.

En los últimos tiempos hay dos reacciones a este miedo al *otro*. Una es la idea que plantea "asimílalo lo más rápido posible y ya que no funcionó la escuela —o funciona menos hoy que antes—, entonces asimílalo a través del mercado". En su misión civilizadora, el mercado tiene que enseñar disciplina, tiene que enseñar que todos somos emprendedores, y si te va mal, la culpa es tuya. La otra reacción se plasma en la acusación de antisistema: "todo lo diferente es irracional, manipulable, ignorante". No han desaparecido del todo los clichés de la etapa populista y paternalista, y el *otro* aparece como manipulado o cómplice de un complot externo. Es una mezcla de miedo y desprecio, y el desprecio se ve muchísimo en la personalidad política de García, en lo que ha dicho sobre los ciudadanos peruanos, específicamente de los más pobres e indígenas. Eso no lo ha dicho ningún presidente. Que yo recuerde, nadie se ha atrevido a decir lo que él ha dicho. Pero la idea, la visión de país que tiene García —un señor de mi generación, que se supone cosmopolita, culto, que habla con acento francés, un peruano global, y que termina con una visión de sus compatriotas a lo Sepúlveda— es una mezcla de miedo y desprecio.

–PS: *Pero ¿no te da la impresión de que la sociedad ha cambiado dramáticamente, pero que nuestros lentes interpretativos —desde las ciencias sociales— se han quedado casi congelados en los años ochenta? Nos hemos quedado casi sin palabras para dar cuenta de estos viejos y nuevos sectores populares. ¿No sabemos qué está pasando en la sociedad?*

–CID: Creo que nos hemos quedado sin visiones. Aunque, pensándolo bien, diría que sí hay visiones de país, pero que son de otro orden, muy ingenuas. La cosa ahora es mucho más compleja, nos falta mucho trabajo de campo, salir a reconocer nuevamente el país, y las aproximaciones teóricas a esta nueva complejidad han sido insuficientes.

"Lo cholo" y "lo popular" han sido hechos puré; lo mismo que la visión del "buen salvaje", entre Uchuraccay y Bagua se acabó. Lo popular también ha sido hecho papilla desde Fujimori, que se adueña de los sectores C y D, ahora D y E.

En todo caso, la voluntad de homogeneizar bloques populares en un país que más bien se fragmenta —y el modelo lo fragmenta más— se agota, y no hay explicaciones alternativas. Entonces, ¿qué hacer o cómo hacer? Allí hay una falla fuerte de las ciencias sociales. Curiosamente, ¿qué de nuevo podemos decir de la dominación en el país? Por ejemplo, una de las maneras más brutales de la dominación es el lenguaje, y el lenguaje popular, admitámoslo con dolor, es muy brutal. Es decir, no hay una voluntad democratizadora de las élites, pero tampoco la hay en ciertos sectores de la sociedad plebeya por construir una sociedad democrática, horizontal. Ante esto, las ciencias sociales, la sociología y la antropología en particular, estamos desubicados con estos temas, seguimos celebrando lo cholo y lo popular de manera muy ingenua.

–PS: *Al respecto, la tesis del racismo aparece de manera recurrente para explicar el carácter desigual y fragmentado de la sociedad peruana, y en el sentido común se llega a la conclusión de que esto es una herencia colonial. ¿Es posible hacer una lectura más contemporánea del racismo?*

–CID: Hay muchos racismos y está bien que se reconozcan, pero en el Perú, a diferencia de otros países, creo que para hablar del periodo contemporáneo, o de Leguía a la actualidad, no ha habido una característica, un rasgo o una variable de discriminación que destaque sobre el resto y defina el conjunto —o que predomine tiempo suficiente para imprimir carácter al conjunto. En Sudáfrica hubo medio siglo de *apartheid*, con leyes y todo; en Irlanda, la división entre católicos y protestantes viene del siglo XVII; en Estados Unidos, el racismo.

En el caso peruano ha sido más bien una trenza de exclusiones, discriminaciones, opresiones donde se superponen clase, etnicidad, raza, género, generación y algo que en los últimos años cabe más: la región. Trenza en que por momentos predomina un elemento u otro, pero todos están combinados, especialmente la clase. Creo que si tuviera que destacar uno de ellos sería la clase, aunque expresada en términos de una gramática territorial y étnicorracial. Porque en el Perú nuestra gramática y lenguaje de discriminación, de exclusión, es mucho más étnicorracial y regional.

–PS: *¿Una geografía jerarquizada?*

–CID: Sí, la existencia de una geografía jerarquizada, de un espacio jerarquizado, que se da en todas partes, como sucede en la dualidad rural-urbano, en tanto los urbanos siempre se han considerado superiores. En mi caso, no le di la suficiente importancia a la construcción del espacio en el Perú, como espacio de dominación, como mecanismo de dominación y como lenguaje de dominación. Esta jerarquización del espacio es tan fuerte que hasta el presidente de la república se atreve a decir un tropo republicano, con la frase histórica de Alan García "si este país fuera plano". Mejor hubiera postulado a la presidencia de Uruguay o de Holanda. Este país nunca fue plano, nunca lo va a ser, y antes, nadie se hizo problema. Pizarro no se hizo problema y los prehispánicos tampoco. Entonces, creo que hay que darle importancia a la geografía, porque tiene que ver con descentralización, regionalización, discriminación, exclusión, coexistiendo con el racismo y la discriminación étnica y que en conjunto explica nuestra "formación social peruana".

–PS: *Y en esta trenza de dominación, ¿cómo aparece el liberalismo peruano? ¿Por qué se repite tanto que en el Perú no hay liberalismo sino simplemente neoliberales?*

–CID: Como todas las frases, se exagera. No es que no haya liberalismo, pero es débil. Son más bien los sectores más conservadores los que ganan. Los sectores liberales han sido, por lo general, minoritarios en el país: siempre les estaban sacando la mugre y al final, los que ganaban eran los conservadores.

Hay desgracias de diverso orden, pero una de las desgracias del país es no haber tenido un liberalismo cabal. Siempre nos ganó la vena conservadora y los liberales acabaron conservadores. Estoy pensando en el Riva-Agüero de *Paisajes peruanos*, en el proyecto estrepitosamente fracasado de Pedro Beltrán, el gran transformador de la prensa peruana, y también estoy pensando en Vargas Llosa inspirado en Hernando de Soto, en FREDEMO como la gran esperanza blanca, pero que fue traicionado el año 1992 por buena parte de sus seguidores, y por el mismo Hernando de Soto, que fue con Fujimori a las Bahamas, y sustentó la posición de Fujimori en la reunión de la OEA para que el golpe de 1992 pasase por agua tibia.

Entonces, las últimas décadas de la historia del Perú están marcadas por el fracaso del populismo, de la izquierda socialista, pero también del liberalismo. Si es que el gobierno no cambia en estos dos años que le faltan, poco probable con el gabinete que ha nombrado, si teniendo casi un 10% de crecimiento anual no es capaz de construir un país con instituciones fuertes, con ciudadanía moderna y consolidada, será una triste historia. Por eso es recurrente la idea de *modernización tradicionalista* que genera nuevas servidumbres.

–PS: *Servidumbre es una palabra que creíamos desaparecida desde Velasco.*

–CID: Claro, pero si la China Tudela ya es una tía, ahora tienes a sus sobrinas pitucas de la serie *Al fondo hay sitio*, que por supuesto, es una caricatura de un sector nuestro. Pero, si le ponemos algo serio, la discriminación concentrada estaría en lo que muestra la película *Dioses* de Josué Méndez, con el trato a la servidumbre en esa película.

–PS: *¿Qué piensas de un acontecimiento emblemático para la historia del país como fue la reforma agraria, 40 años después de ocurrida, y de que actualmente no se discutan sus implicancias y rupturas?*

–CID: Pienso que el país ha cambiado mucho ideológicamente. Políticamente, ha cambiado tanto que ni se habla de un fenómeno tan importante. Diría: la reforma agraria fue un proyecto de arriba hacia abajo, pero, porque antes hubo un movimiento de abajo hacia arriba, con todos los grandes movimientos campesinos. Lo que ha sucedido es que ha habido, entre comillas, una "solución" al antiguo problema campesino y ha aparecido un nuevo problema, que ya no es solo campesino: es campesino-rural-nativo, definiendo a lo nativo como amazónico, con un discurso descentralizador y climático.

Como que se transformó la lucha por la tierra de los años sesenta y se solucionó el problema de la tierra de diferentes maneras. François Bourricaud decía que los campesinos votaban con los pies. Y en efecto, tuvimos las grandes migraciones, tanto a las ciudades como a colonizar la selva, y después, al extranjero; ahora tenemos las remesas y el narcotráfico. Con las migraciones cambió radicalmente la problemática rural de la época prerreforma agraria. Vino Velasco, quiso estatizarlo todo y fracasó. El propio Sendero no pudo mantener las zonas rurales dentro de su perspectiva de nuevo poder. Entonces se solucionó, no sé si de mala manera. En todo caso, no como lo esperábamos ni los liberales ni los reformistas ni los radicales.

Ahora se ha complejizado tremendamente. Esa problemática cambió tremendamente, pero algo permanece: los más rurales, los más indígenas, las mujeres, siguen siendo los más pobres. Aunque ha bajado un poquito la pobreza en el campo, pero no ha cambiado sustancialmente esa realidad y no sé si va a cambiar, y precisamente aparece un conjunto de otras problemáticas: descentralización, territorio, cambio climático, minería, contaminación. Es otro ramillete de problemas que vuelve a poner la zona, que fue tan candente en los años sesenta —ahora con mucha menos población—, pero vuelve a ponerla en primer plano. Han regresado vengativamente, con una fuerza inusitada.

Por eso resulta imposible decir que nuestro futuro se juega solo en la economía de la información y por consiguiente, en la educación. Es imposible, y todavía más terrible decir, que nuestro futuro se juega en los TLC y en las últimas medidas del actual régimen, y no tener en cuenta que el futuro se juega también en esas áreas: la descentralización, en cómo vamos a enfrentar el desafío rural de territorio, tierra, democracia; el cambio climático, por el que vamos a ser unos de los países más golpeados; y sobre todo, va a ser imposible no tomar en cuenta que quienes más lo sienten, vienen reclamando —y son los que siguen necesitando— ciudadanía, además del reconocimiento de sus especificidades culturales. Por lo tanto, el epicentro vuelve a estar en las zonas rurales, aunque no de la misma forma.

Uno de los rasgos más conmovedores del movimiento de Bagua ha sido la solidaridad de los urbanos. Conversando con Marisa Remy, le decía lo interesante que era ver a los de Bagua o a los de Yurimaguas aceptando y reconociendo la validez de los reclamos indígenas, que también los benefician a ellos. Marisa me dijo que tal vez estamos ante el final de la gran división entre misti e indio, y me puso un ejemplo de Cusco, Santo Tomas, que dicen es el epicentro de los mistis, firmando la plataforma del paro de la provincia de Chumbivilcas. Es por ahí que puede venir la parte esperanzadora, de donde pueden salir plataformas que no serán como las de antes, pero que puedan articular movimientos, cada una con su especificidad, en el contexto de una nueva realidad.

–PS: *Ante esta sociedad más compleja y como intelectual que en algún momento tuvo vinculación orgánica con la izquierda, ¿cómo empezar a tejer también visiones globales sobre estas cosas? ¿Es posible todavía construir un relato del país desde la izquierda?*

–CID: Primero, quisiera decir que sí hay un relato de la derecha, que me sorprende por ser casi tan ingenuo como el relato marxista maoísta-leninista ortodoxo. Por ejemplo, cuando te machacan día y noche la idea de emprendedores, entonces, todos tenemos que ser emprendedores; o cuando te machacan día y noche que la empleabilidad ha reemplazado al mundo del trabajo.

El discurso de los voceros de derecha es de una ingenuidad impresionante, no ven la catástrofe económica actual. En fin, creo que, como tú decías, sería necesario hacer una etnografía del optimismo de ciertos programas de televisión del Canal N y Canal 6 de cable o un análisis del discurso de los diarios y revistas más ligado a estos sectores, y ver la ingenuidad en que se mueven. Ahora te venden la idea ingenua del niño y joven emprendedor, que son como los pioneros, como los pequeños guardias rojos de la Revolución Cultural china con su librito de "yo también puedo ser empresario".

Además, hay un relato de la derecha, que es la *folclorización* del Estado nación: insisten en la idea de la "marca país". En vez del antiguo nacionalismo, ahora estamos en cuál es tu marca país. Y en aras de esa marca país, la sociedad ya no puede hacer política. ¿Cómo van a hacer huelga en el Cusco, si eso va a molestar a los turistas? El razonamiento es que los turistas no van a venir. Sin embargo, en los países con más turismo, como Francia, Italia, España, tienen huelgas generales, sectoriales, de trenes, de aviones y los turistas siguen yendo.

En cuanto a la izquierda, esta carece de un relato y ahí está su vacío principal. Ese es el relleno que hay que hacer, para después construir algo como la nivelación del terreno. Eso pasa primero por la rendición de cuentas de más de una generación —entre las cuales me incluyo— de dirigentes políticos y sociales de izquierda, de intelectuales de izquierda: ¿cuál ha sido su balance de los años sesenta o de los setenta para acá? No hay, no ha habido, es casi tan alucinante como la falta de un relato de las Fuerzas Armadas sobre la época del terrorismo. No sé por qué, y soy parte de esa generación.

–PS: *¿Un balance de qué tipo?*

–CID: Un balance que tome en cuenta nuestra ubicación dentro de un movimiento internacional, dentro de América Latina y del movimiento comunista y socialista mundial. Por algo en el Perú surge un fenómeno que se denomina Sendero Luminoso, en el que Gonzalo se proclama la cuarta espada de la revolución mundial. Es una izquierda muy influenciada por la revolución cubana, por la revolución soviética, por la revolución china. Un hecho que después se olvidó, pero quedó a un nivel muy sentimental, fue la guerra civil española y la cultura del antifascismo. Lo que tenemos que hacer es arrancarnos todo. Tenemos que hacer una autocrítica muy descarnada, y creo que este es el momento, porque antes te podían decir "cómo vas a hacerlo, vas a darle armas a la derecha y entonces te van a ganar". Tal vez eso se pueda haber dicho antes, pero ahora la izquierda está en sus mínimos históricos desde los años sesenta. Bien puede darse el lujo de saldar cuentas con el pasado y dejar a las nuevas generaciones que armen otros relatos de izquierda para el siglo XXI. Por supuesto, si las viejas generaciones podemos colaborar, enhorabuena, tampoco somos jubilados que tienen que sentarse a escribir sus memorias.

Si no las escriben y si no son memorias muy descarnadas, no vamos a poder ni ellos ni nosotros, engancharnos con el nuevo capítulo de la historia que se abre, un nuevo capítulo donde debemos situarnos mejor desde la izquierda, si es que no queremos acabar como Fidel Castro, haciendo el ridículo a los 80 años. Debemos responder preguntas como: ¿en dónde falló la visión de país que tuvimos?, ¿qué responsabilidades tuvimos en relación con el APRA, el velasquismo, Sendero Luminoso, el primer García, Fujimori? Estamos hablando de medio siglo de nuestra historia.

–PS: *¿No agregarías también al intelectual de izquierda que abraza casi por sobrevivencia una versión chata del liberalismo que expulsa el conflicto y los nuevos antagonismos del país, para buscar siempre los consensos?*

–CID: Recuerdo que en los años noventa, cuando se rompió la izquierda, el último momento en que milité fue en el primer congreso de Izquierda Unida de 1989. Cuando eso se rompió, acabó mi relación orgánica con la izquierda. Entonces, decía que me sentía como un habitante de la Atlántida después del hundimiento de su continente, casi como un extranjero, pero que podía reubicarme en el nuevo escenario como un intelectual, como una persona de clase media. Muchos dirigentes no tuvieron esa posibilidad y se dispersaron por el mundo político. Hubo también un sector intelectual, casi mayoritario, que optó por reubicarse, bajo la nueva hegemonía o sin cuestionar lo suficiente. Tal vez yo mismo me ubiqué ahí, pero de ninguna manera como otros sectores que pasaron de la izquierda al antiizquierdismo.

Esa debacle intelectual se ubica también en el momento en que emerge el discurso de la eficiencia y la crítica al Estado subsidiario, no olvides que era la época de Reagan y Thatcher. Se había derrumbado la Unión Soviética, era el fin de la Historia. De cierta manera es comprensible que este pensamiento único haya barrido a una izquierda que no esperaba este tsunami. Más que la caída del muro de Berlín, en nuestro caso fue una mezcla de derrumbe del sistema político peruano, Sendero Luminoso y el neoliberalismo.

Ante el fin de la Historia y la hegemonía del neoliberalismo, muchos se acomodaron como el ala progresista de una manera de entender a la sociedad, donde el conflicto era visto como un obstáculo más que como un componente de la dinámica social y política, y de la propia democracia. Si en algún momento fuimos el ala izquierda del populismo, desde los noventa pasamos a ser el ala izquierda del neoliberalismo.

No hemos podido encontrar un tercer camino entre los errores del pasado y el neoliberalismo —como mal que bien se ve en otras partes—, como lo logró en su momento el eurocomunismo, que impactó tanto en Italia y creó una cultura socialista. La debacle de la izquierda no lo fue tanto en Brasil, en Argentina, en Uruguay o lo que está ocurriendo ahora en El Salvador. Incluso lo que sucedió en Chile, por más que hayan vuelto a la izquierda, pero de otra forma. Por lo menos en Chile están en el poder, mientras que la izquierda peruana desapareció. Una cosa es ser el rostro humano del neoliberalismo estando en el poder, y otra es ser el ala izquierda del neoliberalismo, pero como aliado menor, si se quiere, como operador intelectual y técnico, hablando de una democracia casi vacía o inventándonos una sociedad civil virtuosa que no existe.

No hubo en la izquierda un Alan García que nos recuperara de la tumba, aunque mejor, porque en ese caso, hubiéramos renacido como zombis fuera de época.

–PS: *En otras ocasiones has hablado de una práctica excluyente que permea no solo a las élites sino también a los sectores medios y populares, y que gira alrededor de lo que ocurrió durante la violencia y la posviolencia. A esa práctica la has llamado provocadoramente "corazón de piedra". ¿Qué quieres decir con esto?*

–CID: Viene de un intercambio de cartas entre Arguedas y Hugo Blanco, en que uno de los dos le dice al otro "corazón de piedra y de paloma", que dicho en quechua suena muy bonito. Después de haber pensado en ese término, leí la novela *Corazón helado* de Almudena Grandes, que toma un verso de Antonio Machado.

La idea de "corazón de piedra" tiene que ver con esta figura y significa que, en las clases altas, lo que hubo en nuestra historia reciente es mucha indiferencia y desprecio, mientras que en las clases bajas, lo que hubo fue mucha percepción de agravio y rencor. Muchas veces los que están "arriba" no se dan cuenta de que están pisando callos, no se dan cuenta de que están despreciando, oprimiendo y excluyendo, y entonces cuando desde "abajo" viene una protesta o viene un grito, dicen: "pucha, qué le pasa a este loco, es un resentido". Reducen el problema a un asunto de comunicación. La incomunicación es un *leiv motiv* bien impresionante, que habría que estudiar, porque debajo subyacen ideas del tipo: "no nos entienden, no nos comprenden, son locos, son irracionales, son menores de edad".

Esta mezcla de indiferencia y desprecio, por los demás no define a todas las élites. Hay sectores solidarios, pero sí existe un "núcleo duro" que no se da cuenta de este problema, en parte, porque no comprende a los *otros*, posiblemente por su dificultad de entender culturalmente la diferencia. Eso sí tiene que ver con un Estado poscolonial. Desde abajo persiste la percepción de agravio y la sensibilidad a flor de piel, que tú la tocas y sienten que los han golpeado. Ese es un componente a estudiar, y debe ser visto como la contracara de la revolución capitalista del Perú.

Al decir esto estoy pensando en el libro de Althaus, *La revolución capitalista en el Perú*, que más bien enfatiza todos los logros, pero que tiene una contracara evidente: que no es un país plano, como quisiera Alan García. Por el contrario, es un país que tiene muchas facetas, y una que es clave para entenderlo y para proponer un futuro es esta: cómo en el Perú perduran y cambian los lenguajes, pero sigue manteniéndose esta relación asimétrica de indiferencia y desprecio, por un lado, y percepción de agravio y rencor, por otro. Entre ambos, como en una carretera de ida y vuelta, está la desconfianza. El propio Fukuyama, luego de su libro *El fin de la Historia*, escribió otro que se llama *Confianza*. Los neoliberales peruanos deben comprender que la confianza no puede reducirse a lo empresarial o al grado de inversión, pues si no hay confianza entre las clases sociales, en su lógica, no hay desarrollo capitalista sostenible ni ningún tipo de desarrollo sostenido.

–PS: *¿Es posible, entonces, seguir hablando de una comunidad imaginada en una sociedad tan desigual?*

–CID: Desde el principio la idea de la comunidad imaginada ha sido contestada. El famoso artículo de Partha Chatterjee, "La nación en tiempo heterogéneo", se preguntaba: "¿comunidades imaginadas por quién?". Entonces el concepto de Perú, el concepto de nación como comunidad imaginada, es un concepto desfasado, contestado desde muy temprano, muchas veces. En todo caso, ya las viejas imágenes de nación se agotaron. Podríamos decir que hemos transitado de un nacionalismo tipo "petróleo para el Perú" a uno "el pisco es peruano". Es decir, hemos pasado de un nacionalismo basado en imágenes como petróleo para el Perú, reforma agraria, lucha por la ciudadanía, las bondades del Tawantinsuyo o los indios que esperan su Lenin retratados por Valcárcel, a la idea de la "marca país", a "el pisco es peruano", al *boom* de la gastronomía peruana, a una suerte de nacionalismo más *light*, mucho más para la venta de una marca y el turismo, que es una de las grandes industrias del siglo XXI.

Volviendo al tema de las comunidades imaginadas, creo que sí hay posibilidades de otras visiones, de comunidades imaginadas que incorporen la diversidad cultural del país, pero que al mismo tiempo enfrenten los problemas de inclusión y, sobre todo, los graves problemas de desigualdad que tiene el país. Una comunidad imaginada que busque desnaturalizar y combatir las jerarquías. Para ello los propios actores populares deben asumir una nueva ubicación reivindicativa en los tiempos que nos toca vivir; los intelectuales deben —debemos— crear lenguajes para entender el nuevo Perú y buscar salidas, ampliando el marco inclusivo de la democracia; y las élites deben comprender de una buena vez, que deben asumir una posición de real compromiso con el desarrollo nacional y no caer en una lógica de acumulación de corte exclusivamente corporativo. Es probable que lo que venga para el país en los próximos años, y que replanteará la idea de comunidad imaginada, será un nuevo capítulo en la transacción de derechos y reconocimiento entre Estado, élites y sociedad. Un futuro de pronóstico reservado.

"GARCÍA ES UN PRESIDENTE DE ESCRITORIO"[1]

Entrevista de Federico de Cárdenas

–Federico de Cárdenas: *En un texto tuyo, "Multiculturalidad e interculturalidad", decías que lo étnico en el Perú es más afirmación de lo cholo que de lo andino, y agregabas que a pesar de los puentes trazados por el mestizaje, las diferencias entre identidades subsisten, con la población de origen quechua, aymara o amazónico en lo más bajo de la pirámide social. Concluías que mientras esto subsista, seguiremos teniendo problemas de autoestima y convivencia entre los pueblos del Perú. ¿Ratificarías este diagnóstico de hace diez años?*

–Carlos Iván Degregori: Sí. Con algún matiz, sigo suscribiéndolo, porque a diferencia de Ecuador, Bolivia o Guatemala, aquí se ha dado un proceso de desplazamiento que va mucho con las migraciones o la escuela. Padres de origen quechua, aymara, que eran monolingües, tienen hoy nietos en la universidad y se reubican en este estrato cholo, pero con una suerte de ambigüedad respecto de su procedencia. Hay una relación, pero no dejan de mirar de arriba a abajo a los que se "quedaron" en sus zonas de origen. Por eso no se da la situación que se configuró en los años noventa en Ecuador y Bolivia, donde amplios movimientos indígenas redefinen sus identidades como urbanas, tratando de borrar todo rastro del "estigma" étnico. En Lima, hemos pasado de barriadas a pueblos jóvenes y asentamientos humanos, y luego a Lima centro, Lima sur, etc., lo que de hecho refleja una realidad en movimiento. Mi matiz consistiría

1. Esta entrevista fue proporcionada por el propio C. I. Degregori con el fin de incluirla en este volumen. No obstante, se trata de una transcripción en la que se obvió la fecha y el medio de publicación. Del contenido se desprende que data del año 2009 y que fue publicada en *La República*.

en indicar que hoy la palabra "cholo" se vuelve más ambigua, más cajón de sastre, pero sigo creyendo que esos sectores, limeños o alimeñados —y no solo las clases altas— no llegan a percibir como ciudadanos iguales a los campesinos quechuas, aymaras o amazónicos, por más que se les exalte —sobre todo en la última década— como íconos turísticos. Pero tendrían que ser, eso sí, los que bailan o cantan, no los que reclaman, hacen paros o bloquean vías.

–FC: *¿Hay alguna relación entre los que migraron a Lima y los núcleos del interior que hoy día protestan? ¿Serían los que se han "quedado" quienes reclaman ciudadanía e inclusión?*

–CID: Curiosamente, 40 años después, problemas rurales que debían estar resueltos o que se suponía resueltos con la reforma agraria vuelven a primer plano. No son los mismos, pero sí son los mismos ámbitos: protección de los bosques, cuestionar a las mineras por los posibles daños ecológicos, preocupación por el cambio climático. Lo rural vuelve con fuerza, pero con algo nuevo y muy interesante: la solidaridad que se da entre pueblos amazónicos y entre los nativos. Me parece una proeza que logren articularse desde Amazonas a Madre de Dios y que la gente de las ciudades amazónicas y los colonos o agricultores de las restingas los apoyen. Ha pasado no solo en Bagua, también en Yurimaguas y otras ciudades Y me dicen —no lo he comprobado— que lo mismo se ha dado en las pequeñas y medianas ciudades andinas, solidarias con las protestas rurales. En Lima, hubo una gran protesta solidaria, pero provino de sectores más politizados.

Sistema y antisistema

–FC: *Este ciclo de protestas ha sido explicado desde el gobierno, la clase política y algunos medios a partir de la dicotomía sistema-antisistema, que parece ser el eje central de polarización y les permite hablar de dos modelos: el chavista y "el de los peruanos", olvidando otras opciones presentes en el continente. ¿Cómo ves el tema?*

–CID: Se trata de una táctica que se podría calificar de antigua en el actual gobierno —y no solo del gobierno, pues la comparten sectores de la élite empresarial, social o mediática—, que implica una modificación semántica del término antisistema, que antes significaba antisistema democrático —Sendero Luminoso sería el ejemplo que más cabe dentro de esa definición—, pero que ahora ya no se aplica a aquel que quiere destruir la democracia, sino a aquel que desea un modelo económico alternativo. Al desplazarse del terreno político al económico, facilita o hace factible una posible alianza con el fujimorismo. ¿Qué más antisistema puede haber que un partido que durante ocho años rompió las reglas democráticas o se burló de ellas y que no se ha arrepentido? Si lo hubieran hecho no habría problema, pero se sabe que Keiko Fujimori va a postular para lograr de algún modo una amnistía para su padre; pese a ser irredentos, por decirlo de algún modo, resulta que ellos no son vistos como antisistema, con lo cual pueden moverse en el escenario político con aparente normalidad y no como los representantes de un régimen corrupto y violador de los derechos humanos. Por otro lado, se quiere meter en el saco del antisistema a todos los que están en desacuerdo con el neoliberalismo extremo que en lo económico practica este gobierno, calificándolos de "chavistas". Esta es una torpe e interesada reducción, que finge ignorar la existencia de otros modelos políticos, como el brasileño, el uruguayo o el chileno, tan admirado en otros órdenes, pero no en las formas efectivas de inclusión que ha puesto en práctica.

–FC: *El último artículo del presidente García, "A la fe de la inmensa mayoría", incurriría en esta polarización. ¿Qué opinión te merece?*

–CID: Muy decepcionante. No solo por su actitud polarizante sino por su afán de explicarlo todo a partir de una supuesta guerra fría que habría recomenzado y de un complot contra el Perú. Creo que hay varias concepciones del Perú que están en disputa, y eso no data de ahora sino de hace mucho. El cacique Jum, el de *La casa verde* de Mario Vargas Llosa, pensaba formar parte del Perú, mientras que para esos miembros del Perú oficial que lo torturan no lo era. AGP hace lo mismo, achata los movimientos de protesta, los asimila a un supuesto complot y no es capaz de ver sus propias limitaciones y las de su gobierno. Pero incluso un buen gobierno podría tener sectores en contra sin que haya que descalificarlos o considerarlos antisistema.

Otro punto que me pareció cuestionable es que siguiera considerando que ese Perú que él imagina es el eje estratégico de Sudamérica. Resucitar la idea de Guerra Fría justo cuando la administración de Obama trata de enterrar la que Bush quiso revivir cuando el Muro había caído, y plantear una supuesta centralidad del Perú como país decisivo en América Latina, son grandes errores. Brasil, México, Chile, Argentina, incluso Colombia, son países que cuentan más que el Perú en el continente. Ese complejo mesiánico es algo fuera de lugar. Días después escuché a Mauricio Mulder decir que este era "el mejor gobierno de la historia del Perú". Si es así, entonces los culpables somos casi todos los peruanos, que no pensamos lo mismo.

La única autocrítica que admite es que faltó comunicación, lo que es otra vez tomar el rábano por las hojas, pues el gobierno no solo tiene medios favorables que simpatizan con sus políticas, sino que dicho así, se entiende que no hay nada malo en el mensaje, sino solo en la forma como lo transmites.

Vaticinios

–FC: *Hace dos años, en estas mismas páginas, hiciste un pronóstico respecto del presidente García que quisiera saber si mantienes: dijiste que si seguía tal cual, al final de su mandato sería una mezcla de Fujimori y Toledo. ¿Lo ves en ese camino?*

–CID: Hay indicios, ¿no? El llamado al orden como primer punto para el nuevo gabinete guarda mucha relación con Fujimori, y además a lo largo de estos años se ha demostrado —no con pruebas, nunca las habrá— que hay una suerte de desparpajo en llevar a cabo acciones y votaciones con el fujimorismo. Estos vínculos con la vieja imagen de Fujimori no solo se dan en lo que se refiere al orden, también hay similitudes en el escándalo de los petroaudios. Pero hay un punto en demérito de García: Fujimori estaba mucho más por todo el Perú, en tanto que él difícilmente va más allá de la Costa Verde o San Miguel. Es mucho más un Presidente de escritorio. García ha seguido las líneas generales de la política económica que siguió Toledo, quien a su vez la siguió de Fujimori. Puede haber matices aportados por cada uno, pero no hay un quiebre.

–FC: *Hay una continuidad en muchos aspectos...*

–CID: Por lo general para mal. A este gabinete se le puede criticar —no como Toledo, que hizo mal en tachar a Velásquez Quesquén de político de tercera fila, cuando él tuvo gabinetes muy mediocres— por esa consigna muy amenazante de poner orden y por algunos de sus miembros: Rey en Defensa, Pastor en Justicia, etc. Diría, en fin, que García es una mezcla de Toledo con Fujimori, con un ingrediente propio que es el Partido Aprista, que funciona, ya no en el ámbito de masas, pero sí en el de cuadros. Por ejemplo, es el que tiene un equipo parlamentario más sólido y disciplinado, por eso no le pasa como a Ollanta Humala, cuyo equipo al día siguiente estaba en mil pedazos. Pero decir que AGP es una mezcla de Fujimori y Toledo implicaría afirmar que no hay nada propio y sí lo hay. Con este matiz, me reafirmo.

–FC: *¿Cómo ves los dos años que vienen? Para algunos serán muy difíciles, pues las protestas continuarán; para otros el clima se calmará en cuanto entremos al periodo electoral.*

–CID: Por ahí he leído que habrá adelanto de elecciones, vacancia presidencial o paros cada vez más contundentes. No lo creo. Van a seguir los conflictos —y más si hay gabinete de choque— , pero no van a poner en peligro la estabilidad del gobierno. Primero, porque hay descontento, pero no veo una situación de gravedad extrema a escala nacional; segundo, porque no existe una alternativa política que logre aglutinar a los movimientos de protesta. No hay un dínamo movilizador, que tendría que ser una alianza de partidos, o de partidos, movimientos y organizaciones sociales. Creo que llegaremos al periodo electoral, aunque mi temor es que se trate de elecciones muy sucias. Hay algo ominoso en las palabras de AGP cuando dijo: "No puedo imponer a mi sucesor, pero sí puedo impedir que salga aquel a quien no quiero".

"NO HA HABIDO PRESIDENTE QUE HAYA MALTRATADO TANTO A SUS CIUDADANOS COMO ALAN GARCÍA"[1]

–Ideele: *La bandera de la lucha contra la corrupción ha vuelto a aparecer en el escenario político, esta vez de la mano de Lourdes Flores, que está hablando de los antecedentes de Kouri, su principal adversario. ¿Cuál es tu lectura de esto?*

–Carlos Iván Degregori: Hay semejanzas y diferencias. A fines de los años noventa la corrupción fue apabullante, en especial la que apareció en los "vladivideos". En la época de Fujimori hubo recesión económica, desempleo, violaciones de derechos humanos y otros problemas. Ahora el escenario es ciertamente diferente, pero también parecido en muchos aspectos, sobre todo en que la corrupción actúa con mayor descaro. Creo que las dos coyunturas se asemejan.

La liberación de Crousillat y todo lo relacionado con estos *chuponeos* de Business Track son dos hechos cuyas respuestas no han sido suficientemente calibradas por los propios gobernantes y responsables de estos actos.

Y es en este contexto en el que aparece el regreso no solo de Kouri sino de varios fujimoristas en diferentes partes del país. Si bien todavía tienen partidarios, hay también gente que recuerda, que está en contra, y que tiene la vocación para mezclar y articular la ética con la política. Entonces yo creo que, para bien, la corrupción se convierte en un tema importante.

---

1. Sin detalle de entrevistador. Publicado en: *Ideele*, n.° 198, 20 de abril de 2010.

–Ideele: *Mientras todos los gobiernos han culminado con actos de corrupción, existen sectores absolutamente honestos que no tienen una expresión política. ¿Por qué está tan arraigada la corrupción en el país?*

–CID: Comenzaría con una cuestión que puede sonar cínica: lo que sucede aquí es tal vez que son unos *chapuceros* y siempre son descubiertos. Hasta para eso somos bastante *chapuceros,* pese a que se trata de gente supuestamente experta en estos temas.

Por otro lado, dos factores importantes se van reacomodando y reactualizando. Uno es la debilidad de las instituciones de control. Sin embargo, diría que hemos mejorado; por lo menos hoy día hay más denuncias. En el ámbito institucional, existen organizaciones, personas y medios de comunicación que denuncian estos hechos y no permiten que queden ocultos como antes. Pero, por otro lado, se constata esta suerte de amoralidad, no del modelo neoliberal, sino del espíritu de los tiempos neoliberales. Se trata de una suerte de estilo de vida por el que el pragmatismo y el individualismo campean y son la medida de todas las cosas. Eso de "a mí no me importa, tengo que llegar, tengo que triunfar".

La corrupción se convierte así en un medio como cualquier otro. Y no solo en el Perú: miren lo que pasó en los Estados Unidos con estas grandes inmobiliarias que engañaban a la gente introduciendo trampas en las letras chiquitas de los contratos, y lo que hizo este señor que era una especie de híper (Carlos) Manrique. Creo que hay un espíritu de la época neoliberal que favorece otro tipo de corrupción. Tal vez antes los viejos caudillos utilizarían al Estado en su beneficio y le darían trabajo a su familia. Está la época de Toledo y su familia. Ahora es mucho más descarnada la cosa: tiene que ver no solo con nosotros sino con un espíritu de la época.

–Ideele: *Y se da en la clase política especialmente...*

–CID: Existe una larga descomposición de la clase política, y lo que se ve es ese bajo sentido de la moral y la ética de la clase política vinculada a este espíritu. La congresista que dijo "me tienes envidia porque gano plata", o "si quieres ganar como yo, métete de congresista", o algo así, es un ejemplo de ello. Realmente se ha trastocado la escala de valores, si alguna vez la tuvimos. La corrupción aparece así más descarnadamente, aunque hoy existe por lo menos mayor posibilidad de denunciarla.

Los nuevos tiempos

–Ideele: *Así como en estas elecciones surge el tema de la corrupción, en el último proceso electoral no estaba previsto que la exclusión fuera el tema principal. De repente irrumpió y se impuso y todo el mundo ofreció el oro y el moro. ¿Tú crees que el punto de la exclusión será fundamental en las próximas elecciones?*

–CID: Es un tema bien complejo e interesante. Creo que en el 2006 afloró no solo la exclusión. Ese racismo, por momentos virulento, centrado en eso de que a los electores que vivían sobre los tres mil metros se les decía *electarados* con toda impunidad. Me acuerdo de Pedro Pablo Kuczynski, que es una persona bastante sensata, diciendo cosas como que "esas personas no pueden pensar bien porque no les llega el oxígeno" ante la Cámara de Comercio Peruano-Norteamericana, y ahí acabó la discusión acerca de si era peruano o no. Es peruanísimo, porque un candidato norteamericano jamás hubiese dicho algo semejante.

–Ideele: *En anteriores artículos has señalado que al menos ya no estamos como antes en lo que concierne a concepciones y reacciones. ¿Cómo se expresa esto?*

–CID: Claro. Hoy Sendero Luminoso, por ejemplo, no tendría la capacidad de avanzar que tuvo en 1980. Hay ahora mucha más conexión. Sendero Luminoso actuaba en escenarios que parecían los de la película *Allien*, cuya propaganda decía: "En el vacío estelar, nadie oirá su grito". Ahora muchos campesinos se comunican en quechua por sus celulares, y va para tres décadas la experiencia de gobiernos municipales electos y para una década de gobiernos regionales. Ahora, si regresan *El negro Mama* o *La paisana Jacinta* a la TV, hay asociaciones que protestan. Antes *La paisana...* hasta tenía su circo —¡un escarnio!—, ahora Fujimori ha sido condenado en juicio ejemplar por violación de derechos humanos, cosa inédita en nuestra historia. Claro, después a Guillén lo desaprueban en un examen. Pero en realidad es un momento muy complejo, con luces y sombras. Hay que tener en cuenta ambas.

–Ideele: *Entonces, a pesar de los pesares, ¿avanzamos en la línea correcta?*

–CID: Hace tiempo que no creo en la línea correcta, pero te mencionaría solo dos indicadores para no salirme de los temas que más o menos conozco: reconocernos de verdad como país pluricultural y como sociedad posconflicto. Esto último no implica quedarnos en el pasado, sino encarar el futuro reconociendo plenamente lo sucedido en las décadas previas, sabiendo lo que cargamos a

"Hay intelectuales, pero faltan grandes visiones de conjunto"

–Ideele: *¿Piensas que hay una crisis de intelectuales en el país?*

–CID: Intelectuales sí hay; incluso diría que hay muchos buenos intelectuales regionales, pero desconectados del canon limeño y muchas veces del global. No los conocemos, nos interesan poco, y es un desperdicio de capital humano imperdonable. Muchos de ellos triunfan afuera. En general, la cantidad de intelectuales, escritores y artistas peruanos reconocidos en otros países es enorme. No solo Claudia Llosa. Y, ojo, muchas son mujeres. En antropología e historia tienes a gente como Marisol de la Cadena, Cecilia Méndez, Patricia Oliart, Gabriela Ramos, Carmen Salazar, solo por mencionar a algunas que conozco; de cuántas me estaré olvidando. Lo que sí es cierto es que no hay grandes libros que den visiones de conjunto como *Desborde popular...* de Matos Mar. Por algo desde hace varios años Julio Cotler aparece como el segundo intelectual más poderoso del país luego de Vargas Llosa. Es por sus poderosas entrevistas en periódicos, artículos, conferencias y libros que sigue publicando. Pero libros como *Clases, Estado y Nación* no se repiten hoy. Ni siquiera sé si será posible hacer algo semejante. Tal vez Althaus lo intentó con *La revolución capitalista,* pero es tan economicista que no llega a tener el mismo *punche* que los antes mencionados. Tal vez haya que esperar, o no esperar e ir a los *blogs* y otros medios electrónicos para encontrar grandes ideas.

–Ideele: *¿Qué piensas del debate sobre el intelectual comprometido y el intelectual periodista?*

–CID: No creo que sean excluyentes. Más bien, como decía antes, el intelectual periodista ocupa más espacio público, opinión pública, y el viejo ideal de la objetividad cruje. Mira a los Estados Unidos: CNN está al borde de la quiebra, mientras avanzan los extremistas de derecha que conducen los programas estelares de Fox (¿o ya no es útil nombrar a varios de ellos extremistas de derecha cuando se les queda en la punta de la lengua llamar a que asesinen a Obama?).

–Ideele: *¿Existe también entre los antropólogos una discusión entre los que trabajan para las empresas y los que consideran que eso es una especie de "mercenarismo"?*

–CID: Creo que la cuestión es más matizada, y que el gremio está tan fragmentado, que ni siquiera hay acusaciones sustentadas; lo que existe, más bien, son comentarios por lo bajo. Para mí, trabajar con empresas que necesitan profesionales que sepan de diversidad cultural, licencias sociales y temas semejantes es una opción válida. Los profesionales pueden contribuir a mejorar los estándares de las empresas o en lo que se denomina responsabilidad social de la empresa, que en algunos casos va en serio. Mi crítica se centraría más bien en dos sectores: los que fungen de súper expertos sin serlo y les venden cebo de culebra a las empresas que los contratan, que además les pagan muy bien; y los que aceptan la *chambas* olo para hacer caja y están dispuestos a firmar cualquier cosa. Por ejemplo, que una carretera o un gasoducto destruya restos arqueológicos. En suma, se trata de un problema deontológico, de respeto de los principios de la profesión.

cuestas y tomándolo en cuenta en nuestras políticas públicas. En cuanto a reconocernos como país pluricultural, el terreno en el que más se ha avanzado es en la gastronomía, y bien por ello. Es que nuestra diversidad cultural y geográfica es un activo y no una carga, como cree el autor de "El perro del hortelano". El segundo terreno en el que se avanza es el turismo, lo que antes se llamaba folclore: diversidad ecológica más densidad histórico-monumental. Sin embargo, se saltan olímpicamente los problemas centrales y se pasa a los ejemplos del joven pobre, la mujer indígena, o el migrante que llegó con lo que tenía puesto y ahora es empresario o, cuando menos, emprendedor. Pero lo fundamental queda fuera de la narrativa: cambiar nuestras concepciones y nuestras políticas sobre territorio, justicia, lenguas, educación. Que nadie diga, ni crea, que los que viven por encima de los tres mil metros forman parte de un *electarado* y no del electorado, que nadie sostenga que la falta de aire les impide pensar, que los nativos tienen demasiada tierra que desperdician. Esto es de una ignorancia decimonónica. Que se generalice la educación intercultural y, allí donde corresponda, la educación bilingüe intercultural. La educación intercultural también para los urbanos y limeños. Antes decía que los campesinos estaban más conectados y hablaban en quechua por sus celulares, pero el número de bilingües plenos en las ciudades intermedias, sospecho que está descendiendo. Por lo menos, sé que en algunos campos hay dificultades para contratar buenos profesionales plenamente bilingües. A 17 años de la promulgación de la Constitución de 1993, cuando se declara al país como pluricultural, creo que sigue sin haber un solo traductor simultáneo profesional quechua-castellano en el país, o aimara-castellano, y menos de las lenguas amazónicas.

El mal menor

–Ideele: *¿Crees que se repetirá en las próximas elecciones lo que ocurrió en las del 2006, es decir, la aparición de un* outsider *como Humala que logre capitalizar el descontento de las personas?*

–CID: Considero que en el 2006 Ollanta, con otro partido y con un poco más de organización, hubiera podido ganar. Perdió por poquito, y básicamente porque no tenía un partido. Esta vez sospecho que va a ser más cuesta arriba para cualquier *outsider* o propuesta que se proponga enfrentar la exclusión. Y no solo en el ámbito nacional. En las regiones se aprecia ese voto provincial y regional, y cómo se va ganando experiencia en algo que no existía. En los años ochenta, por ejemplo, cuando apareció Sendero Luminoso, prácticamente no había elecciones municipales. Eso también contribuyó a incrementar la base de Sendero. Ahora tenemos toda una tradición de elecciones municipales y regionales. Un colega ayacuchano, José Coronel, me decía que después del 2006 mucha gente perdió la esperanza y se dio cuenta de que la sierra no pone presidentes, y que Lima y la costa sí lo hacen. Entonces, se han centrado en sus gobiernos regionales y provinciales.

Algunos pueden considerarlo un retroceso, pero podemos ver también el lado positivo: esos gobiernos se van asentando, tecnificando, y se van volviendo más responsables, en el sentido de que responden más a las demandas de sus ciudadanos. Quién sabe estemos en una etapa de transición. Ahí posiblemente (en ese nuevo escenario político) se confunde la realidad con mis deseos de que haya un gobierno menos desastroso que el actual en aspectos institucionales, políticos y culturales.

–Ideele: *Hablando de* outsider, *¿qué opinas de la candidatura de Bayly?*

–CID: Cría *clowns* y te sacarán la lengua. Bayly era el *niño terrible*y optó por devenir en *clown,* palabra que uso con todo el respeto que se han ganado, por ejemplo, los de Pataclaun. Pero hay un cinismo de base que me repele y un desprecio que aparece. Se mezcla y se confunde con la *patería,* pero está allí. Desprecio por la gente corriente, incluyendo sus entrevistados. Pobre Tongo: se burla de él como se burlan en Asia, donde la gente lo va a ver por chongo y no por Tongo.

–Ideele: *¿Nuevamente nos encaminamos a votar por el mal menor?*

–CID: Para quienes se ubican entre el centro y la izquierda, esa parece ser una constante desde hace muchas elecciones. Aunque siempre se mencionen como factores las debacles de la década de 1980 y la violencia senderista, está todavía por explicarse por qué, a diferencia del resto de América del Sur, en el Perú se pulverizan el socialismo y la socialdemocracia.

Incluso en el centro-izquierda, ni siquiera contamos con una alternativa liberal democrática consecuente. El Partido Nacionalista es todavía una alternativa difícil de aprehender y, al menos en el 2006, no era una alternativa de gobierno. Se *descuajeringó* al día siguiente de la segunda vuelta.

–Ideele: *Hay gente que está con Humala, con Arana o con Toledo porque los consideran el mal menor. El razonamiento es: "Hay que comprometerse con lo que hay, porque si no, le dejamos la cancha a Keiko u otros candidatos por allí". ¿Qué opinas de esa posición?*

–CID: Comprendo ese razonamiento, aunque habría que excluir a Arana de ese trío, porque, de acuerdo con su porcentaje de intención, creo que la gente que hoy lo apoya lo hace convencida de que es una alternativa real y no porque piense que es un mal menor.

Tal vez parezca mejor quedarse —o tener la ilusión de quedarse— estrictamente como analista político o como académico, y así nos hemos quedado muchos. Creo que no solo los antiguos militantes están siendo reemplazados por los *brokers,* sino también los intelectuales orgánicos por los expertos mediáticos, lo que refleja el creciente papel de los medios en la política. Habrá que encontrar nuevas formas de comprometerse.

–Ideele: *Analizando las elecciones del 2006, Gonzalo Portocarrero dijo que Lourdes Flores representaba a la oligarquía, Alan García a la viveza criolla y Ollanta Humala al caudillismo. En las elecciones del 2011, ¿quién va a caracterizar qué, o cuáles serían las principales características de ese contexto?*

–CID: Para comenzar, discrepo de Gonzalo, porque más caudillo que García no existe. Lo estamos viendo claramente, y resulta inconcebible no considerar al actual Presidente entre los caudillos. Con respecto a la situación actual, creo que el caudillismo viene de muy atrás y se recrea y adopta nuevas formas. Y no va a desaparecer de la contienda.

Además, (Alejandro) Toledo ¿qué cosa es? A su manera, es un caudillo. Su partido, Perú Posible, es un partido en todo caso mínimo. No lo quiero menospreciar, porque hay un esfuerzo, pero Toledo es la figura. Ollanta Humala ha hecho esfuerzos por mejorar la situación desastrosa de su partido, pero realmente tampoco podemos decir que ha avanzado lo mínimo suficiente. ¿Qué sería el PNP sin Ollanta Humala? Creo que el caudillismo va a seguir jugando un papel fuerte, y eso tal vez vaya en desmedro de (Luis) Castañeda. Vamos a ver si Castañeda se mantiene en primer lugar, porque es algo así como un caudillo mudo, es decir, la negación de la política; la negación casi hasta del *Homo sapiens.* Creo que Castañeda la va a tener difícil.

–Ideele: *Si siempre va a existir el caudillismo, ¿habría que trabajar para fortalecer los partidos en los que este se presenta?*

–CID: Creo que el caudillismo atraviesa el espectro político. Lo que habría que exigir es que estos caudillos trabajen por la institucionalización, que se muestren mínimamente respetuosos de las instituciones, que construyan instituciones. Partidos... no sé, porque la situación ha cambiado. Lo principal es que deben asumir que requieren inevitablemente de algún tipo de organización. Esto significa organizaciones políticas con cierta adhesión programática y con cierta lealtad, y en las que prime un interés colectivo de proyecto. Donde todo se vea como empresa, una empresa común en la que "todos somos socios", donde todos sean un poco de camiseta.

A mí me asombra tanto esto de los partidos de alquiler que salió hace un par de semanas en un suplemento dominical. Y (José) Barba Caballero lo decía, por un lado, muy francamente —"somos partidos de alquiler"; pero, por otro lado, muy cínicamente. Si eso no se supera, no veo posibilidades de una democracia con calidad. Y podremos seguir creciendo al 6%, pero el Perú seguirá teniendo esta brecha cada vez mayor no solo en el ámbito económico, sino también político, social y cultural, y en el ámbito regional (todo lo de Bagua, por ejemplo).

Si no hay eso (democracia de calidad), vamos a tener, ya no creo un Presidente que escriba un "perro del hortelano", sino que va hacer una fiesta de antología del último siglo de la política peruana.

Bagua y el "perro del hortelano"

–Ideele: *Respecto de lo ocurrido en Bagua, ¿qué opinas de esa hipótesis que señala que el problema fue el desconocimiento de los decretos por parte de los indígenas y que estos fueron azuzados por la Iglesia, las ONG y el Partido Nacionalista?*

–CID: Todo esto de que fueron azuzados, manipulados y demás cosas es, como dicen en inglés, "postas de toros"; es decir, un insulto. No solo contra los pueblos indígenas sino contra todo ser humano pensante, aquí y afuera. Y por eso las comisiones externas se han mostrado muy críticas del gobierno.

Del Partido Nacionalista no creo que tuviera un mínimo conocimiento de lo que pasaba allá, y en cuanto a los curas y las ONG, son los que más cerca han estado; mucho más, como sabemos, que el propio Estado. Es una falta de respeto inadmisible para los indígenas, a los que se les sigue tratando como si fueran manipulables, influenciables, carentes de raciocinio. Estas teorías actualizan lo que se decía en los tiempos coloniales, en la legislación anterior. Lo que vimos en la época de (la matanza de) Uchuraccay, en la que se determinó que si bien habían asesinado a los periodistas, porque eso fue lo que pasó, se puso como atenuantes su condición de indígenas y, por consiguiente, de menores de edad.

–Ideele: *¿Ese repetido discurso de la civilización contra la barbarie, que supuestamente ellos representan?*

–CID: Los indígenas de ahora están articulados no solo en sus federaciones nacionales sino también en sus federaciones de toda la Amazonía. Hay conferencias, reuniones; hay celulares, correos electrónicos. Es gente que está en la modernidad, pero que aspira a otro tipo de desarrollo. Porque tampoco es que no quieran desarrollo. Eso es una locura.

Me acuerdo de un titular que decía "Salvajes" y toda la propaganda del gobierno de que los que no quieren la minería, las perforaciones, el petróleo, el gas, son arcaicos y salvajes.

Por supuesto, que (los indígenas) quieren desarrollo, pero otro tipo de desarrollo, uno que no malogre su modo de vida, su bosque. Me parece realmente un insulto cómo se les ha tratado. No ha habido Presidente en la historia del Perú del último siglo que haya tratado así a sus ciudadanos como García en el artículo "El perro del hortelano". A pesar de que ha pasado un año, todo esto me sigue indignando mucho.

–Ideele: *¿Qué puede haber hecho que alguien como García —que no es precisamente ario y que se ha formado en el Partido del Pueblo— se mimetice tanto con la élite y desprecie tanto lo indígena y lo multicultural? Esta simbiosis también se ve en Toledo.*

–CID: No creo que sea tanto una cuestión de origen social. García es lo que antes se llamaba un "medio-pelo" limeño, como yo, como tantos, sino de intereses, de apuestas políticas y también de ideología. Y si hablamos de ideología, ojo con los conversos: se dice que eran los más feroces inquisidores, los que con más fruición te mandaban a la hoguera. Tal vez sentían que tenían que ganar derecho de piso.

García es un converso: en algún momento, tal vez en China, o en el distrito XVI de París, vio la luz y se entregó, *like a virgin*, a una concepción que comenzaba ya a mostrar sus límites. Volvió a llegar tarde a la Historia; felizmente para él, no tanto como la vez anterior. Pero creo que, como él afirma, sí lo recordaremos por sus obras, como a Odría, pero no por las transformaciones profundas que pudo haber hecho en un país que crecía y que ya había superado los tiempos del autoritarismo.

Creo que Toledo es diferente, y no porque lo vea como el "mal menor"; no lo imagino escribiendo algo como "El perro del hortelano" y llevándolo a la práctica. No creo que desprecie tan profundamente a los peruanos y peruanas como en el fondo lo hace García. Es algo muy difícil de igualar.

–Ideele: *Ahora que hay todo un debate acerca de a quién se aplica el convenio 169 de la OIT sobre el derecho a la consulta de los pueblos indígenas, ¿cuándo un pueblo es indígena? ¿Cuándo una persona es indígena?*

–CID: Bueno, siempre ha sido así, pero es a raíz del convenio 169 que Estado y sociedad se definen mutuamente, y es por lo general el Estado el que traza la cancha, es el Estado quien define quiénes son indígenas. La Constitución de 1920 abrió el tema cuando reconoció por primera vez desde la instalación de la República y las leyes de Bolívar a las comunidades indígenas, y volvió a cambiarlas cuando, en la década de 1970, dijo que eran comunidades campesinas pero dejó a los amazónicos como comunidades nativas. Entonces, en parte es el Estado el que define, pero lo que se reconoce cada vez más a escala internacional es la autodenominación, más que la acepción milenaria.

Mucha gente perdió el quechua, y de repente empezó a decir "yo soy indígena"; y no solo por razones pragmáticas, para acogerse al convenio 169, sino por razones de identidad en este mundo global. Por algo los emigrantes peruanos sacan al Señor de los Milagros, al Señor de Coyuriti y a todas las

El mundo de los afectos

–Ideele: *Estás dando una batalla por tu salud con valentía, creatividad, buen ánimo y con resultados muy positivos, cosa que todos celebramos. ¿Cómo ha cambiado tu visión de la vida y de la gente a partir de esta situación?*

–CID: Mucho, pero sería toda otra historia, larguísima. Espero no equivocarme al decir que he cambiado para mejor.

–Ideele: *Has recibido muchas muestras de cariño y admiración. ¿Eras consciente antes de la enorme cantidad de gente que, conociéndote o no, te miraba con muy buenos ojos, en un país en el que hay más bien poca gente reconocida pluralmente?*

–CID: No me había planteado la pregunta; por tanto, no sabía. Pero me ha ayudado muchísimo el mundo de los afectos: la familia, las amigas, los amigos, colegas, estudiantes. Hay un toque vallejiano en todo esto. Es cierto que los cadáveres no se ponen a andar, pero eso de "no mueras, te amo tanto" ayuda de veras. Me he recuperado temporalmente y vivo agradecido.

vírgenes y santos en los Estados Unidos, y también en Kobe, Japón, o en Madrid, por ejemplo. Hay una necesidad de identidad. No es solo una cuestión pragmática, insisto, aunque puede serlo, y finalmente el Perú ha firmado el convenio 169 de la OIT.

Entonces, se dice "somos indígenas, y se tienen que reconocer nuestras tierras". Sé que es un tema espinoso, pero en el caso de Bagua no hay confusión posible. Porque allí son aguarunas, awajun, huambisas, y no hay discusión posible.

–Ideele: *¿Cómo crees que se va a canalizar políticamente lo sucedido en Bagua de cara a las elecciones municipales, regionales y las generales?*

–CID: La desconfianza reina en el país por todos lados, de arriba abajo, de abajo arriba, para los costados. Hay mucha desconfianza, sobre todo en la clase política y en las grandes empresas. Entonces, tal vez por eso, luego de Bagua y luego de varios otros incidentes, los pueblos indígenas quieren llevar a sus propios candidatos. Obviamente, esto no es Bolivia, donde Evo era el dirigente cocalero. Pero con el alto nivel de desconfianza se seguirá la lógica: "Nosotros tenemos que ser los candidatos". Habrá que ver todavía qué pasa en los meses siguientes: tal vez se multiplica lo que me comentó (José) Coronel sobre que en muchos distritos y provincias, como Condorcanqui, empiezan a formarse listas distritales y regionales en las que las organizaciones indígenas comienzan a convertirse en movimientos para postular a las elecciones. Empiezan a ganar alcaldías provinciales y a partir de allí tratan de negociar en mejores condiciones.

Por otro lado, yo no auguraría un buen resultado a una candidatura nacional, por más que el movimiento de Bagua, por ejemplo, suscitó adhesión y simpatía de los no indígenas y de gente de las ciudades. No le veo posibilidades, porque sería casi testimonial, simbólica, y votarían los que están convencidos de que hay que respetar los derechos de los pueblos.

Lo ideal sería que algún partido nacional tome estas banderas y las levante entre otras, como descentralización, pobreza, desigualdad, educación y varias más, y que ponga los derechos de los pueblos indígenas y algo que dice la Constitución desde 1993, que el Perú es un país pluricultural y multilingüe.

–Ideele: *Ya que tratamos el tema de la representación política, ¿en qué casos podrías aceptar la participación política de esa naturaleza?*

–CID: Mira, en los años ochenta yo pude haber postulado a diputado o a senador. En ese entonces había dos cámaras, pero me di cuenta de que no era lo mío y no postulé. Como militante de Izquierda Unida me dediqué a otras cosas. No me veía y hasta ahora sigo diciendo lo mismo: yo no postularía al Parlamento. ¿Qué me haría entrar en política, no en el Parlamento pero sí en un cargo más activo? Creo que una candidatura que se plantee trabajar para acabar con la pobreza y la desigualdad. En ese último ámbito se necesita conseguir una verdadera igualdad para el acceso a la educación, y que se reivindique que somos un país pluricultural y multilingüe.

Cuando estábamos en la Comisión de la Verdad, no había en el Perú un solo traductor simultáneo de quechua-castellano formado en universidades. Podías encontrar inglés-castellano, francés-castellano, alemán-castellano, pero no había un traductor profesional.

Modelos (económicos) para armar

–Ideele: *Hace mucho tiempo se dice: Nos guste o no, desde el fracaso del socialismo real, solo queda un modelo en pie: el liberalismo económico. ¿Se puede hablar de matices o vulnerabilidades dentro de este modelo? ¿Existe, acaso, otro?*

–CID: Es que "modelo" se ha convertido en una palabra comodín, chiclosa. En realidad, si hablamos de capitalismo, ese es el "modelo" que avanza desde hace siglos por el mundo, y los socialismos reales fueron solo un breve interregno que ni siquiera pudieron convertirse en un modelo alternativo.

Recuerdo que se debatía si la China de la Revolución Cultural había comenzado a abolir o no la ley del valor. Imagínense. No era cambio de modelo, era una locura. Pero si hablamos de capitalismos, de diferentes formas de articulación entre sector privado, estatal, social; entre economía, política y cultura; entre regiones, naciones y mundo global, entonces sí creo en la posibilidad y la necesidad de un cambio de modelo de desarrollo en el Perú, y sí creo que es posible tener un desarrollo "con apellido": humano, con equidad, pluricultural, y no reducirnos a un economicismo que con frecuencia parece una versión invertida, como en un espejo, del marxismo-leninismo: cambiemos la base económica, que el resto se dará por añadidura.

–Ideele: *¿Cuánta importancia le das ahora a decir que eres de derecha o de izquierda? ¿Sigue siendo una diferenciación válida?*

–CID: Creo que sigue siendo una diferenciación válida, aunque sus fronteras se han vuelto borrosas y están en plena redefinición. En algunas partes es mucho más claro. En Chile, por ejemplo, nadie duda de que ha ganado una opción ubicada más a la derecha que la Concertación. No voy a entrar a establecer criterios para la redefinición, pero sí advertir que si se siguen los viejos parámetros, podemos terminar defendiendo dictaduras decrépitas como las de Cuba. Sin negar la complejidad del debate y de que el bloqueo norteamericano es criminal, como sostenía Silvio Rodríguez en su reciente polémica con Montaner.

Recomendaciones para el Museo de la Memoria

"Que el lugar de memoria dialogue con las formas de *memorialización* que existen en otras regiones y otros sectores del país, culturalmente diversos. Que no se quede como un lugar que mira al mar y da la espalda a los Andes y a la Amazonía, donde pasó buena parte de la tragedia. También, que mantenga íntegro *Yuyanapaq,* que, como exposición, es en sí una obra de arte, y que integre una memoria militar en la que los militares se reconozcan como personas de carne y hueso, con "buenas prácticas" que ellos mismos se han olvidado durante 20 años de resaltar, pero también con las caídas hondas que existieron, no solo por parte de individuos aislados, y que no deben repetirse".

"ESTE GOBIERNO OPTÓ POR SER EL GUACHIMÁN DE LA GRAN EMPRESA"[1]

Entrevista de Federico de Cárdenas

-Federico de Cárdenas: *¿Cuál es tu impresión general del mensaje presidencial?*

-CID: Previsible. Difícilmente se podía esperar algo distinto. Es cierto que el Perú avanza, pero por efecto de alguno de esos pactos fáusticos con el diablo parece que el avance se corporizara en el Presidente y entonces uno ve que el Perú avanza, pero de manera desigual y no proporcionada. Unas partes crecen con desmesura, otras se quedan, y el rostro del avance es desequilibrado. Me quedó patente cuando pasaron las imágenes de AGP en el 2006, ni siquiera las de 1985 o 1990. Es algo que no ves, por ejemplo, en Fernando Belaunde Terry 1 y FBT 2, en quien se aprecia un envejecimiento, pero a la vez una continuidad más armónica. AGP nos deja un avance innegable en cifras, con las desigualdades reducidas en algunos campos, pero en otros ocurre lo contrario, como lo prueba el que ahora hayan más conflictos que antes. Se cumple, creo, algo que Álvarez Rodrich dijo: que el gobierno no tenía por qué ser guachimán de petroleras. Este gobierno optó, y desde el comienzo, por ser el guachimán de la gran empresa y me parece notorio.

Lo que vi el 28, medio siglo después y con todas las diferencias —este es un gobierno democrático—, es que AGP ha optado por una suerte de odriísmo, aunque en él sería "hechos + palabras". Las 130 mil obras anunciadas demuestran que ha optado claramente por que se le recuerde por ellas. Es una suerte de revancha personal respecto del desastre que fue su primer gobierno e incluso hizo referencia a ello al mencionar a su padre, algo que

1. Publicado en: *La República*, 1 de agosto de 2010.

puede leerse como una reivindicación ante el país y hasta ante su familia. Pero ello le ha costado pasar del AGP audaz y heterodoxo —que lo hizo mal— al otro extremo: ahora es alguien sumamente conservador. Entre la baraja de opciones que hay en el mundo, el modelo que nos propone es uno que está en retroceso, duramente cuestionado por la crisis financiera actual.

–FC: *¿Tuviste, como muchos, la impresión de que este discurso no era de despedida sino de inicio de la campaña para el 2016?*

–CID: Sí. Hubo muchas referencias de metas que han de cumplirse para el 2021, lo que quiere decir que está pensando en el regreso. Pero para eso necesita dejar la vía lo más despejada posible, y ahí sus opciones por una democracia de las que en inglés se califican de "musculosas" (por no decir democradura) pasan por inflar fenómenos como el terrorismo —por el cual no guardo la menor simpatía, pero que es algo que ya pasó— y al que no se puede ver hoy sin su alianza con el narcotráfico.

Tampoco se puede desligar este discurso de lo que pase con el APRA en las elecciones municipales. Si en la elección para el Congreso la oposición se disuelve y los oficialistas quedan como dueños del hemiciclo, las cosas no lucen tan fáciles para el 3 de octubre. Es que el caudillismo de AGP surge sobre la desinstitucionalización del partido. Esos gritos de la barra aprista "Alan sí puede" suenan a abdicación e impotencia. García deja al PAP en las peores condiciones desde el 2000: un partido lleno de pleitos internos y muy atravesado por la corrupción, y en el que la candidatura de Roca desentona de un plan original, que buscaba que no hubiera candidato para votar por Alex Kouri. Aunque Roca se aferra, no descarto que acaben retirándolo.

Adiós a Haya de la Torre

–FC: *Eres uno de los que ha seguido la evolución de AGP, ¿podías imaginar que daría este giro de 180 grados?*

–CID: No. Y menos sin que hubiera una explicación al partido y al país. Hasta el 2006 encontraba su evolución coherente. Comprendía que tenía que rectificar lo anterior y reivindicarse. Pero entre lo que ofreció el 2006 y lo que ha hecho... El 2006 su programa era una suerte de socialdemocracia *light*, apegada a lo que se ha llamado "tercera vía", con una participación más eficaz del Estado. Pero no hizo nada de eso. Acabó ocupando el lugar en el que Lourdes Flores se ubicaba, e incluso más a la derecha, pues Lourdes siguió hablando de economía social de mercado, y con García tenemos economía de mercado a secas. Claro, sube a un carro que Toledo había dejado en marcha y lo acelera; pero por otro lado no hay Presidente que haya maltratado más a la ciudadanía: "perros del hortelano", "andinos tristes". Está bien que quiera infundir optimismo, pero no hay en él ninguna autocrítica, y el desconcierto se nota en el APRA.

–FC: *Ya no es más el mensaje doctrinario de Haya de la Torre, lo que hay es neoliberalismo simple y duro.*

–CID: Claro. Es verdad que el discurso de Haya también varió, pero haciendo un balance, hechas las sumas y restas, se le puede considerar centrista o a lo sumo de izquierda democrática. Hoy el único hilo que le queda con respecto al aprismo primigenio es lo de "Pan con libertad", que mencionó varias veces. Podemos tomar el aumento del PBI y la disminución de la pobreza como "pan", y la libertad es la de toda democracia dura, con las acotaciones que puedan agregarse. Algunos podrían decir que es el "fin de las ideologías", pero no sería exacto: las ideologías regresan, y con fuerza.

Sin reformas

–FC: *Tampoco puede negarse que este gobierno ha disfrutado de un momento excepcional de prosperidad —que permitió incluso superar sin escollos la crisis internacional—, pero a la vez, por haberse ido al extremo, no pudo hacer las reformas que se necesitaban, y que el 28 ya AGP dejó de lado.*

–CID: Ese es el gran déficit, la oportunidad perdida. Por eso cito a Odría y su frase. Pero las obras no bastan y nuestro futuro a mediano plazo puede ser frágil. La situación de crisis mundial no ha terminado, y nuestra inserción sin las reformas institucionales famosas —en verdad, reforma del Estado— se limita al puro economicismo. Se cree que cambiando la economía lo demás vendrá por añadidura, y no es así. Creo que donde más hemos perdido tiempo es en educación y salud, que requerían una inversión mucho mayor y soluciones imaginativas que no se han dado. Eso de "colegios mayores" me parece una propuesta del siglo XIX, allí donde se requiere buena educación para todos. Luego puede haber centros de excelencia, pero no al revés.

–FC: *Tampoco hubo avances en seguridad ciudadana y combate a la corrupción.*

–CID: Es que no se la vincula a la lucha contra el narcotráfico en las ciudades, pese a que estamos con el espejo mexicano muy cerca. Se deja todo a la policía y a la mano dura, algo que deriva del sentimiento de falta de legitimidad de las élites. Pero la ausencia de reformas en el Estado es un problema clamoroso. Cuánto se pudo hacer en un contexto tan favorable como el de los últimos cuatro años, en que ha habido un manejo de la economía sensato y dinero disponible. En cuanto a corrupción, AGP señala el problema, pero no ofrece soluciones concretas.

–FC: *¿Por qué crees que no ha habido voluntad de reforma?*

–CID: Es un problema complejo. A menudo, y sobre todo en los predios de la derecha, se cita al velasquismo como la suma de los males. Pero se olvida que el primer gobierno de FBT quiso hacer reformas y fue el APRA, en alianza con el odriísmo, el que las impidió. Luego vino Velasco e impuso las reformas a la mala. Ese problema del APRA con las reformas se repite, y el resultado es que vivimos una situación medio a lo China: economía y obras. Pero, por otro lado, a García se le agotaron la audacia y la creatividad, no se le ve querer jugarse por algo, ni siquiera por una economía de mercado pero con reformas. Alan no es un neoliberal con audacia. Eso me parece que también se vio en el discurso: una especie de agotamiento que no es de ayer, y que se limita al "sí se puede", cosa que dudo, porque se puede llegar al Primer Mundo con violencia y represión, pero no sin educación. México es en esto un espejo en el que podríamos mirarnos. Ya se creía en el Primer Mundo, y según muchos de sus indicadores ya casi lo estaba. Pueden venir sorpresas feas.

–FC: *¿Corregirías tu vaticinio de hace dos años, que veía al segundo García como una suma de Fujimori y Toledo?*

–CID: Parcialmente. Es curioso, va a ser una suma de Fujimori y de Toledo pero más pálido que ambos, para bien y para mal. Toledo en sus inicios intentó hacer ciertas reformas y luego se fue apagando, víctima de su impopularidad, quedándose solo en el buen manejo de la economía. En cuanto a Fujimori, por cierto que no ha llegado, ni en el ámbito político ni en el de la corrupción, a lo que fue ese gobierno, pero hay una corrupción evidente y que lo salpica por todas partes, algo casi sistémico y que implica a lobistas y gente vinculada al APRA. Frente a esto, el mensaje no dio iniciativas serias anticorrupción. Pero el segundo García tiene algo del autoritarismo competitivo de Fujimori y también ha optado por la dureza en la represión de los movimientos sociales. Creo que lo que faltó a mi vaticinio fue ese lado odriísta que señalaba. Finalmente, el segundo García es más conservador de lo que imaginé.

La oposición

–FC: *Decías que el 28 también tuviste la impresión de una disolución de la oposición. ¿Cómo ves su rol en este periodo?*

–CID: Lamentable. Y esta reciente elección del presidente del Congreso es como el capítulo final de lo que han sido estos años. Han implosionado y, para empezar con el grupo más numeroso, me parece que Ollanta ha perdido cuatro años. Mi impresión es que no logra cuajar un partido, un equipo y un programa que sean alternativa. AP tiene límites muy grandes; del PPC nunca se supo si era oposición u oficialismo y acabó brindando ministros al gobierno. No es que no haya habido oposición, es que ha sido tan frágil que ha acabado diluyéndose.

"HUMALA ESTÁ MEJOR QUE EN EL AÑO 2006"[1]

Entrevista de Carlos Noriega

"La peor crisis del APRA"

–Carlos Noriega: *El triunfo de Jorge del Castillo en el APRA, al lograr imponer su candidatura al Congreso a costa de la renuncia de la candidata presidencial aprista, ¿refuerza la imagen del APRA como un partido asociado a la corrupción?*

–Carlos Iván Degregori: Sí, se refuerza esa imagen. Esto demuestra que no hay en el APRA el ala sana y el ala corrupta, sino que, en mayor o menor medida, todos, o casi todos, han entrado a este juego de la corrupción. Unos a la gran corrupción, como Jorge del Castillo, y ahí están los petroaudios; otros a la mediana corrupción, como, por ejemplo, vender terrenos o tener universidades como Alas Peruanas, y ahí están, entre otros, Omar Quesada, Carlos Arana, Edgar Núñez, Aurelio Pastor; y otros a la pequeña corrupción, donde están el "comepollo" y la no sé cuántos, que eran congresistas apristas o comprados por el APRA para tener sus votos en el Congreso.

–CN: *¿Cree que el veto de Mercedes Aráoz a Del Castillo tuvo que ver con un deslinde principista con la corrupción en el APRA, o fue un fallido intento de impulsar su candidatura distanciándose de alguien identificado con la corrupción?*

–CID: No veo una posición principista ni ética en la actitud de Mercedes Aráoz en este tema. Es inconcebible pensar que Del Castillo sea el único en el APRA vinculado con la corrupción. Muchos tienen rabo de paja. La corrupción atraviesa la mayor parte del Partido Aprista.

1. Publicado en: *La Primera*, 31 de enero de 2011.

–CN: *¿El desprestigio por los escándalos de corrupción y las divisiones internas han llevado al APRA a su peor crisis?*

–CID: Esta es la peor crisis del APRA que yo recuerde. Una crisis que podría ser similar es la 1980, con la escisión de Townsend, pero en esa ocasión el APRA tenía mayor vitalidad que ahora. En ese sentido, la crisis de ahora es peor que la de 1980. Esta crisis deja al APRA hecha añicos, pero así es como la quería Alan García...

–CN: *¿García provocó esta crisis para regresar a la dirección del APRA como su salvador?*

–CID: Alan no soportaba la idea de tener alguien que le haga sombra y el único que podía hacerle sombra era Jorge del Castillo...

–CN: *Pero Del Castillo ha ganado en su disputa con Mercedes Aráoz y ese es un desenlace que no le convenía a García si quería deshacerse de él.*

–CID: Pero este triunfo de Jorge del Castillo es un triunfo en el aparato del Partido Aprista, que es un aparato partidario que está debilitado. Alan García gana porque se transmite la imagen de que sin él el APRA va a la deriva. Luego de esto, García va a reagrupar a la gente del partido detrás de él. La de Jorge del Castillo es una victoria pírrica. A todos se les ha pasado la mano en este asunto, incluyendo a García, pero de todos, el que queda peor para el futuro es Del Castillo.

–CN: *¿Esta crisis puede terminar en una división del APRA luego de las elecciones?*

–CID: Si esto se arregla y siguen adelante como si nada, sería como las familias mafiosas, donde todos están por sus intereses personales. La otra posibilidad, que se quiebre el APRA, es desastrosa para Del Castillo, que tiene a la mayoría de la dirección del partido en su contra. No creo que haya una división del APRA en dos partes significativas, sino que habrá una parte minúscula de los que quedarán fuera, y ahí va a estar Del Castillo.

–CN: *¿Cómo cree que le vaya al APRA en las elecciones parlamentarias?*

–CID: Creo que va a pasar la valla electoral del 5%, pero no va a llegar al 10%. Si el APRA llega a dos dígitos será un milagro de la patrona de Alí Babá y los 40 ladrones.

–CN: *¿Qué tanto una debacle electoral aprista debilita las posibilidades de Alan García para el 2016?*

–CID: Depende de quién gane la elección presidencial. Si gana Castañeda, que siempre fue el engreído de García, es algo que favorece a García para regresar el 2016. Como segunda opción, a García también lo favorece un triunfo de Keiko Fujimori, por toda la corrupción que ella trae.

–CN: *¿Se ha impuesto en el país un discurso único que pone al modelo neoliberal como alternativa excluyente? ¿Cómo influirá eso en las elecciones?*

–CID: El Perú es un caso extremo. Aquí el triunfo del neoliberalismo duro, tipo Consenso de Washington, que ya está obsoleto, ha sido muy fuerte. No es lo mismo en otros países de la región. En eso ha jugado un papel importante el gobierno de García. Esto ocurre porque en el Perú la izquierda se destruyó, se suicidó, antes de que venga el modelo neoliberal. Los poderes fácticos, como los empresarios, buena parte de los medios de comunicación, ciertos sectores de la Iglesia tipo Cipriani, han jugado muy bien para imponer el modelo neoliberal, mientras que muchas veces los que no estamos a favor de este modelo nos hemos enredado en peleas menores. Pero la gente cada vez quiere más una relación diferente entre Estado, sociedad civil y mercado. Algo de eso hemos atisbado en las elecciones municipales de Lima con el triunfo de Susana Villarán.

–CN: *¿En las próximas elecciones, Ollanta Humala representa la ruptura con el modelo neoliberal?*

–CID: Si Ollanta Humala avanza, va a ser solo un paso para salir del modelo neoliberal. Se requiere una revolución cultural. Va a tener que haber todo un cambio en el ámbito educativo, de medios. Si Humala no avanza lo suficiente, va a quedar un bolsón que va a votar por el mal menor.

–CN: *¿Ollanta Humala es el único candidato que propone una alternativa de cambio?*

–CID: Sí, todavía lo es, a pesar de que ha querido correrse lo más posible al centro...

–CN: *¿Y eso lo debilita o lo favorece?*

–CID: Las dos cosas. Lo debilita con una antigua base social que sigue siendo radical y que preferiría que Ollanta siga siendo el de antes, y lo fortalece en la medida que el espacio de centroizquierda y de izquierda no tan radical está vacío, y lo está por el error de Fuerza Social.

–CN: *¿La alianza de Ollanta Humala con grupos de izquierda y movimientos regionales lo fortalece respecto al Humala del 2006?*

–CID: Sí, de hecho que lo fortalece. Ahora está haciendo las cosas más ordenadamente y está mejor posicionado que el 2006...

–CN: *¿Entonces, por qué en las encuestas está muy por debajo del apoyo que tuvo el 2006?*

–CID: Porque el 2006 tuvo el factor de la sorpresa del outsider. En segundo lugar, porque entonces el país no había crecido lo que ha crecido estos años. Con todas las injusticias y desigualdades que reconocemos en este modelo, el país ha cambiado y Ollanta Humala tiene que hablarle a otro país. Tercero, porque la campaña periodística de satanización contra Humala ha sido muy eficaz. Y Humala ha cometido errores, incluso después de las elecciones del 2006.

–CN: *¿Cuáles han sido sus mayores errores?*

–CID: Si Ollanta tiene un defecto grande, es no haber podido construir un partido en estos años.

–CN: *¿Le ve posibilidades?*

–CID: Creo que puede subir y entrar a pelear para pasar a la segunda vuelta. Para eso tiene que recuperar ese voto que se diluyó por errores propios y por la satanización de los medios.

–CN: *¿Cómo entender que Toledo, que fue un Presidente que llegó a tener menos del 10% de aprobación, ahora encabece las encuestas?*

–CID: Es bien difícil entenderlo. Creo que en parte esa baja aceptación tuvo que ver con una mezcla de pequeña corrupción y racismo. A favor de Toledo está la modestia de los otros candidatos. Y ha hecho buenas movidas, como que no aparezca mucho Éliane, que no aparezcan Olivera o sus parientes. Se ha quitado espinas que tenía y que le hacían perder puntos. Vuelve con el prestigio de que estuvo cinco años fuera del país, enseñando aquí y allá. Toledo tiene un tipo de alegría que encaja con los sectores populares. Puede consolidarse y dispararse.

–CN: *¿La comparación con el gobierno de García en temas como corrupción favorece a Toledo?*

–CID: Creo que sí. En esa comparación Toledo queda bien parado, lo que no quiere decir que en su gobierno no haya habido corrupción.

–CN: *¿El apoyo que tiene Keiko Fujimori revela que a un importante sector del electorado no le preocupa la corrupción?*

–CID: Sí, así es, y yo añadiría que en cierta medida eso también se refleja en parte de la votación por Castañeda. Todavía hay una fuerte condescendencia con la corrupción, hay un sector importante que se ubica en ese concepto de "roba pero hace obra", pero creo que ese sector se va debilitando lentamente y la valla a la corrupción va subiendo. Creo que cada vez hay más conciencia sobre la corrupción y más control ciudadano, y la ciudadanía se viene desplazando del polo clientelista al polo ciudadano.

–CN: *¿Keiko Fujimori representa una amenaza para el sistema democrático?*

–CID: Yo no creo que ella gane, pero su triunfo sería una agudización de una democracia de baja intensidad. No creo que Keiko esté para dar otro autogolpe o indultar el próximo año a su papá, pero sí para favorecer la impunidad en violaciones a los derechos humanos. Ella ofrece mano dura, dice que va a restaurar la pena de muerte, y cuando lo hace pone su cara de máscara japonesa, muy feroz. El suyo sería un gobierno de mano dura, con criminalización de la protesta social. Se acercaría mucho más a un polo autoritario.

–CN: *¿Coincide con quienes dicen que Castañeda se va a caer?*

–CID: Castañeda no ha aprendido nada, tan es así que dice que va a hacer en el Perú lo mismo que ha hecho en Lima, y no se puede hacer en el Perú, que es tan diverso y distinto a Lima, lo mismo que en Lima. De los que están arriba, Castañeda es el que más fácilmente se puede caer. Creo que en eso coinciden todos. Es el más débil. No lo veo con la fuerza de un candidato.

–CN: *¿Cuál de los candidatos tiene un mayor compromiso con el tema de derechos humanos y el cumplimiento de las recomendaciones de la Comisión de la Verdad?*

–CID: Toledo y Humala.

–CN: *¿El tema de la exclusión social tiene la presencia que debe tener en la campaña electoral?*

–CID: El ansia de reconocimiento de la gente es enorme y si el tema de la exclusión y de la desigualdad es dejado de lado, no se trabaja con seriedad, eso se va a pagar. Ahora se está tomando más en serio que antes, pero no lo suficiente.

–CN: *¿Qué candidato está abordando este tema con más seriedad?*

–CID: Ollanta Humala es el que mejor está planteando este tema de la exclusión y la desigualdad. En este tema su plan de gobierno se distingue de los otros, pero todavía le falta traducir eso a la campaña electoral, ponerlo en frases contundentes que en pocas palabras transmitan una idea, para que el votante lo note claramente.

–CN: *Hay una crisis en el APRA y también en el PPC, y tenemos candidaturas basadas en personas antes que en organizaciones partidarias. ¿En las próximas elecciones se va a profundizar la crisis de los partidos políticos?*

–CID: Creo que sí. No ha habido una construcción partidaria y, efectivamente, volvemos a votar por personas, y en muchos casos por el mal menor, que es nuestra desgracia. La esperanza está más en los liderazgos regionales que en los liderazgos nacionales. El gran problema es si el liderazgo regional puede dar el salto para convertirse en un liderazgo nacional para el 2016.

–CN: *¿Hay responsabilidad de los intelectuales en esta crisis política?*

–CID: También hay una crisis de los intelectuales. Hay un desencanto de la mayoría de intelectuales con la política. Ahora no se encuentran intelectuales orgánicos. Este repliegue de los intelectuales ahonda la crisis política del país. Se ha acentuado demasiado el lado tecnocrático y se ha perdido la visión más integral del país que aportaban los intelectuales. Eso es responsabilidad de los intelectuales.

–CN: *¿Cómo ve las listas parlamentarias?*

–CID: Veo las cosas muy mal. La lista de Cambio Radical, por ejemplo, es una caricatura, un concentrado del lado irresponsable de cómo entender la política y el Congreso. El Parlamento corre el riesgo de ser igual o peor que el actual. Tal vez la mejor de todas las listas parlamentarias sea la de Ollanta Humala, aunque esperaba que la juventud tuviera más fuerza.

POLÍTICA INTERCULTURAL FORTALECE LA DEMOCRACIA[1]

Entrevista de Santiago Pedraglio

Somos un país donde el ciudadano no se siente reconocido, señala Carlos Iván, y tenemos un Presidente que no ama a sus ciudadanos. Una política intercultural es clave para este reconocimiento, que es imprescindible y democrático. Afirma también nuestro entrevistado que el colegio mayor es una propuesta colonial porque no incluye a todos los maestros. Dice además que si gana las elecciones uno de los tres partidos que parece que van a ganar, las cosas no cambiarán mucho; que toca a los maestros hacer la revolución educativa en el Perú, para lo cual tendrían que ponerse a la cabeza de una propuesta de reforma que mantenga mínimos para todos sus agremiados, al tiempo que va promoviendo a sus mejores cuadros.

–Santiago Pedraglio: *Carlos Iván, ¿cómo definirías la inclusión? En "Iguales pero diferentes",*[2] *un texto sobre la discriminación, hablas de peldaños: de inclusión, inclusión subordinada y exclusión.*

–Carlos Iván Degregori: Ya no me acuerdo, pero para comenzar por lo macro, el país ha crecido, los índices macroeconómicos han crecido y la pobreza se ha reducido; las desigualdades, está por verse, aunque en todo caso tampoco han aumentado mucho. Sin embargo, hay una gran cantidad de gente que no se siente incluida en estos cambios. La inclusión tiene que ver con el reconocimiento. Con que la persona no se siente reconocida como ciudadana, como ciudadano —pongo primero a las mujeres porque son ellas las más

1. Publicado en: *Tarea. Revista de educación y cultura*, n.° 76, febrero de 2011, pp. 2-9.
2. *Quehacer* n.° 128, Lima, enero-febrero de 2001.

excluidas; como víctimas, en el caso de los afectados por la violencia; como los que tienen otra orientación sexual, etc. Hay una muy extendida sensación de "yo no me siento incluido por este estado de cosas, por este régimen; la forma en que el país va creciendo no me incluye. Y no me incluye, además, económicamente".

–SP: *Para ti, entonces, la palabra clave sería "reconocimiento".*

–CID: Creo que mucho tiene que ver con el reconocimiento. La gente estaría dispuesta a resistir más o a reconocerle más a su gobierno si se sintiera reconocida. La gran paradoja de este país es ser uno de los que más crece en América Latina y tener uno de los gobiernos menos queridos. Creo que la corrupción tiene un papel muy importante, pero también el maltrato innecesario, sobre todo de parte del Presidente. Desde el famoso "perro del hortelano" hasta uno y otro discurso en los que insiste en criticar la "tristeza".

–SP: *Sí, terrible esa visión del indio, del serrano como triste...*

–CID: Esa es una de las razones por las cuales no le dieron al 2011 el nombre del centenario del nacimiento de Arguedas; es que Arguedas era "tristón", para usar la palabra del presidente. Curioso: un presidente que puede recitar a Calderón de la Barca, al mismo Chocano o a Arguedas, pero no concibe otra manera de ser alegre que no sea el baile del teteo o "la vida es un carnaval". García no entiende que no todos son alegres de la misma manera; si no, tú dirías que todos los japoneses son tristones, y tendrían que estar últimos en el planeta. Porque tú los ves y son de lo más extraño para ti, pero es que tienen otra manera de ser alegres.

Es un punto ciego muy grande. A mi entender, es un presidente que no ama a sus ciudadanos, y la gente lo percibe. Los que se sienten no incluidos estarían dispuestos a esperar más si los reconocieran, si se les dijera "mira, hay estos planes, tú tienes igual derecho que el otro, tenemos que comenzar por este". Eso no ha habido.

–SP: *Probablemente la inclusión se extiende cuando la gente toma contacto con el Estado al buscar salud o educación, por ejemplo; pero encuentra una distancia, esa que de alguna manera el presidente contagia, o la que está instalada como cierta forma de vincularse desde el Estado con las personas.*

–CID: Se ha hecho muy poco por cambiar la relación Estado-ciudadanos —que parece más bien la relación patrón-clientes—, incluso teniendo las oportunidades, es decir, los fondos para hacerlo. Ahí se instala la pequeña corrupción, todas las pequeñas humillaciones que uno sufre, hasta la tugurización de los servicios. Estuve mal de salud y comencé yendo al Hospital Almenara, de EsSalud, porque siempre había sido algo así como "pobre pero decente". La última vez fui en el año 2000 y era todo muy precario, pero tú veías gente que atendía; parecía un hormiguero, pero todo funcionaba. Esta vez ya no. Ahora ves los servicios desbordados, a la gente durmiendo en los pasadizos. Ya es una lástima; "una lágrima", como dicen. Al gobierno se le ha pasado la mano en ser proempresa, proempresario; y si es progran empresario, mejor; y si es pro gran empresario extranjero, mejor aún.

–SP: *Hay cierta complacencia con la forma como el Perú se está desarrollando. Algo así como "no toquemos nada, que este avión siga con su piloto automático, que por allí vamos a ir levantando a todo el mundo".*

–CID: Una complacencia peligrosa, porque la discrepancia entre crecimiento económico y malestar social, político y cultural no puede durar tanto. Los conflictos sociales se van a multiplicar. Hace un mes los turistas iban por millones a Sharm el Sheikh, en Egipto, porque también había mucha autocomplacencia y sobre todo mucho de "ellos no saben y yo sí sé", que también encuentro acá. Hay una voluntad de favorecer al que más tiene, de darle más de lo que él pide. Y claro, el que ya tiene no es manco. Si tú le das 20 y él esperaba 15, entonces te pide 25...

–SP: *Es la ley del mercado sin control. Si puede tener un margen de utilidad mayor, el empresario lo va a obtener, no va a actuar con responsabilidad social, digamos.*

–CID: Claro. Se ve en el mismo trato a los maestros. Todos estamos de acuerdo ahora en que los aumentos tienen que ser por méritos, pero ha sido muy humillante la forma en que la meritocracia se ha llevado adelante. Sobre todo eso de quién evalúa al evaluador. Se ha visto a maestros pasar las de Caín para ser evaluados rigurosamente, cuando tú sabes que hay diez mil coimas, diez mil amarres, que se compraron las pruebas, etc. Eso tiene que ir acompañado de una reforma ética, por una rectitud, por una carga moral muy fuerte. Tiene que haber una revolución cultural, y no eso de "esos maestros que no saben enseñar a nuestros alumnos, y ahora quieren ganar más".

La escuela: ¿el mito que "ya fue"?

–SP: *Creo que hay tres grandes instituciones integradoras: la escuela, el mercado y el sistema de justicia. La escuela pública, a pesar de algunos avances, sigue siendo un factor de exclusión y desigualdad; el mercado ídem, por la débil presencia del Estado; y en el Poder Judicial, y en la administración de justicia en general, eso de igualdad ante la ley... formalmente es un avance, pero en la práctica no se da.*

–CID: Otra era las Fuerzas Armadas, y se vinieron abajo en los años noventa.

–SP: *Era un mecanismo de integración...*

–CID: Así es, y los exalumnos del Leoncio Prado todavía ven ese tiempo como los años dorados.

En cuanto a las tres que tú propones, creo que tienes razón, y la que "más mal" está pagando es la educación. Porque tal vez esperabas que no te atiendan en el hospital o que había que llevarle su gallinita al juez, mientras que de la escuela lo anhelabas todo. Hacia mediados del siglo pasado la escuela llega a ser un mito; los maestros son una especie de héroes culturales. No había mayor orgullo para un hijo del pueblo que ser maestro; y volver a su pueblo, todavía más. Era el leído, el *escribido*. Lo han dicho varios antropólogos; Rodrigo Montoya, por ejemplo, menciona esta figura. Lo hemos encontrado en varios testimonios de la CVR, incluso aludiendo a la noche y el día: el que no ha pasado por la escuela es la noche y el que ya pasó por la escuela vio la luz. Había una enorme esperanza puesta en la educación; era esto de "quien estudia triunfa"... ¿Te acuerdas de ese programa? A la entrada del pueblo de Quinua había un enorme letrero, como un arco, que decía eso mismo. No hay peruano mayor de 40 años a quien sus padres no le hayan dicho: "Yo no te dejo riquezas, pero te dejo tu educación".

SP: *"Es la gran herencia que te estoy dejando".*

–CID: Los neoliberales y los de *El otro sendero* tenían la mesa servida para hacer de la meritocracia un valor inquebrantable, y lo han desperdiciado.

–SP: *Exacto, ni siquiera tienes que tocar la macroeconomía para darle valor a la escuela.*

–CID: Incluso ahora, pos-Consenso de Washington, todos están de acuerdo en que es la era de la educación. Hay una serie de supuestos ya aceptados por todos, y en los cuales, desgraciadamente, nos hemos quedado atrás.

–SP: *Hasta en la región.*

–CID: Claro, este es un país que le da con palo —como diría Vallejo— a su educación pública. Acá es una vergüenza ser de la universidad pública, cuando en Brasil y Argentina, por ejemplo, es un orgullo. En Europa creo que ni hay educación superior privada. Acá hemos seguido el modelo norteamericano sin tener las bases que hay allá, y sobre todo sin la filantropía. Ese modelo ha funcionado porque hay grandes filántropos; había hasta competencia.

–SP: *En algunos países el Estado te da crédito para la educación superior.*

–CID: Incluso ahora, con la crisis, si antes era "ya, después de cinco años tienes que comenzar a pagar el crédito", ahora es "una vez que ganas más de mil euros, tienes que comenzar a pagar tu crédito".

Aquí el que más ha sufrido es el componente escolar, sobre todo porque en él se pusieron más esperanzas. Acuérdate de Rendón Willka, en *Todas las sangres*, la novela de José María Arguedas: toda la comunidad ponía para que este compadre fuera educado.

–SP: *Cierto, y hay un personaje parecido en una excelente novela de José de Piérola,* El camino de regreso. *Es el abogado que se ha formado gracias a la comunidad, que invierte en él y confía en él. Pero en la escuela, además de problemas de calidad, sigue habiendo una tremenda brecha en el nivel inicial y en la culminación de la secundaria. En departamentos como Cajamarca, por ejemplo, y en ciertas zonas de Piura, son verdaderos forados.*

–CID: Y ahora participamos en las evaluaciones PISA, y hemos mejorado, pero del puesto 64 al 61, sobre 66 países que se evalúan... Claro que hay otros que ni se evalúan.

–SP: *Cuando gobernaba Alberto Fujimori pasó con el Perú, que no quiso evaluarse para no quedar tan mal. Otro gran tema son los docentes. ¿Cómo revalorar el papel de los docentes? ¿Cómo reconstruir la autoestima? Porque hay de las dos cosas: la sociedad viéndolos y ellos viéndose; y creo que los maestros han perdido la autoestima, ¿verdad?*

–CID: Muchísimo. Va a ser un proceso largo, no de un año para otro, y no será con el colegio mayor, algo que ha salido de la manga de Alan García. Tiene que ser algo masificado, una forma de mejorar la cualificación de los maestros. Claro, antes podía haber colegios de curacas y colegios mayores, pero ¡eso es colonial! Ahora tiene que haber propuestas para doscientos mil, para trescientos mil, ¿cuántos son los maestros?

–SP: *Creo que trescientos cincuenta mil.*

–CID: Estoy seguro de que si se hace bien, vamos a tener a más de la mitad inscribiéndose en procesos de cualificación y superación, y cumpliéndolos bien. Y tiene que haber ejemplos en los cuales se hacen cosas que, nuevamente, ni siquiera exigen estar contra el modelo. Los colegios de Fe y Alegría, por ejemplo.

–SP: *Exacto, estaba pensando en Fe y Alegría. Son cerca de cien mil estudiantes en todas las regiones del país, y tiene que navegar contra la corriente.*

–CID: ¡Imagínate a Fe y Alegría navegando con el viento a su favor!

–SP: *Con el apoyo del Estado...*

–CID: Así se necesitarían cinco o diez años, mínimo, para pasar a la gran revolución, la universitaria, la segunda reforma de Córdoba, ¡pero de verdad! Con préstamos, que pague el que puede, que no pague el que no puede, etc.; meritocrática, para que sea sostenible, en lo que se refiere al desarrollo económico y educativo.

–SP: *Quizá podría ser un camino, sin ingenuidades, que el sindicato de maestros tenga una mirada distinta de su papel, además del estrictamente sindical.*

–CID: Los maestros se la llevan si se ponen a la cabeza de una propuesta de reforma. No van a tener competencia si hacen una buena propuesta que mantenga ciertos mínimos para todos susagremiados, pero que al mismo tiempo vaya promoviendo a sus mejores cuadros, para que sean los maestros los que puedan hacer la revolución educativa en el Perú.

–SP: *Ese es un desafío para los maestros, ¿no?*

–CID: Por supuesto.

–SP: *Del sindicato, en este caso.*

–CID: Y del Colegio de Profesores.

–SP: *¿Cómo ves el asunto de las recomendaciones de la CVR? ¿Has seguido el tema en relación con la escuela?*

–CID: Es el que menos se ha desarrollado. Nuevamente, acá ha avanzado más la sociedad civil. Colegios particulares de clase media o colegios religiosos, colegios de Fe y Alegría están incorporando el conocimiento de lo que pasó. Estudian los años ochenta en historia del Perú, mandan a los muchachos y chicas a ver la exposición *Yuyanapaq* al Museo de la Nación (ahora los que van a Yuyanapaq son mayoritariamente escolares). Pero en el ámbito estatal —y de la mayoría de colegios particulares— no hay un libro de texto donde se diga "En tal época pasó esto y lo otro", "Léase (por lo menos) las conclusiones del informe de la CVR", "Váyase a la muestra *Yuyanapaq*". Es en lo que menos se ha avanzado. En el ámbito legal por lo menos está el juicio a Fujimori, y se han abierto, con todos los problemas, otros juicios; se ha avanzado algo en reparaciones colectivas; se quiere avanzar este año en reparaciones individuales, no sé si se podrá; se ha avanzado y hay impacto en lo que podríamos llamar "memoria proderechos humanos": películas, documentales, retablos, pinturas, *performance*, teatro, cuentos, novelas.

–SP: *Hay resistencia a incluir esa parte de la historia del país, a asumirla críticamente. Enseñar de otra forma la historia es clave. La escuela tiene que cumplir un papel; si se resiste es algo tremendo.*

–CID: En currículo, que es la garantía para que no se repita —o una de las principales—, no hay avances.

Interculturalidad: el Estado en pañales

–SP: *¿Cómo ves el asunto de la interculturalidad?*

–CID: Por el lado de antropólogo, como algo indispensable. Pienso en algo tan elemental como el *choleo*, un verbo peruano que no encuentras en otros castellanos de América ni de cualquier otro continente. *Cholear* solo se dice en el Perú, y muchas veces el que *cholea* se mira al espejo y resulta fenotípicamente más cholo que el *choleado*.

Hay una voluntad de homogeneización en auge; estamos como en los años cincuenta, sesenta. Lo de la pluriculturalidad se plantea más por el lado de la sociedad civil. Por el lado del Estado, todos tienen que ser "alegres", todos tienen que ser mineros, todos tienen que ser de un determinado modelo; se quiere una homogeneidad realmente insostenible. La sociedad civil va rompiendo eso. Gastón Acurio, con Mistura y la cocina, hace lo que sería el sueño de cualquier antropólogo de ONG: la cadena, desde el campesino que lleva el olluco, el choclo, desde los cuatro mil metros, hasta el chef que tiene su restaurante de cinco estrellas y gana su plata, y está bien, siempre y cuando no se olvide de toda la cadena. Acurio dice "nos" ganamos este premio, "nosotros", y eso va desde el señor de los cuatro mil metros de altitud hasta el chef de las cinco estrellas.

–SP: *La mayoría entiende la interculturalidad como enseñar en quechua y español en las zonas quechuahablantes, pero tendría que haber una política educativa intercultural en todo el país. En Lima también debemos tener una política intercultural. En San Isidro, en Miraflores, en La Molina...*

–CID: Es la única manera de ser democráticos. Y mira: por otro lado, una telenovela como *Al fondo hay sitio* —aunque es una caricatura— ya no es la de Villa El Salvador, como *Los de arriba y los de abajo*; ya no. Ahora los que más avanzan en interculturalidad son los de abajo; los choleados miran más para adelante. Los que están anclados en el pasado son los "homogéneos".

Vargas Llosa, en su discurso por el Nobel —bien ganado, por cierto—, reconoció a Arguedas y rompió esa dicotomía entre arguedianos angustiados, indigenistas, y vargasllosistas cosmopolitas. De repente tienes esa frase muy bonita: "qué país más extraordinario, que no tiene identidad porque las tiene todas"... ¡Eso es muy arguediano! Además tenemos todos los climas. ¡Que se olvide el Presidente de "qué lástima que no fui el Presidente de un país plano"! ¡Desde su primer discurso se viene quejando; desde 1986 se viene quejando!

–SP: *Hubiera querido ser presidente de Argentina.*

–CID: De Uruguay; Argentina tiene sus Andes.

–SP: *Pero es más plana que el Perú y no tiene población indígena. Aunque, efectivamente, Uruguay es el paradigma.*

–CID: La interculturalidad es imprescindible, es democrática, en el sentido de que es el reconocimiento del *otro*, el deleitarnos en el reconocer al *otro*, el ver al *otro* como un activo, no como un pasivo.

–SP: *Hay una élite que está reivindicando la música serrana, pero al mismo tiempo en el campo algunos sectores siguen oponiéndose a que enseñen en quechua en sus escuelas. Es complejo el proceso...*

–CID: Pero antes era peor; comparado con una o dos generaciones atrás, eso ha cambiado para bien, felizmente.

–SP: *Ese sentimiento de negación está cambiando, entonces. ¿Tú lo percibes así?*

–CID: Creo que sí. El peligro es que lo andino, lo serrano, se exotice; que quede como para el turista: "Yo me disfrazo. Para el turista soy así, pero en realidad soy asá, soy como tú". Hay una frase muy buena: "Nadie es exótico si lo somos todos". Claro, si todos somos exóticos estaría bien, pero esesería el peligro.

–SP: *Pero ves una tendencia al reconocimiento del idioma. Eso es clave.*

–CID: Sí, se ve más en provincias que en Lima, y más en sectores medios provincianos que entre limeños hijos de migrantes. Incluso a veces, yéndose por un lado negativo, casi se vuelve racismo al revés.

–SP: *Conversaba con el charanguista Jaime Guardia, hace un mes más o menos, y me decía que la música serrana ahora es muchísimo más reconocida. Cuenta que en los años cincuenta, cuando empezó a tocar en Lima, sus propios paisanos lo silbaban para que no tocara. Ahora Guardia toca en el Colegio Santa Úrsula o en cualquier lugar. Es interesante, porque son aproximaciones.*

–CID: Se va imponiendo por su calidad. Pueden gustar los hermanos Yaipén y todo eso, pero esa música se va imponiendo por su calidad.

Un Arguedas actuante y visionario

–SP: *Arguedas fue maestro en varios momentos de su vida, en Sicuani, y luego en universidades. Esta mirada del Arguedas triste es unilateral. Otra cosa es el suicidio, que es producto de una enfermedad, de un momento de depresión; no tienes por qué ser indio para suicidarte, se puede suicidar un sueco o un japonés...*

–CID: Y además lo hacen a montones.

–SP: *Ese Arguedas tuvo la fuerza de hacer lo que hizo incluso con toda la depresión que sufría. Incluso* El zorro de arriba y el zorro de abajo, *que él escribe en plena crisis, ¡es valiente y tiene fuerza, a pesar de que finalmente...!*

–CID: Arguedas fue profesor cuando era una profesión bien considerada. Incluso después ocupó un puesto que le permitió poner a una cantidad de profesores a recoger historias de sus pueblos. Por primera vez los niños no solo iban a aprender con Hansel y Gretel, los tres chanchitos y Blanca Nieves, sino también con el wamani, el toro y la ciudad hundida, y todas las leyendas de sus pueblos. Arguedas hizo una recopilación etnográfica muy interesante mientras fue maestro. Además, valoró mucho al maestro. Mira el papel que le da a Rendón Willka; es un ejemplo, entre muchos otros en los cuales el maestro aparece en un doble papel: por un lado, el maestro querido por el pueblo, y por otro lado, el que puede ser el opresor del pueblo, el que se junta con los mistis, el que se junta con los que hablan castellano, el que va a ser el opresor.

–SP: *El maestro es también algo así como un traductor cultural.*

–CID: Es lo que los franceses llaman un passeur, un puente entre culturas: entonces, tú puedes ser un puente que se incline hacia este lado, o que se ponga más del otro lado. Y si eres del otro lado, eres también peligroso porque conoces a los otros, que quien llega de la mina no va a conocer. Y por último, Arguedas tuvo una audacia muy grande: se fue a España a hacer su tesis sobre las comunidades de España y del Perú, no fue el timidito ni el apocado.

–SP: *Ni tampoco el indigenistaque está pensando que esa cultura antigua es intocable. No, él está diciendo "Oye, tengo que ir a ver esas comunidades españolas, las comunidades peruanas tienen algo que ver con eso, necesito conocerlas".*

–CID: Él estaba viendo también al campesino, al indígena, al quechua alegre, musical, charanguista, guitarrero —aunque más charanguista que guitarrero—, que tiene sus fiestas y que lo pasa bien, eso es indudable. El sentido del humor que hay en el quechua es casi indescifrable para alguien que no es quechuahablante; se "sacan la mugre", se ríen de ti, se burlan. Por ese lado no hay una tristeza intrínseca, y sí, más bien, una mezcla, como en todos. Por un lado tienes las guarachas, pero por otro lado tienes los boleros cantineros, los boleros esos de "ábreme las venas".

–SP: *En la música norteamericana están el jazz, los blues, que expresan mucho más que tristeza y dolor. Como los huainos, enganchan con cosas nuestras y a la vez distintas, como la alegría de los oprimidos. Arguedas dice algo así: "nos podrán ganar en técnica pero no en arte"; ese es el aporte que se esfuerza por preservar para que sea tomado en cuenta en el desarrollo cultural del Perú. No puede pasar que desaparezcamos, que esta cultura desaparezca, dice, pero no está negando la otra. Eso queda claro.*

–CID: Sí, de hecho: no la niega. Te iba a dar un ejemplo de *El zorro...*, pero es que en ninguna parte lo niega. Los aportes centrales que él ve son arte y naturaleza, ¡y lo de la naturaleza lo pone tan al día! Esto que él dice de "patos que hablan en lagos de altura donde todos los insectos de Europa se ahogarían, picaflores que llegan hasta el sol" y plantas que crecen a no sé cuántos mil metros, es toda una oda, un himno a la naturaleza. En un periodo como el que vivimos, con un cambio climático tan duro y con tantas repercusiones, se vuelve muy actual.

Creo que una de las causas del suicidio de Arguedas es que no encuentra interlocutores: le fallan los del partido, que veían clases y clases; le fallan los colegas de ciencias sociales, que le dicen "no, lo que tú has hecho no va con lo que vemos en nuestros estudios"; y no había todavía los movimientos étnicos que después aparecen, que son una especie de precursores de algo que será mucho más amplio. Por ejemplo en Ecuador o Bolivia, donde eran tan mentados, van siendo superados, creo, pero no para botarlos o decir que son malos o una tontería —como todavía cree Vargas Llosa— sino para ponerlos en su verdadera dimensión, dentro de algo mucho más amplio.

–SP: *En Bagua el movimiento indígena amazónico se puso en evidencia, en valor, de alguna manera.*

–CID: Es la lucha por el reconocimiento. Ahora hay una utopía a mi entender muy moderna. La que quedó atrás es la utopía homogeneizadora, no solo cultural sino hasta en el terreno geográfico...

–SP: *En este momento hay un reconocimiento a la medicina tradicional, a otros saberes. Hace 30 o 40 años eso era asunto de chamanes, de brujos, de gente "inculta".*

–CID: Era una mirada homogénea, y la de Arguedas no; la de él era heterogénea: "Yo no soy un aculturado, soy un individuo quechua moderno", o sea, "para ti, compadre, yo soy la cuadratura del círculo; tú creías que si era quechua era 'fuente ovejuna' y antimoderno, y no: 'soy un individuo quechua moderno', soy la cuadratura del círculo". Nos deja en *offside*.

"SI HUBIERA QUE ELEGIR LA PEOR PLANCHA SERÍA DIFÍCIL DECIDIR"[1]

Entrevista de Federico de Cárdenas

–Federico de Cárdenas: *¿Es la campaña electoral sosa y aburrida?*

–Carlos Iván Degregori: Ojalá fuera aburrida, estaríamos en Suiza. Me parece, sobre todo, lamentable. No estuve en el país en la del 2006, pero la actual campaña me parece digna de un circo de provincias de un país mucho más pobre que el nuestro. Estos dimes y diretes, los sicosociales de Rendón, los cortes de mechones de pelo... Se ve que Keiko no ha visto *El padrino*, o sabría que el jefe de la mafia no tiene por qué ser un drogadicto. Lo que muestra esta campaña es la brecha que hay entre un país que avanza en sus índices macroeconómicos pero que en sus índices políticos, sociales y culturales no sale de una profunda crisis.

–FC: *La crisis ha sido tremenda en los partidos políticos que se supone son más organizados, con esta interminable pelea por ser parte de las planchas.*

–CID: Si hubiera un concurso para elegir la peor plancha sería muy difícil decidirse. Eso demuestra lo destrozados que están los partidos, aunque tal vez ello podría ser un buen síntoma, si es que diera lugar a nuevas formas de organización política, más modernas y de acuerdo con el siglo XXI, pero no se ve nada de eso. Con lo que ocurre en el APRA y el PPC estamos ante una suerte de derrumbe final, aunque sin duda el APRA resurgirá, convertido en otra cosa.

---

1. Publicado en: *Domingo, suplemento de La República*, 6 de febrero de 2011, pp. 7-9.

–FC: *Y seguimos sin tener una derecha liberal consecuente.*

–CID: Eso. No la tenemos, lo que me parece nuestro talón de Aquiles más grande. ¿Y por qué más grande que no tener tampoco una izquierda liberal y democrática?Pues porque hace 20 años que los de la derecha "la llevan" y han tenido mucho más tiempo, medios y recursos para que su discurso pegue. Tienen hegemonía total, y a pesar de eso no han querido o sabido reciclarse como una derecha moderna. Esto es terrible, pues posiblemente lo que se nos viene es un gobierno de derecha que tendrá que recurrir a la llamada "mano dura" para sofocar la protesta social. Es decir, implantar la política del miedo, desaprovechando años que nos son tan favorables para desarrollar el país.

–FC: *No sé si compartes esta impresión, pero creo que la falta de temas centrales en la campaña hace que se dependa de lo que venga o del menú de chismes diario. Por eso les es tan fácil a García o Cipriani intervenir, llevando agua para sus molinos.*

–CID: De hecho. No hay, como dices, ideas fuertes de los candidatos, y menos aún ideas fuertes traducidas en lemas o eslóganes, que son necesarios por el tipo de *marketing* político que practican las campañas hoy. Nos faltan esos técnicos que puedan traducir los temas importantes en lo que los norteamericanos llaman *bytes*, que permitirían que detrás de ellos salgan los especialistas o los candidatos al Congreso a reforzarlos. El resultado de esta ausencia es que se abre el espacio para que el Presidente o el cardenal sigan siendo los grandes electores.

Grandes y pequeños

–FC: *De acuerdo con las últimas encuestas, ya tendríamos candidatos "grandes" y "pequeños". Si te parece, hacemos un recorrido.*

–CID: La bola de cristal. Recuerdo que para Navidad busqué una para regalársela a Julio Cotler, pero ya no hay, lo que tal vez sea síntoma de que los augures están también en crisis o se han pasado a internet. Hay tres punteros que van consolidándose como tales. Los únicos que conservan esperanzas entre los que están atrás son PPK y Humala. Respecto a este último, creo que no lo está haciendo mal, aunque su déficit es el no haber podido crear un partido, alianza o forma de organización —no es mi tarea imaginarla, para eso están los políticos— en los cuatro años que ha tenido para hacerlo.

–FC: *¿Y respecto a los tres punteros?*

–CID: Veo a Keiko con mucho voto en contra. No logra romper ese techo de voto negativo, por más que mañana termine como "candidata calva" por sacarse tanto pelo para que la examinen. Tiene en común con Castañeda que ninguno de los dos es muy fuerte en campañas. Recuerda que cuando Castañeda se lanza en el 2000 llega a tener una bancada de cinco congresistas y todos se le van con Montesinos. Ha armado a última hora una plancha en la que el rumor es que la señora Acuña tuvo que poner una gran cantidad de dinero para estar ahí. Y aunque no lo hubiera puesto, la pregunta es: ¿qué hace ahí? Es un hecho que refleja gran improvisación.

–FC: *¿Y en el caso de Alejandro Toledo?*

–CID: Pese a que la inclusión de Reátegui también fue cosa de último momento, me parece que es el que hasta ahora presenta menos debilidades. Ya no tiene a Éliane en primer plano y ha logrado mantener distantes a sus hermanos y a Olivera. Si siguiera así, creo que podría ganar la primera vuelta, aunque para la segunda todos los otros se van aliar contra él, con García a la cabeza.

–FC: *Hay una tendencia nacional histórica a reelegir a los expresidentes que también juega a su favor.*

–CID: Sin duda. Es el "más vale malo conocido que nuevo por conocer". Aunque, si se piensa bien, ninguno de los tres primeros sea nuevo por conocer. También veo posible un triunfo de Toledo en segunda vuelta, a pesar del cargamontón y si es que sabe esquivar las piedras más grandes que le pondrán en el camino.

–FC: *En cuanto a Castañeda, ¿no crees que para llegar segundo en la primera vuelta tendría que dar un vuelco a su campaña? Porque lo que se ve es un descenso de su apoyo en Lima que no logra compensar en el ámbito nacional.*

–CID: Está probando en carne propia algo que debió saber desde hace mucho —que también tuvo que aprender el APRA—, y es que electoralmente Lima ya no es el Perú. Quedó en claro con las regionales. Castañeda se da cuenta ahora de que no basta con dejar las escaleras y el Metropolitano en Lima. Nos falta muchísimo para llegar a ser una ciudad al borde del Primer Mundo, como algunos la quisieran. Además, carece de una propuesta nacional. La carretera andina es una suerte de Metropolitano gigante que nadie sabe cómo va a financiar. Sigue muy encerrado en su éxito limeño.

–FC: *Ya se ha fijado la fecha para el debate antes de la primera vuelta. ¿Crees que podría dar lugar a reacomodos?*

–CID: Lo veo difícil. Es que el debate pierde gran parte de su eficacia si es que van a ser once los participantes. Está bien que haya una presentación de todos, pero también debiera haber debates entre los que están adelante, y sobre temas específicos. Recuerda que ni siquiera con su buena actuación Lourdes pudo revertir la diferencia con Susana.

–FC: *Ya que mencionas a Susana, ¿crees que Fuerza Social jugó mal sus cartas al decidir ir sola a la contienda?*

–CID: Jugó mal sus cartas. No sé cuál era la mejor salida; la más fácil hubiera sido irse con Toledo. Pero había otra, la de decir "aquí estoy y aquí me quedo" y quedarse en el municipio. Hubo demasiadas idas y vueltas con el MNI. Pero FS sigue siendo una propuesta progresista muy lozana y con algo que no ves en los otros: un equipo de técnicos de primera y que sabe su chamba. La decisión tomada, que es la de hacer un buen gobierno municipal y después decidir el futuro, me parece acertada.

–FC: *La última demostración de la crisis de la política ha sido lo de las listas al Congreso, que todo indica ha sido una gran feria.*

–CID: Es el macerado de todos los defectos y escasas virtudes de la política nacional. Si ya en las regionales hubo candidatos en Ayacucho que intercambiaban votos por billetes, los casos que se han detectado entre los postulantes al Congreso son de vergüenza. Se ve el ser congresista como una chamba bien pagada y que te abre las puertas para sacar mucho más. ¿Cómo revertirlo, pues no lo veo como inevitable? Hay que retornar a la vieja idea de la vocación de servicio y pedir a los candidatos, ya que no adhesiones ideológicas, al menos unas cuantas ideas en beneficio del país. Y veo una posibilidad de reacción en lo fuerte que ha calado la noción de anticorrupción en los votantes y, segundo, en el triunfo mismo de Susana, que tuvo como uno de los puntos fuertes de su campaña la idea de hacer política, y hacerla de forma honesta.

–FC: *A pesar de la crisis, me decías que eres optimista, que sientes que puede estar surgiendo desde la base un nuevo diseño del país...*

–CID: Sí. Hay una gran ansia de reconocimiento en la gente y se ha avanzado en la diversidad cultural. Ya no estamos frente a la oposición clásica de indígenas y no indígenas. Se habla de opciones de género, de orientaciones sexuales. Que seamos capaces de debatir estos temas ya indica un cambio. Son temas que, hay que decirlo, no son los de un país que muere de hambre o que tiene reservas para seis meses. Ya podemos darnos el lujo de pensar en el respeto a la diversidad o en cómo atacar las formas de desigualdad y exclusión. Un tema en el que se hubiera podido avanzar mucho más en este gobierno, que va a pasar a la historia como uno que fue extremadamente concesivo con los poderes económicos y fácticos. Les ha dado mucho más de lo que hubieran querido, más allá de lo que piden, el obsoleto Consenso de Washington o cualquier otro.

Estudiando a Sendero

–FC: *Hablemos algo del libro que acabas de publicar,* Qué difícil es ser Dios, *organizado como una continuación de tu clásico estudio sobre el surgimiento de Sendero Luminoso.*

–CID: Lo que ocurrió es que, luego de ese libro, seguí trabajando el tema, y tenía muchos materiales, publicados e inéditos, acumulados. Surgió la posibilidad de estructurarlos y convertirlos en una tesis doctoral, que presenté en la universidad de Utrecht (Holanda). Consta de una amplia introducción que es una puesta al día de la cuestión y un intento de situarme no solo en el contexto sino en lo referente a mi ubicación personal frente al tema de la violencia política. Siguen ocho capítulos, algunos ya publicados, y un epílogo. El libro abarca los años de 1980 a 1999.

ENTREVISTA DEL RECUERDO A CARLOS IVÁN DEGREGORI[1]

Entrevista de Gonzalo Gómez y Franklin Medrana

Publicamos como homenaje a Carlos Iván Degregori esta entrevista de hace seis años realizada por Proyecto Coherencia. Sentida pérdida que lamentamos.

La violencia política tuvo como epicentro a las universidades públicas de provincia y luego se expande por todo el país.

Como jóvenes de Proyecto Coherencia no podemos dar la espalda al periodo de violencia que sacudió al país. Es por eso que nos acercamos al profesor Carlos Iván Degregori para conversar sobre el rol que los estudiantes universitarios debemos asumir en el periodo de posviolencia política.

–Proyecto Coherencia: *Profesor, ¿cuál es la relación entre el periodo de violencia política, la universidad pública y la disminución de la participación política en los jóvenes universitarios?*

–Carlos Iván Degregori: A partir de la década de 1970, en las universidades públicas de todo el país se extiende un tipo de marxismo muy elemental, muy dogmático, que ya ni siquiera lee a los clásicos sino a los manuales, como si en vez de leer la Biblia y los Evangelios leyeras solo el catecismo. A ello yo le llamo "la revolución de los manuales". La cifra de estudiantes universitarios

---

1. Entrevista realizada en 2005 y publicada en: *Revista Virtual Coherencia*, 18 de mayo de 2011, en homenaje a Carlos Iván.

se multiplica en todo el Perú y no hay proyecto democrático de universidad que sea capaz de responder a esta enorme masificación. La universidad queda como el centro de Lima, abandonada por las élites y desbordada por los migrantes. En este ambiente es que florece el marxismo de manual, no solo entre los estudiantes sino entre muchos profesores de izquierda que en esos años asumen cátedras.

Esto sirve de base a los senderistas, quienes toman los comedores, las viviendas universitarias y asfixian la vida democrática de la universidad. Hay enfrentamientos, en San Marcos hay un solo muerto pero en la Universidad del Centro de Huancayo hay más de cien muertos, entre profesores, estudiantes y empleados. Por ejemplo, la Universidad de Huamanga nunca pudo recuperar el nivel que tenía antes de la violencia política.

En los años ochenta, el temor a Sendero Luminoso y a las Fuerzas Armadas despolitiza a la gente. Luego en los años noventa, el temor se extiende a las universidades intervenidas. A esto se suma el desprestigio de la política en general y de los grupos ultrarradicales. Como consecuencia, tenemos que la universidad pública se ha ido al otro extremo, de ser hiperpolitizada se ha despolitizado. Yo veo que la mayoría de profesores solo esperan su jubilación. Recuerdo que en la década delnoventa, San Marcos parecía un colegio de secundaria, no había nada con respecto a la política bien entendida como discusión, debate con argumentos, presentación de propuestas, discusión de reforma universitaria, no había nada de esto.

–PC: *¿Cómo afectaron las políticas que aplicó Fujimori durante su gobierno y el discurso del éxito profesional?*

–CID: Antes de Fujimori se había llegado a un radicalismo economicista. O sea, el reclamo radical y de las luchas hasta las últimas consecuencias con quemas, marchas y tiras de piedras. Todo por demandas muy economicistas, como por ejemplo que no cobren nada por el semestre o que no haya limites en las vacantes de ingreso. Todas son demandas economicistas, pero no hay demandas sobre la calidad de la enseñanza.

Con Fujimori se da un neoliberalismo bien bamba, se da una liberalización y privatización de mala manera que terminó en la corrupción que todos conocemos, pero lo que se vendió fue el discurso de que el mercado es el que asigna los recursos, el que determina todo. Entonces, esto si lo llevas al extremo, choca con el espíritu de una universidad. La universidad no puede estar regida totalmente por las leyes del mercado porque de lo contrario, rápidamente desaparecerían facultades o escuelas como filosofía, literatura, historia, o ya no se enseñaría griego, latín o quechua. La única universidad privada que pelea por conservar este espíritu es la Católica (PUCP).

El resultado es que no hay propuestas sobre cómo puede ser una universidad del siglo XXI que al mismo tiempo pueda formar profesionales que compitan en el mercado y que mantenga el carácter de universidad. Hasta ahora, yo veo poco o nada. No ha surgido otro movimiento más político-intelectual que plantee estos temas: ¿qué hacer con el mercado, sabiendo que somos una universidad?

–PC: *Frente a lo que usted está planteando, ¿qué tan importante es construir una memoria colectiva en las universidades públicas?*

–CID: Es indispensable, porque lo que hubo en el país fue demasiado grande y atroz como para que le eches tierra y sigas adelante. Según la CVR, son 69 mil muertos aproximadamente, hay otros que se oponen a esas cifras y señalan 30 mil. De todas maneras, 30 mil son más que todos los peruanos muertos en todas las guerras que hemos tenido en los 185 años de República. Incluso en proporción a los habitantes ha sido demasiado.

Debemos entender que la alta dirección de Sendero Luminoso sale de las universidades públicas, entre estudiantes y profesores. La violencia política tuvo como epicentro a las universidades públicas de provincia y luego se expande por todo el país. No debemos olvidar que el espacio principal de reclutamiento de Sendero es el espacio educativo, no solo la universidad, sino también el magisterio y la educación secundaria. Sin embargo, el Estado no hace nada. Ya pasaron 25 años desde que comenzó Sendero Luminoso y el Estado no ha hecho nada por la educación. Lo peor de todo esto es que sucede en la era de la información, donde lo principal que un país tiene no son sus minas de oro o de estaño, como en Bolivia, ni siquiera las industrias pesadas, sino el capital humano, la calificación de sus ciudadanos y ciudadanas. La educación se ha convertido en el principal capital que un país puede tener.

Entonces, puedes por último entender que el Estado no haga nada, argumentando que no hay fondos, pero que los jóvenes universitarios no hagan nada es realmente escalofriante y muy grave. Hay dos reflexiones básicas que hacer: primero, ¿qué pasó con la universidad pública peruana?; ¿por qué Sendero pudo reclutar ahí?; ¿por qué Sendero tuvo ahí uno de sus principales bastiones? Y¿qué pasa ahora que el Estado no ha hecho mayor cosa por la universidad pública? Mientras no saldes cuentas con tu pasado, no puedes construir bien el futuro. Mientras no limpies el polvo que está bajo la alfombra o no saques los esqueletos que están el clóset, en muchos casos literalmente, no vas a poder proyectarte hacia el futuro. Sobre un cimiento que no está firme no se puede construir un buen edificio. Hay 20 metáforas que puedes usar para hacer ver la necesidad de reflexionar sobre lo que ha pasado en estas tres últimas décadas y a partir de eso proponer una reforma universitaria.

–PC: *¿Cómo cree que podemos empezar a construir esta memoria colectiva? ¿Para esto es necesario que los estudiantes participen junto con los docentes?*

–CID: Si participan juntos, mucho mejor, pero si los profesores no quieren, los estudiantes tienen que ir para adelante. Yo creo que es muy difícil dar una receta porque la memoria tiene sus tiempos, no es lineal. En España se han demorado más de 50 años para poder comenzar a discutir la guerra civil española, que tuvo un millón de muertos. Ojalá no nos tome tanto tiempo, porque de acá a 40 años ya no va a haber Perú sino abordamos esto como se debe.

La memoria tiene sus tiempos y no depende solo de la comunidad universitaria (profesores y estudiantes) sino de los contextos. De repente puede abrirse otra coyuntura como la del 1999-2000 que permita dar una mirada sobre el pasado con mucha más fuerza y lograr avances, pero tampoco es que los universitarios deben esperar que haya otra coyuntura y no hacer nada hasta entonces. Como jóvenes universitarios tienen que husmear más sobre el modo de enganchar a los desinteresados, a los que no les importa. Hay una apertura en arte y literatura, creo que en novelas, cuentos, películas, documentales, música, teatro o periodismo, van abriéndose espacios para discutir estos temas. Estos espacios son privilegiados.

No importa que sea una minoría, los pequeños núcleos son los que con sus tesis o trabajos para cursos, comienzan los cambios más profundos sobre estas temáticas. Preguntas clave son: ¿cómo era la universidad pública en los añossetenta y ochenta?; ¿cómo queremos que sea la universidad pública de los próximos 20 años? De repente con ustedes no es, pero pueden servir de puente que mantenga viva una memoria para que venga una nueva generación que arme un movimiento que nadie imaginó antes. La cuestión es que comiencen a hacer planes de reforma mirando al pasado, no importa que sean minoría, la cosa es que no desparezca. La cosa es mantener viva la llama esperando que vuelva a abrirse una coyuntura más favorable. Hay que entender, al menos yo lo veo así, que el modo de hacer política no va a ser como antes, pero creo que sí es posible una repolitización de los estudiantes en otros términos. Con un componente cultural mucho mayor, con un componente pragmático mucho mayor, no necesariamente economicista. ¿Por qué los estudiantes no pueden luchar por una formación competitiva que les permita abrirse espacios en el mercado laboral? Hay también una lógica pragmática que los puede llevar a fijarse en que tienen que hacer algo, porque si a ustedes les va bien, a todo el país le va bien.

"EN POLÍTICA NADIE DIO LA TALLA EN EL PERÚ"[1]

Entrevista de Pedro Escribano

Doctor en antropología, docente universitario y acaso el mayor estudioso de la violencia política en el Perú, Carlos Iván Degregori nos dejó para siempre el miércoles, tras una larga lucha contra el cáncer. En diciembre pasado concedió la presente entrevista. Aquí, en tono testimonial, revela pasajes de su vida y habla del Perú que quiso tanto. Esta conversación, parcialmente inédita, apareció en enero en la revista Palabra de Maestro.

–Pedro Escribano: *¿Cómo así se arrojó al abismo en esto de pensar el país y sus problemas? ¿Hubo en casa algún intelectual?*

–Carlos Iván Degregori: Mis padres son de las cabezadas de la provincia de San Juan de Lucanas, Ayacucho. No eran intelectuales. Yo soy el primer varón profesional de mi familia. Tengo tías y hermanas, que eran o maestras o asistentas sociales, pero de los varones yo soy el primer profesional. ¿De dónde me viene? La verdad, no sé. Tal vez las personas mayores de mi familia tenían esos ímpetus de que sus hijos se eduquen y sean profesionales. Un deseo muy generalizado en las familias provincianas; en realidad, en todas las familias.

–PE: *¿Y en qué momento se inclinó por la antropología?*

–CID: Cuando me di cuenta de que tenía que seguir algo, entonces había que decidir ciencias o letras. Las ciencias tenían más prestigio, sobre todo para las

1. Publicado en: *La República*, 22 de mayo de 2011, pp. 22-25, en homenaje a Carlos Iván.

familias migrantes, de clase media, que querían que sus hijos sean ingenieros, arquitectos. Y yo ingresé a la UNI. Pero allí me di cuenta de que yo era más para letras. Y allí tuve otro dilema: si era más para literatura o para antropología. Literatura me gustaba desde chico, pues leía chistes, novelitas, cowboyadas, Tarzán, Superman, y recuerdo los Populibros, libritos muy útiles que publicaba Manuel Scorza. Creo que es el contexto de la época el que me ayuda a decidir por las ciencias sociales. Es una época de compromiso social, incluso entre los escritores. Era la generación del cincuenta y de Arguedas. Había leído *Los ríos profundos, Yawar fiesta*, y me impactaron mucho. Entonces decidí por sociales, sin olvidar nunca la vena literaria, porque me gusta tanto leer como escribir. También decido movido por el espíritu de la época: los jóvenes teníamos interés en la política, en el cambio social, la utopía socialista, la revolución cubana.

–PE: *Cuando escribía literatura, ¿escribía en prosa o verso?*

–CID: Yo comencé escribiendo cuentitos, pero solo llegué a publicar un libro de poemas. En los años setenta alcanzo una mención honrosa en el Premio Poeta Joven del Perú, cuando gana José Watanabe. Luego me di cuenta de que eso era en serio, que eres o no eres, que poeta no eres solo los ratos libres. Pero ya estaba metido en ciencias sociales y la poesía quedó como una afición mía. Pero eso de escribir también se ha resuelto un poco por la vía periodística.

–PE: *Leyó* Los ríos profundos, *¿quizás está allí el llamado de pensar el país?*

–CID: Sí, mucho. Yo traía toda la vivencia de mis padres. Ellos ya estaban en Lima, pero siempre en vacaciones íbamos a Lucanas. Mi padre era mismo personaje "arguediano". Los comuneros iban a visitarlo, pues él tenía una tienda de repuestos y un pequeño grifo. Ir a Lucanas era muy atractivo, sobre todo porque era el mundo de las vacaciones.

–PE: *Y en Lima, ¿en qué colegio estudió?*

–CID: En La Salle de Lima. Crecí en La Victoria.

–PE: *O sea, como dicen, muy de barrio...*

–CID: (Risas). Sí, por la primera cuadra de Manco Cápac, en la casa de una tía.

–PE: *De su época escolar, ¿recuerda que su formación fue la adecuada?*

–CID: Bueno, eso es como en todo: hay luces y sombras. La Salle era un colegio católico, y yo estudié antes del Concilio de Vaticano II, es decir, cuando imperaban las cuestiones arbitrarias. Pero se enseñaba bien, no puedo quejarme.

–PE: *De adolescente, ¿cómo era? ¿Futbolista, guitarrero, trovador?*

–CID: No, más bien tranquilo. Bueno, como todos, a los 13 o 14 años fiestero, pero no llegué —y es una de las cosas que me da pena ahora— a tocar ningún instrumento. Pero fiestas, sí, era lo común. Yo diría que no fui el gran mataperro ni tampoco fui un lorna (risas).

–PE: *¿De joven fue bohemio?*

–CID: Más o menos, ah. Fue una especie de aprendizaje. Curioso, aquí en Lima, con la cerveza y con la fiesta, uno aprende más o menos a manejarse, pero cuando salí de Lima como antropólogo, en el campo, con las comunidades, era el trago corto, el aguardiente, y uno tenía que ser igual a ellos, eso ya era otro nivel. Era graduarte. Era como pasar de primaria a secundaria, y no podías ni rechazar ni quedarte dormido a la mitad. Ha sido un aprendizaje. Estar en cortepelos, cumpleaños y fiestas patronales, eso era bravazo.

La vida universitaria

–PE: *En la universidad, ¿quiénes eran parte de la patota?*

–CID: He sido un nómade universitario. Primero fue la UNI, después pasé a letras en la Católica. En esa época, en la Católica, en cada promoción había un grupo de letras que pasaba a San Marcos, eso era casi ritual, una suerte de fuga. También seguro porque en esa época todavía la Católica era muy conservadora. Por otro lado, San Marcos era excelente, tanto en literatura como en ciencias sociales. En letras de San Marcos tuve un pequeño grupo de amigos, entre ellos Marco Martos, que era un gran ajedrecista, y era de primera división, y con él también es que yo me metía en estas aventuras literarias. Otro amigo, Jaime Urrutia, que también es antropólogo. En San Marcos hemos tenido buenos profesores, Washington Delgado era un lujo. En sociales estaba todavía Arguedas, pero no me enseñó.

–PE: *¿Alguna vez conversó con él?*

–CID: No. Yo le he visto, he estado en alguna de sus clases. Estaban Arguedas, Jorge C. Muelle, Luis E. Valcárcel, José Matos Mar, Alberto Escobar. También Guillermo Lumbreras, Julio Cotler, John Murra, Martha Hildebrandt en fonética, que para mí solo se hubiera quedado en eso, era muy buena profesora. San Marcos era toda una meca en humanidades.

La clase inteligente

–PE: *Si nosotros pensamos en las personalidades intelectuales que menciona, ¿qué no hicieron para que este país padezca el atraso, la inmoralidad? ¿Los intelectuales le fallaron al país?*

–CID: Primero, los intelectuales es imposible que puedan... digamos, no sé si es imposible, pero no pueden ser al mismo tiempo clase dirigente de una sociedad e intelectuales. Tampoco voy a pensar en el intelectual puro, no es de mis tiempos ni creo que haya existido. Pero como que hay muchas mediaciones entre los estudiosos, los políticos y los dirigentes sociales, que tienen que articularse para producir un cambio social. Y es aquí donde yo creo ha habido desencuentros. Ha habido muchos que han tratado de dar lo mejor de sí, pero como que no se pudo llegar a hacer el ensamblaje que es necesario para que los poderes sociales se precipiten a un cambio profundo.

–PE: *No haber alcanzado este ensamblaje podría ser la respuesta a Zavalita: allí empezó a joderse el Perú.*

–CID: (Risas) Ah, es muy posible. La respuesta a cuándo se jodió el Perú es mucho más compleja, pero uno de los factores por los cuales atravesamos todo lo que hemos pasado en las últimas décadas, hasta ahora, es por falta de eslabonamiento. Pongámoslo al revés, una mayoría social que se transformaba aceleradamente. O sea, yo he crecido en la época de las grandes migraciones. Yo recuerdo que siendo un mocoso, el esposo de mi hermana mayor trabajaba en el Hospital de Collique, e íbamos de paseo a visitarlo en Comas. Lima acababa en la UNI y después todo era chacra. Yo he visto las primeras esteras de las invasiones, lo que hoy es Independencia. También era una época de todos los movimientos campesinos. En un país, como dice Arguedas, hirviente en estos días, toda esa mayoría de peruanos y peruanas que se movilizan, buscan nuevas representaciones políticas, pero también nuevas interpretaciones sociales, culturales, allí es donde no hemos dado la talla. Yo hablo porque además he sido militante político de Izquierda Unida durante años. Creo que incluso que más que como intelectuales, porque un

Mariátegui, por ejemplo, no aparece en cada generación, pues. En política nadie dio la talla en el Perú, ni la izquierda, ni el centro ni la derecha, por eso el país se viene abajo en los años ochenta.

–PE: *El desembalse, la frustración, dio lugar a que Sendero germinara...*

–CID: Claro, por supuesto, y luego Fujimori. Son los dos extremos, al no haber funcionado los que tenían que haber encontrado el camino. Sea de una izquierda socialista, sea de un centro izquierda, como era la Democracia Cristiana, Acción Popular, o sea un liberalismo de derecha, liberalismo no solo económico, sino también político, un liberalismo de verdad. Ninguno acertó y el país se desbarrancó.

–PE: *¿Cree que José Matos Mar lo advirtió con su libro* El desborde popular*?*

–CID: Él tiene una muy buena intuición. El título lo dice todo. Había un desborde popular y, desgraciadamente, no se encuentra la manera de encausarlo por la vía más constructiva, más solidaria, mas social, y tiene que ser, o por la violencia extrema e irracional, o por el autoritarismo como el de los años noventa, con Fujimori. El otro que tuvo por el lado liberal una intuición, yo diría muy parcial, fue Hernando de Soto con *El otro sendero*. Su solución era muy simplista, y sigue siéndolo. Ahora con lo de Bagua es evidente, esa no es la solución, pero sí da cuenta de los informales, los emprendedores. Pero hay otro al que no se ha tomado en cuenta, pero que también lo ve, y es Carlos Franco, que ha publicado el libro *La otra modernidad*, que ofrece una perspectiva muy interesante de lo que es el Perú.

Contra el pesimismo

–PE: *¿Se ha sentido alguna vez pesimista, chapaleando en el pantano de las taras peruanas?*

–CID: Fíjate, curiosamente no me ocurrió cuando la gran crisis de los años ochenta, principios de los noventa; tal vez hasta por dar la contra, psicológicamente, yo decía: hay que seguir intentando, hay que seguir dándole, pero a fines de los años noventa, la verdad que sí, cuando llega el momento en que parece que Fujimori seguirá en un tercer periodo, fue una etapa muy pesimista. Además, yo lo vivía en la universidad, el control, incluso intervención militar en el caso de San Marcos, que se vuelve como una escuelita. Realmente fue una época para mí muy desanimada.

–PE: *¿Quiso irse del país?*

–CID: No...

–PE: *¿O quiso irse al monte?*

–CID: (Risas) No, era a fines de los años noventa y ya sabíamos todo lo de Sendero, imagínate... Uno ya podía comprobar la distancia entre los sueños y las pesadillas, pero eran tiempos muy grises.

La educación y el Estado

–PE: *En esta suerte de país condenado a no progresar, en educación ¿qué responsabilidad le toca al magisterio, al Estado?*

–CID: Es injusta la campaña que le echa la culpa al SUTEP de la crisis de la educación. Culpa no es la palabra exacta, sino responsabilidad, y si de educación pública se trata, la tiene el Estado. Y allí hay dos hechos: uno es la inversión que hace el Estado en educación, que llega a su punto más alto en los años sesenta y de allí desciende y no se ha recuperado hasta hoy. Lo segundo es que, a partir de los años ochenta, las élites optan por la educación privada y se deja que languidezca la pública. También hay responsabilidad del magisterio, del SUTEP, pero las grandes responsabilidades hay que ponerlas en orden. Países como Brasil o Argentina siguen optando por la educación pública.

–PE: *¿Qué debe hacer el gobierno en educación?*

–CID: Así como es necesario el dominio de los nuevos medios como internet, hay que apostar por una educación intercultural, inclusiva, que combine saberes, conocimientos. No es que el que habla quechua es un ignorante, no, será ignorante en castellano, como nosotros lo somos en chino. Lo que pasa es que son otros saberes, otras culturas, otras formas de entender el mundo y que recién estamos descubriendo, que no es un pasivo sino un activo. Lo que sí es cierto es que estamos en el momento de la educación. Si seguimos creciendo, como se dice, al 8%, esto no será sostenible si la educación no vuelve a ser uno de los ejes centrales.

"NUESTRA ÉLITE ENTIENDE LA MODERNIDAD COMO UNA CARICATURA"[1]

Entrevista de María Isabel Remy[2]

Carlos Iván Degregori fue un destacado antropólogo, miembro del IEP y profesor de varias generaciones de antropólogos de la Universidad Nacional Mayor de San Marcos. Nos concedió esta entrevista inmediatamente después de la primera vuelta electoral en su casa, en Barranco, pocas semanas antes de su fallecimiento. No pudo ver el resultado de estas elecciones, pero sin duda hubiera estado satisfecho de saber que lo económico no pudo subordinar a lo político en esta elección. Carlos Iván, antropólogo, profesor, amigo, colega; sin duda una persona excepcional, a la que este número está dedicado.[3]

---

1. Publicado en: Revista *Argumentos*, año 5, n.° 3, julio de 2011.
2. Historiadora, investigadora asociada del IEP.
3. Carlos Iván Degregori fue licenciado en antropología de la Universidad Nacional de San Cristóbal de Huamanga, Ayacucho; luego siguió estudios en la Universidad Nacional Mayor de San Marcos, Lima, y en Brandeis University, Boston, EE. UU., donde obtiene el título de Bachelor of Arts *cum laude* con mención en antropología. También fue doctor en antropología cultural por la Universidad de Utrecth, Holanda. Fue comisionado en la Comisión de la Verdad y Reconciliación, director de la Escuela de Antropología de la Universidad Nacional Mayor de San Marcos y director del Instituto de Estudios Peruanos. Entre sus principales publicaciones destacan: *El surgimiento de Sendero Luminoso. Ayacucho, 1969-1979* (Lima: IEP, 1990); editor de *No hay país más diverso. Manual de antropología peruana* (Lima: IEP, 2000); *La década de la antipolítica: auge y huida de Alberto Fujimori y Vladimiro Montesinos* (Lima: IEP, 2000); *Jamás tan cerca arremetió lo lejos. Memoria y violencia política* (Lima: IEP, 2003); compilador con Pablo Sandoval de *Saberes periféricos: ensayos sobre la antropología en América Latina* (Lima: IEP/ IFEA, 2008) y coautor con Pablo Sandoval de *Antropología y antropólogos en el Perú. Modernización neoliberal y la comunidad de ciencias sociales* (Lima: IEP/CLACSO, 2009); *Qué difícil es ser Dios* (Lima: IEP, 2010). El 18 de mayo de 2011 partió luego de una larga y dura enfermedad.

–María Isabel Remy: *¿Qué pasó durante las elecciones? Después de ocho o nueve años de crecimiento sostenido, con un discurso muy entusiasta que señalaba que ya estábamos próximos al Primer Mundo, de pronto sale un país de dentro que se expresa en el voto. ¿Cómo ves tú este proceso?*

–Carlos Iván Degregori: Bueno, para ser rotundo, y ya veo que lo han dicho por otros sitios, es el segundo fracaso de García. En su primer gobierno el fracaso fue económico, en el segundo es político y social. Creo que lo que se expresa en las elecciones es justamente eso, aunque, desde un punto de vista de la ciencia política, este no es el caso. Me acabo de dar cuenta de que es políticamente incorrecto hablar de estructuras, hablar sobre un país profundo, y solo habría que hablar del juego de la campaña para entender sus resultados. Pero siempre te viene la pregunta: ¿por qué tal actor hizo tal o cual movida de campaña? O sea, ¿por qué de repente algo tan moderno como Twitter se convierte en algo tan arcaico como hablar de la raza en términos del siglo XVIII? Entonces no me queda más remedio sino que ser políticamente incorrecto de acuerdo con la ciencia política, y yo creo que sí se expresa de todas maneras un país con un orden particular. Por supuesto, hay una campaña mal hecha por parte de los que perdieron y una bien hecha por parte de Humala y de Keiko, pero en los resultados de la primera vuelta también se expresan toda una serie de capas y de sentimientos que pertenecen más bien a la cultura, a la historia, a las estructuras, quiéraselo o no. Eso es imposible de pasar por alto.

En la línea de lo anterior, yo creo que lo que estamos viendo es el fracaso de García II, el fracaso político y social de una élite que no comprende los cambios sociológicos y antropológicos que se han dado en este país, de una élite que quiere ser moderna, pero que entiende la modernidad casi como una caricatura, casi como la de *Al fondo hay sitio*. Una estrechez de miras muy, muy grande que la hace vivir en una burbuja paradójicamente más provinciana y más atrasada que el ciudadano común y corriente.

Parafraseando la expresión que alguna vez usó uno de los candidatos de la primera vuelta para referirse a la población de los Andes, yo creo que es a las élites a las que no les llega por alguna razón suficiente oxígeno a la cabeza, aunque esos términos son grotescos y no son justos para referirse a nadie, pero es que son ellos los que no son capaces de ver más allá de sus narices, y los que se han metido en una discusión bizantina sobre el modelo.

Creo que en la novela *El nombre de la rosa* hay algo de esto. Para los "nominalistas" la rosa tiene una esencia diferente de su nombre. Entonces se vive en este mundo de esencias y se habla de "el modelo" como si el nombre, "el modelo", fuera algo por encima o al margen de cómo es ese modelo en la vida real, de cómo ese modelo se da en la realidad, como si fuera posible separar el modelo como algo abstracto de lo que en realidad lo hacen los que lo aplican. También se parece un poco al marxismo-leninismo, que siempre acababa diciendo que lo que estaba en cuestión no era el modelo marxista-leninista, sino la forma en que lo había aplicado Stalin, la forma en que lo había aplicado Mao Tse Tung o cualquiera de los grandes líderes de la época. Los convencidos del modelo se parecen hasta físicamente a los que aparecían en las carátulas de las revistas *Pekín Informa* y *China Reconstruye* de esas épocas, o sea, con los cachetes bien rosados y la mirada muy ingenua, enarbolando "el modelo" como si fuera inaccesible, inalcanzable, totalmente al margen de cualquier mancha que pudiera llegar de la realidad y, por consiguiente, de la historia.

–MIR: *Los sectores populares o menos favorecidos por el modelo se han expresado básicamente por dos opciones muy antagónicas. ¿Tú cómo ves esta expresión popular?*

–CID: Bueno, en primer lugar creo que es un voto muy sorprendente, si te pones en la onda de la "élite que lo sabe todo". Sorprendentemente discernidor, muy pragmático y muy "estudiado" entre comillas, muy reflexionado. Y muy dándose cuenta, y muy mirando hacia el futuro. O sea, ya han esperado diez años, como esperaron diez años a ver si funcionaban los comités populares de Sendero Luminoso, y cuando vieron que no, se le voltearon a Sendero. Ahora han esperado por lo menos una década, esperando a que funcione lo que se ha llamado "el modelo", o sea el chorreo. Una vez que ven que eso no funciona, pues buscan otra cosa pensando en su futuro, y en el futuro del país, en tanto son la mayoría, ¿no?

–MIR: *¿Y cómo lo ves geográficamente? Es decir, otra vez tenemos una especie de distribución geográfica de las preferencias en la que el centro-sur está más con Humala y el norte aparentemente con Keiko. En el 2006 esta parte estuvo con Alan García.*

–CID: Son por lo menos más del 50% de la gente. Aunque tal vez el término es muy gramciano, hay una especie de "hegemonía del neoliberalismo" en esas zonas. Se pensó que diez años de neoliberalismo habían logrado convencer a la gente de que este era el único camino, y de hecho la han convencido, pero pareciera que más en el norte que en el sur, por lo que tú me dices.

Claro, de todas maneras en el norte se ha sentido más el funcionamiento del modelo, y por consiguiente Keiko, que aparece casi como guardiana del modelo en lo económico, figura como una alternativa, mientras que Humala, que se presenta más como el guardián no solo en lo económico, sino también en lo político y en lo social, aparece más como un voto sureño, que es donde esto ha sido más descuidado. Por eso el temor mío de que parte de las élites y sectores medios y medios bajos educados apuesten por Keiko, sin importarles mucho temas como democracia y derechos humanos, porque ven algo así como al alcance de la mano el llegar a la tierra prometida. Como que tal vez lo que falta es un quinquenio más y no arruinarlo todo con un modelo tipo Chávez, que ha jugado un papel nefasto en la historia del Perú en los últimos cinco años. Bueno, es esto, entonces, creo que algo de eso puede haber, que digan esperemos o veamos cinco años más, apostando por un intercambio de libertades por beneficios económicos, que en el centro y sur aparece más lejano, más difícil de hacer y donde entonces se manifiestan los electores más como con rabia.

–MIR: *¿Rabia? Expresando algo así como ¡ya no más!...*

–CID: ¡Claro!, y como una respuesta un poco más rabiosa, si se quiere, menos esperanzada, algo así como "bueno, vamos a cambiar esto, pues, y a ver qué sale", y como decía algún candidato, "van a jugársela". Ante los que dicen "no hay que jugársela, no hay que saltar al vacío", ellos dicen "solo nos queda jugarla, solo nos queda saltar al vacío", porque ya vieron que por el otro lado no va.

–MIR: *Digamos que en este momento estamos ante el riesgo del retorno del autoritarismo. ¿Por qué el país se pone en ese tipo de riesgos? ¿Es qué no podemos mirarnos con más simpatía? Como que siempre hace falta una cara fuerte, dura, para ordenar las cosas. A nueve años de la entrega del informe de la Comisión de la Verdad, ¿qué te sugiere esto? ¿La Comisión no logró contundentemente afirmar un "para que no se repita"?*

–CID: Yo creo nuevamente, cayendo en ese pecado mortal que es ver más allá del juego electoral, de cómo se desarrolló la campaña y qué hizo bien tal o cual asesor, que la historia pasada y las estructuras del país tienen mucho que ver en el resultado. Yo creo que las consecuencias de la violencia son diferentes en aquellos países en los que fue un espasmo, en países que ya habían avanzado en cierta medida en la construcción de una ciudadanía. Básicamente ese es el caso de países del Cono Sur, como Chile, Argentina y el propio Uruguay, aun cuando ganara en los años ochenta esa "Ley de caducidad de las pretensiones punitivas del Estado", que la acaban de derogar hace algunos días. Ahí la actitud frente a lo terrible de los años de violencia es al revés de lo que sucede aquí, es decir, como que el miedo o las ganas de no mover nada fue muy preponderante en los años ochenta, pero ahora que ya pasó el tiempo, más bien vuelve la necesidad de hacer justicia y por eso derogan esa ley. Acá, en cambio, la darían si es que hubiera la posibilidad. Entonces, creo que es porque allá hubo previamente más avance en la construcción de un país de ciudadanos y la violencia aparece más como un espasmo terrible: un momento, una coyuntura, un periodo, al cual es fácil volver, o sea superarlo y reencontrarse con un pasado.

–MIR: *Como colectivo...*

–CID: En esos países se había avanzado como colectivo ciudadano, mientras que aquí, creo que si bien hubo avances fuertes desde los años veinte, a partir de los años cincuenta, setenta, todavía fueron insuficientes si los comparamos con los del Cono Sur. Y, por consiguiente, yo veo que siempre la mano dura es un recurso que está muy disponible, casi a flor de piel. En eso la reforma agraria juega un papel muy importante aquí, porque había un país de señores y siervos, con muy poco de ciudadanos, sobre todo en el Perú rural. Y entonces los "señores y siervos" vuelven a salir con gran facilidad en la subjetividad colectiva. Yo creo que menos de esto había, por ejemplo, en Argentina, a pesar de que no hubo reforma agraria. Menos de esto habría también en Chile, mientras que aquí es todavía muy fuerte.

–MIR: *¿Y en eso juegan finalmente matrices étnicas diferentes? ¿La incapacidad de reconocernos iguales?*

–CID: Bueno, somos el único país donde el factor étnico ha jugado un papel central entre los que te estoy nombrando. Y entonces, en ese sentido, sí hay toda una larga trayectoria que es imposible pasar por alto, por más que haya habido enormes cambios. O sea, yo estoy entre los que se dan cuenta de que la etnicidad no es lo mismo que fue hace 30 años o 60. Me acuerdo que en la Comisión de la Verdad había toda una corriente, que finalmente fue minoritaria, de ver a la etnicidad casi como la variable que explicaba todo, y no es así. La etnicidad es uno de los factores, muy importante por cierto, pero un factor después de todo. Pero ahora vemos cómo ese factor estalla en Twitter con una violencia enorme y pasa a primer plano, no diría que por "quítame estas pajas", pero sí por "ponme estos candidatos" o por episodios como el de Sendero Luminoso. Entonces les "sale el indio", les sale el pasado más fácil, yo diría, que a los sectores populares. Por eso la incredulidad de estos sectores en la época de la violencia, cuando las Fuerzas Armadas comenzaron a atacarlos de una forma terrible; entonces ellos se dicen: "Estos no son peruanos, estos son argentinos". Y viene mucho ese mito del soldado argentino, porque no puede ser que un peruano le haga todo eso a otro peruano. Es decir, son más conscientes de lo que es ser un peruano, más de lo que parece serlo una parte de nuestras élites.

Creo que eso se nota, por ejemplo, en el primer Vargas Llosa, en el de *La casa verde*. Jum de Urakusa, el cacique aguajun que se pasa toda la novela diciendo "piruanos, carajo...", colgado de una capirona, o no sé de qué árbol donde lo cuelgan los poderes locales, que a su vez dicen "dónde diablos aprendió este indio de mierda esas palabras 'peruanos, carajo', debe ser de algún rojo". O sea, eran "los rojos" los que enseñaban a decir "peruanos".

–MIR: *Me acuerdo de la mesa que organizaste con Orin Starn en la época de la violencia con personas de comités de autodefensa y rondas. Un señor de Huanta, que hablaba con mucha dificultad castellano, tanto que incluso ustedes se ofrecieron a traducirlo y él no quiso, afirmaba todo el tiempo: lo que nosotros hacemos es defender al Estado peruano, somos la defensa del Estado peruanofrente al ataque de Sendero, que quiere destruirlo. Y claro, era una especie de esa expresión de "peruanos, carajo".*

–CID: Claro, es lo mismo. Yo me acuerdo de que en el año 1992 o 1993, en Ayacucho, los campesinos de Huanta me enseñaban unas cuevas, arriba en el cerro, donde se escondían los senderistas. Entonces yo les pregunté: "¿Y ahí llegaban las Fuerzas Armadas?". Y prácticamente se reían, "¿¡Las Fuerzas Armadas!? ¡Nosotros llegábamos ahí!". O sea, donde no llegaban las Fuerzas Armadas, llegaban ellos. Y el orgullo que había en esos ronderos, que lo habían perdido todo, que eran miserables en un Ayacucho que era un desastre de pueblos destruidos, era notorio hasta en su forma de caminar. Caminaban erguidos, triunfadores, ellos habían ganado la guerra. Y luego eso fue cambiando, conforme el Estado, las Fuerzas Armadas, no les reconocieron eso.

–MIR: *¿El Estado los fue como que excluyendo de su rol victorioso?*

–CID: Así es, no le reconocieron ese lugar, no solo a los ronderos, sino tampoco a su propia gente, a las Fuerzas Armadas. El Estado peruano no reconoce a sus propios soldados. Mira cuántos han protestado en los años 2008 y 2009 porque carecen de atención, les falta pensiones a las viudas, a los huérfanos. Es un Estado que trata muy mal incluso a sus propios agentes. Es un ejército de leva, donde los levados son en su mayor parte analfabetos, indígenas, no ciudadanos.

Colección **Obras escogidas** *de Carlos Iván Degregori*

Volumen I	*Qué difícil es ser Dios. El Partido Comunista del Perú-Sendero Luminoso y el conflicto armado interno en el Perú: 1980-1999.* 326 pp. 2011.
Volumen II	*La década de la antipolítica. Auge y caída de Alberto Fujimori y Vladimiro Montesinos.* 352 pp. 2012.
Volumen III	*Del mito de Inkarrí al mito del progreso: migración y cambios culturales.* 430 pp. 2013.
Volumen IV	*Los límites del milagro: comunidades y educación en el Perú.* 344 pp. 2014.
Volumen V	*¿Cómo despertar a la bella durmiente?: Por una antropología en el Perú.* 388 pp. 2014.
Volumen VI	*El aprendiz de brujo y el curandero chino: etnicidad y modernidad en el Perú.* 334 pp. 2014.
Volumen VII	*El surgimiento de Sendero Luminoso. Ayacucho 1969-1979.* 235 pp. 2014.
Volumen VIII	*Conquistadores de un nuevo mundo. De invasores a ciudadanos en San Martín de Porres.* 284 pp. 2014.
Volumen IX	*Heridas abiertas, derechos esquivos: Derechos Humanos, Memoria y Comisión de la Verdad y Reconciliación.* 314 pp. 2014.
Volumen X	*"Jamás tan cerca arremetió lo lejos": Sendero Luminoso y la violencia política*, 576 pp. 2015.
Volumen XI	*¿De quién es la democracia?: análisis político*, 576 pp. 2015.
Volumen XII	*Todo nos une, nada nos divide. La izquierda y la insoportable levedad del ser (político)*, 298 pp. 2015.
Volumen XIII	*Para calmar la ira de los dioses: cultura, creación y vida cotidiana*, 262 pp. 2016.
Volumen XIV	*Guerra de mudos: entrevistas y diálogos*, 461 pp. 2016.

Made in the USA
Monee, IL
11 November 2026

68341143R10254